궁즉통

窮則通

멘토이야기시리즈 1 유철진

궁 즉 통 (窮則通)

1쇄 인쇄 | 2014년 12월 15일
초판 발행 | 2014년 12월 20일

저자 | 유철진

인터뷰 및 내용정리 | 김태관, 곽선정
표지디자인 | 어거스트브랜드
편집디자인 | 이경숙

펴낸곳 | 이서원
펴낸이 | 고봉석
주소 | 서울시 서초구 신반포로 43길 23-10 서광빌딩 3층
전화 | 02-3444-9522
팩스 | 02-6499-1025
이메일 | books2030@naver.com
출판등록 | 2006년 6월 2일 제22-2935호

ISBN | 978-89-97714-39-1

이 도서의 국립중앙도서관 출판시도서목록(CIP)은 서지정보유통지원시스템 홈페이지(http://seoji.nl.go.kr)와 국가자료공동목록시스템
(http://www.nl.go.kr/kolisnet)에서 이용하실 수 있습니다.(CIP제어번호 : CIP2014036120)

이서원(iseowon)은 독자 여러분의 책에 관한 아이디어와 원고 투고를 기다리고 있습니다. 책으로 엮기를 원하는 아이디어가 있으
신 분은 언제든지 이메일 books2030@naver.com로 간단한 개요와 취지, 연락처 등을 보내주십시오.

멘토이야기시리즈 01

유 철 진

소중한 인연들과 함께한 이야기
궁하면 통한다

窮則通

이서원

차 례

프롤로그

우리나라는 단군 이래 최고의 풍요로움을 구가하면서도 모든 분야에서 양극화가 심화되고 있는 위기에 놓여 있다. 그중에서도 개선될 기미가 보이지 않는 빈부 격차는 우리 사회의 지속 가능성과 건강성을 위협하는 암적인 존재라 할 수 있다.

청년과 베이비부머들의 실업 문제는 이의 근본적인 원인을 제공하고 있으며, 그 결과물 중 하나로 큰 재앙을 예고하고 있는 세계 최저 출산율이다.

어려움 속에서도 꿈을 잃지 말자.

최근, 전직 뉴욕 시장이며 블룸버그 통신 소유주인 마이클 블룸버그가 젊은이들에게 던진 이야기가 언론에 소개되어 화제가 되었다.

"학업이 아주 뛰어나지 않고, 사람을 상대하는 그런 종류의 재주가 있다면 대학에 가기보다는 배관공이 최고의 직업이 될 수 있다."

이는 고학력자가 넘쳐나 인력 수급의 불균형을 겪고 있는 우리 사회에도 시사하는 바가 크다. 일자리가 없다는 사람이 있는가 하면 다른 쪽에서는 일할 사람이 없다고 아우성이다. 일자리를 찾아 서독 광부로, 중동 사막으로 갔던 간절함과 열정이 사라진 지 오래다.

또한, 우리나라는 국민소득이 올라가면서 높은 교육열과 맞물려 가정마다 소득의 반 정도를 자녀의 학비로 지출하고 있는 실정이다. 그 덕분에 세계적으로 대학진학률은 최고 수준이 되었으나 그로 인해 부모세대의 노후는 길바닥에 나앉을 형국이 되고 말았다.

부모세대라 함은 기성세대旣成世代로서 사전적으로는 '현재 사회를 이끌어가는 나이 든 세대'지만, 현실적으로는 '다른 세대의 모든 고민을 끌어안고 정작 자기는 미래의 불확실성에 떨고 있는 세대'로 전락하였다. 아직 책임져야 할 것들이 많지만, 곧 정년이 머지않은 그들의 미래는 또 어찌할 것인가? 젊은 세대 이상으로 많은 고민을 안고 살아가고 있는 것이다.

'눈앞에 다가온 재앙을 지켜보고만 있어야 하는가?'

어느 날 새벽 미사에서 돌아오는 내 발걸음은 몹시 무겁기만 했다. 그리고 이들의 짓눌린 어깨를 다독거리고, 희망을 줄 책임이 내 세대에 주어진 마지막 책무라는 데 생각이 미치자 내가 살아온 역정歷程이 생생히 살아나는 전율을 느꼈다.

나는 산업화 시대의 일꾼 중의 한 사람으로 오늘의 풍요로운 시대를 여는 데 일조했다는 자부심으로 살아가고 있다. 기업가 정신의 화신인 정주영 회장님, 정인영 회장님을 가까이에서 모시는 행운도 있었다. 그 아래서 세계를 일터 삼아 불철주야 열정을 불살랐고, 세계 일류 상품을 만들기 위해 밤낮을 가리지 않았다. 여기에는 밤하늘의 별들보다 더 많은 꿈이 있고, 꿈을 이루기 위해 고심하며 뛰어온 길에는 고비고비 피와 땀이 있었다.

내가 살아온 이야기를 이들에게 들려준다면 꿈을 다시 꾸는 계기를 줄 수 있을 것이라는 간절한 소망을 안고 출판을 결심하였다. 앞으로의 이야기는 내 이야기라기보다는 이 시대를 이끌어왔던 CEO들의 이야기이고, 소중한 인연들의 이야기이며, 우리나라 산업의 근대 역사라고도 할 수 있다.

꿈을 꾸자. 생생하게 꾸는 꿈은 두려움도 잠재울 것이다.

궁즉통窮則通, 궁하면 오히려 통한다.

'일하고 싶지만, 일해야 하지만, 일할 자리가 없다.'

이제는 어느 특정 세대의 고민이 아닌, 이 시대의 절규가 돼버린 말.

그러나 아이러니하게도 각계의 CEO들이 외치는 말.

'사람이 필요한데 구할 수가 없다.'

이는 많은 인재들을 모아 놓고도 사람이 없다고 푸념하시던 창업 1세대들의 고민이기도 했다. 현실의 고민이 과거와 다르지 않다는 증거이다.

양자는 같이 궁한 처지에 빠져 있지만, 고민할 수 있는 공통분모를 갖고 있다. 그것은 바로 '사람'이다. 반평생 직원에서 경영자가 되기까지 많은 인연들을 일터에서 만났다. 그 인연 속에서 나는 '사람'의 가능성이 얼마나 크고, '사람'과 하는 일이 얼마나 기쁜 것인지를 이미 배운 바 있다.

여기서 궁즉통의 자세는 중요하다. 위기가 기회가 된다는 말과 일맥상통하며, '구하라 그러면 얻을 것이다.'의 성경 구절과도 맞닿는 말. '궁즉통'에서 얻어진 답은 매번 창의적이었다. 문제가 해답이 되는 기적은 '사람'을 인 제로 만들고, '인연'으로 만들었고, 수없는 난관들을 헤쳐나가게 했다. 창의 적으로 해결하기를 주저하지 않는다면 분명 통하는 길을 찾을 것이고, 구할 수 있는 길도 열릴 것이다.

이제 물러설 곳이 없다. 이 책에서 여러 가지 '궁즉통'의 영감을 얻길 바 란다.

책을 쓰면서 필력의 한계를 절감했다. 오래전 기억을 더듬어야 했고, 자 료들도 충분하지 않았다. 정확성을 기하려 노력했으나 뜻대로 되지 않은 부 분도 있을 것으로 생각한다. 리얼리티에 중점을 주느라 실명을 많이 썼고, 현장감을 위해 존경어도 자제했다. 당사자들에게 실례가 되지 않기 위해 최 선을 다했지만 혹 실수가 있었다면 널리 용서하여 주시길 빈다.

이 책을 내는데 많은 분들의 도움이 있었다. 출판을 맡아준 '이서원'의 고 봉석 대표, 원고 정리를 맡아준 김태관 작가, 곽선정 작가에게 고마운 뜻을 전한다. 직장 후배 강병원, 이종우씨의 노고도 잊을 수 없다. 특히 부족한 글 에 과분한 추천사를 써 주신 여러분들의 깊은 정은 살아가면서 갚아가고자 한다.

마지막으로 일을 너무 사랑하는 남편을 너그러이 안아준 아내 그리고 보 살핌이 부족했음에도 훌륭히 자라준 클레멘스 태석, 로사 지연에게도 사랑 한다는 말을 전한다.

2014년 12월

유　철　진

窮

則

通

시작하는 글

시작하는 글

1998년 어느 날, 미수된 외상대금을 수금하느라고 동분서주하고 있을 때였다. 출장을 가기 위해 이른 새벽 자동차를 가지고 시카고 오헤어 국제공항 O'Hare International Airport에 도착했다. 그런데 공항 장기주차장에 차 댈 자리가 보이지 않았다. 그래도 주차할 시간을 염두에 두고 온 길이었기 때문에 마음이 조급하진 않았다. 그러나 얼마간을 배회하고도 쉽게 자리를 찾을 수가 없자 나도 모르게 초조해지고 말았다.

오헤어 공항 장기주차장은 차량 2만 7,000대를 수용할 수 있는 규모였다. 그럼에도 불구하고, 그중에 나 하나 낄 자리가 없다는 것이 좀처럼 이해되지 않았다. 그러는 와중에도 주차장으로 들어오는 차량의 행렬은 끊임없이 내 뒤를 이었다. 그렇게 얼마를 돌아보고, 얼마의 시간을 허비했을까? 겨우 구석 자리 하나를 찾아 차를 대고 나니 비행기 출발 시각이 몇 분 남지 않았다.

공항으로 이어지는 무인경전철에 뛰다시피 해서 올라타고, 겨우 숨을 돌려 창밖을 내다보았다. 경전철이 달리는 고가 철로 아래로 조금 전의 주차장이 보였다. 그런데 그렇게 찾기 힘들던 빈자리들이 옥수수 알갱이를 빼먹은 것처럼 군데군데 눈에 띄는 것이 아닌가! 그리고 그걸 모르고 여러 대의 차량이 무리 지어 그 주변을 내가 그랬던 것처럼 똑같이 배회하고 있는 모습이 보였다.

'내가 미로 속을 다녀온 모양이다. 저렇게 자리가 있었는데도 몰랐다니 …….'

경전철에서 내려 터미널로 뛰어갔지만, 비행기는 이미 탑승을 마감한 후였다. 어쩔 수 없이 다음 비행기를 예약해야 했다. 다음 비행기를 기다리는 사이 스타벅스에 앉아서 조금 전의 상황을 떠올려 보았다.

'시대는 이미 아날로그에서 디지털 시대로 넘어가고 있고, 첨단 신기술이 넘쳐나는 세상에 주차공간을 손쉽게 찾을 수 있도록 도와주는 주차시스템 하나가 아직 없을까? 주차장에 들어서서 운전자가 마주치는 갈림길마다 좌우나 전진 방향으로 비어있는 주차 공간 개수만 실시간으로 알 수 있다면 시간 낭비 없이 주차하고, 여유롭게 비행기를 탈 수 있었을 텐데…….'

생각이 거기까지 미치자, 문득 '이것은 혹시 하느님이 내게 주신 사업이 아닐까?'하고 저절로 위를 올려다보게 되었다. 천정에 박힌 조명 하나가 반짝하고 나를 보고 웃는 듯했다. 비행기를 놓친 것이 오히려 새로운 것을 보게 했다. 그러나 곧 현업에 전념하느라고 그 일을 잠시 잊고 지냈다.

그로부터 한 달 후, 시카고 지역신문에 '오헤어 공항에 Valet Parking대리주차을 도입한다.'는 기사제목이 눈에 들어왔다. 그 내용은 오헤어 공항 이용객들이 주차할 곳을 찾느라 비행기를 놓치는데, 그것을 돕기 위해 400대 주차가능한 대리주차장을 설치하겠다는 내용이었다. 나는 그동안 잊고 있던, 하느님이 주신 아이디어를 떠올리고는 무릎을 쳤다.

'이 주차유도시스템은 되는 사업이 틀림없겠다.'

드디어 사업성을 검토하기 위해 미국인들을 대상으로 설문조사에 나섰다. 현재의 일반 주차요금을 받는 주차장과 주차요금을 추가로 부담하지만, 주차유도시스템이 있어 주차가 편리한 주차장 중 어느 쪽을 선택하겠느냐는 질문과 추가주차요금의 한계를 묻는 조사부터 시작했다. 결과는 시간당 50센트까지 추가 지불하는 선에서 주차유도시스템이 있는 주차장을 선택하겠다는 의견이 많았다. 주차 면당 하루 평균 주차시간을 4시간으로 가정하면 1년 영업일을 300일로 잡아 한 개의 주차 공간에서 600달러의 추가 수입이 나오는데, 2년이면 1,200달러의 추가 수입을 올릴 수 있다.

주차장 운영업체와 주차유도시스템 공급업자가 시스템 설치 2년 만에 주차 면당 600달러씩의 수익을 나눌 수 있는, 상호 발전적인 사업이다. 그러므로 주차 면당 시스템 공급가격을 600달러로 책정해서 개발하면 가능성이 있다는 결론을 얻게 되었다. 사업성이 판단되자 곧바로 개발에 착수하였다.

당시 우리나라는 IMF 여파로 주가가 폭락한 반면 원화가 평가절하되어 한국의 모든 상장 기업의 가치가 300억 달러가 되지 않았다. 그 때문에 주차유도시스템 개발문제에 대해서 더 심도 있게 고심할 수밖에 없었다.

'이 시스템을 개발해서 미국에만 수출해도 미국의 주차면 수가 2억 면이라고 가정할 때 1,200억 달러의 잠재시장을 예측할 수 있었다. 대한민국이 어떻게 세워진 나라인데……. 본격적으로 사업을 벌여서, 미미한 힘이라도 보태야지 않겠는가?'

그런 목표가 생기니 하루도 지체할 수가 없었다. 1998년 10월, 한국에 있던 옛 현대정공 부하 직원에게 전화를 걸어 '스마트 파킹 시스템'을 개발하라고 부탁했다. 그리고 즉시 '주차유도 관리시스템'이라는 이름으로 미국 특허청에 발명특허를 출원하게 된다. 연이어 한국과 세계 18개국에도 국제 특허를 출원하였다.

연구개발이 끝나고 특허도 내면서 부쩍 목표에 대한 자부심이 생겼다. 그러나 막상 나 스스로 사업을 하려니 걱정도 되었다. 그동안 대기업의 대표이사까지 올라가 산전수전 겪으면서 사회생활을 해왔지만, 오로지 현대만 알던 셀러리맨이라서 그런지 앞으로 해나가야 할 일들이 낯설었다. 원대한 꿈만큼이나 그 뒤의 실체는 혼자 감당하기 힘들 정도로 흉흉할 수 있다. 그로 인해 가정에 풍파가 들이닥칠 수도 있다. 갈등하지 않을 수 없었다. 그래서 앞으로의 방향에 대해 의논하고자 동료들과 후배들 선배들을 모아서 이야기했다. 그때 내 나이가 58세였다.

그들의 답은 이러했다. 이대로 현대에 복귀하는 방법이 있고, 회사를 만드는 방법이 있다. 그런데 현대로 들어가겠다면 어른들이 자리를 줄 것이지만, 일단 회사를 만들면 다시는 현대로 들어갈 수 없으므로 양자택일을 해야 한다는 조언이었다.

미국지사가 어느 정도 안정되고, 현대로 복귀한다고 가정하면 65세가 정년이니 7년 더 일할 수 있었다. 그러나 그 후 당분간 안정된 생활을 한다 하더라도 퇴임하고 나서는 무엇을 할 것인가? 현대의 처분만 기다릴 것인가? '어차피 특허도 냈으니 한 살이라도 젊어서 도전해보는 것이 좋지 않을까?' 수없는 갈등 끝에 결국, 홀로서기를 준비하기로 결정했다. 그리고 일주일 후에 그들을 다시 만났다.

"여러분 의견이 큰 도움이 되었습니다. 늦은 나이이지만 벤처사업을 해

제1부

소년시절

1

소년, 핵물리학자를 꿈꾸다

중학교 1학년 어느 날, 국사 시간이었다

1950년 6·25 전쟁이 터지고, 당시 국민학교 3학년생으로 가족과 함께 서울에서 대전으로 피난을 가게 된다. 전쟁 중이라 학교에 다닐 수 없게 되자 아버지는 한자와 삼강오륜을 직접 가르치며 배움을 이어 가도록 해 주셨다. 휴전이 될 즈음 대전 선화국민학교가 다시 문을 열게 되었고, 5학년으로 월반하여 이듬해 졸업할 수 있게 되었다.

중학교에 들어가기 위해 시험을 치러야 했다. 아버지는 사업 때문에 서울에 먼저 올라가 계시면서 원래 살던 집 인근에 있는 중학교 몇 곳의 입시원서를 내려보내셨다.

담임선생님은 합격을 확신하고, 그중 전기 지원서만 써 주었는데 아쉽게도 전기 시험에 낙방하게 되어 후기 시험을 치르게 되었다. 그리고 1955년,

서울 종로구 혜화동에 있는 동성중학교에 입학하기 위해 서울로 올라왔다. 처음으로 낙방의 맛을 봐서 그랬는지 중학교에 들어가고 나서도 한동안 새로운 환경에 별 기대도 하지 못한 채 겉돌고 있었다.

그러던 어느 날, 국사 시간이었다. 선생님께서 지난 한국전쟁사에 대해서 얘기해 주셨는데, 어느 위인의 이야기가 그 속에 담겨 있었다. 그 이야기는 잠시 방황하던 내 영혼을 깨우는 듯했다.

1950년 6월 25일 북한의 기습적인 남침으로 인하여 한국전쟁이 발발하게 되었다. 처음엔 북한군이 우세하여 남한은 대구와 부산을 제외하고 모두 점령당한 상태였다. 그때 맥아더 장군을 사령관으로 둔 UN군의 인천상륙 작전으로 서울을 수복하게 되었고, 더 나아가 북진 통일이 가능한 상황까지 이르게 되었다.

그러나 그것도 잠시, 중공군이 전쟁에 개입하게 되면서 1.4 후퇴로 전쟁 상황이 다시 역전되고 있었다. 이때 맥아더 장군은 특유의 결단력으로 만주에 원자폭탄을 떨어뜨릴 계획을 세우게 된다. 그렇지만 트루먼 대통령은 그로 인해 제3차 대전이 일어날 것을 우려해 허락하지 않았고, 맥아더 장군은 대통령과의 갈등으로 끝내 옷을 벗게 되었다.

"그때 맥아더 장군의 계획대로만 되었다면 우린 아마 이렇게 분단되지 않았을 거야."

선생님은 담담한 어투로 수업을 마무리하셨다.

그 당시 우리는 옛날 이야기를 들은 것이 아니었다. 그것은 불과 몇 해 전 우리 땅을 헤치고 지나간 전쟁의 상흔당시 나는 많은 민간인과 남북 군인들의 사망자를 목격하였다.에 대한 생생한 증언이었다.

오늘날 맥아더 장군에 대한 평가는 더욱 냉정해지고, 다각화된 게 사실이다. 그러나 그때 맥아더 장군은 우리에게 온전한 영웅이었다. 남북의 통일을 위해 애썼던 영웅. 그때가 사춘기에 막 접어드는 시기여서 그런 것인지, 아니면 선생님께서 우리의 마음을 동요시킬 만큼 말씀을 잘하신 것인지는 몰라도 나는 '맥아더 장군' 이야기에 큰 감명을 받았고, 그를 깊이 존경하게 되었다.

그리고 그대로 가만히 있을 수가 없어서 곧장 서울시청 옆에 있는 미국 대사관 공보원 도서관USIS을 찾아갔다. 그곳에서 맥아더 장군에 관련된 책을 찾으려 애썼다. 그러다 장군의 사진이 실린 사진집 같은 것을 보게 되었다. 그러나 그것만으로는 충분하지 않았다. 그를 만나보고 싶다는 생각에 사진이 실린 곳에 문의하여 맥아더 장군 주소를 알려달라고 했다.

그는 은퇴하여 뉴욕 5번가 어느 아파트에서 살고 있었다. 그러나 그곳은 전쟁으로 황폐해진 빈국貧國의 어느 소년이 갈 수 있는 곳이 아니었다.

맥아더에게 편지를 쓰다

바로 편지를 썼다. 지난 피난시절, 한국은행에 다니던 누님이 가르쳐줬던 기초영어를 바탕으로 내용을 만들고, 중요한 단어는 영어사전의 도움을 받아서 써내려갔다.

General, MacArthur

저는 장군의 결단력 있는 행동에 많이 감동했습니다.

… 저는 원자력을 공부하고 싶습니다.

미국에서 가장 훌륭한 교수를 소개해주세요.

전문숚文이 기억나지 않지만, 이런 부탁으로 마무리되는 어리숙한 글이었다. 편지를 보내고서 답장이 올까? 궁금했다. 과연 그런 위대한 사람이 한국이라는 작은 나라의 고작 13살 아이에게 답장을 해줄 것인가? 의문스러우면서도 기대가 됐다.

그런데 정말 기적이라도 일어난 듯, 그에게서 답장이 왔다. 그때 맥아더 장군은 투병 중이어서 몸이 쇠약해져 있을 때였다. 그런데도 내 편지를 읽어보았는지 비서를 통해 내게 답장을 보내왔던 것이다. 그는 원자력에 권위가 있는 교수를 수소문해서 내가 보낸 편지를 그분께 전달했고, 교수도 그 편지를 읽고 내게 답장을 보내주었다. 그는 당시 미국 퍼듀대학 원자력공학과 학장이었다.

당시 받은 답장은 어마어마한 것으로, 원자력을 공부하는 데 필요한 그림과 자료 수십 개가 동봉되어 있었다. 미국이란 먼 나라에서 얼굴 한 번 본 적 없는 소년이 보낸 편지 한 통을 받고 고심해주고, 세심한 배려가 담겨있는 답장을 보내주다니 영광이었다. 커다랗게 밀려오는 감동은 주체하기 힘들었다. 그때의 기쁨은 아직도 가슴을 뛰게 한다.

결국, 그 답장들은 소년에게 큰 목표를 세우게 해주었다. 핵물리학자가 되겠다는 결심을 했고, 미국으로 유학 가서 꿈을 실현해야겠다는 계획을 세웠다. 계획을 실천하려면 공부를 열심히 하지 않으면 안 되었다. 그리고 특히 영어가 필수조건이었기 때문에 스스로 영어를 배울 수 있는 환경을 찾아다니면서 회화와 문법을 섭렵하기 위해 남다른 노력을 기울였다. 훗날 엔지니어로서 드물게 영어를 잘 구사할 수 있었던 이유가 그 때문이다.

　미국의 원자력 공학과 교수님과의 인연은 중학교 1학년 때부터 고등학교 2학년 때까지 이어졌다. 직접 그를 만나본 적은 없지만, 그동안에도 꾸준히 편지를 주고받았다. 그리고 고3이 되기 전, 서울대학교 공대 원자력공학과를 가는 것을 목표로 하고 있다고 교수님에게 편지를 썼다. 얼마 후, 교수님은 여느 때와는 다르게 뜻밖의 장문 답장을 보내왔다. 진짜 원자력공학을 하려면 학부에서 원자력공학을 공부하기보다 기계공학이나 전기공학, 화학공학, 물리학과 같은 타 전공과목을 먼저 공부해야 한다. 그리고 이것을 기본으로 삼아 대학원 과정에서 원자력을 공부하는 게 순서다. 아니면 기초가 부족해서 안 된다는 내용이었다.
　그분의 조언을 지도 삼아서 목표 과목을 물리학으로 수정하고 열심히 공부하게 되었다. 그러나 본의 아니게도 입시 준비에 전념해도 모자랄 고3 시절에 3.15 부정선거라는 역사적인 사건으로 학업보다는 시위에 휘말리게 되었다.

2

어린시절의 교훈

레 미제라블Les Miserables – 하늘보다 넓은 인간의 마음

중학교 1학년 시절. '맥아더 장군'의 이야기만큼 내게 큰 감동을 안겨준 영화 한 편이 있었다. 지금 생각해보면 중학생이 되었을 뿐인데, 우리는 스스로가 성숙하길 바랐다. 이제 어리지 않고, 뭔가 조금은 어른인 것 같은 기분이 들었다. 어쩌면 교복을 입으면서 그런 생각을 했는지도 모른다.

친구들은 삼국지를 읽었고, 고전을 들여다보았다. 무엇이 그리 재밌을까 싶어서 나도 삼국지를 펼쳐 들기도 했다. 그러나 그런 장편을 소화하기에 나는 조금 덜렁거렸고, 차분하지 못했다. 그러던 어느 날, 돈암동이었던 집 근처에 있는 동보극장이라는 재개봉관을 지나다 '레 미제라블Les Miserables'이라는 영화 간판이 걸려있는 걸 보게 되었다. 친구 중 한 놈이 진중한 눈빛으로 읽어 내려가던 그 '레 미제라블'인 것이 틀림없었다. 그 또한 책 두께 때문에 엄두도 내지 못했건만 영화로 본다면 얼마든지 봐줄 수 있을 것 같았다. 더구나 재개봉관에서 조조할인으로 보면 더없이 저렴하게 볼 수 있었다.

'레 미제라블, 기다려라.'

일요일 이른 아침, 늦을세라 끼니도 거른 채 첫 상영시간을 맞춰 집을 나섰다. 왜 그런지 영화란 것을 처음 보는 것처럼 자꾸만 마음이 설렜다. 친구는 부르지 않았다. 이미 책을 읽은 친구들이 이러쿵저러쿵하는 소리를 별로 듣고 싶지 않았다. 오롯이 혼자서 알고 싶었다.

볼 것이 없던 시절의 영화관은 언제나 인산인해人山人海였다. 더구나 전쟁 직후, 누구나 주머니 사정은 얄팍하기만 했다. 그래서인지 개봉관의 반값으로 영화를 볼 수 있는 재개봉관은 학생들에게 그냥 인기 있는 정도가 아니었다.

그래도 너무 이른 시간이어서 그런지 극장 안은 한산했다. 그래도 아는 사람이 없는지 극장 안을 대충 한 번 더 휘둘러보았고, 극장 안이 바로 어두워지자 자리에 털썩 앉아 영화가 시작되기를 기다렸다.

흑백의 영상 뒤에 들리는 대사는 영어인지 프랑스어인지 귀에 익숙하지 않았다. 그래서 화면 한쪽 세로줄로 달린 자막을 읽어나가며 열심히 내용에 집중하려 애썼다.

상영시간은 세 시간이 훌쩍 넘었던 것으로 기억한다. 파란만장한 장발장의 인생을 들여다보는 사이, 조바심이 났다가도 뭉클해지고, 다행이다 싶을 때 슬퍼지는 전개를 따라가다가 프랑스 대혁명과 마주치는 전율을 느끼느라 그랬는지 시간이 길게 느껴지지 않았다. 드디어 마지막 장면이었다. 장발장은 죽었고, 그의 무덤가에 가랑잎이 날린다. 그리고 그 싸늘한 배경 너머로 내레이터의 음성이 흘러나왔다.

"바다보다 더 넓은 것이 있다. 그것은 하늘이고,
하늘보다 더 넓은 것이 있다. 그것은 바로 인간의 마음이다."

영화는 끝났지만, 마지막 내레이션에 마음이 먹먹해져 일어날 수가 없었다.

'바다보다 넓은 것은 분명 하늘이다. 사람의 마음이 하늘보다 더 넓을 수 있을까?'

알 것 같으면서도 알 수 없는 그 말이 자꾸만 귓전을 울렸다.

'이대로 돌아갈 수 없다.'

결국, 마지막 상영시간까지 '레 미제라블'을 보고, 또 보았다. 그때는 지정좌석 제도가 아니었기 때문에 영화관을 나서지 않으면 같은 자리에서 같은 영화를 계속 볼 수 있었다. 몇 편을 더 보았는지는 모르지만, 종일 굶고 있다는 사실도 밤이 늦었다는 사실도 잊은 채 그 자리에 붙박이처럼 앉아서 다시 그 마지막 장면을 보기 위해 기다렸다. 나를 끌어당기고 있었지만 이해할 수 없는 말이었다.

'바다보다 더 넓은 것이 있다. 하늘이다. 하늘보다 더 넓은 것이 있다. 그것은 사람의 마음이라니…….'

밤이 깊어 마지막 상영이 끝나고 나서야 영화관을 나설 수 있었다. 그리고 계속 마음에 물음을 던지면서 집으로 돌아와야 했다.

어느새 자정이 가까운 시간. 영문도 모르고 밤이 늦은 시각까지 집에 들어오지 않는 아들 때문에 걱정이 되었던 아버지는 퀭해진 아들 얼굴을 맞닥뜨리자 기가 막혔다. 그리곤 걱정했던 마음이 버럭 화로 돌변했다.

아버지는 매를 가져오라고 하셨다. 어떤 이야기도 통할 것 같지 않은 그 단호함에 내 두려운 손은 회초리를 찾았다. 그제야 심하게 배가 고파오는 건 또 어쩐 일이었을까? 아버지가 조금만 내 사정을 들으려 했다면 말할 수 있었을 텐데, 내가 어떤 걸 보고 왔는지를……

그렇지만 끝내 아버지께 그 마음을 이야기하지 못했다. 그리고 내 두 종아리는 배가 '꾸루룩꾸루룩' 고픈 신호를 보내오는 것도 외면한 채 벌겋게 달아오르기만 했다. 그렇게 '레 미제라블'의 그 마지막 울림을 가슴에 담게 되었고, 앞날의 지표로 삼았다.

그 후, 60여 년의 세월이 흘렀다. 링컨의 게티즈버그^{Gettysburg} 연설문과 함께 그 내레이션은 아직도 내 가슴 깊은 곳에 새겨져 있다. 그 세월, 늘 나와 함께 하며, 에너지의 근원이 되기도 했던 그것.

최근에서야 미국인 지인을 통해 영어로 번역된 '레 미제라블'을 보게 되었다. 책을 받자마자 마지막 대목을 찾아 짚었다. 내 가슴의 문구가 의심할 것 없이 그 자리에 적혀있었다.

"There is a prospect greater than the sea, and it is the sky;
There is a prospect greater than the sky, and it is the human soul."

부모님의 교육

내가 '레 미제라블'에 그렇게 빠져들 수밖에 없었던 것은 유년시절부터 어머니에게서 배운 가르침 때문이었을 것이다.

일제 강점기와 6·25전쟁이 지나갔다. 모두가 가난한 시절이었다. 그런데도 그 가난한 집에 걸인이 문을 두드렸고, 스님이 시주를 받기 위해 문을 두드렸다. 그래도 어머니는 장남인 내 손에 콩 한 줌, 보리쌀 한 줌이라도 들려서 바가지를 채우게 했고, 시주를 하게 했다. 피난 중일 때도 어머니는 늘 그렇게 하셨다. 그것을 받은 사람들은 고마움과 기특함에 내 머리를 연신 쓰다듬어주곤 하였다. 감동을 잘 받는 소년이었던 나는 그 칭찬이 너무 좋았다. 또한, 베푸는 것이 기쁨으로 보답한다는 것을 배우게 되었다.

나의 어머니는 그 당시 여느 어머니들과 다르지 않게 많이 배우지 못하고 성장하셨다. 그러나 요즘 자녀를 기르는 학식이 높아진 어머니들보다 분명 현명한 분이셨다. 먹고 사는 것에 전념하느라고 자칫 가정교육에 게으를 수도 있던 시기였다. 그래서 사실 어머니가 자녀에게 이론적인 학습을 시켜주기는 쉽지 않았을 것이다.

그러나 과거로부터 내려오는 유교적인 사상은 꼭 이론이나 책으로만 배울 수 있는 것은 아니지 않은가. 대대로 선조 때부터 우리 정신에 깃들어 있는 것이기 때문에 이를 몸소 실천하는 것을 보여주느냐 그렇지 않느냐가 자녀들에게 교육적인 작용을 했을 것이다.

어머니는 늘 어른과 부모를 공경할 줄 알고 친구와 이웃에게 배려하고 아무리 가난해도 서로 나누는 기쁨을 가르치셨다. 내가 옆집 아이와 싸워도 나를 혼내며 양보하는 것이 미덕이라고 하셨다. 그렇게 저절로 친구와 화해하고 화합하는 것을 배웠다. 나아가 사회와 회합하는 법을 배웠다고 해도 맞는 말일 것이다. 그런 따뜻한 교육을 받고 자란 것을 항상 감사하게 생각했다.

어머니께서 부드럽게 보듬어주는 교육을 하셨다면, 아버지께서는 강직하고, 엄격하게 나를 가르치셨다.

중학교 2학년 무렵의 이야기다. 하루는 다음 날 친구 집에 가기로 약속하고 잠자리에 들었는데, 이튿날 깨어보니 아침부터 장대 같은 비가 퍼붓는 것이었다. 그 바람에 친구 집에 가는 것을 포기하고 그냥 다시 자던 이불 속으로 들어가 잠을 청하려 했다. 그러자 친구와의 약속을 알고 계셨던 아버지는 크게 화내며 나를 일으켜 세워 회초리로 꾸중하셨다. "남아일언중천금男兒一言重千金이라고 하였다. 지키지 못할 약속이면 입에서 꺼내지도 말거라."

뜻밖의 상황에 당황했지만, 아버지의 말씀이 가슴에 박혔다. 그리고 그 후, 누구와의 약속이든 반드시 지키는 습관을 가지게 되었다.

아버지는 늘 삼강오륜과 언행일치의 가훈을 잊지 않도록 당부하셨다. 친구들이 집에 놀러 와 있어도 나를 혼낼 일이 있으면 그에 개의치 않고 회초리를 들기도 했다. 오늘날 아버지가 되고, 할아버지가 된 나로서는 그보다 큰 가르침도 없었다고 회상하곤 한다. 더구나 당시 장남의 교육은 아끼는 만큼 엄격해야 했을 것이다.

이 세상의 맏이들은 모두 공감하겠지만, 나도 어릴 때에는 두 살 어린 남동생에게 종종 샘을 냈다. 그런데 어느 날은 잠결에 부모님께서 나에 대해 나누는 이야기를 엿듣게 되었다.

"철진이가 종손인데, 두 살 때 어린 동생을 보았기 때문에 너무 일찍 젖을 떼어 그런지 아우에게 양보심이 부족하여 근심입니다."당시에는 오늘날처럼 모유를 대체할 만한 분유나 우유가 없었기 때문에 아이가 젖을 뗀다는 것은 크게 성장했다는 것을 의미했다.

"아직 어려서 그런 것이니, 이해합시다."

어머니의 나지막한 우려의 목소리에 아버지는 그렇게 답하셨다. 짧지만, 그 대화 속에 나를 걱정하고 사랑하는 마음이 느껴졌다. 그 후에도 우연히 부모님이 나에 대해서 의논하는 이야기를 듣게 될 때면 나도 모르게 귀가 쫑긋해지고, 내 행동을 뒤돌아보게 되었다.

결국, 부모님의 가장 큰 교육은 사랑과 관심이었고, 나를 훈계하는 것은 그것을 엄하게 표현하는 것일 뿐이었다.

'데이비드 스완David Swan'-인연과 기회

확실한 시기는 알 수 없으나, 고등학생 시절 한창 대학입학 시험준비를 하던 무렵으로 기억한다. 당시는 딕슨Dixon 북 시리즈가 꽤 유명했는데 그중에 '주홍글씨'와 '큰 바위 얼굴'로 유명한 '나다니엘 호손Nathaniel Hawthorne'이 지은 "데이비드 스완"이라는 단편소설을 감명 깊게 읽었다. 몇 번이나 책이 닳게 읽었는지 오래전에 봤던 책인데도 아직 그 줄거리를 기억하고 있다.

'데이비드 스완'은 미국 남부의 중농가정에서 태어나 아버지의 농사일을 도우며 20세의 건실한 청년으로 자라게 되었다. 그런데 하루는 문득, 그가 이대로 삶에 젖어 있다 보면 대대로 농부의 삶을 천직으로 생각하고 살아온 집안 내력을 물려받아 그 또한 아무런 변화 없는 삶을 이어나가리라는 것을 깨닫게 된다. 그리고 그보다 더 나은 자아를 찾기 위해 부모님 몰래 고향을 떠난다.

새로운 일자리를 얻기 위해 거리를 걷고 걸어야 했다. 때는 여름날이어서 더위에 지치고, 목이 마르던 차에 마침 샘터를 발견하게 된다. 그는 그 샘터에서 목을 축이고는 그동안의 피로를 이기지 못하고 샘터 옆의 나무 아래에서 단잠에 빠져들고 만다.

그가 잠에 빠져 있는 사이, 나이 지긋한 부잣집 노부부가 마차 바퀴의 고장으로 잠시 그 샘터에 머무르게 되는데, 세상 모르고 잠이든 데이비드를 지켜보게 된 노부부는 그가 죽은 아들과 닮은 것이 신기해서 그가 깨면 자기들 양자로 삼겠다고 결심하게 된다. 그런데 마차가 다 고쳐졌다고 하인이 갈 길을 재촉하자, 그에 정신이 들었는지 노부부는 그냥 돌아서게 된다. 그런 줄도 모르고 아직 단잠에 빠진 데이비드에게 다음으로 그 지역 최고 상인의 딸인 어여쁜 처녀가 다가와 앉게 된다. 그녀는 그에게 반해 이 사람과 결혼하겠다면서 그가 깨기만을 기다렸다. 그러나 그가 좀처럼 깨지 않자, 그녀 역시 가던 길을 가버리고 말았다. 잠시 후, 지나가던 2인조 강도가 잠든 데이비드를 발견한다. 그리고 그가 베고 자는 배낭에 돈이 들어 있을 거로 생각한 강도들은 데이비드를 돌로 때려죽이려고 했다. 그런데 그때 마침 개 한 마리가 짖으면서 데이비드가 있는 쪽으로 달려오자, 그들은 도망을 가버린다.

그리고 곧 잠시나마 깊은 잠에 묻혀있던 데이비드는 깨어나, "아! 한숨 잘 잤다." 하면서 다시 배낭을 둘러메고 가던 발걸음을 재촉한다.

이 글을 읽으면서 나를 데이비드에 비춰보고 지나쳐가는 내가 모르는 수많은 운명과 기회에 대해서 생각해 보게 되었다.

'만일 노부부가 양자로 삼겠다고 했을 때 데이비드가 눈을 떴다면 어떻게 되었을까? 그리고 강도가 그를 죽이려 했을 때 개가 짖지 않았으면 어떻게 되었을까?'

사람의 운명이란 잠이 들건 깨어 있건, 행운과 불운이 겹치거나 교차하면서 늘 우리 주변을 맴돌고 있다는 것을 깨닫게 되었다. 그리고 분명 그런 운명들은 데이비드가 집을 떠나겠다는 결심에서부터 발원한 것이니, 화살같이 지나가는 그 운명들도 결국은 개인의 순간순간 예지능력과 판단능력에 따라 좌우될 수 있다는 것도 느꼈다. 이 가르침 역시 내가 성장해서 운명의 갈림길에 서 있을 때마다 지표 역할을 해주었다.

3

대학, 진로

4·19혁명

고등학교에 진학하고 나서도 핵물리학자가 되겠다는 의지는 식지 않았다. 그 목표를 위해 열심히 공부했다. 그런데 고3이 되자마자 3·15부정선거로 주변이 시끄럽기 시작했다. 처음에는 이에 반발하여 지방에서부터 반정부 민주화 시위가 일어나고 있었지만, 나는 한동안 그것이 어떤 사건인지도 모르고 있었다.

그리고 한 달쯤 지나서 충격적인 비보悲報를 듣게 되었다. 마산에서 시위에 참여했던 김주열이라는 학생이 경찰이 던진 수류탄이 눈에 박힌 채, 처참한 모습으로 바다에 버려졌던 것이다. 그는 이제 막 고등학교에 입학한 1학년생이었다.

당시 초대 대통령이었던 이승만 정부는 이를 공산주의와 정치적 야심가

들이 '젊은 청년'들을 꼬여 만들어낸 시위라며, 앞으로 그와 같이 정부에 반항하는 시위를 할 경우 정부에서 무력을 동원해서라도 가만두지 않겠다는 입장을 발표했다.

이에 학생들은 분개했고, 선생님들의 협조를 받아가며 교장실 창문 커튼을 떼 내어 "민주주의 사수"와 "무저항주의 데모"라는 현수막을 만들었다. 그리고 1960년 4월 19일, 우리는 시위대를 꾸려 질서정연하게 경무대^{현재의 청}와대를 향해 돌진한다. 우리뿐만이 아니었다. 대학생과 고등학생들로 구성된 시위대들이 수도권뿐 아니라 지방에서도 합세하여 거리로 쏟아져 나오고 있었다.

우리 시위대가 도착했을 때 경무대 앞은 이미 아수라장이었다. 50여 미터 앞이 경무대였지만, 그 앞은 시위대가 넘어들어올 수 없게 헌병들과 경찰병력이 지름 1m가 넘는 상수도관을 가져다 도로를 가로막았고, 바리케이드까지 쳐놓은 상태다.

"3·15 부정선거, 다시 하라! 이승만 정권은 물러가라!"

구호를 외쳐대던 시위대들은 경무대를 진입하기 위해 더욱 과격해졌고, 경찰은 그런 시위대에게 최루탄을 던졌다. 그러나 최루탄 가스가 바람을 타고 시위대뿐 아니라 경찰대에도 번지고 있었다.

이를 기회로 시위대 일부가 자신들을 향해 물대포를 쏘던 소방차와 전차를 탈취하여 경무대 앞에 설치된 바리케이드를 향해 돌진한다. 그 와중에도 새로운 시위 군중이 합세하여 들어오느라고 내자동^{종로구. 청와대 입구 쪽 동네 이}름 쪽 퇴로도 막혀있는 상황이다. 진퇴양난 속에서 유일하게 고교생들로 구성된 우리 시위대는 어디로 가야 할지 모르고 도로 한복판에 정렬한 채 앉아 있어야 했다. 이때 대학생들은 흩어져 무질서한 상태였다.

대학생들 무리에 있던 고교 선배가 급하게 우리 대열로 다가와 진두지휘하고 있는 나를 부른다.

"지금 들어가야 해. 바리케이드를 뛰어넘자."

"선배, 이 상태에서 더 이상 전진하는 것은 불가능해요."

"너희는 그럼 여기 뭐하러 온 거야?"

"우린 시위를 하러 온 거지, 전쟁하러 온 게 아니에요. 이러다 더 위험해져요."

흥분이 고조된 그들의 눈빛으로 시위대가 위험해졌다는 것을 깨달았다. 그리고 최루탄 가스가 만든 연무 사이로 시위대가 소방차로 바리케이드를 부수는 것이 보였다. 그리고 총성이 들렸다.

경무대 쪽을 보니 무장한 경찰관들이 방독면을 쓴 채 시위대에 총을 난사하며 달려오고 있다. 바리케이드를 넘었던 시위대들이 총알을 피해 달아나고 있었고, 경찰은 그들의 등 뒤를 거칠게 내리친다. 나는 잠시 이 광경에 놀라 움직이지도 못한 채 가로수 옆에 서 있었다. 그 사이 옆에 있던 대학생들은 흩어졌고, 그중 한 명이 경찰이 쏜 총에 맞았는지 배를 움켜쥐며 주저앉고 있었다. 그의 셔츠 위로 붉은 핏물이 번진다. 군중은 대피하기 위해 경복궁 쪽 관저들의 차고를 향해 돌진했고, 그 육중하던 차고 문이 부서지며 대피소로 바뀌었다. 순간 나는 차고로 도망치기보다는 도로 한복판에 있는 동료들 쪽으로 가는 것이 마땅하다고 생각했다.

"모두 엎드려, 고개 들지 말고 엎드리라고!"

동료들이 앉아있는 효자동 대로 가운데 대열을 향해 달려가며 외친다. 그리고 동료들과 함께 바닥에 납작 엎드려 총성이 들리는 반대편을 향하여 엉금엉금 기어가기 시작했다. 그렇게 얼마를 지났는지 빗발치던 총성이 잠시 멈추었다. 그러자 우리도 이동을 잠시 멈춘다. 나는 무리의 맨 앞쪽에 있었기에 먼저 고개를 들어 주변을 살폈다. 그때 방독면을 쓴 경관과 내 눈이 마주친다. 긴장감에 몸이 굳었다. 뒤에 동료들은 아무것도 모른 채 여전히 거북이 자세를 하고 어떤 동요도 하지 않는다.

그런데 경관은 손에 들린 지휘봉을 들고 우리를 향해 돌아가라고 손짓을 하는 것이 아닌가. 방독면으로 얼굴이 가려진 경관의 표정은 알 수 없었으나, 그의 손짓은 더 이상의 희생을 바라지 않는 동족 간의 안타까움이 묻어 있었다.

나는 그의 손짓에 답하듯이 소리친다.

"모두 일어나, 토껴~. 학교로 돌아가자!"

그리고 우리는 때를 놓칠세라 일어나서 빠르게 퇴각한다. 그러면서도 나는 좀 전에 총에 맞아 쓰러진 대학생을 그냥 두고 갈 수가 없어 길가에 누워 있던 그를 둘러업고 당시 국학 대학이 있던 적선동 쪽으로 뚫린 차도를 향하여 뛰었다. 가는 쪽으로 조그마한 간이 의원이 보인다.

"선배, 조금만 참아요. 의원이 있어요."

다행이라는 마음으로 건물의 문을 열었지만 이미 그곳은 환자로 넘쳐나고 있었다. 그곳 간호사들은 이런 혼란에 놀라 비명을 지르며 당황해 했다. 그리고 "이곳에서는 치료가 불가능해요. 저… 큰 병원으로 가세요."라며 무척 신경질적으로 사람들을 밀어내기 시작했다. 그러나 성난 시위 대원들은 간호사의 말이 떨어지기가 무섭게 괴성을 지르며 병원의 기물들을 닥치는 대로 때려 부쉈다.

간호사의 말대로 그곳은 큰 상처를 치료할 만한 곳이 아니었다. 그러나 시위대는 이미 스스로를 통제할만한 능력을 잃은 듯 보였다. 어쩔 수 없이 다른 병원을 찾기 위해 다시 길로 나서는데 군용 지프 한 대가 시위 군중 사이를 비켜 지나가는 것이 보였다. 그러자 대학생 몇이 빠르게 달려 지프 앞을 가로막는다.

"잠깐, 잠깐 차 좀 세워요. 여기 급한 환자가 있어요. 제발 도와주세요."

다친 동료들을 위해 군용 지프라도 잡아야 하는 그들의 심정은 다급하기만 하다. 그러나 시위대를 저지하기 위해 투입된 지휘 차량이었으므로 운전병이 그를 태워줄 리가 없었다. 이에 화가 난 대학생 한 명이 지프에 올라타더니 운전병을 끌어내어 구타하기 시작했고, 다른 학생들은 옆에 있던 사령관을 끌어내린다. 그 자리에 환자들을 실었는데, 나도 등에 업힌 선배를 거기에 태웠다. 몇몇 호위 대학생이 지프에 따라 탔다. 그리고 흰 셔츠를 찢어 피를 묻힌 후 깃발처럼 휘두르며 내자동 삼거리를 향하여 달려간다.

나는 이 일을 도와 쫓아다니느라 우리 동료들의 행렬을 따라가지 못했다. 그 행방을 찾느라고 지나온 길을 되돌아 내자동 삼거리까지 뛰어가 보았지만 매운 최루 가스가 눈을 찌를 뿐, 무질서한 시위군중이 서로 뒤엉켜 앞을 보기 어려웠다. 그래도 계속 두리번거리면서 무리를 찾았다. 그들이 안전한지가 걱정이었다. 그러다가 한국일보사 언덕으로 한 무리의 학생들이 질서정연하게 뛰어가는 것을 보았다. 동료들이었다. 반갑고, 쓰라린 마음이 스친다. 그리고 따가운 눈을 비비며 한국일보를 지나 혜화동 쪽 학교를 향하여 뛰기 시작하였다. 그런데 돌아가는 길에 운현궁 뒤편으로 가옥 하나가 불타고 있는 것이 보였다.

'이제 겨우 지옥을 빠져나왔나 싶었는데 이게 무슨 일일까?'

길 위에서 사람 하나를 붙잡고 물어보았다.

"아저씨, 무슨 일이에요. 저기 불이 났어요?"

"그래, 불났다. 저기가 자유당의 정치깡패 이정림의 집이란다."

그러면서 그는 당해도 싸다는 눈빛으로 불난 집을 한 번 쳐다보더니 제 갈 길을 가버렸다. 그 난리 속에서도 가재도구를 마구 부수고 무엇인가 들고 달아나는 사람들이 있었다. 혜화동 파출소도 불타고 있었다. 먼발치에서 보이는 광경은 참으로 혼돈 속의 혼란이었다.

동료들이 와 있을 것이라 믿고, 학교 교정에 들어서 보았다. 그런데 학교는 쥐새끼 한 마리도 없는 듯 조용하기만 하다. 그래도 몰라서 교실에 들어가 보았다. 그러나 시위에 참여한 친구들은 한 명도 보이지 않았다. 대신 거기엔 시위에 참여하지 않은 친구 녀석 한 명이 공부하고 있었다.

"야, 너 여기서 이러고 있으면 어떡해? 여기 있다간 맞아 죽어. 지금 당장 집으로 가든가 다른 곳으로 피해. 어서!"

소리를 지르며 그를 내쫓았다. 그러자 친구는 나와 눈도 마주치지 못하고 가방을 챙겨 달아난다.

4·19 이후, 계엄령이 선포되었고, 학교엔 휴교령이 내려져 모두 집에서 쉬게 되었다. 게다가 신문과 라디오를 매체로 하던 언론도 정부의 통제를 받게 됐다. 바깥소식은 영 안갯속이었고, 사람과 사람의 입을 통하여 구전되는 뉴스는 어느 것이 유언비어이고 어느 것이 진실한 소식인지 판단을 할 수가 없었다. 그 흉흉함 때문에 담임 선생님께서는 제자들이 안전한지 직접 확인하기 위해 가정방문을 다니셨다.

李大統領 卽時 下野이 대통령 즉시 하야토록

國會국회

再選재선·改憲개헌·民議員 選擧민의원 선거

時局收拾 決議시국수습 결의 滿場一致 可決만장일치 가결

　　　　　　　　　　　　　　　　　-1960.04.27. 동아일보

　드디어 4월 26일, 이승만 대통령이 자진하여 대통령직에서 사퇴하였고, 3·15 부정선거로 부통령에 올랐던 국회의장 이기붕은 관직을 사임하고 가족 전원이 자살하였다. 그로써 정국은 안정을 되찾기 시작했다. 그리고 윤보선 대통령을 필두로 한 내각책임제 하의 새로운 '장면' 정부가 들어서게 된다.

　이후, 혼란스런 사회의 질서 잡기에 대학생들이 앞장섰다는 언론의 찬사가 이어졌다. 그러나 당시 고3 학생의 눈으로 바라본 것은 그게 다가 아니었다. 개인은 군중심리에 휘둘려 본래의 의도를 망각했고, 시위는 시위로 끝나는 것이 아니고 무법천지를 만들었다. 그러한 무법천지에서는 누가 나쁜 사람이라고 낙인만 찍히면, 해명의 기회도 주지 않은 채 즉시 응징하려 했고, 그 폭력성은 곧바로 방화나 약탈로 이어졌다. 그리고 군중 속엔 항상 바람직하지 않은 사람들이 있어 자신의 작은 이익을 위해 사회혼란과 질서 파괴를 더욱 부채질했다.

　그러나 그것은 오히려 작은 문제였다. 이승만 정권이 백기를 들고 장기집권을 포기한 것은 진정한 민주화를 바랐던 젊은 학생들과 민중의 외침 때문이었다. 그런데 바뀐 정권은 이에 부응하지 못했다. 당시 신구新舊 세력으로 나뉘어 결속력도 없던 민주당이 거의 무임승차하다시피 하여 집권을 한 상황이었기 때문에 정부는 무기력하기만 했고, 개혁의 의지마저 없어 보였던 것이다.

다음 해, 대학에 입학해서 교수님들에게 들은 것은 강의보다는 나라의 근심스러운 이야기가 주를 이루었다. 지난 4·19의거에 참여했던 학생들도 대부분 불안한 시국을 걱정하기는 마찬가지였지만, 별다른 방법이 없었으니 그저 묵묵히 자기임무에 충실하며 강의에 열중할 뿐이었다. 그러나 각계각층에서 민주화를 요구하는 운동은 끊이지 않았고, 일부 과격 대학생들은 판문점을 향해 질주하고 남북통일을 외치며 정치참여를 시도하기도 하였다. 이는 나라를 더욱 혼란스럽게 만들었고, 그 결과 5·16 쿠데타라는 역사적 사건을 만들고 말았다.

그로부터 40여 년의 세월이 흘러 지난 2004년 4·15 총선을 전후한 촛불시위와 여러 시위 행동들을 지켜보면서 그 당시와 달리 시위의 방법은 많이 개선되었고, 시민의식 또한 성숙해졌음을 느꼈다. 그래도 경험자로서 정말로 우려되는, 아슬아슬한 위기를 잘 모면했다는 안도감은 지울 수가 없다.

정치인 중 진정으로 안정과 평화를 갈망하는 조용한 대다수는 무시한 채 자기 자신과 정당의 정치 목적달성을 위하여, 나라와 국가의 안위나 발전은 뒤로하고 일부의 목소리 큰 사람들을 앞세워 여론을 이끌어가는 이들이 있다. 그러면 또 일부 국민들은 그 너머를 보지 못하고, 공정한 판단을 하기보다 그대로 받아들이고 흥분하여 따라간다. 그것이 우리의 민주주의 수준이기도 하다. 홍수가 나면 한강이 일시적으로 범람하지만 결국 시간이 지나면 반드시 제자리를 찾는 법. 나라와 국민을 위하여 멀리 보고 진정한 정치를 펴야 참으로 자기 자신은 물론 자기를 따르는 조용한 다수의 국민을 위하는 것이라는 사실을 깊이 생각해 볼 일이다.

눈앞의 이익을 위한 자기 정당화보다는 무엇이 진실이고, 부끄럼 없는 일
인가를 판단하여 역사에 흠 없는 정치 풍토를 만들기를 바랄 뿐이다.

한양대학교 기계공학도 가장이 되다

4·19혁명 이후, 꾸준하던 미국 퍼듀대학 교수님과의 교신도 끊어지고,
지난날의 충격 때문인지 좀 멍해진 기분으로 고3 시절을 보내야 했다.

입시철, 소원하던 서울대학교 물리학과를 선택하고 시험을 치렀지만 낙
방하고 말았다. 당시 아인슈타인을 따르고 싶어 하는 인재들이 유독 그 해
물리학과에 많이 지원한 것도 원인이었으리라고 속으로 위로해 보았다. 그
러나 그동안 영어공부를 열심히 하고, 핵물리학자가 되겠노라고 다짐했던
날들이 잠시 우스워지는 것 같기도 했다.

"중학교 1학년 때부터 오직 거기만 가겠노라 노래를 불렀는데……."

그렇게 툴툴거려봐야 소용없는 일이었다. 아버지께서는 크게 낙심한 장
남의 모습을 보면서도 말씀이 없으셨다. 다만 후기대학을 잘 치르기만을 바
라는 눈치셨다. 나는 부모님의 뜻대로 후기시험을 치렀고, 한양대학교 기계
공학과에 합격했다. 대학에 들어갔지만 원하는 서울대학교에 진학하지 못했
던 것이 계속 마음에 걸렸다. 그래서 아버지께서 반대하셨지만, 마음속으로
는 재수를 결심하고 있었다.

머리가 굵어진 아들은 고집과 뜻을 꺾고 싶지 않았다.

"꼭 서울대학교에 가고 싶어요, 아버지! 1년만 더 공부하겠습니다."

아버지께서는 도통 말을 들으려 하지 않는 아들을 바라보다가 결심했다는 듯 말씀하셨다.

"그럼, 좋다. 재수하거라. 대신 한양대학교 기계공학과는 등록해. 놀면서 재수하는 것은 안된다."

간결한 말투였다. 그동안 권위적인 아버지셨는데 이번만큼은 회유책을 쓰기로 하신 거다. 아버지는 장남의 미래가 중요했다. 재수한다고 해서 다음 해에 서울대에 꼭 합격하리라는 보장도 없지 않은가. 앞날은 또 어찌 바뀔지 모르는 일이었으며 아버지 자신도 건강이 좋지 않았으니, 일제 강점기와 6·25전쟁을 치러내며 가정을 지킨 가장으로서 그것은 현명한 처신이 아닐 수 없었다.

당시 아버지는 6·25전쟁이 끝나고 '중앙통운'이라는 운송업을 하시다가 정리하고, 청과물 사업에 뛰어드셨다. 와세다 대학 출신인 이모부를 신임하셔서 함께 사업을 추진하였는데, 서울역 쪽의 청과물 시장을 인수해서 사업을 확장하면 좋을 것 같다는 이모부 의견에 아버지는 전 재산을 투자해서 사업을 진행하고 계셨다.

그러나 뜻하지 않게 4·19의거와 이듬해 5·16 쿠데타로 인한 정치적 변화로 판로뿐 아니라 인맥들마저 모두 잃게 되면서 사업은 파국을 맞는다. 수년 간 공들여온 사업이 수포로 돌아간 충격은 아버지를 병상으로 끌어내렸다. 아버지의 병환은 나날이 깊어져 갔고 결국은 내가 대학교에서 1년을 채 보내기도 전에 돌아가시게 되었다.

아버지 말씀을 따라 한양대학교 기계공학과에 등록하였지만, 아버지의 갑작스런 부재로 재수보다 가장으로서 집안 정리에 바빴던 탓에 1학년과 2

학년 때는 수업도 듣지 못하고 시간만 허비하게 되었다. 그러는 사이, 아버지의 뜻대로 덕수중학교상업고등학교에 진학했던 아래 남동생은 졸업 후에 나보다 먼저 사회에 나가게 되었다. 동생은 야무졌다. 입사한 한국제지로부터 신망을 받으며 근무했고, 학업을 놓지 않으려고 동국대 야간대학에 진학했다. 그에 비해 나는 철이 없었는지도 몰랐다.

그러던 대학 2학년 가을 무렵, 나는 심한 독감에 걸리게 되었고 그게 더 심해져 급기야 의식을 잃고 쓰러지기에 이르렀다. 그때 꿈속에서 돌아가신 아버지가 강둑에 배를 하나 잡아놓고 나를 기다리고 계셨다. 아버지는 아무 말이 없었다. 나는 아버지가 반가워 손을 잡았고, 배를 같이 탔다.

"가자."

그제야 아버지는 짧은 한마디를 하고, 모든 게 준비가 되었다는 듯 노를 젓기 시작하셨다. 배가 움직이고, 어느덧 강 건너편에 닿으려고 할 때였다. "철진아!" 누군가 나를 흔들어 깨우는 소리가 들렸다. 내가 깨어난 곳은 명동에 있는 가톨릭병원 침상 위였다.

"급성 간염입니다."

의사의 진단 내용이었다.

그리고 그곳에 한 달간 꼼짝 못 한 채 입원을 해야 했다. 머리가 아팠다. 아직 병중이었고, 그 막막한 가운데 육군에서 영장이 나왔다. 어차피 대학 1~2년을 허송세월한 터라 이왕 이렇게 된 것, 일단 군 복무를 마치며 제정신을 차릴 시간을 벌자고 생각했다.

의사에게 영장을 보여주자, "회복되지 않은 채 군대에 가면 죽습니다. 소견서를 써줄 테니까 연기하세요." 하며 말린다. 의사의 말에 어머니는 장남마저 잃게 될까 봐 노심초사하셨다. 그래서 주변 사람들에게 어찌해야 좋을

지 의견을 물으러 다니시는 것 같았다. 이에 대전 사는 누님이 어머니에게서 그 이야기를 듣고, 육군보다는 덜 험할 터이니 공군으로 입대하라는 전갈을 보내왔다. 나는 살 수 있는 방법을 택해야 했고, 누님의 조언대로 공군 사병 시험을 치르게 되었다. 몸이 어느 정도 낫자, 곧 휴학을 하고 공군에 입대하게 되었다.

당시 집안 사정은 어려웠다. 재산은 남아있지 않았고, 당장 집도 얻어야 했다. 아직 군에 입대하기 전인 어느 날, 그런 집안 사정을 알고 있던 아버지 친구분이 우리가 걱정되었는지 집으로 찾아와 앞으로의 계획을 물으셨다.

"철진아, 너 아직 몸도 성치 않은데 집까지 이 모양이구나. 집을 어떻게 할 거냐?"

어르신은 세상을 등진 친구에 대한 연민과 갑자기 가장이 된 그 아들에 대한 걱정으로 잠시 목이 메이는 것 같았다.

"전세라도 얻어놓고 입대해야지요."

"세 얻을 돈은 있고?"

"네, 그 정도 변통은 가능할 것 같아요."

"그래? 그럼 그러지 말고 금호동 쪽으로 가봐라. 시내에서 세 얻는 돈 정도면 집을 살 거야. 그리고 한양대가 그쪽이랑 가깝지 않니? 지금 그런 곳이라도 집을 사두지 못하면 인플레^{Inflation}가 심해서 졸업쯤에는 사글세도 못 구할 거야."

그분의 조언대로 금호동에 가 보았다. 그곳은 정부가 상이군인을 위해 지어준 판잣집 재활촌이 들어서 있었다. 그리고 그 주변으로 액세서리 세공 단지가 발전되어 있어서 앞으로 땅값이 오를 것이 당연해 보였다. 우리 가족은 전세 돈으로 거기에다가 대지 120평에 건평 열두 평이 되는 판잣집 아닌 판잣집을 한 채 살 수 있었다.

군대 갈 때쯤 동생이 대학을 졸업했다. 나를 대신해서 어머니를 보살피고, 집을 지킬 사람이 있다는 것에 마음이 놓였다. 그러나 동생은 그 집을 싫어했다. 마당은 넓은데 집은 작고 허름하니까 친구를 그 집에 들이는 것도 창피해했다. 내가 군대에서 신병훈련을 받는 사이에도 동생은 집을 팔자는 내용의 편지를 보내왔다. 난 갑자기 철없이 구는 동생을 이해할 수 없었고, 안 된다고 반대했다.

그렇게 한 해가 지나고, 그다음 해 여름. 서울에 홍수가 났다. 금호동 역시 물이 범람해서 집에 물난리가 났다는 전보가 왔다. 집에서 고생하고 있을 가족을 생각하니 걱정이 되었다. 그러나 공군 졸병 처지에 당장 집으로 달려갈 수는 없었다. 동생은 애가 탔는지 '지금 당장 집을 팔아야 한다.'는 내용의 편지를 보내왔다. 나는 곧 휴가 갈 테니 그때까지만 기다려 달라고 답장을 보냈다. 그러다 겨우겨우 휴가를 내어 집에 가 보니 과연 산에서 허물어져 내려온 토사로 하수도가 막혀있고, 집안 곳곳이 말이 아닌 상황이었다.

"형, 봐. 이렇다고. 내가 진작 이사 가야 한다고 했잖아."

동생은 휴가 나온 내 안부를 묻기보다 자신의 억울함을 토로하는 것이 우선이었다.

"고생이 많았다. 정말 네 말대로 이대로는 안 되겠다."

집을 산 지 1년 반쯤 지난 무렵이었다. 그런데 그사이 그 집값이 무섭게 올라 본래의 다섯 배나 넘는 가격에 거래되었다. 대지가 넓은 탓에 집값은 앞으로 더 오를 추세였다. 그러나 '제대할 때까지만 기다려 주면 한밑천 만들겠는데…….' 하는 아쉬운 마음을 접어야 했고, 그 집을 팔아 이득이 난 만큼 금호동 신축 한옥으로 이사를 했다.

그리고 3년간 공군 생활을 했다. 제대하고 나오니까 재수도 틀렸고, 가장으로서 살길을 살아야겠다고 생각했다.

4

공군입대

여대생들과의 크리스마스 파티

1963년, 공군에 입대해서 오산에서 근무하게 되었다.

그곳은 한국군과 미군의 합동 기지로, 한·미 공군 화물기가 도착하면 승객과 화물을 나르는 터미널이었다. 그곳을 중심으로 서쪽 끝에는 미 공군 카운터가 있고, 동쪽 끝에는 한국 카운터가 있었다. 그리고 한국군의 숙소가 산 위쪽에, 미군의 숙소는 산 아래쪽에 배치되는 식으로 서로 분리돼 있었다.

12월 어느 날, 내무반장인 하사관이 만면에 미소를 지으며 슬그머니 나를 불렀다.

"너, 외출 시켜줄 테니까 서울에 좀 다녀와!"

"무슨 일이십니까, 하사관님?"

무슨 영문인지는 몰랐지만, 명령치고는 너무 부드러운 말투에 나도 모르게 긴장을 풀고 같이 웃었다.

"아~주, 중요한 임무를 너에게 맡기려고 한다."

하사관은 좀 전과는 다르게 아주 엄숙하고 조용하게 말소리를 낮췄다. 속으로 '이게 무슨 일일까?' 싶어 미간에 힘을 모으고, 하사관의 말소리에 집중하려 했다. 그러나 곧 그것이 작전 명령이나 비밀 지령이 아니라는 것을 알고 이내 얼굴을 폈고, 한편으로는 '어떡하지?'라는 생각에 좀 당혹스러운 표정을 드러내 버렸다.

"네?"

하사관은 내 반응은 무시한 채 '너는 왠지 잘해낼 것 같아.'하는 표정으로 빙그레 웃었고, 이번에는 목소리를 높여 명령하였다.

"여자들을 우리 인원수에 맞게 구해 오도록. 날씬한 여대생이어야 하고, 마땅한 장소도 구해야 한다. 알았나?"

"아, 알겠습니다. 하사관님."

하사관은 이번 크리스마스를 특별하게 보내고 싶다고 했다. 우리 내무반 터미널 직원만 모여서 따로 서울에서 파티하자는 것이다. 물론 수컷 냄새나는 남자들만 모여서 파티를 하면 무슨 재미가 있겠냐며 이왕 하는 거, 예쁜 아가씨들과 멋있고, 건전하게 보내잔다. 내가 서울에서 여대생들을 구해오고, 장소를 확보해 오기만 하면 하사관은 파티를 할 수 있도록 물품 지원을 완벽하게 해주겠다는 것이다.

그는 결혼 적령기가 조금 넘은 노총각이었고, 직업군인을 선택한 처지였다. 서울에서 대학 다니다 온 놈이 자기 졸병으로 왔으니, 이번에 그 덕 좀 보자는 심사였다.

"그리고 말이야, 그 일 제대로 못 하면 다시 돌아올 생각하지 마라."

하사관은 말에 쐐기를 박고는 미리 끊어 둔 외출증을 손에 쥐여주면서 바로 짐을 챙길 것을 재촉했다. 그때만 해도 이런 것이 통용되던 때였다.

명령대로 서울을 가기 위해 버스를 탔다. 알겠다고 대답은 하고 나왔지만 여섯 명이나 되는 대학생 여자들을 어디서 구해야 할지 막막했다. 그리고 장소는 또 어떻게 하지? 그런 생각들을 하느라고 서울 가는 동안은 잠깐이었다. 그래도 그 시간 동안 스치는 생각 하나를 잡을 수 있었다. 마침 ROTC로 나가 있는 장교 출신 동기 동창 친구가 하나 있었는데, 그 친구 집이 넓고 좋았던 게 떠올랐다. 당장 친구를 만나자고 했다.

"너, 집 좀 빌리자."

다짜고짜 그게 무슨 얘기냐면서 친구는 어이없어했다. 나는 상관의 명령이라며 사정을 털어놓았고, 네가 나를 살릴 수 있는 은인이라며 애원하기에 이르렀다. 친구는 너털웃음을 웃으면서 쉽게 허락하는가 싶더니 조건을 달았다.

"너, 대신 그 파티에 나도 끼워줘야 한다. 내 몫까지 여대생 한 명 더 꼬셔와."

"그야 당연하지. 집을 제공해주는데 집주인이 파티에 참여해야지. 이왕 데려와야 하는 거, 한 명 많아진다고 뭐 더 곱절로 어렵겠어?"

한 가지 문제가 해결됐다는 기쁨에 나답지 않게 자꾸만 너스레를 떨었다. 친구는 군대 선임이 무섭긴 무서운가보다고 하며 같이 웃어 주었다.

명동성당에서 지금의 남산터널 그때는 남산터널이 없었다. 과 적십자사 빌딩 올라가는 길 분지에 그 친구 집이 있었다. 일본식 집이었다. 집터는 150평 정도 되었는데, 전부 축대로 터가 닦여 있었다. 그 집 정원에선 서울 시내가 한눈에 내려다보였고, 그 경치가 지금의 풍경과는 사뭇 달랐지만 아주 멋졌다.

친구는 위로 형님들이 모두 결혼해서 나가고 어머님과 둘이서만 그 집에 살고 있었다. 둘만 살기에는 너무 넓은 집이라고 생각했다. 그래서 그랬는지 친구 어머님도 나의 부탁을 흔쾌히 수락하셨고, 그날은 다른 날 같지 않게 심심하지 않고 멋지게 보낼 수 있겠다면서 소녀처럼 즐거워하셨다.

장소는 됐고, 친구 한 명이 더 늘었으니 이제 여자 일곱 명만 구하면 된다. 그러나 방법이 없었다. 정말 어떻게 해야 할지 몰랐다. 중압감 때문에 잠을 설친 채 다음 날 아침 일찍, 일단 명동으로 나서 보았다.

어머니께서 내가 며칠 특별 외출을 나온 것이 반가우셨을 텐데, 그런 아들놈이 밤늦게 들어와 동트기가 무섭게 나가 버리자 조금 서운하기도 하고, 무슨 일인지 궁금하기도 하셨을 것이다. 거기까지는 생각할 겨를이 없었다.

너무 이른 시각이어서 그런지, 명동 길을 이리 걸어보고 저리 걸어 봐도 지나가는 여인네 한 명이 없었다. 춥기도 하고, 그렇게 찾아다닌다고 아가씨들이 '짠'하고 나타날 것 같지는 않았다. 이럴 바에 따뜻하고 여인네들이 잘 드나들 법한 곳으로 가자는 생각이 들었다. 그리고 곧장 명동에서 제일 큰 다방을 찾아서 들어간다. 다방 안도 역시 아직 한산하고, 손님이 드물었다. 거기서 차 한 잔을 시켰다. 그리고 잠시 내가 뭐하는 짓인가? 하고 헛헛해 했다가도 다시 정신을 차리고 다방 문을 주시하며 때를 기다리는 하이에나처럼 테이블을 지켰다.

그렇게 시간이 얼마나 지났을까? 가게에는 종종 손님이 들었고 개중에는 아가씨들도 있었다. 그리고 뒤이어 친구들인 듯 아가씨들 서넛이 한꺼번에 다방 안으로 들어오는 것이 아닌가. 모두 대학생인 듯싶었고 제법 예뻐 보였다. 기회를 놓칠세라 얼른 종업원을 내 앞으로 불렀다.

"저쪽 아가씨들 차 주문 좀 받아주세요, 돈은 내가 냅니다."

종업원이 아가씨들의 주문을 받으면서 나를 가리켰다. 그러자 아가씨들이 돌아보았다. 나는 하사관이 손수 빳빳하게 각을 잡아준 군복이 더 폼이 나도록, 그처럼 가슴을 빳빳하게 세워 앉았다. 공군 복장이 맵시가 있어 보였는지 아니면 내 태도에 흥미를 보였는지 아가씨들이 재밌는 듯 눈짓을 하며 낄낄 웃었다. 그리곤 자기네들끼리 나에 대해서 이야기하는 소리가 들렸다. 이에 용기를 얻어 그들에게 말을 걸었다.

"내가 그쪽으로 가도 됩니까?"

"네, 그러세요."

상대 쪽은 여전히 웃음이 든 채 말을 받았다. 그리고 나는 곧 아가씨들 자리에 들어가서 앉았다. 처음에는 조금 떨렸지만 이내 그곳이 내 자리인양 같이 차를 마시며 자연스럽게 이야기를 할 수 있었다. 예상했던 대로 그 아가씨들은 대학생이었고, 응대도 잘 해주었다. 이야기도 잘 통하는 것 같아서 솔직하게 이야기했다.

"저, 이번 크리스마스 파티에 여기 숙녀분들을 초대하고 싶습니다."

아가씨들의 반응은 나쁘지 않았고, 신나는 일이 일어날 것에 대한 기쁜 표정도 드러내었다.

"여러분을 포함해서 일곱 명이 모여야 하는데 가능할까요?"

살짝 사정해보았다.

"모든 것이 다 준비가 돼 있는 파티라서 아가씨들은 몸만 오시면 되고, 친구분들도 함께 오신다면 더 좋은 자리가 될 것 같습니다."

남산 올라가는 쪽, 경치 좋은 곳에 장소를 구했으니 그곳으로 오면 된다며 자세한 설명도 덧붙였다. 아가씨들은 내 말이 진짜라는 것을 확신했는지 그러겠다고 했다. 약속은 받아냈지만, 그것이 어그러지면 지금까지의 수고가 무슨 소용이냐 싶어 여자 쪽의 대표와 어디로 데리러 나갈 것이고, 몇 시에 만날 것인지 등을 단단히 약속 받았다.

서울로 나온 지 2~3일 만에 모든 걸 해낸 것이다. 아주 당당하게 부대에 복귀할 수 있었다.

"구해왔냐? 대학생으로 구해왔어?"

"네, 하사관님! 임무를 마치고, 무사히 복귀하였습니다."

하사관은 만면에 미소를 머금은 채 내 어깨를 몇 번이고 토닥여주었다. 나는 복귀와 함께 곧 내무반에 크리스마스 파티 계획을 알렸고, 동료 병사들은 역시 들뜬 표정에 '파이팅'을 외쳐댔다. 우리는 이것이 내무반장이 노총각이어서 가능한 일이었다는 것을 충분히 알고 있었다. 그래서 누구랄 것도 없이 이번 파티는 '노총각 장가보내기'로 하자며 의견을 모았다.

우리는 음식을 준비해야 했다. 당시 터미널 한가운데에 미 공군 BX[Base Exchange, 군부대 기지 내의 매점]가 있었는데 그곳에는 당시 한국 땅에서는 볼 수 없던 미제 물건들로 가득했다. 그 당시 그곳은 파라다이스라고 해야 맞았다. 그러나 한국군은 BX에 들어갈 수가 없었다. 그곳은 미군 주관으로 운영되는 곳이었기 때문에 한국군은 들어갈 수가 없었다. 그리고 BX 영업하는 한국 사람이 미군부대 밖으로 물건을 가지고 나가지도 못했다. 그런데 BX 근무하는 친구들이 가끔 우리에게 도움을 요청하는 일이 있었다. 다행히 우리가 해결할 수 있는 요청이라면 웬만한 건 모두 들어주었다. 이제는 그들이 신세를 갚을 때였다. 덕분에 콜라, 양주, 과자 등을 차근차근 모을 수 있었다. 그러나 밖으로 가지고 나가는 것이 문제였다.

마침 크리스마스를 맞이해서 서울에서 한국공군을 위한 위문공연단이 오기로 했다. 아마도 하사관은 그것을 미리 알고 계획을 세운 듯했다. 12월 24일 공군 버스를 대동해서 아나운서 임택근1951년~1970년까지 방송계를 주름잡던 당시 인기 아나운서이 진행을 맡은 위문 공연단을 모셔 와야 했다.

공연이 진행되는 사이 우리는 운전기사와 공모하여 버스 의자 밑에 그 모든 것을 숨겼다. 그 일을 들키지 않고 수행해야 한다는 것과 곧 여대생들과 파티를 한다는 생각이 뒤엉켜서 그런지 공연은 통 눈에 들어오지 않았다. 내무반 동료들 모두 나와 같은 심정이리라 짐작되었다.

공연이 끝나고 우리 내무반 전원은 위문공연단들과 함께 버스를 타고 서울로 올라왔다. 그중에 예쁜 아가씨들도 있었지만, 곧 여대생들을 만난다는 설렘 때문인지, 혹여나 의자 밑에 보물들을 숨긴 것을 들키게 될까봐서인지, 이상하게 그쪽으로는 눈이 가질 않았다. 검문소를 거쳐 공연단을 모두 보내고 버스는 시청 앞으로 갔다. 그리고 두 대의 택시를 불러서 물건들을 옮겨 싣고, 우리의 성지聖地로 향했다.

친구 집 거실은 어느새 콜라, 초콜릿, 양과자 등으로 가득했고, 알록달록 화려해졌다. 친구 어머니께서는 교자상 몇 개를 가져다 놓고는 그것들을 보기 좋게 잘 차려 주셨다.

준비를 마치자, 모두 기대되는 마음을 억누르기가 힘든 것처럼 보였다. 약속 시간은 밤 9시. 시간이 가까워지자 나는 미리 여자들을 마중 나가 데리고 들어왔다. 여학생들은 약속을 지켜서 7명 인원을 맞췄고, 다들 조금 멋을 부린 듯하면서도 학생다운 단아한 모습이었다. 그녀들은 친구 집을 들어오면서 교자상 가득, 평소에 구경도 못 하던 것들이 멋지게 펼쳐진 것을 먼저 보고 감탄했다. 우리는 아가씨들의 수줍은 웃음을 보고 속으로 무척 뿌듯해했다.

파트너를 정해야 했다. 여자들을 아는 사람은 나밖에 없었으니 자연스럽게 내가 파티의 진행자가 되었다. 그러자 몰래 하사관에게 어느 여인이 마음에 드느냐고 귓속말을 건넸다.

'두 번째가 마음에 들어.'

제비뽑기로 짝을 정하기로 했다. 여자 쪽이 1부터 7까지 적힌 번호를 먼저 뽑게 하고, 하사관이 찍은 여인의 번호를 슬쩍 봐두었다. 나는 남자 쪽 모두가 알 수 있도록 쪽지에 표시해놓고 여자들 번호를 돌렸다. 내무반 동료들은 눈치껏 다른 번호를 집었고, 마지막으로 표시된 번호를 남겨 하사관이 그것을 집게 했다. 내무반장은 본인이 원하는 번호를 얻었다.

그날 우리는 밤새 게임도 하고, 노래도 부르며 재미있게 놀았다. 1964년도 12월 24일 밤이었다.

하사관 결혼식

다음 날, 청춘 남녀들은 아쉬움을 달래며 각자 갈 길로 돌아가야 했다. 우리는 부대로 복귀했고, 아가씨들도 일상으로 돌아갔다. 그 후, 몇 달이 지났을 뿐인데 그 일은 어느새 까마득한 일이 되어버렸다.

그런데 어느 날, 모르는 여자가 내게 면회 신청을 했다는 전갈이 왔다. 장

○○라는 여인이었다. 알고 보니 그 장○○는 지난 크리스마스 때 내 파트너였다. 오산까지 무슨 일로 면회를 왔나? 물론 그날은 내 역사의 한 페이지를 장식할 만큼 즐거웠던 날이었다. 그러나 우리가 다시 만나자는 약속을 한 것도 아니고, 더구나 뭔가 책임질 만한 행동을 했던 것도 아닌 데다가 서로 연락을 계속 이어나간 것도 아닌데 몇 달이나 흘러서 갑자기 그녀가 여기까지 찾아온 것이 뜻밖이었다. 차를 타고 면회장으로 나가는 동안 이 생각 저 생각을 하지 않을 수 없었다.

"그동안 잘 지냈어요? 그런데 여기 웬일이에요?"

반가운 듯 그녀를 맞았지만, 그녀는 근심이 가득한 표정으로 내 인사를 대충 받고는 본론부터 말했다.

"저, 미스 성 행방을 알고 있나 해서요."

"미스 성이요? 미스 성이라면 ……."

내무반장의 파트너였다. 그날 이후 처음 듣는 이름이었다. 그런데 왜 그녀의 행방을 내게 와서 묻는 것인지 짐작이 가지 않았다.

"미스 성이 집에서 사라졌어요. 난리가 났어요. 그날 이후 석 달째예요. 그래서 여기로 왔나 해서 와 봤어요."

"네? 그런 일이 있었어요?"

다 큰 처녀가 사라지다니? 정말 뜻밖의 일이었다. 그러나 그 이야기를 듣고 가만히 생각해 보니까 여학생들과 파티하던 그날, 내무반장이 파트너와 주고받은 말 몇 마디가 떠올랐다.

"하사관님, 화장품도 사줄 수 있어요?"

"그럼, 이야기만 해. 얼마든지 사줄게."

허풍이었는데 여자가 반한 것처럼 좋아했다.

그러고 보니 요새 내무반장이 수상했다. 맨날 외박하는 것이었다. 갑자기 느낌이 이상했다. 이 사람이 혹시 살림을 차렸나? 일단 자세한 건 잘 모르겠지만, 알아보겠다고 하고 장 여인을 돌려보냈다. 그리고 곧바로 내무반장을 찾아갔다.

"하사관님, 좀 전에 미스 장이 왔다 갔습니다."
"미스 장이 누구야?"
무슨 얘기냐는 표정이었다.
"크리스마스 때 내 파트너가 미스 장이에요."
그때부터 하사의 표정이 이상해졌다.
"하사관님 파트너였던 미스 성이 사라졌대요. 집안이 난리가 났답니다."
하사의 얼굴이 찌그러지기 시작했다.
"…미스 성, 여기 내려와 있죠?"

둘은 그 사이 단칸방을 구해서 살고 있었다. 그런데 그 살림살이가 처량하기 짝이 없었다. 그때 하사 월급이 2,000~3,000원 정도였으니 살림 사는 것이 어려웠을 것이다. 당시 쌀 80kg의 가격이 3,680원이었다.

나는 동료들에게 이 사실을 알렸고, '노총각 장가보내기' 프로젝트가 완료되었다며 '살림집 만들어주기' 프로젝트를 다시 진행해야 할 것 같다고 했다. 그때부터는 미군 부대 BX 직원들이 우리에게 물건 옮겨 달라고 하는 것들로 장사를 했다. 모두 일당으로 쳐서 조금씩 돈을 모았다. 그리고 하사관이 그럴듯한 살림집을 새로 지을 수 있게 도왔다. 그런 연유로 동료들과는 형제처럼 가까워졌고, 군 생활도 즐겁게 할 수 있었다.

하사관은 그곳에서 살면서 세도 놓으며 조금씩 살림을 불려 나갔다. 그리고 제대해서 모은 돈으로 서울로 올라와 압구정동이 처음 개발될 부동산 중개소를 차렸다. 그는 당시 싼 땅을 사들여 집을 짓고 세를 주는 방식으로 사업을 했다. 그때가 현대아파트를 처음으로 지을 때였다. 그 후 압구정동이 시세가 오를 때 팔아서 태헤란로에 부동산 시행사를 차렸다. 그리고 거기다 20층짜리 고급 아파트를 지었다. 그는 현재 펜트하우스에 살고 있는, 자산 규모가 천억 원대인 재력가가 되었다.

인연

몇 년 전, 그 하사가 나를 불러 만난 적이 있다. 분당이 한참 개발 바람이 불어 난리일 때 역시 그도 분당에 고층아파트를 올리는 중이었다.

"철진아, 우리 이거 같이 하자. 사업 중엔 부동산이 제일이야."

우리는 술을 잔뜩 마셨다. 하사가 많이 취하자 내가 부축하고 운전기사와 함께 그의 집으로 가게 되었다. 그리고 그때 미스 성을 50년 만에 다시 만났다. 나는 그녀가 끓여준 차를 마시는 사이 자식들 이야기를 하다가 문득, 궁금해서 물었다.

"그때, 크리스마스 때 내 파트너였던 미스 장은 지금 어디서 뭐 해요?"

"뉴욕으로 시집을 갔어요. 그때 생각나네요. 정말 즐거웠는데……."

그 후 또 한 번 그의 가족을 만난 일이 있다. 그의 둘째 아들이 결혼할 때인데 김포 어느 교회 건물에서 식이 치러졌다. 아무래도 그의 소유 건물인 듯했다.

내가 결혼식에 나타나자 하사는 나를 VIP 대접을 해줬다. 그리고 큰아들을 인사시키며 콜롬비아 대학을 나왔다고 자랑스럽게 소개했다. 하사관의 꿈은 사실 재력가가 되는 것보다 자식들을 일류 대학에 보내는 것이었다. 그런데 아들은 마침 내가 잘 아는 회사에 다니고 있었다. 건장하게 성장한, 탐나는 젊은이였다.

"자네가 그곳에 가 있어?"

"네, 거기서 설계 업무를 맡아서 하고 있습니다."

그렇게 그 날 몇 마디를 더 주고받으며 반가워했다. 인연이란 그렇게 가지가 넓은 것 같으면서도 좁고, 좁은 것 같으면서도 넓은 것이었다.

제2부

직장 생활

1

현대건설 입사–연수부터 배치까지

현대건설에 입사하기까지

군대를 제대하고 돌아와 공부에만 매진하고 싶었지만, 특별한 수입이 없
던 가정 형편으로는 대학을 다니는 것이 벅차기만 했다. 어렵게 친구 어머님
_{군대 시절 크리스마스 파티 때 집을 내주었던 친구의 어머님}에게서 등록금을 빌려 복학을 하고,
그날부터 일자리를 알아보았다. 다행히 주변에서 과외를 해달라는 부탁이
들어와, 학업을 병행하며 생활비와 용돈을 벌 수 있었다. 또한, 과외로 뒤처
질 수 있는 학과 공부를 효과적으로 하겠다고 친구들과 그룹스터디를 한 덕
분에 장학생이 되어 부족한 학비도 지원받을 수 있게 되었다. 어머니는 그런
나를 기특해 하셨다. 그러나 대학을 졸업할 무렵, 어머니도 아버지를 따라가
고 말았다. 그때가 1967년이었다.

그렇게 어렵게 공부를 해 나가며 곧 졸업을 하게 되었지만, 취업할 생각은 없었다. 그때 나는 한참 유학을 같이 준비하는 친구들과 모여 유학 정보를 수집하고 교환하느라고 정신이 없었다. 우리의 목표는 같았다. 미국으로 유학을 가서 원자력 관련 전공을 하는 것이었다. 그런 그룹의 모임은 목표를 더욱 확실하게 만들었고, 다른 것을 생각할 틈을 만들 수 없게 했다. 그런 목표가 있었기 때문에 어머니가 돌아가신 슬픔도 이겨낼 수 있었을 것이다.

그런데 유학 갈 계획이 확실해지면 확실해질수록 한 가지 문제가 두드러지기 시작했다. 그 역시 자금의 문제였다. 그건 같이 유학을 가기로 한, 중고등학교 때부터 동기 동창 단짝 친구였던 김덕봉도 마찬가지였다. 그래도 오랫동안 유학을 준비해 왔기 때문에 등록금 정도는 목돈으로 준비해둔 것이 있었으나, 항공료와 생활비를 생각하니 아무리 계산을 해도 부족하다는 답이 나왔다. 고생이야 각오한 바이고, '우리는 반드시 유학을 가야 한다.'는 생각이 확고했기 때문에 그런 정도의 일로 발목 잡힐 리는 없지만, 무조건 가면 모든 것이 해결될 것이라는 마음이 흔들리는 것은 어쩔 수 없었다. 그래도 말로만 듣던 타국이 어떠할지 가봐야 아는 법이었고, 그 정도의 준비도 없이 무조건 유학을 간다는 것은 아무리 봐도 무리였다. 가진 거라곤 금호동에 집 한 채밖에 없는데, 그 정도 자금 때문에 집마저 잡히고 싶지는 않았다. 또 누가 미래를 알아보고 우리에게 무상으로 돈을 빌려줄 리도 만무했다. 그렇다면 단기간이라도 일을 해서 당장 필요한 돈을 버는 수밖에 도리가 없었다.

미국은 입학 시기가 8~9월이다. 가서 공부하려면 그때까지 여유가 있었다. 그래서 우리 둘은 6개월 정도, 월급을 제일 많이 주는 곳에 입사해서 한 푼이라도 더 용돈을 벌어 유학을 떠나자는 계획을 세우게 된다.

그때는 기업들이 인재를 유치하려고 대학마다 입사 설명회를 했다. 덕봉이나 나는 장학금을 삼성장학재단으로부터 받았기 때문에 무시험으로 삼성에 입사할 수도 있었다. 그렇지만 어디까지나 돈을 목적으로 한 취업이었기에 우리는 그 가운데서 월급을 가장 많이 준다는 현대건설에 시험을 치르기로 했다. 다른 직장 시험은 12월 정도인데 현대건설은 다행히 시험일이 10월에 있어서 떨어지더라도 다른 곳에 원서를 넣거나 삼성에 취직해도 되었다.

전공대로 기계부를 지원하고 시험을 보았다. 총 8명을 뽑는데 200~300명이 지원했다고 했다. 막상 경쟁률을 보니 같이 시험을 본 서울대, 연·고대생들 사이에서 과연 그 8명 안에 들 것인지가 궁금했다.

우린 둘 다 중학교, 대학교 시험을 모두 후기까지 본 전례가 있어서 그런지 결과에 대한 승복은 단련됐다고 믿었지만, 결과 발표일이 되자 마음이 떨리는 것은 어쩔 수 없는 노릇이었다.

그런데 운이 좋게도 우리 둘이 나란히 3차 시험을 거쳐 8명의 합격자 명단에 있는 것이 아닌가? 그렇게 전력을 기울인 학교 시험에는 운이 없더니만 단기간 다녀보겠다고 결정한 입사시험에선 그 높은 경쟁률에도 합격이라. 정말 운이 좋다고 해야 할지 아이러니한 순간이었다.

단양에서 5박 6일 연수

다음 해 1968년 1월 1일 현대건설 본사에서 시무식을 마치고, 그달 셋째 주쯤, 우리 기계부 8명을 포함한 상경계, 기술계까지 신입사원 200명이 수련회에 가게 되었다. 교육은 같이 받았지만, 부서별로 방을 나누어 썼다.

단양 현대시멘트는 산골 속에 있었다. 생활 주거지와 멀었기 때문에 그곳에 근무하는 남자 직원들뿐 아니라 교환원이나 경리부, 총무부 소속이었던 여사무원들도 기숙사 생활을 해야 했다. 한창 멋을 부리고 연애할 나이에 외부와 단절된 곳에서 생활하다 보니 서울에서 파릇파릇한 신입사원들이 연수를 왔다니까 그녀들도 관심을 가지지 않을래야 않을 수 없었다.

신입사원들은 밤이 되면 고스톱판을 벌였다. 깜깜한 산골에서는 남자들의 오락거리라곤 이것뿐인 것 같았다. 그렇게 우리는 친목을 도모했고, 고스톱이 처음이었던 나는 주머니를 탈탈 털려가며 배워야 했다. 모두가 고스톱에 지칠 때쯤 신입 사원들은 깊어진 친목만큼 제법 수다도 떨기 시작했다. 역시 수다의 주제는 여자였다.

"여기 여 사무원들은 정말 불쌍한 것 같지 않아?"

"그러게 말이야. 남자인 우리도 이렇게 심심해서 난린데 말이야. 이 산골에서 기숙사 생활이라니……."

"이런 겨울밤에 뭘 하고 보낼까?"

"우리처럼 고스톱 치나?"

산골이었고, 우리에게 궁금한 것은 거기에서 벗어날 줄 몰랐다.

"관리부 애들이 여 사무원들하고 친하게 지내려 한다는데?"

동기 중 하나가 이야기를 꺼냈다. 그 말을 들은 다른 동기들은 "그럼 우리 기계부가 죽을 수 없지, 우리가 먼저 공격하자!"며 여사무원 숙소로 찾아가자고 했다.

"그래, 경쟁이다. 우리가 여 사무원들 죄다 꾀여서 이번에 기계부만의 전설을 만들어 보자."

그래서 교육이 끝나는 날 해단식에 기계부 각 멤버가 여사무원들과 짝을 맞춰 팔짱을 끼고 들어가는 것으로 계획을 세우고 작전에 들어갔다. 김칫국부터 마시는 건지는 몰라도 여사무원들도 심심한 나날들에 느낌표 하나 찍을 수 있는 이벤트가 될 거라고 믿었다. 그때는 그랬다.

"여보세요, 여보세요!"

때아닌 남자 목소리를 듣고, 어림짐작하면서도 모르는 척하는 여자들의 너스레가 문밖으로 들려왔다.

"어머, 누구세요?"

여직원 한 명이 문을 열었다.

"추워서 몸 좀 녹이러 따듯한 곳 찾아왔습니다."

계획만 무성하고 수줍음이 많은 동기를 대신해 용기 있는 내가 먼저 그 방문을 넘어 들어갔다. 넉살 좋게, 그녀들이 발을 묻고 있는 이불 속에 내 발도 집어넣었다. 그리고 제일 선임자인 듯한 여직원 옆에 앉았다. 그동안의 경험으로 그녀를 먼저 상대해야 한다는 것을 잘 알았다.

내가 당연한 듯 그러고 있자, 여직원들도 어색해하는가 싶더니 곧 자연스럽게 자리를 내주었다. 그런데 막 그녀들에게 말을 붙이려 할 때 신입관리부 직원들도 문밖에서 여직원들을 부른다.

"여보세요!"

그들이 문을 열었다. 그런데 이미 유철진이라는 훈련생이 꽃밭 사이에 자리를 잡고 앉아 껄껄거리며 놀고 있는 것이 아니겠는가.

이 일을 계기로 관리부 신입사원들과도 친하게 되었다. 그중 두각을 나타내던 고병헌이라는 친구는 정주영 사장의 비서실에서 근무하게 되었고, 사장의 생신 때 파티를 하면 그 준비 과정에 꼭 나를 챙겨 부르곤 했다. 그 친구를 돕느라고 들락거리다 보면 거기 초대된 중역들과 자주 마주치게 되는데, 얼굴도장을 찍을 수 있는 기회가 마련된 셈이었다. 기술계에서는 내가 유일한 참석자이기도 했다.

고병헌은 후일 쥬리아 화장품 사장이 되었다.

연수기간 마지막 날 저녁에 현대건설 정상근 기계부장이 신입사원 배정 문제 때문에 단양으로 오셨다. 곧 기계부 직원들만 따로 모이라는 지시가 있었다. 부장은 조금 지쳐 보였지만, 근엄한 태도를 유지했다.

"먼저 여러분이 현대건설 기계부의 신입사원이 된 것을 환영한다. 여러분은 높은 경쟁률을 뚫고 들어온 인재들이다. 그러므로 모두의 능력은 동등하다고 봐야 할 것이다. 여러분도 알지 모르겠지만, 건설회사 특성상 한 곳에서 고정 근무한다는 것은 불가능한 일이다. 그러므로 오늘 배정된 곳에 만족한다거나 불만이 있더라도 곧 변동될 수도 있는 사항이라는 것을 염두에 두길 바란다. 근무지와 인원은 서울 2명, 군산 2명, 나머지 지역은 1명씩이다. 근무 희망지를 각자 말해 보도록."

우리나와 김덕봉는 같이 있어야 했고, 당연히 '서울'이라고 말해야 했다. 그러나 지명 순서상 우리는 맨 끝에 있었고, 내 앞에서 모두 '서울'에 가고 싶다고 답했다. 그 짧은 순간, 좋은 수를 써야겠다며 무리수를 뒀다.

"김덕봉과 저는 중학교부터 동기 동창으로 죽어도 같이 죽고 살아도 같이 사는 절친입니다. 현대건설도 같이 가자고 해서 입사를 하게 된 것입니다. 어디든 좋으니까 같이 보내주십시오."

다른 놈들은 일률적으로 서울을 지원한 괘씸죄가 적용되고, 그 반사이익으로 서울로 우리 2명이 배속받을 것이라는 무모한 희망적 계산이 있었다.

　그러나 보기 좋게 우리는 군산 화력발전소로 배치되었다. 김덕봉이 눈을 흘겼지만, 그래도 우리가 같이 있을 수 있지 않냐면서 위로하는 수밖에 없었다.

　그리고 해단식 때, 신입사원들이 여직원과 팔짱을 끼고 입장하려던 프로젝트는 신입사원 연수지도 간부들의 불허不許로 무산되었다. 윗분들에게 위화감을 조성한다는 인상을 줄 수 있기에 안 된다는 의견도 있었지만, 김신조 사건 때문에 분위기가 싸늘해져 흐지부지되었던 것이다.

　북한군 소속의 군인 31명이 한국군으로 위장하고 청와대를 기습하려던 사건이 우리가 연수 중인, 그해 1월 21일에 일어났다. 그 시도는 미수에 그쳤고, 생포된 김신조를 제외한 나머지는 모두 현장에서 사살되었다.

　그런 어마어마한 사건이 있었음에도 며칠 뒤에야 그 소식을 알게 된 것이다. TV는 물론 라디오도 흔치 않던 시절인 데다가 산속이어서 외부 소식에 모두 둔감해져 있었다. 잘못했으면 국가의 운명이 좌지우지될 수도 있었던 때 우리는 밤마다 그렇게 고스톱에 열광했다니, 우리가 잠시 대한민국이 아닌 다른 별에 있다가 온 느낌이었다. 해단식을 마치고도 그 이상한 마음이 잘 가시지 않았다. 세상과의 단절이라는 것은 그렇게 무서울 수도 있는 것이었다.

2

군산화력발전소

영어 잘하는 엔지니어

덕봉과 나는 군산에 배치되었다.

그곳의 총지휘를 맡고 계시던 소장은 이춘림 기술담당 상무였다. 그분은 현대에서 대졸 신입사원 모집을 통해 입사한 정규 사원 1번으로 오늘날 현대그룹 성장 발판을 만든 분이다. 건설 현장이라서 그런지 소장은 남자인 나도 반할 만큼 예지가 번뜩이는 멋진 남자였다.

소장은 직접 우리 둘을 같은 집에 배정해 주었다. 그곳은 기숙사라기보다 하숙집이었다. 여기서도 저녁에 남자들끼리 모이면 포커와 고스톱판이 벌어졌고, 나는 여전히 본전을 유지하거나 돈을 잃어 가면서 그런 사회생활에 입문하기 시작했다.

군산은 서울과는 너무 멀었다. 그 당시에는 편지나 전화도 잘되지 않는 데다 아침 7시에 출근해서 저녁 8시에 퇴근하는 일정이었으니, 외부와 접촉할 기회가 전무한 상황이었다. 우리에겐 유학이 먼저였기 때문에 유학에 관련된 커뮤니케이션이 중요했다. 그런데 전적으로 일에 밀린 상황이 된 것이다.

나와 함께 중학교 3학년 때 영어회화를 같이 배우던 친구가 셋 있었다.
교환교수로 한국에 왔던 캔자스대 교수님 댁에서 수업을 받았고, 영어회화는 이 교수님의 사모님우리는 '미국 할머니'라고 불렀다.이 가르쳐 주었다. 그리고 그녀는 우리를 '삼총사'라며 귀여워 해주었다. 같이 공부하던 한 친구는 이미 미국 뉴욕주립대학교에 유학을 가 있었다. 그 친구로부터 그곳 사정과 이야기를 소식으로 듣고 싶었지만, 그것이 가능하지 않았다. 그 친구 역시 원자력을 전공하려 했다. 그러나 그곳에서 교수님의 권유로 요업공학과Ceramic Industry로 전공을 바꿔 공부하게 되었고, 훗날 반도체를 연구하여 대한민국의 반도체 사업이 발전하는 데 크게 이바지했다.

그래도 다행이었던 것은 발전소 내 미국인들과 대화할 기회가 많았다는 점이다. 당시에는 우리나라에 원천기술이 부족할 수밖에 없는 시기였으므로 발전소를 우리나라 힘으로 짓는다는 것은 불가능했다. 그래서 외국 회사가 주 계약자가 되고, 한국의 대기업인 현대건설마저 미국회사의 하청회사로 발전소를 지어야 했다. 'RMK', '번즈앤로Burns and Roe'라는 회사가 군산 화력발전소 수주를 받았고, 현대건설은 그 하청을 맡아 했다. 그래서 발전소 현장에는 미국인 직원이 많았다.
당시 나는 어학 공부라도 열심히 해야겠다는 생각으로 궁금한 게 없어도 미국인 직원들과 마주치기만 하면 자꾸 말을 걸었다. 그 때문에 미국 회사에서는 나를 눈여겨보았던 것 같다.

"앞으로 시운전을 하게 되면 영어 잘하는 엔지니어가 필요합니다."

RMK 측의 요구였다. 당시에도 영어를 잘하는 직원들이 상주해 있었지만, 그들은 엔지니어가 아니었기 때문에 외국인과 엔지니어 사이에서 통역을 하는 상황이었다. 그러다 보니 몇 다리를 건너는 통역이 시간도 걸리고, 정확한 의사 전달이 되지 않는 것 같아서 불편하던 차였다. 당연히 영어를 구사하는 엔지니어가 직접 일을 돕게 된다면 그 과정이 훨씬 편해지는 것이다. RMK 측에서는 적격자를 찾았고, 나를 지목해서 현대건설에 파견해 달라고 요청하였다.

현대건설 측도 잘 된 일이라며 흔쾌히 수락하였다. 그래서 RMK사에 출근하게 됐다. 이제 신입일 뿐인데 영어를 잘한다는 이유로 발전소 시운전에 동참할 수 있게 된 건 큰 행운이었다. 국내에서 아무리 숙련된 기술자라도 이런 기회를 잡기란 흔치 않은 일이었다. 그들의 원천기술을 처음으로 배울 수 있게 된 것에 너무도 기뻤고, 때맞춰 그곳에 내가 배정되어 간 것도 신기했으며, 그들이 나를 선택해준 것이 너무 자랑스러웠다.

RMK는 8시 출근이었지만, 나의 본래 소속인 현대건설은 7시까지 출근을 마쳐야 했다. 그래서 먼저 현대건설로 출근했다가 1시간 후, 시간을 맞춰 다시 RMK사로 출근했다. 출근해서 RMK 엔지니어들과 함께 도면대로 그날그날의 작업 구역을 찾아가 테스트를 진행하였다. 구역별 테스트가 끝나면 종합 테스트를 한 후에야 종합 시운전을 실시했다. 거기서 내 역할은 계기 판독 결과를 취합하는 작업이었다. 시운전을 진행할수록 테스트 구역이 넓어지고, 그에 따라 할 일이 많아지면서 작업 인원이 더 필요했다. 그래서 나처럼 영어를 잘하는 엔지니어가 또 하나 있다면서 김덕봉을 적극적으로 추천하였다. 그래서 우리는 다시 뭉칠 수 있었다.

당시 현대로부터 받은 월급 수준은 현장 수당을 합하여 아마도 신입 월급의 두 배쯤 되었을 것이다. 우리가 계획했던 것 이상으로 목돈을 마련할 수 있는 것도 너무 운이 좋은 일이었다.

그러나 첫 월급을 받던 날 밤, 나는 그 월급봉투를 끌어안고 울어야 했다. 입버릇처럼, 공부만 마치면 돈 벌어서 어머니께 호강시켜드리겠다고 다짐했던 지난날이 떠올랐고, 허전함과 그리움에 가슴이 아팠다.

유학의 꿈을 접다

월급도 많이 받게 되고, 신입사원들이 처음부터 인정받고 현장의 핵심에서 일하고 있는 것도 좋은 일이었으나 우리의 역할이 중요하면 중요해질수록 걱정되는 일도 있었다. 이런 식으로 일하다가는 미국으로부터 원천기술을 배우고 있는 우리를 현대건설 쪽에서 쉽게 놔주지 않으리라는 것이었다.

나는 인정받는 분위기에서 신기술을 배운다는 사실에 매료돼 처음 회사에 들어온 목적을 망각하고 있었지만, 친구 덕봉은 이러다가 유학 갈 계획을 다 망치겠다는 것을 확신했다.

"철진아, 이게 좋은 쪽으로 가는 게 아니야. 아직 초짜일 때 직장 그만두자."

"……."

"서울로 가서 당장 미국으로 떠나자. 이러다 우리 바람 들겠어."

"……."

"왜 너 말이 없어. 내 말이 틀려?"

"그래, 네 말이 맞아. 그런데 나는 안 갈래."

나의 대답에 덕봉은 깜짝 놀란다.

"너 지금 무슨 얘기하는 거야?"

"일하면서 생각이 바뀌었어. 사실 그 사이 나도 많이 고민했는데 새로운 각오가 생겼어."

조금 더 용기를 내서 덕봉을 바라봤다.

"뭐라고? 중학교 때부터 우리가 몇 년을 준비했는데 여기서 그만두자고?"

덕봉은 단단히 화가 났다. 우리가 지금까지 한 가지의 목표를 위해 그동안 노력했던 시간들을 허사로 만들자니. 한 번 각오한 일은 쉽게 바꾸지 않는 것이 저나 나나 마찬가지일 텐데 불과 한 달 정도 만에 생각을 바꾸자고? 덕봉의 눈에 수많은 것이 스쳐 지나는 것을 보았다.

결국, 둘이서 싸움이 났다. 그리고 밤새도록 술을 마셨다.

"사실, 우리가 미국에 가겠다는 것은 공부도 공부지만 이 좁은 나라에서 해외로 벗어나서 꿈을 넓힌다는 게 목적이었는데 현대에 들어와 보니까 영어 하는 사람이 적어. 여기서는 우리가 보기 드문 인재야. 우리가 들어와서 한 달도 안 됐는데 뽑혀서 미국 애들이랑 일하고 있잖아. 그만큼 한국 땅에는 우리가 당장 필요한 사람들인지도 몰라. 어떻게 보면 우리는 배운 사람으로서 의무도 갖고 있는 거야. 그런데 더 공부한답시고 지금의 의무를 저버리고 불확실한 유학길을 택한다면 무슨 보장이 있겠어? 우리가 외국에 나가서 공부하겠다는 것도 우리 자신을 키워 좀 더 값있는 인생을 살자는 이유잖아?”

“…….”

“덕봉아, 우리가 지금 미국에 가서 대학교 4학년 다니고 대학원 2년 하고, 박사과정 2년 하면 8년을 공부해야 하잖아? 회사 들어오기 전에 걱정했던 것처럼 8년 동안 우리에게 학비나 생활비를 지원해 줄 사람도 없고, 그곳에서 세차하면서 또 이것저것 아르바이트하면서 공부를 해야 하는데, 박사학위 누가 그냥 써주는 것도 아니고, 너무 모험이야. 나는 이번에 발전소를 돌려보면서 현장에서 일해보는 것이 학생신분으로 배우는 것보다 훨씬 많은 것을 배울 수 있다는 것을 느꼈어. 지난 대학과정에서도 배울 수 없었던 걸 여기서 배우잖아. 그것도 몇 달 만에. 우리가 유학 가서 밤잠 안 자고 공부하는 똑같은 노력과 자세로 앞으로 8년을 일 해보면 어떤 결과가 나올까?”

“…….”

덕봉이는 술에 많이 취해 있었지만, 내 말을 처음부터 끝까지 주의 깊게 듣고 있다는 것을 잘 알고 있었다. 우린 오랜 벗이었고, 누구보다 마음이 잘 맞는 사이다. 그도 일하는 동안 나와 같은 생각을 했을 것이다. 그러나 우리들의 꿈은 그런 현실을 받아들이기에는 너무도 오래되고 단단한 것이었다.

“어차피 현대건설 들어왔으니까 유학 왔다는 생각으로 열심히 일하면 어느 것이 더 성공 확률이 높으냔 말이야? 나는 현대에서 일을 배우기로 결심했어.”

친구는 여전히 말을 하지 않았지만, 그런 태도는 ‘그래, 그래 보자.’를 의미한다는 것을 충분히 알았다. 아쉬움의 술잔이 몇 차례 오고 갔다.

“그래, 우리는 끝까지 현대에서 승부를 건다.”

덕봉이 마지막 술잔을 움켜쥐며 내 눈을 굳게 바라보았다.

우리는 1968년 3월에 중고등학교 6년, 대학 4년, 군대 3년, 13년의 꿈을 그렇게 접었다. 그리고 유학 준비생이 아닌 진정한 현대인으로서 새로운 시작을 하게 되었다.

"유 기사님, 제가 해냈습니다."

발전소는 끊임없이 시운전을 확대해 나갔다.

발전소 규모가 크다 보니 구역마다 무선 송수신기워키토키로 통화해서 결과를 보고하며 맞춰 나가야 했다. 그 사이 배운 것이 많았다. 궁금한 것이 있으면 끊임없이 물었고, 미국 회사 직원들은 싫은 내색 없이 친절하게 설명을 해 주었다. 시운전을 하면서 보일러 공학, 발전소, 터빈turbine, 유체의 에너지를 기계적 에너지로 바꾸는 기계까지 대학에서 배운 이론을 모두 실물로 체험해 봤을 뿐 아니라 발전소 전체를 돌리는 것까지 배울 수 있었다.

그렇게 3~4개월 일을 하고 있을 때, 박정희 대통령은 군산 화력발전소가 준공되는 7월이면 우리나라 전력사정이 좋아진다고 라디오 방송을 통해서 공표하였다.

당시는 심각한 전력난에 허덕이며 제한 송전을 받던 때였다. 그래서 누구나 하루라도 빨리 전력 수급이 안정화되길 바랐다. 그렇지만 7월까지 발전소 준공을 마무리하기에는 아직 거쳐야 할 과정이 많았기에 이에 관련된 기술자 전원은 대통령의 공표 내용에 긴장하지 않을 수 없었다. 그 일로 한전사장 및 상공부 장관이 군산에 내려와 상주하며 독려하였고, 나를 포함한 현대건설 직원들은 밤을 새워야 했다. 이 세상에 태어나 처음으로 3일 밤, 72시간을 한숨도 자지 못했다. 그건 미국 직원들도 마찬가지였다.

발전소 전체가 돌아가는 것을 확인하는 날이 되어서야 그 모습을 보고 난 후, 하숙집으로 자러 들어갈 수 있었다. 일을 마치고 아침에 들어가서 주인 아주머니께 밥때가 돼도 중간에 깨우지 말라고 당부를 하고 잠들었다. 그런데 아주머니가 그걸 잊었는지 잠든 지 10분도 안된 것 같은데 나를 깨우는 것이 아닌가!

"총각, 저녁은 먹어야지."

잠깐 잔 것 같은데 그새 저녁이었다. 정말 깊은 잠에 빠졌던 모양이다.

다음 날부터는 발전소가 돌아가는 중에도 문제가 없는지 체크하는 일을 했다. 문제가 발생하면 작은 것은 다 기록을 했다가 내용을 정리해서 종합 보수계획을 세웠다. 보수계획이 잡힌 날은 발전소 가동을 일시에 중지시키고, 모든 팀이 일제히 각자 구역에 들어가서 필요한 보수를 하도록 하고 발전소를 다시 돌렸다. 관리하는 노하우까지 알게 된 것이다. 발전소는 그야말로 종합기계 공학의 꽃이었다. 정말 피곤한 나날이었지만, 배우는 기쁨에 힘든 줄을 몰랐던 때였다.

그러던 어느 날, 정선주 기계소장이 사무실에 들어오자마자 안전모를 콘크리트 바닥에 내팽개쳤다.

"감독관, 그 새끼 누가 손 좀 봐 주었으면 원이 없겠다!"

이유인 즉슨, 관리 감독이 철저한 미국 업체의 특성도 있었지만, 이번 발전소 감독을 맡은 RMK사 직원이 그 기준보다 더 까다롭게 굴면서 번번이 불량판정을 냈기 때문이다. 그로 인해 공사가 지체돼 정 소장이 이춘림 소장으로부터 매일같이 깨지는 일이 반복되고 있었다. 정 소장이 사무실로 돌아올 때면 어김없이 하는 얘기가 그 직원을 누가 손봐줘야 한다는 것이다.

그에 따라 순진한 나는 그 감독관에게 몇 차례 경고의 말을 건넸지만, 말이 씨도 안 먹혔던 터였다. 그래서 기사로서 현장의 기능직 한 명에게 '그 시키, 죽지 않을 정도로 손 좀 봐.' 라고 슬쩍 언질을 주었다. 당시 현장의 일당 기능직에게 기사의 지시는 하늘의 계시와도 같은 것이었다.

얼마 지나지 않아 역시나 또 감독관이 불량 판정으로 태클을 걸기 시작했다. 그런데 때를 놓칠세라 그 기능직 사원이 일하다 말고 번쩍 일어나 파이프 렌치로 그의 얼굴을 내리쳤다. 감독관의 턱이 나갔다. 이 기능직 친구가 그래놓고는 일하다 만 채 사무실로 뛰어들어오며 큰 소리로 나를 부른다.

"유 기사님! 제가 해냈습니다!"

"뭘 해냈다는 거야?" 하고 물었지만, 곧 내가 그에게 지시했던 말이 머리를 때렸다.

"그놈을 손 봐줬다고?"

"작업을 방해하고 잔소리하길래, 일어서서 파이프 렌치로 턱을 두들겨 깠더니 구급차에 실려 갔습니다."

그렇게 말하면서도 그의 얼굴은 사색이다.

나도 신입사원인데 어찌해야 할 바를 몰라 기계소장에게 뛰어가서 즉시 보고했다.

"소장님, 제가 저질렀습니다."

"뭘 저질러?"

소장은 깜짝 놀라며 무슨 말인지 알아듣게 말하라는 신호를 보냈다.

"말씀하시던 골칫덩이 그놈, 제가 조졌습니다."

"그래서 어떻게 됐어?"

여차여차하여 RMK 직원이 구급차에 실려간 정황을 이야기했더니, 이 양반도 겁이 났는지 이 소장께 상황보고를 하면서 나를 옆에 데려가 세웠다. 이미 백지장이 된 나를 보며 이 소장은 털털 웃으며 말했다.

"잘했어!"

그러더니 총무부장을 불러 "병원 가서 상황 살펴보고, 경찰서 막아, 검찰청은 내가 막을 테니. 그리고 때린 아이는 일당을 두 배로 주고, 별도의 지시가 있을 때까지 숨어 지내며 현장에 나오지 말라 그래."

<small>감독관이 보기에 비슷비슷한 동양 사람이 천여 명이 나와 일하는데 구별하기 어려울 것이라는 판단이었다.</small>

나이 어린 신입은 그의 빠른 판단력과 남자다운 대처능력에 안심할 수 있었고, 이에 반하지 않을 수 없었다. 그러나 그런 조치에도, 모른 척하고 RMK 사무실에 나가는 것이 양심에 찔려 일하기가 힘들었다. 모든 테스트가 다 끝나갈 무렵이고 수리공정단계라서 할 일이 그리 많지도 않은 시점이었다.

그러던 어느 날, 기계 사무실에서 일을 보고 있는 사이, 그 감독관의 목소리가 들렸다. 병원에서 퇴원하여 머리와 턱을 붕대로 칭칭 둘러 싸매고 그쪽 사무실 보스<small>검사관 총책</small>를 대동하고 나타났다.

"얘가 시켰어요, 그러니까 당신이 나를 때린 놈을 잡아내시오."

그는 정 소장을 다그쳤다. 그러자 기계소장<small>정 소장</small>은 당당하게 말했다.

"증거를 대, 멀쩡한 사람 잡지 말고."

그 후에도 검사관 직원들은 기계부를 찾아와 정 소장에게 시비를 걸었고, 그런 마찰과 소란은 2주가 넘게 지속되었다. 그러자 어쩔 수 없다는 듯 이춘림 소장이 나를 불렀다.

"감독관들과 자꾸 마찰이 생기게 되니까, 회사 일이 어려워. 너는 잠시 서울로 복귀하는 게 낫겠다."

지금은 상상도 할 수 없는 일이었다. 결국 그 일로 나는 친구 덕봉을 남겨둔 채 서울 본사로 가게 되었고, 곧 본사에서 조선호텔소공동 현장으로 파견되어 미국 최대의 건설사인 벡텔Bechtel이 주관하는 현대건설 현장에서 일하게 된다.

내가 유학 가지 말자 잡아놓고, 언제까지나 같이 하자던 그 친구와 4개월 만에 그렇게 거기서 헤어지게 되었다. 친구는 발전소가 완전히 준공되어 한국전력에 인계될 때까지 그곳에서 일했고, 그것이 계기가 되어 현대건설에서 발전소 건설 전문가가 되었다.

군산화력발전소

1968년에 준공된 전북 군산시에 있는 전력설비 시설 용량이 최초로 1백만㎾를 돌파한 화력발전소로 호남지역의 주 전력 공급원으로 활용되고 있다.
제1차 전원개발 5개년 계획 사업으로 호남지역의 전력난을 완화하기 위하여 건설한 발전소로, 처음 정격용량 3만 3000㎾급의 무연탄발전소로 계획하였으나, 수요조사 결과 6만 6000㎾로 증량하였으며, 최대출력 7만 5000㎾가 공칭출력으로 정해졌다.

3

타워크레인-조선호텔 건설

대한민국 타워크레인 1호

1968년 5월, 서울 본사로 발령을 받고 한 달여 지나서 조선호텔 신축공사 현장으로 투입되었을 때다. 조선호텔은 이를 수주한 외국 기업 벡텔과 하청 업체인 현대건설, 삼환기업에 의해서 건설되고 있었다. 건설 과정에선 정인영 부사장이 무역 관련 업무를 총괄하였고, 당시 그분의 중대한 결정 하나로 우리나라 건설 사업은 새로운 국면을 맞이하게 된다.

정인영 부사장은 일찍이 일본 청산학원우리나라의 외국어 대학과 같음에서 영어과 를 수료하고, 해방되어서는 동아일보 기자와 군정청 통역관을 역임하였다. 전력에서 알 수 있듯이 그는 영어에 능통한 인재였다.

2월 1일에 경부고속도로가 착공되어 필요한 건설 장비가 많았기에 장비 구입차 외국을 많이 다녔다. 그러다 건설기술이 발전된 몇몇 나라에서 건물을 지을 때 T자 모양으로 된 커다란 크레인을 보시고 고층건물을 지을 때 무척 유용하다는 것을 알게 된다. 때마침 조선호텔의 신축공사를 수주하게 되자 국내 최초로 '타워 크레인'을 도입하기로 하지만 달러의 부족으로 어쩔 수 없이 '중고 타워크레인'을 구입 할 수밖에 없었다.

조선호텔이 20층 건물 중 6층 정도 올라가고 있을 즈음, 문제의 '중고 타워크레인'이 조립을 해야 하는 부품 상태로 조선호텔 건설현장에 도착했다. 그때 냉난방 기계설비 관련 지원업무로 파견 나가 있던 나는 선임대리의 부름에 황급히 달려가야 했다.

"어이, 유군, '타워크레인'이라는 것을 설치해야겠는데……. 이것 좀 자네가 설치해봐. 알겠어?"

트레일러 5~6대에 실려 왔다는, 그 해체된 철구조물들은 마치 부품이라기보다 고철덩이에 가까워 보였다. 그런데 그와 함께 딸려온 서류봉투 안에는 달랑 송장送狀 한 장뿐이었다. '타워크레인'이라는 것을 본 적이 없었기 때문에 송장에 쓰인 그 이름 말고는 그 모양이 어떤지 가늠조차 할 수 없었다. 다른 방법이 없어서 이것을 도입한 사람이 누군지 역추적해 보기로 했다. 그 결과, 부사장과 무역부 황병주 부장이 그것을 사들인 정황을 알게 되었다. 그 즉시 무역부 황 부장을 찾았다.

"부장님, 서류 안에 조립도면이고 사용매뉴얼이고 아무것도 없습니다. 그런데 어떻게 타워크레인을 설치해야 좋을까요?"

이에 황병주 부장 역시 예기치 못한 상황에 당황하는 것은 마찬가지였다. 야심차게 대한민국 최초로 타워크레인을 도입하긴 했으나, 정말 고철 덩어리로 전락할 위기인 것이다.

'타워 크레인'이라니, 당연히 국내에서는 본 적도 들은 적도 없는 것이라 어디에 물어볼 사람도 찾아볼 자료도 없는 상태다. 잘못되는 날에는 정주영 사장의 불호령이 떨어질 것이고, 무역부에서 수입한 것이니 그 책임은 모두 어디로 갈 것인가? 무조건 조립해서 정상 작동을 시켜야 하는 상황이다.

그런데 돌연 황 부장은 "젊으니까 니가 한번 해봐. 남자가 그것도 못하냐? 한번 해봐. 될 거야." 하면서 내 어깨를 툭 치더니 외국에서 봤던 타워크레인의 완성형태를 종이에 쓱쓱 그리며 작동 원리를 설명해준다. 처음 보는 부장은 내가 기계과 출신이라는 것을 알았다.

그리고 나는 부장이 그려준 그림 한 장을 들고, 망연자실해져서 '중고 타워크레인' 부품이 쌓인 현장으로 돌아와야 했다.

종이를 이리 돌려보고 저리 돌려봐도 도대체 막막하기만 하다. 기름이 잔뜩 발려진 거대한 앵글 부품이 산더미처럼 쌓여 있었고 볼트, 너트가 들어있는 커다란 마대 자루가 수십 개였다. 성냥개비로 남대문을 만드는 게 쉽지, 이런 부품들로 상상 속 공룡이나 다름없는 거대한 타워크레인을 조립한다는 건 불가능에 가까웠다.

그러나 한참을 고민한 끝에 번뜩 떠오르는 게 있었다.

'그래 그렇게 한번 해보면 조립설명서 없이도 가능할 거야!'

일단 볼트, 너트가 엉망으로 섞여서 들어있는 마대 자루를 바닥에 다 쏟아 부었다. 그리고 같은 종류, 크기, 형태별로 분리 작업을 진행했다. 종이에 도표를 만들어 분류한 것을 알아보기 쉽게 일련번호를 부여하고 개수 등 파악된 사항을 적었다. 그 후, 청계천 공구상가에 달려가 버니어 캘리퍼스 vernier calipers 라고 불리는 측정자를 사가지고 와서 볼트의 바깥지름, 너트의 안지름을 잰 후 꼼꼼히 기입했다. 이제 희망이 보였다. 남은 것은 저기 쌓여 있는 앵글 부품마다 수없이 뚫려 있는 안지름을 일일이 측정하는 일이었다. 앵글 부품의 형태와 크기, 구멍 등을 도면에 그린 후 그 수치를 하나씩 표기했다. 이런 식으로 역추적해서 같은 안지름을 가진 앵글과 또 같은 바깥지름을 가진 볼트에 너트를 맞춰서 계산했더니 어느 정도 윤곽이 드러나기 시작했다. 기린이 그려진 그림을 잘게 찢은 후, 한 번도 기린을 본 적이 없는 사람이 그걸 종이 한 장의 그림을 근거로 다시 붙이는 작업에 가까웠다. 석양을 본 후, 잠깐 작업에 집중하였더니 다시 아침 해가 떠오르고 있었다.

드디어 한참의 시간이 흘러 조립도면을 완성하였다. 그대로만 하면 '타워크레인'을 설치할 수 있겠다는 희망이 보였다. 그러나 막상 타워크레인을 설치하려니 더 큰 문제가 앞을 가로막았다.

공사 현장이 도심 번화가 중심부였기 때문에 활용할 수 있는 공간도 없었고 건설 현장 자체도 무척 비좁았다. 타워크레인을 설치할 수 있는 공간이 있을 리 만무했다. 그렇다면 건물 한가운데에 타워 크레인을 설치해야 하는데 공사 중인 콘크리트 슬래브에 그것을 얹어놓을 수도 없는 노릇이었다. 공사를 쉽게 하려고 설치를 시도했다가 잘못하면 오히려 초대형 사고가 일어날 수 있었다.

어찌 되었건 호텔건물이 벌써 6층이나 올라간 상태인데 타워크레인을 도중에 끼워서 설치하려 한다니 벡텔의 미국인 소장이 난리를 친다. 그는 타워크레인을 설치하려면 어떻게 할 것인지 실시 계획서와 상세 도면을 가져오고, 자기 승인을 받기 전에는 절대로 설치할 수 없다고 버텼다. 맞는 말이었다. 산 너머 물, 물 너머 다시 산이다. 긴긴 고뇌의 시간을 갖고 고민을 했으나 도저히 혼자서는 어쩔 도리가 없었다.

그때 떠오른 사람이 군산화력발전소의 이춘림 소장이었다. 무슨 일이든 어려움을 모르고 척척 해결하던 그에게 부탁하면 어떨까? 생각이 거기에 미치자, 그날 밤 바로 군산으로 내려가게 됐다. 그리고 도착하자마자 소장을 찾아가 상황 보고를 하고 도움을 요청했다.

소장은 사태의 심각성을 알아차리고, 즉시 가장 노련한 이도권 운전공과 발전소 높은 구조물에 중량물들을 들어올리는 전문가인 비계공飛階工 작업반장을 뽑아서 서울로 올라가 도와주라고 지시했다. 천군만마를 얻은 듯한 기분이었다. 서울로 올라오는 길은 내려갔던 길만큼이나 험했지만 거칠 것이 없었다.

대한민국 최초의 타워크레인 설치를 위한 드림팀은 그렇게 구성이 되었고, 이제 방법을 찾을 일만 남았다. 오랜 시간 현장에서 얻은 기술과 노하우를 가진 기술자들 그리고 해내겠다는 강한 의지가 있는데 이루지 못할 것이 무엇이랴!

서울에 온 운전사와 비계공 작업반장은 정리해 놓은 크레인 구조물과 엘리베이터가 설치될 구멍이 뚫린 건물구조를 조사하고, 수동식 윈치winch, 도르래를 이용해서 중량물을 높은 곳으로 들어 올리거나 끌어당기는 기계를 만들어 그것을 올리는 방법을 나에게 설명해 주었다. 타워크레인을 건물 위에 세우는 것은 건물이 하중을 지탱하지 못하기 때문에 건물의 비어있는 6층 옥상 기둥 윗부분에 우선 수동식 윈치로 끌어올릴 도르래 구조물의 기둥을 박고, 그 위에 지브jib. 기중기에서 물건을 들어 올리는 팔과 같은 부분를 설치해야 했다. 그다음 문제는 기둥을 무사히 박더라도 나머지 지브 구조물들을 어떻게 그 높다란 기둥 꼭대기까지 올리느냐와 어떻게 현장 소장을 설득하느냐였다.

타워크레인이 도입되지 않은 한국의 기술자들이 믿음직스럽지 못하겠지만, 세상에 처음이 없다면 그 어떤 것도 진행될 수 없는 일이기에 누군가는 해야 할 일이었다. 제대로 진행되려면 준비가 철저해야만 했다.

타워크레인 설치 방법에 대한 영문 실시계획서를 작성하고 A0 전지 용지에 크게 상세 도면을 그렸다. 만반의 준비를 한 후 미국 현장소장과 우리 측 건축소장과 관계자들을 모아놓고 영어로 상세하게 설치 계획을 설명하였다. 모두 고개를 끄덕이며 긍정적인 반응을 보였으나, 유독 미국 현장소장만은 집요하게 여러 가지 예상되는 문제점을 지적하고 그에 대한 답변을 요구했다. 기술적인 부분은 군산발전소에서 파견해 준 운전공과 비계공 작업반장의 의견을 통역해가며 차근차근 이해시켰다. 그러자 곧 팔짱을 낀 채 부정적인 반응이었던 미국 건축소장 표정이 조금씩 바뀌었다. 마침내 'OK' 사인이 떨어졌다. 그리하여 설치를 시작한 지 2주일 만에 서울 중심부에 대한민국 최초의 크레인이 그 위용威容을 드러내기 시작했다.

현장에 노련한 작업반장과 숙련 운전공 등 경험이 많은 기술자들의 가치가 대학을 졸업한 엔지니어보다 얼마나 귀중한가를 새삼 깨달았다.

당시 높고 큰 건물이 없던 시절, 멀리서도 T자 모양의 거대한 기계 팔은 단연 돋보였다. 바로 얼마 전까지도 시멘트와 모래, 벽돌, 철근, 건축자재 등을 일일이 사람이 지고 꼭대기까지 올라가서 축조해야 했으나, 이제는 타워크레인 설치로 효율적인 작업이 가능하게 되었다. 그 강철와이어에 달린 훅hook이 쉴 새 없이 각종 무거운 자재를 옮겼다. 그동안 무거워서 분해해야지만 건물 꼭대기까지 옮겨지던 건축 부품들도 지상에서 바로 올릴 수 있어 다시 조립하는 번거로운 시간 또한 아낄 수 있게 되었다. 덩달아 콘크리트를 붓는 작업도 무척 빨라져서, 예정된 것보다 훨씬 단축된 기간에 공사를 마칠 수 있게 되었다.

한여름에 호텔 건축현장으로 발령받아 생전 처음 보는 거대한 쇳덩어리와 사투를 벌였더니 어느덧 더위가 한풀씩 꺾여 가는 청명한 바람이 불기 시작했다.

박정희 대통령의 갑작스러운 방문

가을 어느 날, 호텔 건설현장 꼭대기에서 짙푸른 하늘을 마주 보면서, 당시 서울에서 누구보다도 높은(?) 곳에 올라 호텔 완공을 돕고 있었다. 그렇게 한창 크레인을 운전 중인데 옆구리에 찬 무전기에서 다급한 목소리가 불을 튀긴다.

"유 기사, 유 기사!! 빨리 내려와, 빨리~"

무슨 영문인지 몰랐지만, 안전모를 조여 매고 한달음에 지상으로 내려갔다. 저쪽에서 현장 소장도 나처럼 부랴부랴 뛰어오고 있다.

언제 그랬는지, 공사 현장 마당에는 처음 보는 지프차와 검은색 승용차들이 쭉 늘어서 있었고, 거기서 정장 차림의 사내들이 우르르 내린다. 뒤이어 기자로 보이는 십여 명의 또 다른 무리들이 그들을 따르며 연신 카메라 플래시를 터트려댔다. 한편, 맨 앞에는 검은색 정장을 점잖게 입은 남자가 그들을 꼬리처럼 달고, 당당하고 빠른 걸음으로 우리 쪽을 향해 걸어오는 것이 아닌가?

'저분은? 어, 혹시…?'

박정희 대통령이다! 신문 지면으로나 뵐 수 있었던 대통령이 이곳에 갑자기 어떻게 오신 걸까?

대통령은 당시 온갖 반대를 무릅쓰고 경부고속도로 건설을 강행하고 있던 터라 건설 현장에 대한 관심이 지대했다.

당시에도 정부에서 국가적인 사업을 할라치면, 오늘날과 같이 각계에서 들고 일어나 반대를 하곤 했다. 먹을 게 없어서 다들 허리띠를 졸라매는데 길바닥에 시멘트 바를 돈이 있으면 배고픈 국민들에게 쌀을 나눠주라는 식이었다. 하지만 대통령은 확고한 비전과 신념이 있었기에 후일 역사가 평가할 것이라며 국회와 국민들을 설득하여 어렵게 오늘날의 경부고속도로 건설을 추진하였고, 당시 한참 공사 중인 상황이었다.

그러던 차에 웬 처음 보는 거대한 쇳덩이가 시청 앞 광장에 모습을 드러내더니 빙빙 돌며 무거운 것들을 오르락내리락 나르는 광경에 호기심이 일어 중요한 외부 업무를 마치고 청와대로 가다가 공사현장으로 갑자기 방향을 틀었던 것이다. 마침 뒤따르던 청와대 출입기자들까지 주르륵 현장에 내려 순식간에 호텔 공사현장 앞마당에서 북새통이 벌어지게 되었다.

청와대 경호진, 대통령 비서진, 취재진이 그의 일거수일투족에 초점을 맞추고 있다. 하지만 대통령은 그런 일이 일상이 된 지 오래였기 때문에 전혀 신경 쓰지 않으면서 자연스럽게 공사현장을 둘러보았다. 그리고 현장에서 올려다본 타워크레인이 멀리서 보는 것보다 훌륭하고, 거대한 것에 감탄

한다.

현장 소장을 찾았지만, 한국말을 전혀 못 하는 미국 소장이 나서서 설명할 리는 만무. 당시 우리 쪽 박재면 현장 소장과 그 앞으로 불려 갔다.

타워크레인 한 대로 하루에 인부 2천 명이 할 일을 할 수 있으며, 대한민국 최초로 도입된 것이고, 무거운 자재도 안전하고 신속하게 운반할 수 있어 고층 건물 건설에 아주 유용하다는 등. 대통령 앞에서 갑작스러운 브리핑이 진행되었다. 현장 소장은 졸지에 유명인사가 되어 다음 날 신문 1면에 '2천 명의 일을 하는 건설기계 타워크레인'이란 제목과 함께 대서특필 되었다.

그것이 바로 요즘 고층 건물을 지을 때 필수적으로 사용되는 타워크레인이다. 중고 타워크레인이 대한민국 최초로 도입되어 지은 건물이 바로 조선호텔이었다.

이 일로 하여 정인영 사장은 후일 나와 함께 외국 인사를 만나 동석을 하게 되면 번번이 대한민국 최초의 타워크레인을 설치한 엔지니어라고 소개하곤 하였다. 아마도 당시 무역부 황 부장이 나에게 "타워크레인이 이렇게 생겼다."고 그림 한 장만 그려준 게 불안해서 부사장에게도 보고한 모양이었다. 그래서 그만큼 나의 노고를 인정해주시는 것 같았다.

4

깨장수-시장경제에 눈을 뜨다

크리스마스날의 투자

1968년 현대건설에 입사 후 첫 해에 받은 보너스가 급여의 500%였다. 인사고과에서 최상의 대우를 받아 300% 보너스를 탄 데다가 조선호텔 건설 시 중고 타워크레인 조립에 성공하여 건설기간 단축을 이끌어냈다는 명목으로 현장 소장께서 추가 성과급을 200% 얹어주신 것이다. 이에 급여까지 합하면 6개월분에 달하는 엄청난 현금이었다.

젊었고, 친구도 낭만도 좋았기에 해마다 크리스마스 때만큼은 자투리 돈이라도 끌어모아 친구들과 밤새워 놀곤 했었다. 그래서 그런지 예전대로 하다가는 그 엄청난 현금도 그냥 손에 쥐고만 있다면 이번 크리스마스에 다 써버릴 것 같다는 생각이 들었다.

'나의 결과를 그렇게 의미 없이 소진하지 않겠다.' 그래서 학교 동창들에게는 회사에 일이 있다고 하고, 회사 동료들에게는 학교 동창들과 선약이 돼 있다고 하면서 어느 쪽 크리스마스 모임에도 나가지 않았다.

크리스마스이브, 밤새 이 뭉칫돈을 어떤 쪽에 투자할까 궁리하였다. 그러다 아버지가 투자사업으로 가마니를 사던 기억이 났다. 그렇다. 바로 이거다 싶어 무릎을 탁! 치며 벌떡 일어섰다.

6·25전쟁 전, 내가 어릴 적에 아버지는 정미소를 운영했고, 완고한 성격에 반해 사업수완이 좋았다. 당시 농민들은 가을걷이가 끝나면 볏짚을 헛간에 가득 쌓아 두고 겨우내 그걸 꼬아서 쌀가마니 등을 만들었다. 그렇게 만든 가마니를 봄철이 되면 집집이 시장에 가지고 나와서 파는데 무척 많이 나오고 흔했다. 아버지는 여유자금이 생길 때마다 그런 볏짚 가마니를 사들여서 헛간 등지에 가득 쌓아놓곤 했다.

가마니를 산지 몇 개월이 지나면 금세 여름이 오고 장마철이 된다. 배수로도 제대로 갖춰지지 않은 시절이었기에 논농사, 밭농사에는 물론 각종 침수 등을 막기 위해서 볏짚 가마니에 모래를 넣어 물막이용으로 사용하였다. 가마니가 많이 필요한 때였고, 아버지는 그때 가마니를 내다 팔아 차익을 남겼던 것이다.

'그래 이 돈으로 가마니를 사는 거야!' 결심하고 내가 가진 모든 현금을 모았다. 그동안 받은 월급에 보너스 500%, 쌈짓돈까지 긁어모았더니 꽤 큰 액수였다. 어느덧 날이 새기 시작했고, 나는 허리춤 깊숙이 전 재산을 전대에 차고 무작정 성동구 중앙시장으로 향했다.

중앙시장에 도착했으나, 아직 사방이 어둡고 크리스마스 날 새벽이어서 그런지 인적이 드물었다. 나이 드신 시장상인 몇몇 분 외에는 도통 보이질 않았다. 대체 가마니는 어디서 사야 하는지 몰라서 그 추운 시장, 새벽 골목을 한참 배회하였다. 그때 젊은 총각이 크리스마스 날 혼자 배회하는 걸 이상하게 여겼는지 한 50대 남자 상인이 말을 건넨다.

"어이, 총각. 뭐 사러왔어? 왜 그렇게 왔다 갔다만 해?"

딱 보니 후덕해 보이는 인상인 데다 시장에서 오래 장사한 느낌이 풍긴다. 당시는 간첩신고 잘하면 포상금을 준다는 벽보가 수도 없이 나붙던 시대였기 때문에 장사꾼도 아닌, 낯선 젊은이가 꼭두새벽부터 시장바닥을 어슬렁거린다는 자체가 수상한 일이었을 것이다.

'옳지, 이 사람에게 물어보면 되겠다.'

"네, 아저씨 사실 어제 크리스마스 이브인데도 친구들과 술 한잔 못 했어요. 배도 고프고 그래서 대포 한잔하려는데 어디 먹을 만한 데 없을까요?"

"아이구, 잘됐네! 잘됐어. 나도 마침 술 한잔 생각났던 참인데 그럼 나랑 한잔하러 갈 텐가?"

그가 앞장서서 휘휘 걸어가며 나더러 따라오란다.

우리는 시장 끄트머리에 위치한 허름한 대폿집에 들어가 마주 앉았다. 드럼통을 잘라서 만든 테이블에 김치와 부침개, 막걸리가 턱턱 올라온다. 찌그러지고 색이 바랜, 양은대접에 막걸리를 한가득 부어가며 주거니 받거니 여러 차례 한 후, 아저씨가 입을 열기 시작한다.

"내가 여기서 말을 되는 마두예전에 곡식이나 가루 따위의 분량을 되는 데 쓰는 그릇을 말이라 하고, 되는 일을 하는 사람을 '마두'라 불렀다야, 여기 사람들이 나를 '마두 김씨'라고 불러, 이 중앙시장에서 20년이야, 날 모르면 여기 중앙시장 사람이 아니라니깐?

허허허."

그는 무척 붙임성 좋고 시원시원한 성격이었다.

창밖으로는 찬바람이 서서히 물러가며 동이 터 오고 있었다.

"네, 사실은 제가 월급 받은 것을 꼬박 모아서 조금 여윳돈이 있는데 이걸 어디다가 투자하면 좋을까요? 제가 여기 대포값은 내겠습니다."

자초지종을 얘기하였더니 그가 빙그레 웃는다.

"그렇다면 참깨를 사시게."

"네, 네? 참깨요??"

참깨가 먹는 것인 줄은 알지만, 거기에 투자를 하라니 너무 생소했다.

"참깨를 사면 좋아요? 왜 그렇지요?"

"이번에 참깨에 투자하면 세 가지 장점이 있다네. 첫째, 가을에 한번 수확을 해서 일 년 내내 꾸준히 소비하는 품목이라서 지금이 연중 값이 싼 편이라는 것. 둘째, 참깨 값이 오르면 농민들이 많이 재배해서 다음 해에는 참깨 값이 떨어지고, 참깨 값이 떨어지면 농민들이 재배를 많이 하지 않아서 가격이 또 오르기를 반복하는데 작년에 참깨 값이 폭락해서 올해는 재배를 많이 하지 않았을 것이야. 그러니까 지금 사두면 내년에는 가격이 많이 오를 것이네."

나는 조바심에 말을 끊었다.

"근데요 혹시, 팔리지 않거나 가격이 떨어지면 어떻게 합니까?"

마두 김씨는 걱정 없다는 표정으로 말한다.

"바로 그 점이 셋째 장점인데, 참깨는 3년 정도 묵혔다 팔아도 아무 문제가 없다네. 쌀은 1년만 묵혀도 냄새가 나고 그러는데, 참깨는 3년을 묵혀도 그렇지 않고 보관이 쉬워. 단, 기름을 짜면 조금 생산량이 줄어들 수는 있지만, 요즘 라면 생산업체에서 참깨를 많이 필요로 하니까 정 안되면 그쪽에 팔아도 되고 전혀 문제없지."

그리곤 남은 술잔을 맛있게 비우더니 다시 말을 잇는다.

"아, 또 한가지, 참깨는 쥐가 먹으면 설사를 하기 때문에 쥐들이 가마니를 쓸어 보고 참깨면 먹지를 않아. 하하하."

생각해 보니 모두 다 이치에 맞는 말이었다. 무엇을 더 망설이랴. 참깨 시세를 묻자 가져간 돈으로는 참깨 80가마니를 살 수 있을 것 같았다.

그때 대폿집 문을 요란하게 열어젖히며 마두 김씨 상점에서 일하던 꼬마 점원이 들이닥친다. 술 좋아하는 마두 김씨를 찾아서 자주 와 본 듯한 품새인데, 가게를 오래 비워두고 아침 해가 뜨도록 술을 먹고 있으니 사장의 성화가 대단했던 것이다. 하지만 막걸리 한 잔에 이토록 큰 거래가 성사되고 있는지는 몰랐을 터. 막걸리 집에서 훌훌 털고 일어나 차가운 아침 햇살을 맞으며 시장거리로 나섰다.

마두 김씨를 앞장세워 참깨를 사러 곡물상으로 함께 갔다. 곡물상에 도착해 마두 김씨가 용건을 말하자, 주인장은 호들갑을 떨며 가게 이층 사무실로 안내한다. 지금으로 말하자면 VIP 특별 영접실인 셈이다. 다방에 연락해 모닝커피를 배달시키고 한참 새파랗게 어린 나에게 '사장님, 사장님' 소리를 연발한다.

참깨가 다 해서 얼마만큼 있나 물어보았더니 거의 80가마니가 있다고 한다. 마침 가지고 있던 돈과 딱 맞아들었고, 모두 다 사겠다고 말했다. 그렇게 단박에 거래가 이루어졌다.

전 재산을 찬 복대를 풀어 모두 곡물상 주인에게 건넸다. 이제 나는 참깨 80가마니의 주인이다. 장사 안되는 크리스마스 이른 아침 큰 고객을 맞은 곡물상은 입이 함지박만 하게 벌어져서 기쁨을 감추지 못한다.

"참깨는 어디 있습니까?" 하고 내가 묻자, 근처 창고에 있다고 곡물상 주인이 "참깨를 지금 가져가시겠습니까? 아니면 창고에 보관하시겠습니까? 창고비는 아주 저렴해서 얼마 되지 않습니다."라고 대답한다.

몇 달만 창고에 묵혔다가 시세가 조금만 오르면 바로 팔아 치울 것이기에 보관증만 받아놓고 가도 아무 문제 될 것이 없었다. 나는 창고에 그대로 두겠다고 한 후, 주인에게 잘 부탁한다며 악수를 하고 나서다가 '혹시'하는 생각에 "저, 화재보험은 들어두셨죠? 제 전 재산인데 불이라도 나면 큰일인데요?" 하고 물었다. 화재보험에 가입 안 되어있다는 답변을 듣자 걱정이 밀려들었다.

"아무래도 안 되겠어요. 집으로 가지고 가겠습니다."

커다란 노새가 이끄는 마차 수레를 빌려다가 하늘 높은 줄 모르게 참깨 가마니를 싣고 또 실었다. 참깨 80가마니를 다 실으니 수레바퀴는 터질 듯 찌그러들었고, 쌓인 가마니는 쏟아질 듯 위태위태하다. 마두 김씨와 곡물상 주인은 밧줄로 수레를 꼼꼼하게 묶어주고 집으로 향하는 나를 배웅했다. 중앙시장에서 금호동 집까지 가는 길은 언덕이 많고 굽이굽이 험난하고 멀었지만, 전쟁에서 승리한 개선장군이 부러울쏘냐, 세상을 다 가진 부자 부럽지 않았다.

한나절이 되어서야 집에 도착했다. 대청마루며 처마 밑이며 천정에 닿을 정도까지 참깨 가마니를 차곡차곡 쌓아 올렸다. 방으로 들어가는 문만 간신히 여닫을 수 있었으니 그야말로 '열려라. 참깨'였다.

그날은 내가 최고의 크리스마스 선물을 받은 날이었다. 여느 젊은이들이 그러하듯, 친구들이나 직장동료들과 술타령을 하는 대신 새로운 희망과 꿈을 갖게 되는 경험을 하기가 어디 그리 쉬운 일인가?

유 사장님~

다음 날부터 '집에 꿀단지라도 숨겼느냐?' 는 애기를 들을 정도로 퇴근이 즐거웠고, 집안 가득 쌓인 참깨 가마니만 보면 힘이 불끈 생기고 피로가 싹 풀렸다.

그 참깨 투자를 기점으로 나에게 많은 변화가 일어나게 되었다. 출근만 하면 제일 먼저 경제신문을 탐독하며 별 관심 없던 세계 물류, 각종 농산물 시세, 경제 상황들을 챙겨보게 되었다. 세상을 보는 시야도 넓어지고 생각의 깊이도 깊어졌다. 회사에서 무역부 최고 막내였지만, 그 누구보다도 당시 물류 시세변동에는 밝았지 않나 싶다.

참깨를 구매한 지 열흘 정도 되었을까? 신문의 시세변동 추이를 살펴보자 1월 5일부터 참깨 값이 폭등하기 시작했다. 1월 말쯤 되니 2배쯤 가격이 치솟았다. 내 눈을 의심하며 확인하고 또 확인했으나, 참깨 값은 연일 폭등했다. 한참 더운 여름인 7, 8월까지 50% 정도 올랐으면 하고 부푼 기대를 했었는데 이것은 예상 밖의 폭등이었다.

참깨가 하루아침에 황금으로 변한 듯 동화 같은 일이 벌어지고 있었다. 복권당첨인들 이보다 더 기쁠까? 2월 초가 되자 3배로 가격이 뛰었다. 그날도 신문에서 경제면 농산물 시세를 뚫어져라 보고 있는데 갑자기 부장이 나를 부른다.

"어이, 유군 전화받아, 근데 유 사장님을 찾네? 언제부터 사장님이 되셨나?"

순간 당황했지만 그럴 일이 있다고 적당히 둘러대고는 전화를 받았다. 누군지 짐작 가는 사람이 있었다. 바로 중앙시장 곡물상 사장이었다.

"아이고, 유 사장님 잘 지내셨지요? 중앙시장입니다. 글쎄 참깨 값이 마구 폭등하는데 다시 우리한테 파시구랴, 값은 잘 쳐줄 테니. 요즘 아주 참깨가 없어서 다들 난리예요, 난리!"

그는 별소릴 다 하며, 팔라고 성화를 부린다. 하지만 나는 더 지켜보겠다며 전화를 끊었다. 그 이야기를 종합해보니, 서울에 참깨가 동난 모양이었다. 그러면 참깨 수확 때까지 이대로 버티면 그 값이 10배는 뛰겠다 싶었다. 무엇에 홀린 듯 느낌이 그랬다. 하루가 멀다 하고 중앙시장 곡물상 사장은 사무실로 전화해서 나를 찾아댄다. 그통에 이제는 과장이고 부장이고 "어이, 유 사장 전화받아."라며 부르는 것이 아닌가.

2월 10일경이 되자 참깨값은 4배로 뛰더니, 2월 중순쯤 되자 5배로 폭등한다. 이쯤 되면 구름 위를 나는 기분이다. 출퇴근 때마다 대청마루에 쌓인 깨를 보면 휘파람이 절로 난다. 그러나 한편으로 매우 불안해지는 것은 왜일까? 불안감과 기대감이 공존한다. 매일 출근만 하면 조간신문을 찾아들고 복권번호 확인하듯 참깨시세를 살펴본다. 어느덧 2월이 지나고 3월 초가 됐다. 그 날도 기대감에 시세를 보다가 깜짝 놀라고 말았다.

한동안 5배 넘게 오른 가격에서 더 이상 오르지 않더니 갑자기 폭락하기 시작한 것이다. 물론 그래도 산 가격에서 4.5배나 오른 가격이지만, 기대치는 이미 그것을 한참 넘어섰다. 다시 오르겠지 했으나 계속 가격이 내려가는 듯했다. 역시 물어볼 사람도 마두 김씨밖에 없었다. 다시 일요일 새벽에 마두 김씨를 찾아가 막걸리 한잔 하자고 청했다.

처음 참깨를 사던 날, 둘이 한잔했던 그 막걸리 집에 우리는 다시 마주 앉았다. 그리고 막걸리가 몇 순배 돌았다. 마음이 조급했다. 비정상적인 폭등의 원인과 더 오를 줄 알았던 참깨 시세가 왜 내려가기 시작한 건지 물어봤다. 답답한 나와는 다르게 마두 김씨는 막걸리 대접의 마지막 한 방울까지 쭈욱 들이키더니 입 주위를 훔치고 온화한 미소를 띠며, 여유롭게 내가 몰랐던 많은 이야기를 해주었다.

집에서 참깨를 그냥 먹든 기름으로 짜 먹든 일 년에 얼마씩이나 쓰겠느냐? 하지만 음식마다 조금씩이라도 들어가는 식품이다.

참깨는 쌀처럼 대량으로 농사짓는 게 아니고 시골에서 집집마다 조금씩 농사지은 것을 아주머니들이 장날에 나와서 되로나 파는데, 다 모아봤자 한 지역에서 한두 가마니 정도밖에 나오지 않는다. 워낙 소량이기에 참깨만 따로 올리지 않고, 쌀이 서울로 올라갈 때 다른 잡곡들 사이에 끼어서 소량으로 보내게 된다. 그것이 중앙시장에 집산되어 서울 전역에 공급된단다.

당시 박정희 대통령 시절 식량부족 현상을 해소하기 위해 외국에서 쌀을 미공법미국의 농업수출진흥 및 원조법, Agricultural Trade Development and Assistance Act 으로 원조받고, 구매하기도 하여 '정부미'라 불리는 정부 비축미가 저렴한 가격에 많이 유통되고 있었다. 그런데 서울사람들은 정부미를 소비하지 않고, 값이 비싸도 경기미 등의 일반미를 선호해서 정부미는 묵은쌀이 되고 썩어서 버리게 생긴 것이다. 그리하여 정부에서 1969년 1월 1일부터 한시적인 특단의 조치로 '지방 쌀 서울 유입 금지령'을 내렸다. 그 바람에 쌀과 더불어 유통되던 깨나 녹두 등의 특산물, 잡곡 공급이 원활하지 않았던 것이고, 참깨 가격이 덩달아 폭등하게 된 것이었다. 수요는 있는데 공급이 되지 않으니 가격이 계속 오를 수밖에 없었다. 정부의 조치로 쌀값 안정은 되었지만, 특용작물과 잡곡

가격이 너무 오르게 되었다. 그래서 수요가 그리 많지 않으나 꼭 필요한 참깨 등의 특용작물과 잡곡은 에티오피아 등에서 수입해서 공급하기로 했는데 그 바람에 참깨 가격이 떨어졌다. 하지만 수입 결정이 나도 배편으로 들여오기까지 한 달 이상이 걸리니까 그것이 국내에서 유통되기 전에 빨리 팔면 된다고 한다.

이제야 모든 의문이 사라지고 머리가 맑아지는 느낌이었다. 내가 그동안 얼마나 무지했는가? 참깨를 살 때와 마찬가지로 결론은 순식간에 내려졌다. 막걸리 대접을 바로 내려놓고 마두 김씨와 대폿집에서 나왔다. 그리고 바로 신속히 전량 매각하였다. 3달 만에 4.5배 정도의 엄청난 이윤을 남기고 나의 참깨 투자사업은 대박 성공하며 마무리되었다.

그때 배운 것이 컸다. 첫째, 사람은 누구나 자기 소유가 있을 때만이 한층 더 열성적으로 부지런히 일하게 되고 둘째, 그것이 가시적으로 눈에 보일 때 기대 이상의 능률이 난다는 사실과 셋째, 돈을 버는 귀중한 노하우는 멀리 있는 것이 아니라 가까이 일하는 현장에 있으며, 특히 오랫동안 현장에서 많은 경험을 가진 주변 사람들의 정보에 있다는 사실을 알게 된 것이다.

그리고 이 일을 계기로 일선에서 경험 많은 현장직들과 어울려 막걸리 나누는 일을 즐겼다. 그들은 나와의 술자리에서 답답한 속내를 털어놓으며 마음을 위로받고, 나는 그 이야기 속에서 회사가 발전할 수 있는 여러 아이디어를 얻을 수 있었다.

1968년 현대건설 직장인들의 초임 18,000원
1968년 노동자 평균 월급은 11,640원 지식을 거닐며 미래를 통찰하자, 안치용 저

5

무역부 근무와 결혼

조선호텔 현장에서 무역부로

68년 9월, 무역부로 불려가게 되었다. 당시는 국책사업이 '근대화'를 목적으로 하고 있었기 때문에 경부고속도로나 소양강 댐 등 국가 기반시설들을 구축하기 위한 건설 사업이 붐을 이루던 시대였다. 이에 국내 유수의 건설업체들이 동원되었고, 현대건설 또한 중대한 사업의 중심역할을 하며 바쁜 시기를 보냈다. 그러나 우리나라는 그러한 사업을 감당하기에는 기계공업이 미천한 상황이었기에 건설과 관련된 장비들은 모두 수입에 의존해야했다.

그런데 경부고속도로 현장에 문제가 생겼다. 불도저와 중장비를 수입하는 과정에서 중장비에 붙이는 조명과 삽날 등 중요 부품들이 들어오지 않은 것이다.

빠른 완공을 위해 경부고속도로 건설현장은 24시간 돌고 있었다. 그러나 삽날이 없는 불도저로 공사를 진행할 수는 없는 일이었다. 해결책을 찾아야 했다.

"엔지니어 중에서 영어 잘 하는 사람 찾아서 갖다 놔!"

이에 윗선에서 구체적인 명령이 내려졌고, 이번에도 내가 불려가게 되었다. 얼마 전 '타워 크레인'을 겨우 조립하고 그 덕분에 빨라진 조선호텔 공사 현장에서 그 완공까지 지켜보고 싶은 마음도 있었고, 호텔 내 에어컨 설비 과정에 참여하면서 이제 재미를 붙이기 시작했는데 또 부서를 옮겨야 한다니 발길이 떨어질 것 같지 않았다.

현대건설 기계부로 입사해서 군산발전소에서 기계공학에 관련된 거의 모든 것을 현장 실습하였고, 조선호텔 건설현장에 투입되면서 고층건물의 냉난방, 수영장과 세탁소^{HVAC}까지 기계종류를 다루는 경험을 쌓게 되었다. 입사 후 9개월 만의 일이었다.

이번에도 이춘림 상무_{이때 이춘림 소장은 본사 기술 총괄상무로 있었다.}에게 가서 나의 당면한 문제를 하소연했다.

"상무님, 이번에는 무역부로 오라는데 정말 가기 싫습니다. 곧 부산에 고리 원자력발전소가 지어진다는 소문이 있던데 저 거기 보내주시면 안 됩니까?"

고리 원전 소식을 들었을 때, 내가 그쪽으로만 배치된다면 유학을 간 것에 몇 배를 현장에서 배울 수 있겠다고 생각했고, 유학을 포기했던 아쉬움도 모두 잊을 수 있을 것만 같았다.

"저는 지금 기계부에 있으면서 건설 현장 엔지니어로 뛰는 것이 무척이나 즐겁습니다. 그렇지만 이왕 옮겨야 한다면 무역부 말고 저를 그쪽으로 배치해 주십시오."

간절히 부탁했다.

상무도 내가 너무 여기저기 불려다니는 게 안쓰러웠던 모양이다. 그런 나를 모른 척할 수 없었던지, 정인영 부사장께 한번 말씀은 드려보겠다며 약속해 주었다. 그러나 얼마 후, 그 일로 상무는 불호령을 들은 모양이었다. 부사장은 까마득한 신입사원이 자신의 지시에 거역하겠다는 것에 무척 화를 내셨다고 한다.

"무슨 소리야. 당장 내려보내!"

부사장의 역정 내는 소리가 내 귀까지 들리는 듯하다.

"내가 이번에는 도움이 되지 못해서 미안하네. 일단 무역부로 가 있으면 나중에 자네를 잊지 않고 부르도록 할게."

"상무님, 정말입니다. 불러주셔야 합니다. 저는 중학교 때부터 원자력에 관심이 많았습니다. 그래서 그것 때문에 열심히 공부했는데 꼭 그때는 불러주셔야 합니다."

그래도 한편으로는 이춘림 상무가 그렇게까지 애써준 것에 대해서 고마웠다. 그 덕분에 부서를 옮기는 마음이 조금은 가벼워졌다. 그래서 있으나 없으나 어떻게든 해내는 신입사원의 응용능력을 눈여겨보고 윗분들이 인정해주어 그런 거라고 생각하며, 좋은 마음으로 무역부에 출근할 수 있게 되었다.

출근 첫날, 무역부 정희영 부장의 지시로 인사차 부사장실을 찾아갔다.

"안녕하십니까? 부사장님. 조선호텔 현장에서 무역부로 전근된 유철진입니다."

부사장은 내가 인사를 하건 말건 관심이 없다는 듯, 보고 있던 신문을 크게 펼쳐 든다. 그러곤 내 얼굴을 보지도 않은 채 이렇게 나무란다.

"자네가 안 온다고 했다며? 사람이 말이야, 어디 가서 일하든지 최선을 다해서 능력 발휘하는 게 회사에 도움되는 일 아닌가? 자네 억지로 끌려와서 일 할 거면 회사도 자네도 손해니까 돌아가게."

앞이 캄캄했다. 잠시 침묵이 흐르다가 말을 이었다.

"부사장님~! 제가 오기 싫다고 한 것은 사실입니다. 그렇지만 제가 원자력발전에 관심이 많아서 그런 것이지 다른 뜻이 있어서가 아닙니다. 이왕 송별회까지 다 하고 온 거, 이제 어디로 갑니까? 일단 제가 무역부에 왔는데 일해보지도 않고 능력문제를 말씀드린다는 것은 아직 이른 것 같고, 앞으로 제가 잘할지 어떨지 어떻게 압니까? 한번 해보겠습니다. 그리고 도저히 안 되겠으면 다시 말씀드리겠습니다."

부사장은 자기의 꾸중에 기죽을 만도 한데, 용서도 빌 줄 알고, 당당하게 대응하는 신입의 태도가 마음에 들었던 모양이다. 그제야 신문을 내리고 내 얼굴을 찬찬히 바라보며, 언제 그랬냐는 듯이 말한다.

"그래? 그럼 한번 해 봐."

부사장실과 무역부가 문이 뚫려 있어서 부사장은 자연스럽게 무역부에 들러 업무상 해외업체와 통화하는 내 모습을 지켜보곤 했다. 그런데 그런 일이 너무 잦아서 업무 처리를 할 때 조금 신경이 쓰이곤 했다. 심지어 급한 마음에 선 채로 전화를 받고 있으면 어느새 나타나서 편하게 통화하라며 뒤에서 내 어깨를 눌러 앉히기도 하고, 바로 옆에 앉아 내가 업체와 영어로 주고받는 내용을 한참 듣고 갈 때도 있었다. 그야말로 좌불안석이었다.

무역부에서 개선사항-윗분들의 눈에 띄다

무역부에서는 장비를 수입하기 전에 토목부와 건축부, 전기부, 기계부에서 필요로 하는 장비를 주문받아야 하는데 그러려면 국내 여러 대리점에서 보내온, 각종 공사 관련 기계 모델이 실린 카탈로그를 필요한 부서에 수시로 보내주어야 했다. 이것들을 챙기는 일은 당연히 풋내기 엔지니어였던 나의 몫이었다. 그러나 그 카탈로그를 찾는 일이 주문하면 척척 뽑아서 보내줄 수 있는 체계가 아니었다. 나는 다른 부서에서 카탈로그 요청을 받을 때마다 번번이 "왜 이렇게 늦어. 빨리빨리 좀 내려보내."라는 꾸지람과 빗발치는 전화 세례를 받아야 했다.

무역부에는 카탈로그를 꽂는 5단짜리 책장이 사무실 3면에 빽빽하게 들어차 있었다. 그러나 카탈로그 대부분은 거기에 꽂혀 있기보다 그 주변에 아무렇게나 쌓아 올려져 있었다. 더구나 부서별로 보고 되돌려 보낼 때면 선반 주변에 던져놓듯 두고 가니, 그 속에서 필요한 카탈로그를 찾는다는 것이 점점 모래밭에서 바늘을 찾는 수준이 되어가고 있었다. 카탈로그들은 아주 얇은 책자형식이었다. 그럴 때마다 풋내기 엔지니어는 무역부 선배들에게 어떻게 해결해야 좋을지 도움을 청해 보았지만, 돌아오는 것은 "거기 어디 있으니 잘 찾아보면 되지."하는 답변뿐이었다.

그 악순환에서 벗어나야만 했다. 이래서는 아무 일도 할 수 없겠다 싶어, 하루는 퇴근길에 약국에 들러 마스크와 면장갑을 몇 컬레씩을 준비해서 단단히 마음을 벼르고 다음 날 출근을 했다. 윗분들이 모두 퇴근하는 시각, 나는 준비해 온 마스크와 면장갑으로 무장하고, 그냥 봐도 몇 트럭 분은 될 법한 카탈로그 무덤에 앉아서 그것들을 분류하기 시작했다. 새벽까지 장비의 종류와 메이커를 따져서 나누고, 중복되는 것은 버려가면서 한쪽에 정리해 놓고 보니 '왜 처음부터 이렇게 돼 있질 않았을까?' 하는 안타까움이 밀려온다. 그 일은 애초부터 하루 고생해서 끝날 일이 아니었기 때문에 그런 식으로 거의 몇 주일은 날을 새는 것을 각오해야만 했다.

하루 작업이 끝나면 버려지는 카탈로그가 사무실 복도를 어지럽힐 만큼 모인다. 그러면 그날 작업의 마무리로 그것들을 모아 사무실 출입문에 쌓아놓고 정리된 것만 책상과 책상 사이에 잘 모셔놓는다. 그러면 미리 일러두었던 대로 청소부 아주머니가 직원들이 출근하기 전까지 출입문 쪽을 깨끗하게 치워주었다. 누가 시켜서 하는 야근도 아닌데 다른 사람들 눈에 거슬리거나 불편을 주고 싶지 않았기 때문이다.

그렇게 이틀 정도 작업한 양이 묶어서 정리할 만큼 모이자 총무부에 50개의 바인더 구입을 신청했다. 그런데 총무부장이 원가절감을 해야 한다며 부결했다. 그도 그럴 것이 당시 대외공문이 아닌 이상에 모든 서류는 새 종이가 아닌 이면지 사용을 의무화하는 등 작은 부분에서부터 비용절감을 하고 있었기 때문이다. 그러나 그렇다고 카탈로그 정리를 못 하고 그대로 방치해둔다면 나중에는 업무를 마비시키는 시발점이 될 것이라는 게 분명했기 때문에 직접 곧 총무부 부장을 찾아 내려갔다.

부장은 처음 보는 풋내기 사원을 보더니 누구냐고 묻는다.

"무역부에서 온 유철진이라고 합니다. 부장님께 뭘 보여드리고 말씀드릴게 있습니다."

"뭘 보여준다는 거야? 그냥 여기서 말로 하게."

타부서 말단 사원이 구체적인 용건도 없이 자기를 불러내리려는 것 같아 못마땅했던지 그는 화를 냈다. 그런데 나는 무슨 배짱이었는지 부장의 손을 잡고는 무역부로 억지로 끌고 갔다. 그리고 문제의 카탈로그 무덤을 보여주면서 간청하듯이 말했다.

"보시다시피 이 사무실 선반들은 제 구실을 못하고, 카탈로그들이 무방비로 쌓여 있습니다. 이것을 도서관 서적처럼 바인더로 묶어 정리하면 각 부서마다 원하는 카탈로그를 손쉽게 찾을 수 있지 않을까요? 그러면 분명 무역부뿐만 아니라 회사 전체적으로 업무능률이 오르고, 일 처리가 빨라질 겁니다."

육군사관학교 출신이었던 그는 내가 말하고자 하는 요지를 금세 파악고는 "이 넓은 선반들을 바인더 50개로 정리해 채우려면 어림이나 있겠는가?" 도리어 반문한다.

"처음부터 여러 개를 한꺼번에 청구하면 사주시지 않을 것 같아서 우선 50개만 들여다가 정리된 모습을 부장님께 보여드리고 모자라는 부분을 신청하려고 했습니다."

"음, 그랬단 말이지? 아니야. 그럴 것 없이 이번 건에 대해서는 바인더 수백 개를 청구해도 지원하겠네."

부장은 좀 전과는 180° 돌변한 모습이 되어 흔쾌히 나의 청을 들어주었다. 그리고는 나를 반듯하게 바라보며 묻는다.

"자네 이름이 무어라 했지?"

그 후에도 자발적인 야근은 계속되었고, 시간이 갈수록 무역부 책상과 책상 사이의 통로들은 내가 분류하여 쌓아놓은 카탈로그들로 가로막히기 시작했다. 그런데 우리 무역부 부장이 이걸 보고 "뭘 하는데 이리 어지러우냐?"

하고 채근하는 것이 아닌가? 어쩔 수 없이 밤마다 벌이고 있는 작업에 대해서 고하고, "바인더에 묶어서 정리하면 곧 해결되니 조금만 기다려주세요." 하고 부장께 양해를 구했다.

"자네가 하는 일은 참 기특한 일이네만, 이거 이렇게 사무실 어질러 놓으면 부사장님이 보셨다간 꾸중 듣기 십상이네. 얼른 해결해야지."

부장은 나 혼자 그 일을 언제 하느냐면서 무역부 전 직원을 집합시켜 일을 돕게 했다. 내 덕분에 그날 저녁부터 모든 직원이 야근을 하기 시작했다. 내가 분류한 카탈로그를 준비하면 다른 한 명이 거기에 바인더 구멍을 뚫어주고, 다른 한 명은 라벨을 만들어 바인더에 찍는 식으로 분업해서 일하니 속도가 붙어 며칠 만에 모든 작업이 마무리되었다.

이후부터는 내가 직접 관여하지 않아도 토목부, 건축부, 전기부, 기계부에서 카탈로그를 신청할 때면 해당 바인더를 임대—반환 대장과 함께 전달되도록 체계화하였다. 달라진 시스템 덕분에 타 부서에서는 그동안 부분적으로만 받아보던 것을 장비 종류별로 그에 관련된 모든 메이커들의 카탈로그를 묶음으로 일목요연하게 받아볼 수 있게 된 것이다.

그 후, 이것을 받아본 각 부서 중역들과 부장들은 "이걸 만든 사원이 누구야? 당장 얼굴 좀 보자."면서 나를 불러 자세한 인적사항을 물어가며 칭찬해주었다. 무역부로 전근 온 지 불과 몇 달 만의 일이었다.

자재부 미스 김

군산현장에서 올라와 조선호텔 현장으로 파견되기 전 잠시 본사 기계부에서 근무했다. 이때는 입사한 지도 얼마 되지 않아 입사 동기생들과의 교류 확대로 술자리가 잦았다. 집에 가봐야 나 혼자기에 아직 모두 총각이었던 입사 동기며 학교 동기들과 돌아가며 술자리를 하는 것이 퇴근 후 스케줄의 전부였던 것이다. 그리고 어디 들어가 잠도 못 잔 채 바로 출근하곤 했었다. 그래서 그런 다음 날이면 숙취와 갈증 때문에 힘들어했는데, 그때마다 회사 화장실로 달려가 아무렇게나 수도꼭지에 입을 대고 물을 마셔댔다.

그 날도 술로 인한 갈증을 해소하고 정신도 깨울 겸 화장실로 가서 세면대에 얼굴을 박고 대충 찬물 세수를 한 다음에 그 수도꼭지에 입을 대고 수돗물을 맛있게 들이마시고 있었다. 술 때문에 미각이 마비됐는지 소독약 냄새도 나지 않는 것 같았다. 그런데 그때 어깨 뒤에서 낯선 여자가 말을 걸어왔다. 당시 무교동에 있던 현대건설 빌딩의 화장실은 남녀공용이었기 때문에 세면대에서 남녀가 마주치는 것은 그렇게 놀랄만한 일이 아니었다.

"그 물 드시지 마세요."

뒤를 돌아보자 한 아가씨가 "어제 끓여놓은 보리차예요. 이거 드세요." 하면서 물잔을 내민다. 그녀는 좀 전에 설거지하러 왔다가 그런 모습을 맞닥뜨리고는 안타까웠던 모양이다. 세련되고 예쁜 아가씨였다.

"고맙습니다. 잘 마실게요."

아가씨는 나에게 보리차 주전자를 쟁반째 건네고는 고개만 끄덕이고 자기 갈 길로 가버린다. 그녀가 기계부와 같은 층을 사용하는 자재부로 들어가는 것을 지켜보았다.

며칠 후, 나는 조선호텔 현장으로 파견되어 분주한 나날을 보내게 되었다. 그러다가 그해 68년 하계수련대회로 속초 해수욕장에 가게 되었다. 정주영 사장 아래 신입사원 모두 수련대회에 참가했다. 200여 명의 인원 중에 여직원은 7명뿐이었다. 여직원이 드문 시절이었다.

새로 사귄 입사 동기 직원들과 씨름대회와 수영을 하면서 즐거운 첫날을 시작하였고, 야간에는 해변가에 둘러앉아 캠프파이어를 하며 노느라고 밤이 깊어지는 것도 몰랐다.

그런 와중에 총무부 직원 하나가 "남자들은 해변 텐트에서 잠을 자지만 여직원들은 동네 민박집에 숙소를 정했는데, 밤이 늦었으니 누가 집까지 안내해 줄 희망자가 없습니까?" 묻는 것이다. 그러자 술이 살짝 취해있던 나는 당연한 듯이 바로 손을 번쩍 들고 자원했다. 다른 총각 사원들은 마음이 있으면서도 선뜻 나서지 못한 죄로 7명의 꽃 같은 아가씨들 속에서 청일점이 된 사내를 질투하는 시간을 갖게 되었다.

7명의 여직원을 숙소로 인솔하는 사이 자연스럽게 통성명을 하였다. 그런데 그중에 나에게 보리차를 줬던 자재부 아가씨도 섞여 있는 것이 아닌가? 그녀의 이름은 김○○이었다. 그들을 인솔해서 찾아간 민박집은 어촌의 시골집으로, 출입문에 잠금장치가 없는 한식 방이었다. 그냥 인솔만 하고 돌아왔으면 몰랐을 일인데 미스 김이 잘 방이 안전한지 궁금해서 문을 살펴본 것이 다행이었다.

"숙녀분들 방인데 방문을 걸어 잠글 것이 없어서 어쩝니까? 제가 얼른 못이라도 구해서 처리할 테니 조금만 기다리세요."

민박집 주인에게 망치와 못을 주문했지만, 주인은 망치가 어디 갔는지 모르겠다며 못 하나만 달랑 갖다 주고 돌아가 버렸다. 임기응변으로 돌을 하나 주어다가 방문에 못을 구부려 박아주고 줄로 묶어서 잠금장치를 만들어 주었다. 여직원들은 그게 무척 고마웠는지 내가 그대로 가는 것을 막았다.

"오징어라도 하나 먹고 가세요. 아까 여기 와서 사 둔 게 있어요."

그래서 그 핑계로 꽃밭에서 한 시간을 놀았다. 그런데 그렇게 돌아와 해변에서 잠을 청했는데, 텐트 속이 추워서 그랬는지 마지막에 먹은 오징어에 문제가 있었는지 새벽부터 장이 뒤틀리기 시작했다. 그러더니 화장실을 드나드느라고 아침이고 뭐고 탈진해서 그만 드러눕고 말았다. 총무부에서는 급하게 사장의 지프차로 근처 양양병원에 가서 치료를 받게 했다. 엉금엉금 기다시피 움직이며 그 차에 오르는데 여직원 하나도 나처럼 배탈이 나서 그 차에 앉아 있는 게 아닌가. '역시 오징어가 문제였어.'하고 생각하는 찰라 그녀를 바라보니 자재부 미스 김이었다. 아프면서도 피식 웃음이 났다.

병원에서 치료를 받고도 우리는 수련대회에 적극 참여하지 못하고 병원 약을 먹으며 속을 달래야 했다. 하계수련대회가 끝나고, 모두 버스에 실려 서울 본사빌딩 앞에서 해산하게 되었다. 나는 미스 김에게 다가가 말했다.

"미스 김, 다른 사람들은 하계수련대회를 재밌게 마친 것 같은데 우리 두 사람만 배탈 때문에 고생한 게 너무 억울하지 않아요? 우리 둘이 서울에서 한 번 회포를 풉시다."

그렇게 해서 우리는 다시 한 번 따로 만나자는 약속을 하고는 헤어졌다. 그것은 나에게 좋은 빌미가 되었고, 그녀를 데리고 명동의 음악 감상실과 통닭집을 드나들며 데이트를 이어 나갔다.

점점 사이가 깊어지자 그녀에 대해서 더 알고 싶어졌다. 그래서 그녀의 아버지가 월남에 갔다는 것을 물어서 알게 되었다. 그러나 그 말 외에는 자세하게 이야기를 하지 않는 것으로 미루어 보아 그녀가 생각보다 가정형편이 어려울 수도 있겠다는 생각에 그녀의 가정사에 대해서 더는 묻지 않았다.

당시 월남에 나간 대부분은 군인이 아니면 노무자가 대부분이었다.

우리의 데이트는 계속되었고, 얼마 가지 않아 이런 소문은 삽시간에 회사 내에 퍼지게 되었다. 갓 피어난 연애의 꿀맛이 어찌나 단지, 매일 그녀 부서로 전화질을 해댔다. 시도 때도 없이 그녀의 안부가 궁금했고, 목소리가 듣고 싶었다. 교환원들은 전화를 바꾸면서 낄낄댔고, 급기야 미스 김이 절대로 전화하지 말라고 당부하기에 이르렀지만 이미 늦은 일이었다.

그러던 어느 날 미스 김이 어머니가 보잔다고 전화를 걸어왔다. 이제 올 것이 온 것이다. 약수동 어느 다방에서 나를 처음 본 그녀의 어머니는 이것 저것 질문이 많았다. 딸의 연애상대가 어떤 사람인지 딸을 통해서 대충 들었 겠지만, 미스 김이 집안의 장녀여서 그런 전례가 없다 보니 더 궁금한 것이 많았으리라. 그래서 주저 없이 무엇이든 솔직하게 대답했고, 어머님은 그런 나의 태도가 맘에 들었는지 이다음에는 집으로 오라고 하며 돌아가셨다.

그리고 얼마 후, 허락받은 신분으로 미스 김의 집에 방문하게 되었다. 그런데 짐작했던 것과는 다르게 약수동 미스 김의 집은 단란하고 여유로운 분위기였다. 알고 보니 미스 김의 아버지도 현대건설에 몸담고 계셨다. 내가 그런 사실에 신경 쓰게 될까 봐서 내 물음을 엉뚱하게 돌린 모양이었다. 그런데 아버님은 우리가 결혼하자마자 사위의 앞날이 부자유스러울 것을 염려하여 잘 다니던 회사를 퇴사하고, 개인사업을 시작하셨다.

미스 김의 집을 방문하고 나서부터 퇴근길이면 금호동으로 가는 것보다 약수동으로 귀가하는 일이 잦아졌다. 혼자 외롭게 자취 생활을 하다가 어머님이 정성스레 차려준 저녁밥상을 받을 때면 그것이 얼마나 따뜻하고 좋던지, 가족들이 오순도순 모여 사는 그 속에 내가 낄 수 있다는 것이 한없이 행복했다.

결혼-현대양행 안양 자동차부품 공장 건설

미스 김의 집에서 딸 결혼을 서둘렀다. 이제 스물다섯이 됐을 뿐인데도 그럴 수밖에 없었던 이유는 그녀가 7남매 중 장녀였기 때문이다. 장녀가 빨리 시집을 가야 뒤에 남은 동생들도 술술 차례로 시집 장가를 갈 수 있었다.

그러나 나는 미룰 수만 있다면 1년 정도 연애를 더 하고 결혼하고 싶었다. 자취생처럼 들락거리기만 하는 집에서 사랑하는 사람과 살게 된다는 것은 생각만으로도 충분히 행복한 일이었다. 하지만 당장 결혼자금도 없었고, 결혼 전에 도전해보고 싶은 것도 있었다. 그래서 크리스마스에 참깨로 돈맛을 보고는 자금도 마련할 겸 마두 김씨와 또 한 번 투자사업을 해보고 싶었다. 그렇지만 미스 김의 부모님께서는 "돈이야 나중에 벌면 되는 거고, 결혼이야 냉수 떠놓고 하면 되지." 하면서 우리 둘의 결혼을 재촉했다. 그에, 어차피 할 건데 아무리 좋은 목적이라도 결혼을 미루는 것은 어르신들과 아내 될 사람의 애간장만 끓이는 일이 될 뿐이라는 것을 깨닫고, 나는 곧 결혼을 결심하게 된다.

결혼자금은 들어온 축의금으로 해결할 수 있었고, 신혼 여행지를 제주도가 아닌 워커힐 호텔로 가는 대신, 그나마 깨장사로 번 돈으로 다이아반지 하나를 마련해 신부에게 끼워줄 수 있었다. 우리의 결혼식은 길일보다는 날씨 좋고, 기억하기 좋은 날로 정하였다. 그때가 1969년 5월 5일 어린이날이었다.

신혼여행을 다녀온 후 출근하여 부장에게 인사를 하자, 부사장께도 인사를 드려야지 않겠느냐며 나를 부사장실로 보낸다. 부사장은 반색을 하면서 잘 다녀왔느냐며 기다렸다는 듯 나를 맞아주더니 자리에 앉혔다. 그래서 나는 본능적으로 본론이 따로 있다는 것을 눈치챘다. 부사장의 본론은 이랬다.

"내가 이제부터 기계공업을 한번 크게 하려고 해. 현대양행이 소유한 스테인리스 각종 양식기류를 제조하는 안양공장을 다시 짓고 자동차부품 제조공장으로 바꿀 건데 당장 내일부터 그쪽으로 출근해줬으면 하네."

그리하여 다음 날부터 만도의 전신이 되는 자동차부품 공장을 짓기 시작했고, 준공 후 공장운영도 맡게 되었다.

금호동인 신혼집에서 안양 시내까지 가려면 서울역까지 갔다가 거기서 시내버스를 타고 안양시내 종점에 내려 다시 한 번 인천방면으로 가는 시외버스를 타야 간신히 안양공장에 도착할 수 있었다. 해 뜨는 7시가 출근 시간이고, 해지는 8시가 퇴근 시간이었다. 돌아가는 길에 다시 또 한 번 시외버스와 시내버스를 여러 번 갈아타고 통행금지시간^{1945~1982년까지 밤 12시부터 새벽 4시 사이에는 통행이 금지됐다.} 직전에 간신히 집에 도착해서 씻고, 자정이 넘어서야 저녁 식사를 했다. 그리고 잠깐 졸듯이 자고는 새벽 4시 반에 일어나 다시 출근을 서둘러야 했다.

현대양행

만도의 전신은 1962년 10월 세워진 현대양행(주)이다. 창업자 정인영 명예회장은 정주영 현대그룹 회장의 바로 아래 동생이다. 정인영 회장은 1961년 현대건설 부사장으로 취임한 뒤 이듬해인 1962년에 스푼, 나이프, 포크 등을 만드는 현대양행을 세웠다. 1976년 현대건설 부사장에서 물러나 현대양행 경영에 전념했다.
1968년 아트라스제지(주)를, 1977년 인천조선(주)을, 1978년 한라시멘트(주)를 각각 세웠다. 현대양행^{주식회사 만도}은 1969년부터 자동차 부품을 만들기 시작했다.

출처 http://www.mando.com

6

현대양행 안양공장-남자의 의리

현대양행 안양신축공장-'Heavy duty 썬 라이트 지붕'의 탄생

스테인리스 양식기 제조공장으로 운영되던 안양공장은 구조변경만으로 자동차부품 생산하기에는 매우 취약한 구조였다. 총 6개 동 중에서 1개 동을 제외한 건물의 서까래가 낡은 목재로 되어 있었다. 더구나 그것이 건축현장에서 사용하다 남은 비계飛階전용 전나무였고, 당장 철거하는 것이 맞았다. 그 때문에 현대건설 건축설계부는 공장건물을 모두 신축하는 계획을 세우게 된다.

그러나 우선 자동차부품의 생산조달이 시급했으므로 기존의 공장 건물을 사용하면서 새로운 공장을 지어야 했다. 공장 용지는 18,000여 평축구장 8개 정도의 면적 규모로 넓었지만, 기존 공장 건물이 부지의 한가운데에 위치하고 있어서 따로 건물을 지을 수 없었으며, 낡은 공장을 헐어내면서 새 건물을 지어나가야 했다. 그런데 어디서부터 어떻게 헐고, 생산은 어찌할 것인지 도통 계획이 잡히지 않았다.

나는 일개 월급쟁이였고, 위에서 시키는 대로 하면 편할 일이었다. 그러나 다른 누구도 아닌 내가 책임을 맡기로 한 현장이었고, 후일을 생각하면 그런 안타까운 현장을 그대로 방관할 수는 없는 노릇이었다. 그래서 묘안을 짜냈다. 기존의 공장 중 부실한 건물 다섯 동을 제외한 한 개 동만은 지붕 구조물이 나무가 아닌 철골 구조로 제법 튼튼했다. 그렇지 않아도 나머지 공장 건물과 함께 철거하게 되어 아깝게 되었다는 생각을 하던 차였다. 마침 그 한 개 동은 공장 용지의 중심에 있었고, 그 건물을 살려 좌우에 나머지 5개 동을 차례로 짓는 방법을 찾기로 한 것이다. 그렇게 되면 건물 오른쪽에서 생산하고, 건물 왼쪽부터 새로운 공장을 지어나가면 되었다. 왼쪽이 완공되면 생산부를 왼쪽으로 옮기고, 오른쪽에 남은 기존 건물을 철거해서 나머지 건물을 새로 지으면 된다.

물론 건설 도중에 생산부와의 상호 간섭으로 작은 어려움은 예측되었다. 나아가 철골구조 1개 동의 지붕은 두꺼운 시멘트 슬레이트로 덮여 있어서 이것을 가운데 놓고 나머지 건물을 같은 식으로 증축하면 이 공장 내부는 해가 뜨고 지는 것과는 무관하게 항상 어두운 환경이 될 거라는 것이 문제였다. 그런 환경은 생산 작업에 지장을 주기 때문에 24시간 전기조명을 밝혀야 한다. 전기도 부족했지만, 무상으로 주어지는 낮의 일광을 포기해야 한다는 것이 여간 비효율적인 것이 아니었다.

궁하면 통한다는 말이 있듯이, 당시 박 대통령이 농촌의 지붕개량을 시킨다고 볏짚 지붕을 없애고 전국적으로 썬라이트 Sunlight, 채광을 위해 투명 반투명 재질로 만든 판재 로 덮은 것에 그 해결 실마리를 잡았다. 그러나 이 썬라이트는 너무나 얇아서 보수공사를 위하여 작업자가 지붕 위를 올라갈 수 없을 정도로 약했다.

'시멘트 슬레이트 물결무늬의 지붕 판재로 두껍고 강하면서도 가볍다.만큼 튼튼한 썬라이트를 만든다면 가능하지 않을까?'

생각 끝에 그에 대한 도움을 받기 위해 지금의 'KCC' 전신인 '금강스레이트' 수원공장을 찾아갔다. 정상영 사장정주영 사장의 막내동생 이 나를 맞아주었다.

"사장님, 현재의 시멘트 슬레이트와 강도가 맞먹는 썬라이트를 만들어 주실 수 있습니까?"

처음에 사장은 "그런 걸 무엇에 쓰게?" 했지만, 그것의 필요성에 대한 내 설명을 듣고는 곧 개발실 직원들을 회의실로 모두 불러들였다. 그리고 당장 내 눈앞에서 개발회의가 진행되었고, 여러 논의 끝에 개발이 가능하다는 결론이 나왔다. 개발실장은 날짜까지 정해주면서 견본을 만들어 주겠다고 약속했고, 나는 그런 적극성과 긍정적인 결과에 감탄하고 기뻐했다. 너무 좋아서 고개를 연신 끄덕이며 회의실을 나서는데 정상영 사장이 뒤에서 부른다.

"유 기사, 잠깐 사장실에 나 좀 보고 가게."

사장은 만면에 밝은 미소를 드리우며 담배 세 보루를 내게 건넸다. 아이디어에 대한 감사의 표시였다.

썬라이트 견본은 생각했던 것 그대로였다. 그리하여 '금강 스레이트'의 도움으로 슬레이트만큼 강한 'Heavy duty 썬라이트'를 공장 지붕으로 얹을 수 있었다. 안양공장은 국내 최초로 썬라이트 공법으로 지붕을 만든 공장이 되었다.

후일 신축공장이 거의 마무리 될 무렵, 건축부 곽삼영 부장이 현장을 방문하였는데 새로운 지붕에 감탄하더니 일주일 후에 건축설계부 직원 여러 명을 대동하고 다시 내려왔다. 그리고 "울산에 지으려 하는 조선소 지붕이 높아 조명을 달아도 어두울 터인데 이런 식으로 지붕과 벽에 썬라이트를 설치하면 훨씬 효과적이고 전기도 아낄 수 있을 거야." 하면서 직원들에게 우리 신축공장을 참고하라고 지시하시는 것이다.

이를 계기로 오늘날 전국의 공장들이 썬라이트 공법을 사용하기 시작하게 되었다. 안양공장 이후로 당시 현대중공업, 현대자동차뿐 아니라 다른 현대그룹 공장들이 모두 썬라이트공법으로 지붕을 얹게 되었고, 나아가 전국의 신축 공장들이 줄줄이 따라 하게 되었다.

현대양행 안양공장 건설 이야기2

마크 트웨인의 소설 '톰 소여의 모험'에서 톰이 친구들을 속인 일을 기억할 것이다. 톰은 울타리 칠하는 일이 싫어서 친구들에게 자기는 페인트칠이 아주 좋아서 세상 그 무엇과도 바꾸지 않을 것이라고 말한다. 톰은 자기가 직접 울타리를 칠하지 않으면 아주 큰 손해라도 보는 것처럼 친구들에게 마지못해 일을 맡기는 척했다. 톰 소여 자신은 친구들을 속인다고 생각했지만, 정작 친구들은 즐겁게 페인트칠을 했다.

1970년 9월 말경, 착공한 지 불과 1년 남짓한 시점에 현대양행 안양공장 지금의 만도 여섯 동을 모두 짓자마자 사장님의 지시로 3층짜리 독신자 기숙사를 하나 더 짓기 위해 현대건설 건축부 설계과에 설계도면을 의뢰해 놓은 상황이었다.

일주일 정도 지난 주말, 사장은 완공된 공장을 보기 위해 안양을 방문했다. 그런데 새로 지은 공장 주변이 온통 흙바닥인 것을 보고는 못내 아쉬워했다. 공장 주변 도로와 통로가 비포장 상태여서 바람만 불어도 그 모래먼지가 공장 안으로 들이닥쳤고, 비라도 올라치면 모든 직원이 자연스레 진흙 발이 되어 공장 바닥을 어지럽혔던 것이다.

"국도는 비포장이라도당시 국도는 비포장인 경우가 많았다. 공장 진입로와 공장 간 도로만은 포장을 해야지 않겠어? 자네들 그렇게 추진하도록 하고, 기숙사도 올해를 넘기지 말고 12월 25일까지 완공하도록 해. 올해 크리스마스 파티를 그곳에서 할 수 있게 맞춰 봐."

공장장을 비롯해 나를 포함한 건축 관계 직원들은 사장의 지시내용을 받아 적으면서도 속으로는 난처하지 않을 수 없었다. 날짜도 촉박할뿐더러 예산도 없었기 때문이다. 그러나 그 두 가지는 꼭 필요하고 시급한 일이 분명했다.

공장 완공단계가 다가오면서 제조를 담당할 직원 수가 속속 늘어났고, 그 중에는 현지에서 새로 뽑은 직원 이외에 서울에서 파견된 직원들도 많았다. 그러나 서울과 안양까지는 교통이 여간 불편한 것이 아니었다. 공장 착공 때부터 내가 그런 불편을 겪어 봤기 때문에 서울 시내에 거주하는 직원들에게는 기숙사가 얼마나 절실한지 잘 알고 있던 터였다. 그리고 이것이 공장 주변 환경을 개선하는 일처럼 제품의 품질과도 직결된 사항이니 그 문제 또한 시급했다.

사장이 돌아가고, 회의가 열렸다. 공장장과 경리부는 예산이 부족해서 도로포장까지는 어려울 것 같다고 했다. 그래도 어찌어찌하면 기숙사 건축비는 마련할 수 있으니 그것만이라도 꼭 지어달라고 한다. 그런데 건축부는 어려운 일이라며 도리질했다. 설계도면이 나오면 늦어야 10월 1일쯤 착공할 수 있는데 크리스마스까지는 만 석 달도 되지 않는다는 것이다. 아니, 짓기만 하는 것이 아니라 입주가 가능하게 만들어내야 한다. 그런데 누가 가능하다고 하겠는가. 그러나 '불가능하다.'는 말은 오히려 나의 오기를 불러왔고, 어떻게든지 만들어내야겠다는 각오를 다지게 했다. 어찌 됐든 기숙사는 예산이 마련되어 현대건설 건축부 오용남 소장이 안양으로 내려와 열심히 짓기 시작했다.

예산이 빠듯한 상황에서 도로포장은 무리였다. 더구나 도로포장은 토목기사가 필요한데 공장 간 도로와 진입로만 포장하는 공사에 전문가까지 부르기도 쉽지 않았다.

어떻게든 해결책을 마련하기 위해 생각 끝에 현대건설 중기사업소^{현대건설} 전국 현장에서 사용하는 중장비의 큰 수리를 위하여 운영하는 공장으로 서빙고 공장에서 과천으로 넘어가는 관악공장으로 옮긴 지 얼마 되지 않은 시절이었다. 에 가보았다. 그곳에는 과연 건설 중장비들로 가득 차 있었다. 사업소 한쪽에서는 중장비들을 수리하고 있었고, 또 다른 쪽에서는 수리된 중장비들이 잘 고쳐졌는지 시운전을 하고 있었다. 그곳에서 입사 동기였던 경리담당 이복성씨를 만나보았다.

"보아하니 이곳에서 시운전 되는 중장비들은 대부분 작은 모델뿐인 것 같은데 큰 장비들은 어디서 시운전을 하는 건가?"

"그러게 말이야. 여기서 작은 장비는 시운전이 가능한데, 큰 건 넓은데서 시운전 해봐야 하거든. 그런데 우리도 적당한 시운전 장소가 없어서 아주 고민이야."

그 말에 정신이 번쩍 들었다.

"그러면, 장소는 그렇다 하고 아스팔트 포장기계 같은 장비를 시운전 할 때 자갈과 아스팔트 재료는 누가 공급하는가?"

"그야, 시운전 물량은 우리가 구입하는 거지. 어차피 그 예산은 수리비에 포함시켜야 하는 항목이니까."

무릎을 치지 않을 수 없었다.

"마침, 아주 잘 됐군. 내가 아주 가깝고 적당한 곳에 시운전 자리를 내 줄 수 있는데……."

이복성씨는 그런 곳이 과연 어디냐며 나처럼 기뻐했다.

"이곳에서 과천 고개만 넘으면 안양인데 안양에서 아주 가까운 곳에 그런 곳이 있지."

곧이어 그에게 안양공장의 사정을 털어놓았고, 중기사업소에서 일을 도와주면 서로가 처한 문제점을 동시에 해결할 수 있지 않겠느냐며 원윈Win-Win 전략을 제안했다. 얼마 후, 중기사업소에서는 시운전이 필요한 도로포장용 중장비들을 안양공장으로 속속 보내왔다. 1차로 로더와 휠로더, 모터그레이더가 안양공장 주변도로를 평평하게 만들었고, 2차로 덤프트럭이 자갈과 아스팔트를 날라 왔다. 마지막으로 아스팔트 포장기가 트레일러에 실려 마지막 역할을 하고 시운전을 마쳤다. 그렇게 해서 불과 일주일도 되지 않는 기간에 안양공장 주변 도로가 아스팔트로 정비되었다.

안양 공장장과 경리부에서는 "무슨 돈으로 이런 일을 벌였느냐?"며 난리였지만, 이것이 돈 한 푼 들이지 않고 한 공사라는 사실을 알고는 모두 기절하듯 놀라워했다. 톰 소여처럼 누구를 속여서 일을 시킨 것은 아니지만, 말한마디를 제대로 건넨 덕분에 내 손 하나 까딱하지 않고도 골칫거리 일 하나를 빠르고, 완벽하게 끝마칠 수 있었다.

한편 사원 기숙사는 외관이 거의 마무리 되었으나, 내부공사를 할 때쯤이 되니 부쩍 추워진 날씨 때문에 시멘트가 얼어서 공사가 지연되고 있는 상황이었다. 그걸 해결하기 위해서 난방공사를 서둘렀고, 임시방편으로는 복도와 계단의 마감공사를 조금이라도 진척시키기 위해 언 시멘트를 일일이 버너로 녹여가며 안간힘을 썼다. 드디어 보일러가 설치되고 모두가 한시름 덜려고 할 때였다. 보일러에서 온수를 통수시키는 과정에서 도대체 물이 돌지 않는다.

며칠 밤을 지새우고 그걸 해결할 방법을 모두 동원해 보았지만, 소용이 없었다. 전혀 난방이 되지 않는 것이다. 그래서 우리는 놓친 부분을 찾기 위해서 보일러 파이프 내부를 점검해보기로 했다. 이미 보온공사가 완료되어 파이프 점검을 하려면 보온 공사된 부분을 잘라내야 할 뿐 아니라 나중에 다시 누군가가 그 피트ᴾⁱᵗ 속을 기어들어가 다시 접합공사를 해야 했다. 피트 속은 생각보다 어둡고 좁았으며, 파이프와 철근들이 가로막혀 있어서 그냥 들어가는 것은 꽤나 어려운 일이었다.

그렇게 점검하기 일주일 가까이 되었을 때였다. 건물의 중간 아래층부분 메인 배관까지는 온기가 들어가는데 그곳 이후의 파이프들은 순환이 되지 않아 얼음같이 차다는 것을 발견했다. 그래서 이번에는 배관 속의 물을 모두 빼고, 작업자에게 들어가 메인 배관 이후의 파이프를 산소절단기로 절단하라고 지시 내렸다. 그런데 웬일인가? 절단된 부분의 파이프 내부에 시멘트가 잔뜩 채워져 있었다. 어느 짓궂은 작업자가 그렇게 장난을 쳐놓고 달아나 버린 것이다. 그 역시 장난꾸러기 톰 소여 같은 짓을 했다고 추억으로 간직하고 싶지만, 그러기엔 그걸 처리하느라 헛된 고생을 한 게 분통이 터졌다.

그런 우여곡절 끝에 공사는 최종 마무리가 되었고, 다행히 12월 25일 입주식을 거행할 수 있게 되었다. 공장 주변이 아스팔트로 깨끗하게 포장되어 환경이 개선되었고, 새로운 기숙사가 완공되면서 장거리로 출퇴근하던 직원들의 불편도 해소되었다.

입주자들 모두 크리스마스에 입주식을 하게 된 것에 놀라워했다. 그런 꿈만 같은 일이 현실이 되고 보니 모두들 크게 기뻐하며 나의 노고를 치하해 주었고, 자기네들끼리 모은 성금으로 5돈짜리 기념반지를 만들어 내게 선사하였다.

아직도 그것을 기념으로 가지고 있다.

안양 주먹, 박용철

그때 당시 안양은 관악산 자락에 유원지도 있고, 공단 밀집 지역인 탓에 텃세도 심하고 좀 험한 지역으로 소문이 자자했다. 그러나 나는 길지는 않지만, 기능직 노무자들과 다양한 경험을 해 본 터라 크게 걱정하거나 두려워하지는 않았다. 공무과에 배속받아 젊은 혈기로 기능직 사원들에게 공장건설을 서두르라 지시하며, 과감하게 밀고 나갔다.

그러던 어느 날, 처음 안양공장으로 출근해서 한 달여 지났을까? 직원 퇴근용 회사 버스를 타고 안양 시내로 가던 중 '끼이익' 하며 퇴근 버스가 급정거를 한다. 무슨 일인가 싶어 내다보니 한 무리의 사내들이 다짜고짜 버스 앞을 막아서며 그중 두세 명이 버스에 승차하는 것이 아닌가!

험악한 인상의 우락부락한 건달패거리로 보이는 사내들이 고함을 지르며 무슨 영문인지 몰라도 누군가를 찾고 있었다. 그리고 '이 새끼야? 저 새끼야? 어떤 놈이야?' 하더니 사무직 직원 한 명이 멱살을 붙잡힌 채 끌려나가 버스 밖에서 건달패들에게 집단 구타를 당하였다. 코피가 터지고 밟히며 엉망진창이 되었는데도 운전기사며 타고 있던 다른 직원들 누구 하나 나서지 못하고 숨을 죽인 채 모르는 척하는 것이 아닌가. 이곳 실정을 모르는 나는 옆에 앉은 직원에게 웬일이냐? 물으며 일어서려 하는데, 그가 내 무릎을 깊게 누르면서 제발 조용히 넘어가잔다. 그렇게 말로만 듣던 험한 일을 처음 목격했고, 지나쳐야 했다.

그리고 며칠 후, 오후쯤에 기능직 반장 중 한 명이 사무실로 찾아왔다. 웃는 낯으로 '유 기사님 잠깐 뵐까요?' 하기에 별생각 없이 따라 나섰다. 한참을 말없이 따라가는데 변전소 근처 으슥하고 외진 창고 건물 뒤편으로 안내하기에 순간 이상한 생각이 들었다. 모퉁이를 돌았더니 건물 사이의 공터가 나오고 기능직 반장 열댓 명이 둥글게 모여 앉아 있었다. 분위기가 심상치 않았다. 순간 퇴근 버스에서 끌려나가 몰매를 맞은 직원이 떠올랐다. 여기까지 데려온 반장이 인상을 잔뜩 찌푸리며 태도가 돌변해서 둥글게 앉아있는 가운데 놓인 벽돌을 가리키며 '저리 가서 앉아 봐!' 한다.

앉아있던 반장 중 한 명이 걸걸한 목소리로 담배를 문 채 대뜸 물어본다.

"너 몇 살이야? 현대 들어온 지 얼마 됐어?"

이에 순순히 대답했다.

"네, 올해 28살이고 현대 들어온 지 1년 반 됐습니다."

"짜샤, 난 5년 됐어."

"난 10년 됐어."

"내 막내뻘이네."

"내 조카보다 어리네."

모두들 한마디씩 거들더니 그중 실세로 보이는 반장이 입을 연다.

"나이도 어리고, 경력도 없는 게 열심히 일하는 척해서 서로 피곤하게 굴지 말고, 같은 월급쟁이들끼리 그럴 거 없잖아? 좋은 게 좋다고 괜히 나서다가 다치지 말고, 암튼 조심해! 응? 알았지?" 하며 엄포를 놓는다. 나이 어린 신입 상사 길들이기였다. 떠돌이 건설 일당 근로자와 밥그릇 숫자로 경력을 셈하는 공장 근로자의 차이를 그때 알게 되었다.

건설분야에서 건설기사는 일일 근로자의 인사권을 갖고 있고 모든 작업 지시를 하기에 일용직 노무자들은 절대복종하고 기사들을 존중했다. 여기저기 옮겨 다니는 건설 일용직 노무자들보다 공장 근로자들은 한곳에서 오래 근무를 하니 경력과 나이, 입사 시기를 중요하게 여기는 듯했다. 그리고 무엇보다 분야별 기능직 반장들의 힘이 막강했다. 한 방 되게 얻어맞은 기분으로 자존심이 몹시 상했으나, 십여 명을 상대로 어찌할 수도 없고, 이곳 사정도 잘 모르는지라 "아 그래요? 몰라 뵀습니다, 앞으로 조심하지요." 하였다.

생각보다 고분고분하게 나오니 험악했던 분위기는 금세 누그러지면서

"너 앞으로 조심해." 하는 경고의 말을 남기고 별 탈 없이 그 상황은 마무리 지어지는 듯했다. 듣던 것보다 텃세는 드셌다. 그래도 안양공장 공무과 파견 근무는 지속되었다.

나는 일반 대졸 4급 사원이지만, 공장을 짓기 위해 전근되었기에 과장급 이상 아침 간부회의에 반드시 참석해야 했다. 처음 참석한 회의 도중 공장장이 하소연을 한다. 박용철가명이라는 기능직 사원이 밤 12시 통행금지 시간이 지난 한밤중에 술 먹고 공장장 사택에 와서 문 열라고 철문을 발로 차며 행패를 부린단다. 더구나 공장장이 살던 사택은 약간 외진 곳이라서 아이들하고 부인이 너무 무서워 떨고 있단다. 누가 좀 박용철을 다른 부서로 데려가 책임지고 전담 관리해달라며 읍소를 한다.

"박용철이 누구예요?"

옆 사람에게 물었다.

"에휴, 말도 마. 경찰도 '형님, 형님' 하며 손도 못 대는 아주 골치 아픈 친구야."

'제가 맡겠습니다.' 하려 하니 또 옆 사람이 오른손을 누르며 말린다. 그러자 붙들린 오른손 대신 왼손을 번쩍 들며 말했다.

"공장장님 제가 맡아 보겠습니다."

공장장은 무척 기뻐하며 반색을 했다. 그 자리에서 박용철은 생산부에서 공무과로 부서가 바뀌게 되었다.

그곳 안양공장은 스테인리스 나이프, 포크, 숟가락 등을 제조하는 곳이었다. 스테인리스 식기 제품은 우리가 아는 것과는 달리 거무튀튀한 잿빛 상태로 프레스 제조가 되어 나온다. 그래서 광택작업이 필요했다. 헝겊으로 된 고정식 그라인더에 숯돌가루를 묻힌 후 고속 회전시켜 초기 제품에 힘을 주어 문지르면'버핑'이라는 공정 그제야 반짝반짝 윤이 나게 된다. 그러고 나면 작업자는 온통 숯돌분진을 뒤집어써야 했다. 그런 데다 일은 너무 고됐고, 저임금이어서 기피업종 1호였다. 그래서 누구나 하겠다고 하면 막 받아서 일을 시켰기에 전과자 출신도 많았다.

주변 사람들에게 박용철에 대해 물어보니 안양 토박이 주먹계 출신이고, 술에 취해 주정하면 안양경찰서에서도 어찌하질 못하는 사람이라고 한다.

회의가 끝나자 박용철을 찾아갔다. 삼십 대 후반, 다부진 몸매, 까무잡잡한 피부에 부리부리한 미남형 눈매, 딱 봐도 한 성깔 한 주먹 하게 생겼다. 인사를 건네고 내 소개를 하자 산전수전 다 겪은 그는 이십 대 후반의 나에게 '햇병아리'라며 코웃음친다. 술 한잔하며 진솔한 대화를 나눠야겠다고 생각했다. 그에게 별다른 말 없이 "박형, 오늘 우리 대포 한잔합시다." 하고는 그날 저녁 막걸리 집으로 불렀다.

"우리 부서로 옮기게 되셨는데, 나하고 잘해 봅시다."

술 담배와 숯가루 영향인지 탁한 목소리로 불만이 터져 나왔다.

"지금 반장 놈들 보면 나보다 나이고 경력이고 새까매. 위에다가 알랑방귀 잘 뀌고 아부 잘하는 놈들만 반장으로 승진하고……. 그렇지만 나는 성격이 그런 것은 못해. 그래서 아직도 밑바닥 단순 기능직이야. 난 최소한 조장이라도 되는 것이 소원이다!"

막걸리병을 여러 개 비우며 속에 있는 이야기를 들었더니 충분히 이해도 가고, 나쁜 사람 같지는 않았다. 그리고 이것이 대화의 힘임을 새삼 느꼈다.

생각 같아서는 당장 소원대로 조장으로 승진시켜주고 싶었지만, 그러기에는 간부들과 공장장을 설득할 명분이 없었다.

박용철에게 제의했다.

"그러면 나와 같이 6개월간 문제없이 일하면 책임지고 조장이 되게끔 해 드리겠습니다. 남자 대 남자로 약속합니다."

그는 매우 기뻐하며 수긍을 하였고 약속을 지키겠노라고 다짐했다. 너무 성격이 불같은 것이 흠이지만, 남자로서 신의는 있는 사람 같았다.

힘이 장사였던 박용철은 다음 날부터 무섭게 일을 하기 시작했다. 그 무거운 산소통 같은 것도 리어카 없이 한쪽 어깨에 메고 다른 쪽 어깨에는 아세틸렌 통까지 메고서 뛰어다니며 열심히 일하는 모습이 보이기 시작했다. 하지만 박용철도 사람인지라 의욕만 앞서서 무리를 한 탓에 그렇게 오랫동안 몸이 버티질 못하였다. 일주일 무리해서 일하고, 일주일 결근하다가 또 나오길 반복했다. 보다 못한 나는 사무실로 불러 야단을 치면서 꾸준히 지속적으로 일하지 못하면 약속한 사실을 지킬 수 없다고 경고했다.

그날 밤 퇴근 후 사원기숙사에서 잠을 자려 누웠다. 통금이 가까운 자정쯤에 갑자기 유리창이 와장창 깨지는 소리가 들린다.

"유철진, 이 자식 나와~! 죽여 버리겠어. 이놈! 당장 안 나와?"

술 취한 목소리로 누군가 악을 쓰기에 들어 보니 박용철이었다. 상황을 파악한 나는 서둘러 옷을 챙겨 입고 워커 끈을 단단히 조여 묶었다. 밖으로 나가 소리를 지르며 행패를 부리는 박용철에게 다가갔다.

"박형, 여기서 이러지 말고 다른 곳으로 갑시다."

그의 팔을 잡아끌었다. 팔을 붙잡고 실랑이를 하며 살짝 흔들어 보았다. 술을 많이 먹어서인지 박용철은 몸을 제대로 가누지 못하고 흐느적거렸다. 다른 사람보다 키도 크고 덩치도 있던 나였기에 이 정도면 까짓것 한번 붙어 볼 만하다는 생각이 들었다. 근처에 시골이라 비닐하우스가 많고 외진 곳도 많았으나 일부러 멀리 떨어진 넓은 밭 한가운데로 데려가 마주 섰다. 이동 거리가 좀 돼서 그런지 그가 어느 정도 술기운에서 정신이 돌아온 듯하여 따져 물었다.

"당신이 주먹 좀 쓰는 사람이라는데, 주먹은 의리와 약속이 생명이지 않아? 얼마 전 나와 분명히 약속하지 않았느냐구! 이런 식으로 하면 나도 당신 조장 만들어 줄 수 없지. 이 밤중에 나한테 볼일 있어서 온 것 같은데, 어때 나하고 남자 대 남자로 한번 붙어 보겠어?"

가슴을 쫙 펴고 아랫배에 힘을 팍 준 채로 박용철의 눈을 똑바로 보았다. 내심 떨리기도 하였으나, 나도 사나이. 물러설 수는 없었다. 순간 박용철은 약간 당황한 듯한 표정을 지었다. 한밤중에 아무도 없는 외딴곳에서 술 취한 상태로 멀쩡한 나와 한판 붙기가 부담스러웠는지 어땠는지는 모르겠지만, 박용철은 갑자기 더 취한 행세를 하며 횡설수설하기 시작했다. 팔짱을 낀 채 한참을 그의 주정과 신세 한탄을 들어야 했다. 그사이 주먹을 불끈 쥐었던 나의 전의는 어디론가 스멀스멀 자취를 감추고 말았다. 그렇게 달밤에 벌어진 사나이들의 맞대결은 싱겁게 끝나 버렸고 박용철을 뒤로 한 채 기숙사로 돌아와 잠을 청했다.

그 다음 날 그리고 다음 날 역시 박용철은 출근하지 않았다. 일주일 정도 출근을 하지 않기에 기능직 중에 박용철의 집을 아는 사람을 수소문해 퇴근

길에 앞장세웠다. 산꼭대기에 산꼭대기로 굽이굽이 오르다 보니 허물어져 가는 방 두 칸짜리 판잣집이 나타났다.

"계세요?" 하며 문을 두드리자, 늙수그레한 노부부가 문을 열고 내다본다. 박용철을 찾아 회사에서 나왔다는 말에 노부부는 나를 붙들고 통곡하듯 "기사님~!" 하면서 하소연한다. 깜짝 놀라 연유를 물었다. 그는 이 집 주인인데 저쪽 방에 사글세 들어 사는 박용철이 월세가 엄청나게 밀렸는데도 달란 소릴 하면 다 때려 부수고 두들겨 패는지라 내보내지도 못하고 어쩌질 못하고 있다고 사정을 털어놓았다.

집주인 부부가 가리킨 쪽 방문을 두드리니 박용철 대신에 영양실조로 퉁퉁 부은 여인이 얼굴을 내민다. 방 안은 신문지로 바른 벽, 시멘트 종이가 붙여진 방바닥 그리고 백열등 하나, 구석에는 텅 빈 밀가루 포대가 전부인 초라한 살림이었다. 여인에게 물었다.

"박용철 씨가 다니는 회사의 기사인데, 일주일째 출근을 하지 않아서 와 보았습니다."

그러자 "아이고~ 기사님!" 신세 한탄하며 집에도 일주일이나 들어오지 않았는데 어디 갔나 모르겠단다. 술만 먹으면 주정이 심하고 돈도 안 가져다 준다고 했다. 더는 못 살겠기에 친정으로 도망가면 어떻게 알고 찾아와 노부모님 다칠까 봐 다시 끌려오곤 하니 벗어날 수도 없다고 울먹인다.

나는 공장으로 돌아오면서 가난에서 도저히 벗어나려 해도 방법이 없는 이 두 사람을 위하여 어떠한 방법으로든 도와야겠다고 마음먹었다. 당시 회사에서는 기능직 사원들이 생활고로 급료 가불을 신청하면 누적된 빚에 허덕일까 봐 먹을 식량이 부족한 사람에게만 쌀집에서 교환 가능한 쌀표로 가불을 해주었다. 그런데 그것이 악용되어, 경제적으로 여유가 있는 일부 직반장들이 당장 돈이 급한 기능직에게서 그 쌀표를 헐값으로 매집하였다가 월급날이 되면 되파는 행위를 하였다. 소위 사내에서 돈 있는 기능직 사원이 돈 없는 직원을 상대로 금리 장사를 하는 격이었다. 이러한 상황이 반복되다 보니 가난한 일반 기능직들은 더욱더 경제적 빈곤에서 벗어나지 못하였다.

박용철 결혼식 프로젝트

주간 근무조 기능직들과 야간 근무조의 교대 시간에 맞춰 모든 주간 및 야간 조 기능직 반장들을 집합시켰다. 공장 내 회의실에 한두 달 전 나를 변전소 뒤로 불러 신입 상사 길들이기를 했던 그 직반장들 30여 명이 툴툴대며 모여들었다. 무슨 영문인지 모르고 자유분방한 자세로 앉는 그들에게 화가 치밀었다.

"야~ 이, 자식들아!"

그간 그들에게 존대를 해주며 고분고분하게만 굴던 내 입에서 나온 고함에, 무슨 영문인지 몰라 직반장들은 눈만 동그랗게 뜨며 황당한 표정을 짓는다.

"이 중에 박용철이네 집 가본 사람 있어? 있으면 손들어봐!"

대답도 손을 드는 이도 한 명 없다.

"내가 어제 가봤다. 너희들이 그러고도 주먹들이냐? 그러고도 박용철이 친구이자 의리를 찾는 동료냐? 아니면 회사의 상급자인 직반장이냐? 이 의리도 없는 자식들아!"

그러면서 어제 박용철이네 가서 보고 들은 것을 이야기해 주었다. 새파랗게 어린 나에게 처음에 욕을 먹고는 어이없어 하던 그들이 이내 고개를 푹 숙이고 말없이 경청한다. 그들이 서로 도와야 할 사이면서 오히려 등쳐먹고 사는 형편이지만 진심은 통하리라 믿었고, 거친 남자들이지만 그 속에는 순수함과 의리가 살아있으리라 생각했다.

"자, 이제부터 박용철 사람 만들기 작전에 돌입한다. 1단계, 결혼을 시킨다."

내 말에 다들 어리둥절해하며 돈 한 푼 없는 박용철을 무슨 수로 결혼을 시켜 신혼살림을 꾸릴 수 있겠는지 서로 얼굴만 쳐다보는 것이다.

"필요 자금은 축의금을 먼저 받아서 충당할 것이다. 사무직 직원들한테는 내가 책임지고 받아낼 터이니 기능직 직원들한테는 직반장들이 알아서들 받아라. 대신, 절대 강요는 하지 마라. 사정 얘기를 하고서 동참할 사람과 내겠다는 금액에 대한 서명을 반별로 받아오면 경리부에서 내가 현금가불로 처리하겠다."

그렇게 '박용철 결혼추진위원회'는 만들어지게 되었고, 필요에 따라 역할을 분담하자 일이 척척 진행되었다. 점쟁이를 찾아가 결혼날짜를 택일해오고 예식장 비용을 알아보고 청첩장, 음식, 의복이며 현재 사는 집에 월세가 얼마나 밀렸는지 신접살림에 필요한 예산은 얼마인지 등등 3일에 한 번씩 같은 시간에 모여서 회의를 하여 전체 소요 예산을 추산했다.

당시 기능직이 600여 명, 사무직원이 60여 명이었는데 명단을 가지고 다니며 모두에게 서명을 받았다. 그 명단을 가지고 경리부로 가서 가불신청을 한 후 공장장에게는 "축의금 좀 듬뿍 내십시오." 하며 두둑이 받아냈다. 이리하여 정작 당사자는 전혀 모른 채 '박용철 결혼 추진'은 순조롭게 진행되었다. 기능직 반장들이 모아온 금액과 합쳐서 빚을 갚고, 저지대 주택가에 새로운 월세방을 얻어 도배며 장판을 새로 깔고 하는 중에도 박용철은 전혀 소식조차 알 수가 없었다. 결혼 날짜는 점점 다가오고 있었다. 사회는 직반장 중의 한 명이 보고, 주례는 부공장장이 서기로 하였다. 그리고 공장장을 찾아가 "신혼여행을 온양온천으로 보내려는데, 공장장님 차 좀 빌려주세요."하고 요청하자 공장장이 흔쾌히 수락하면서 모든 결혼 준비는 마치게 되었다.

결혼식 당일이 되었건만 박용철은 잠적한 지 한 달이 넘도록 찾을 수 없었고, 예식 시간이 다 되었는데도 결혼식 장소인 안양예식장에서 그의 모습을 볼 수가 없었다. 급하게 박용철의 친구들을 수소문해서 어렵사리 박용철을 데려왔다. 자신의 결혼소식에 심란했던지, 신랑은 아침부터 술에 잔뜩 취한 상태로 양쪽에서 부축을 받으며 새신랑으로 꾸며진 후에야 결혼식을 진행할 수 있었다.

신랑 입장 순서에서 보여준 걸음걸이는 상상에 맡기겠다.

다음은 신부 입장. 신부가 면사포 쓰고 입장하는 모습은 너무도 아름다워 마치 천사처럼 보였고, 꿈에도 생각 못 했던 신부의 모습을 바라보는 신랑의 눈시울이 붉어졌다. 그 모습을 지켜보는 내 눈시울도 뜨거워지는 것 같았다.

무사히 왁자지껄한 결혼식을 마치고 공장장이 빌려준 차에 태워 신혼여행지인 온양온천으로 보냈더니 일주일간의 결혼휴가를 다 쓰지도 않고 3일 만에 돌아온 신랑 신부는 곧바로 내게 저녁 식사 초청 전갈을 보내왔다.

'유 기사님, 덕분에 신혼여행 잘 다녀왔습니다. 오늘 저희 집에서 저녁 식사를 대접하고 싶은데 와주실 수 있나요?'

집들이를 하려나 싶어 기쁜 마음으로 박용철의 신혼집에 갔더니 웬걸, 아무도 없고 나 혼자만 초대한 것이었다. 작은방에 간단한 옷장 하나가 전부였지만, 깔끔하게 잘 정돈되어 있었다. 차린 음식은 흰 쌀밥과 돼지고기가 들어간 김치찌개로 단출했으나 내 일생 먹어본 음식 중 가장 정성스럽게 차린, 아직도 잊을 수 없는 최고의 맛이 깃든 밥상이었다. 돌아오는 발걸음이 아주 가벼웠다.

당시 우리나라는 TV도 없던 시절, 내 아내가 혼수로 가져온 외제 트랜지스터라디오가 있었는데 아주 귀한 것이었다. 기숙사에서 여가시간에 들으라고 아내가 보내주어 숙소에 가져다 놓고 있었는데, 홀로 집에서 외로이 있을 새 신부가 안쓰러워 다음 날 다른 기능직을 불러 그것을 집들이 선물로 조용히 보내주었다.

'글쎄 잃어버린 것 같다.'며 아내에게 둘러댔던 우리 집 트랜지스터라디오의 행방. 아직도 아내는 잃어버린 것으로 믿고 있지만, 사실은 그러했다고 40년이 훨씬 넘은 오늘에야 고백한다.

그리고 나서 바로 공장장을 찾아갔다.

"공장장님. 나이로 보나 근무기간으로 보나, 손색이 없는데 박용철 진급시켜줍시다. 제가 책임지겠습니다. 안되면 저를 강등시키십시오. 알고 보면 그만큼 열심히 하고 잘하는 사람이 없습니다. 이제 결혼도 했으니 생활이 되게끔 하고 안정시켜야 합니다. 저를 믿고 한번 그렇게 해 주십시오."

공장장의 허락이 떨어졌다. 박용철은 빚도 다 갚고 결혼도 하고, 소원하던 조장도 되었다. 그 후 매사에 앞장섰으며, 능력과 성실함을 인정받아 지속적으로 승진할 수 있었고, 정부가 수여하는 각종 표창을 받으면서 직반장들 중에서도 가장 모범적인 위치에 오르는 회사의 인재가 되었다.

진솔한 대화를 통한 사람에 대한 믿음과 기대를 저버리지 않는 의리가 가져온 기적이었다. 군포 주물공장을 짓고 나서 얼마 후, 나는 다시 창원공장을 짓기 위해 그곳을 떠나게 되었다. 그러자 박용철이 나를 따라 창원으로 옮기고 싶다며 나를 찾아온 일이 있었다. 그 정도로 그가 나를 믿고 따르게 된 것이다.

해후 邂逅

아주 오랜 시간 수십 년이 흐른 뒤 2002년 어느 날, 누군가 연락을 해왔다. 박용철이었다. 어디선가 내 이름이 나온 기사를 보게 되어 수소문 끝에 내 연락처를 알아내었다는 것이다. 너무나 반가워서 어서 만나자고 재촉해서 보게 되었다. 시간 가는 줄 모르고 그간 쌓인 추억과 이야기들을 풀어놓다가 헤어질 때쯤 그가 웬 선물상자를 내민다. 누군가 프랑스서 가져온 선물인데 본인하고는 도저히 맞지 않아서 엄두가 나질 않았는데, 누가 어울릴까 생각해보니 내가 딱 임자란다. 열어보니 예술가들이나 씀 직한, 소위 '빵떡모자'라 불리는 베레모가 그 안에 들어있었다. 물론, 나도 감히(?) 쓰고 다니지는 못하나 그때의 30년이란 세월의 추억과 남자들 간의 의리를 생각하며 소중히 간직하고 있다. 잊지 않고 기억해 준 박용철 씨의 마음에 감사할 따름이다.

당시 사람이란 누구나 좋은 일을 하고 싶고 적의 적절한 계기에 기회를 부여하면 누구나 훌륭해질 수 있다는 사실을 다시 한 번 배우고 체험하였다.

밥의 힘

안양공장이 세워졌을 때는 포드Ford와 기술제휴를 하여 울산 현대자동차에서 코티나 자동차가 나올 때였다. 공장생산부에서 경험도 없이 처음 그 모델의 부품을 생산하려다 보니, 현대자동차 정세영 사장은 직접 우리 공장까지 방문하여 품질문제가 생기지 않도록 독려하였다. 그 때문에 우리는 울산 현대자동차 조립라인에 결품이 발생하지 않도록 주간과 야간 2교대로 공장을 운영하게 되었던 것이다.

기사들은 주간에 일하게 했다. 직원들의 가족은 안양에 거주하고 있었지만, 나는 아직 집이 서울일 때였다. 늦은 밤 안양에서 서울가기에는 차편도 드물고 불편해서 누구나 주저하는 야간조를 자청하였다. 그래서 신혼 초인데도 6개월 동안 홀로 기숙사 생활을 하며 밤낮이 바뀐 생활을 해야 했다.

저녁 6시에 출근해서 야간에 일하고 새벽에 마무리로 울산에 보내야 할 부품들을 준비해 놓고 김포공항으로 보낸 후, 아침 먹고 좀 자고 점심에 일어나서 일하다가 다시 야간근무에 들어갔다. 울산으로 갈 첫 비행기에 물건을 싣고 나면 내 업무가 끝나는 것이다. 그때쯤이 아침 6시고, 주간조의 출근 시간 직전이다. 그제야 기숙사로 들어가 점심때까지 잠시 눈을 붙였다.

야간조는 밤에 일하고 낮에도 편히 잠잘 수 있는 처지가 아니어서 항상 잠에 취약했다. 누군가 관리하지 않으면 밤참이 끝나는 자정 무렵부터 도둑잠을 자고 싶은 몇몇이 공장에 비치된 휴게실로 숨는 것이다. 그런데 직원들 대부분이 누군가 한 명이 그러고 있으면 말리는 것이 아니라 그 틈에 끼어서 같이 잠들어버리는 것이 문제였다. 그래서 야간조에서 생산되는 부품은 계획물량보다 항상 부족했고 불량이 많았다. 더더욱 내가 야간조에 남아있어야 하는 이유였다. 그런데 야간조에게 취약한 게 또 하나 있었다.

야간조는 자정에 야참을 먹는데 야간조가 30명이 넘으면 상주해 계신 주방 아주머니께서 늦게까지 남아서 밥을 해주신다. 그렇지만 30명이 넘지 않으면 아주머니는 밥과 국을 미리 지어 부뚜막에 올려놓고 퇴근하는 것이다. 그럴 땐 음식물이 식어서 먹기가 불편해 내가 밤 11시 정도 되면 미리 부엌으로 가서 아궁이에 불을 지펴서 국을 데워 놓곤 했다.

그 당시에는 쌀이 부족한 형편 때문에 박 대통령이 건강에 좋다며 혼식과 분식을 장려했는데 그것이 거의 의무적인 것이어서 쌀밥에는 잡곡이 60%가 섞여 있어야 했다. 그런 데다 보리쌀을 대강 수확해서인지 돌이 많아서 씹을 때마다 버석거려 도로 뱉어내기가 일쑤였다. 그래도 막 해놓은 밥은 그나마 따뜻한 맛으로라도 먹을 수 있었다. 그렇지만 겨울이고, 주방 아주머니가 대부분 일찍 퇴근했으니 미리 해놓은 밥이 차가워져서 돌덩이였다. 국은 데울 수 있었지만, 그 역시 문제인 것이 메뉴가 늘 시래깃국이었다. 지금은 건강식으로 찾아 먹는 귀한 음식 대접을 받게 됐지만 그때는 육수나 양념은 고사하고, 멸치 대가리도 없이 시래기와 소금으로만 맛을 낸 것이라서 정말 먹을 수 없는 정도였다. 그것이 야간조에게 떨어진 야식이었다. 직원들은 아무리 배가 고파도 그 밥을 반도 먹지 못했고, 그러기는 나 역시 마찬가지였다.

그러다가 한번은 동창이 공장 견학차 놀러 온 날이었다. 그때가 막 출근했을 때니까 곧 저녁 먹을 시간이었다. 친구에게 공장을 대충 보여준 뒤, 금방 돌아오겠다며 친구를 데리고 안양 시내로 나갔다. 친구와 나는 단골 곰탕집을 찾아 반주로 소주 한잔을 하면서 담소를 나누었다. 그러면서 친구에게 공장을 짓고 운영하면서 어려웠던 점을 털어놓기도 했다. 그러고 나니 속도 시원해지고, 답답했던 마음이 한결 누그러지는 것 같았다. 그러다가 저녁이 늦어져서 밤 9시, 10시 정도 돼버렸다.

"손님, 문 닫을 시간이 됐습니다."

주인아주머니께서 가게 정리를 하느라 바쁜지 왔다 갔다 하면서 우리에게 문 닫을 시간을 알렸다.

"아이구, 벌써 시간이 그렇게 됐어요? 그러면 저희는 남은 반주만 마시고 일어나겠습니다."

아주머니는 대충 대답하고는 부엌 정리를 마저 하고 있었다.

"철진아, 저거 봐라. 아깝게 저거 다 버린다."

부엌을 마주 보고 앉아있던 친구가 좀 전에 나와 나눈 이야기가 생각났는지 그걸 보고 안타까워했다. 아주머니가 부엌정리를 한답시고 큰솥에서 종일 고아진 아까운 곰탕 국물을 바가지로 퍼서 부엌 바닥에 버리는 것이었다. 친구의 말에 뒤돌아보고는 놀라서 아주머니에게 물었다.

"아줌마, 저 곰탕 국물 다 버려요?"

"그럼요, 안 버리면 내일 점심에 팔 수가 없다우. 그날 한 것은 남으면 버려야 돼요. 그래야 맛난 걸로 새로 끓이지."

"그래서 여기 국물이 이렇게 맛나구먼요."

어느새 머리를 굴려, 음식 칭찬을 하기 시작했다.

"그러게 나도 여기 곰탕이 서울 다른 데랑 달라서 비결이 뭔지 궁금했거든."

친구도 눈치를 채고 맞장구를 쳤다. 나는 중얼거렸다.

"그래도 그거 버리기 아까운데……."

"아까워도 어쩔 수 있남? 이 시간에 누가 가져갈 것도 아니고, 누가 먹는다고."

기분이 좋아진 아주머니는 바쁜 중에도 대꾸를 해줬다. 그리고 그 말을 놓치지 않고 다시 묻는다.

"그 맛있는 국물 정말 아까운데 저에게 줄 수 있어요? 쓸 곳이 있어요."

그렇게 말하니까 아주머니는 갑자기 낮은 목소리로 속삭이며 일러주었다.

"주방장에게 담뱃갑이나 챙겨주면서 부탁해 봐. 나는 모른 척할게."

나는 알겠다고, 고맙다고 인사를 하곤 바로 부엌에 들어가 주방장에게 부탁했다. 직원들을 갖다 준다는 얘기는 하지 않고, 필요한 곳이 있다면서 밤에 남는 국물을 두세 통만 주실 수 있느냐고 했다. 주방장은 호탕하게 문제없다고 했다. 그 대답이 너무 고마웠고, 당장 다음 날 주방장에게 담배 한 보루를 사서 안겼다.

국물을 담을만한 뚜껑 있는 양동이 세 개를 샀다. 그런데 거기에 국물을 담아 공장까지 나르는 것이 또 문제였다. 공장과 안양 시내까지 비포장도로로 4km 정도 됐다. 손으로 들고 나를 수도 없어 막막했다. 그래서 눈에 띈 것이 공장에 있던 자재 차량이었다. 쓰리코터 외제 중고 트럭이었다. 마침 그 트럭에는 전기선이 지나가는 자리에 밑창이 없어서 드러난 선을 직접 선으로 연결하면 키가 없어도 시동이 켜졌다. 엔지니어 출신이어서 가능한 일이었다.

그렇게 몰래 시동을 걸고 차를 끌고 나갔다. 그리고 10시에 가서 곰국을 받아오는데, 비포장도로에서 엎지르지 않도록 공장까지 운전하느라 1시간이 걸렸다. 그리고 그것을 시래깃국이 든 솥에다가 부었다. 직원들이 너무나 좋아했다. 모두들 반밖에 못 먹던 야식을 짙은 고기 국물에 말아서 양껏 먹었다.

그게 기운이 나게 했나 보다. 그렇게 계속 국을 퍼 나르는 사이 직원들은 일을 잘하게 되었다. 계획했던 물량도 채웠고, 품질도 좋아졌다. 숨은 곳에 답이 있었던 것이다. 일이 잘되어 흐뭇했다. 그런데 어느 날 쓰리코터 트럭 운전사가 이상한 사람이 본인 차를 끌고 가니까 수상했는지 지켜보다 나를 잡았다. 트럭 운전사들은 연륜도 많았고, 험한 사람들이 많았다. 그런데 그에게 들통이 난 것이다. 그는 나를 불러서 작살을 낼 듯 혼을 냈다.

나는 여차여차해서 이런 일에 트럭을 썼으니 봐 달라고 했다.

"필요하면 키를 달라고 할 것이지. 몰래 쓰냐?"

그래도 운전사는 쉽게 분이 풀리지 않는지 연신 욕을 했다.

이런 식으로는 안되겠다 싶어 운전사에게 구미가 당길만한 제안을 했다.

"제가 곧 있으면 견문 때문에 해외 출장을 갑니다."

"그래서?"

"제가 그동안 신세를 졌고, 앞으로도 신세를 져야 할 것 같아서요. 출장 갈 때 기사님이 필요하신 거 있으면 사다 드리겠습니다."

당시 정인영 사장의 지시로 일본부터 미국, 유럽을 거쳐오는 60일간의 장기 출장을 가게 돼 있었다. 운전사는 공장 내에 있는 사람이었기 때문에 언제든 마주칠 수 있는 사이였다. 그 때문에 기본적으로 내가 거짓말을 하는 건 아니라는 것을 잘 알고 있었다. 그래도 그에게 확실한 믿음을 주기 위해 출장지가 어디 어디인지도 일러주었다.

"그래? ……. 그러면 말이지, 카메라도 사올 수 있나?"

그때 카메라는 귀했다.

"아, 그럼요. 구해다 드릴게요."

운전기사는 내가 그럴 수 있을 정도의 능력이 된다는 말에 조금 멈칫하더니 쓰리코타 스페어 키를 내게 맡겼다. 당시 그렇게 국을 날라다가 직원들을 먹인지는 기능직 외에는 아무도 몰랐다.

그리고 해외 출장 가기 얼마 전, 정인영 사장이 '잘 다녀오라'며 100달러가 든 흰 봉투를 내게 건넸다.

"해외 나가면 카메라 하나 사서 사진 좀 찍어 와."

나는 '웬 떡이냐.'며 첫 기착지인 일본에 가서 바로 카메라 하나를 샀고, 세계 공장을 돌아다니며 선진국 공장시설들을 전부 사진기록으로 남겼다. 귀국 후에는 그 기록이 담긴 필름으로 기능직들 몇백 명을 데리고 슬라이드 프리젠테이션을 하면서 외국 공장들의 실태를 알리는 교육을 하기도 했다.

"공장을 이런 식으로 깨끗이 해야 품질이 올라간다. 외국은 청결을 무엇보다도 우선시한다. 우리의 하루 생활 중 집에서 잠자는 시간 빼면 공장에서 지내는 시간이 더 많다. 공장은 우리 집 안방보다 깨끗해야 한다."

그 후, 공장을 깨끗이 관리하자는 사내 캠페인이 시작되었고, 여행 내내 역할을 제대로 해준 카메라는 한국에서 새로운 주인을 만나게 되었다. 쓰리코터 기사와의 약속을 지킨 것이다. 그런데 우연찮게도 그는 나중에, 중역이 된 나의 운전기사가 되어 나를 돕게 되었다.

아직도 그 기사가 그 카메라를 가지고 있는지 모르겠다.

7

60일간의 세계 일주

닭을 먼저 잡나, 병아리를 먼저 잡나

안양에 자동차 부품공장을 짓고 나니, 현대양행 정인영 사장님은 계획대로 일이 진행되는 것이 만족스러웠는지 나에게 군포에도 주물공장을 지으라고 지시했다. 이미 그럴 계산이 돼 있던 것이다. 나는 엔지니어였지만, 건설 현장에서 근무했기에 공장신축 공정 보고 때문에 공장의 생산확대 간부 회의에도 참여했다. 거기에서 부장들은 내 출신이 현대건설 쪽이니 당연히 내가 주물공장을 지어야 한다고 생각했다. 내게 또 새로운 과제가 주어진 것이다.

그 때문에 출장을 다니면서 국내에 있는 주물 공장들을 모두 둘러보게 되었다. 그런데 모두 내 눈에는 구식이고 엉망이었다. 일제 강점기에 만들어진 공장은 낡았고, 그나마 있는 시설들도 6.25 당시 폭격으로 온전하지 않았다.

벤치마킹할 만한 곳이 없었다. 고민 끝에 모교를 찾아가 기계과 스승인 윤갑영 교수님을 만났다.

"교수님, 회사에서 저더러 주물 공장을 지으라고 하는데 어떻게 짓는 게 좋겠습니까? 다른 공장들은 엉망인데 이건 아닌 것 같습니다."

교수님은 나름대로 조언을 해주었지만, 내가 확신이 없어 하자 가지고 있던 책 하나와 참고할 만한 책 목록을 써서 건네주셨다.

"이 책 하나로 공장을 지을 수 있는 건가요?"

갑갑한 마음을 다스리지도 못한 채 교수 연구실을 나와야 했다. 그리고 스승이 준 책 목록만 쥐고는 종로에 있는 외국 도서 전문서점에서 해외 건축 서적을 구입했다.

간부 회의가 다시 있던 날, 그날은 정인영 사장도 참석했다. 회의 전에 사장은 회의장 입구에서 나를 발견하고는 걱정하지 말라는 듯이 말했다.

"유 계장 말이야. 어, 그래 박창주 부장하고 주물공장 지어."

그리고 내가 대답할 틈도 없이 회의장 안으로 들어갔다. 박 부장은 서울 공대 금속과 출신이었다.

말단 직원은 회의 테이블엔 앉아 있을 수도 없었고, 테이블 끝에 비치된 간이의자에 앉아 회의에 참석해야 했다. 부서마다 보고가 시작되었고, 나는 그 끝 귀퉁이에 앉아 다녀온 주물공장들을 떠올리며 다른 생각에 잠겨 있었다.

다음 현안으로 주물공장에 대한 회의가 진행되려 하자, 그때 사장을 향해 손을 번쩍 들어 올렸다.

"어, 유 계장. 이야기해 봐요! 무슨 일이야?"

사장이 물었다. 그리고 다른 모든 시선도 내게로 왔다.

"사장님은 달걀에서 병아리가 나오면 바로 잡아드십니까? 닭으로 키워서 잡아드십니까?"

갑작스레 병아리 얘기가 나오고, 닭 얘기가 나오니 사장과 간부들은 어리 둥절해할 뿐 무슨 이야기인지 이해하지 못했다.

"그래서?"

"저 학교 졸업한 지 2년도 안 됐습니다. 지금 주물공장 지으라고 지시를 받아서 다른 주물공장을 둘러봤는데, 모두 일본 강점기의 구식 건물인 데다가 6·25 전쟁 때 폭격까지 맞아 제대로 된 곳이 하나도 없었습니다. 어떻게 지어야 하겠다는 아이디어도 없고, 기계과 교수님도 만족할 만한 대답을 못 주셨습니다. 저보고 지금 공장을 지으라면 그 폭격 맞은 구닥다리 공장밖에 짓지 못합니다. 그러니 저를 세계에 잘 설비되어 있는 주물공장들을 둘러보게 하고 공장을 짓게 하시면 잘 지을 수 있을 것 같습니다. 지금은 제가 병아리이니까. 저를 키워서 공장을 짓게 해주십시오."

당돌했지만 나는 이미 공장건설 책임자가 돼 있었으므로 나중에 벌어질 일들을 생각해서 용기를 내었다. 이왕 만들기로 한 거 제대로 만들어 봐야 할 것이 아닌가.

"그 말이 맞아, 그럼, 박 부장하고 같이 세계에서 잘 된 공장 보고 와서 해. 일본, 미국, 유럽 다 한 바퀴 돌려!"

사장은 그 자리에서 바로 승낙했다. 세계여행이라니 가까운 일본도 나가기 쉽지 않은 시절, 순식간에 60일간의 세계일주여행의 특혜를 받게 된 기막힌 일이 벌어졌다.

첫 기착지-일본 나고야에 있는 신호제작소 방문

1970년 세계 일주의 첫 목적지는 일본이었다. 출장의 목적은 공장 견학뿐 아니라 선진업체의 기계를 구입하고, 그들과 기술 제휴를 하는 데에도 초점이 맞춰져 있었다. 정인영 사장이 지시한 대로 출장은 당시 금속 전문이었던 박창주 부장과 동행하게 되었는데, 그는 나보다 8살 연상이었고 일본말을 잘했다. 그 덕분에 일본에서의 일정은 수월하였다.

제일 먼저 일본 나고야에 있는 신호주물제작소에 들렀다. 이 시설은 2차 대전이 끝나고 일본이 신설한 최신예 주물 기계 제작소였다. 우리는 이것을 벤치마킹하여 주물과 주강 공장을 짓기로 했다. 그래서 현대양행 군포공장을 지을 때 박 부장의 결정으로 신호제작소의 큐폴라선철과 고철을 코크스로 녹여서 만드는 주철로와 1톤급 유도로고전압으로 고철을 강철로 만드는 용해로, 그리고 주형 가공기기를 도입하게 되었다. 그리고 일본의 공장들을 5~6개소 더 방문하고, 일정들을 마무리할 수 있었다. 그런 순조로운 출발 때문인지 이제 막 세상에 나온 듯하던 두근거림이 점점 자신감으로 바뀌기 시작했다. 그리고 앞으로 다니게 될 미국과 유럽으로의 여정이 한층 더 기대되었다.

미국 로스앤젤레스-피어리스 펌프사 Peerless Pump Company

그다음에는 펌프 제작과정을 보기 위해 미국으로 갔다. 현대 지점이 샌프란시스코에 있었는데, 그곳 지점장은 내가 무역부에 있을 때 부장으로 있었다. 정희영 지점장은 반가운 마음에 우리를 저녁 식사에 초대했다. 그는 우리의 미국방문이 처음인 것을 잘 알고 있었기 때문에 노파심에 조언을 많이 해주었다. 가는 곳마다 어디서 자야 하고 어디서 무엇을 해야 하는지를 적으면서 가르쳐 주었다.

"그리고 잊지 말고 일일 보고 해."

지점장은 병아리를 이제 막 논에 내놓는 심경인 듯 보였다.

"알겠습니다."

그런 염려에 나는 자신있게 미국인들과도 의사소통이 자유로우니 걱정하지 말라며 안심을 시켰다. 그리고 속으로도 잘 해내지 못할 게 뭐가 있나 싶었다. 유학 가겠다던 미국에 오게 된 게 기쁘고 들뜰 뿐이었다. 그날은 그렇게 지점장 안내 하에 샌프란시스코 관광을 했다.

다음 날 로스앤젤레스로 건너가 피어리스펌프 공장을 방문했다. 그곳에서 펌프 제작에 관한 기술제휴를 이끌어내는 것이 우리의 첫 번째 임무였다.

호텔에 도착해 짐을 풀고 나니까 피어리스펌프로부터 미스터 스미스 영업담당 부사장이 직접 우리를 픽업하기 위해 와 있었다. 우리는 그를 따라 차를 타고 회사에 도착했다. 부사장이 우리를 회의실로 안내했다. 외국인들과 일상적으로 대화한다거나 전화상으로 사무를 본 적은 있어도 그들과 마주 앉아 회의하는 것은 처음이었다.

회의실에 키가 8척 정도 되는 큰 키에 나이가 60대 정도 되는, 사장인 듯한 할아버지가 들어왔다. 그 뒤에도 나이가 그 정도 되는 중역들이 10여 명 더 들어왔다. 사장은 먼저 악수를 청하더니 자신의 명함을 건네주었다. 당시 28세의 나이였던 나는 어느새 그 분위기에 압도되어 이 사람들과 어떻게 무슨 이야기를 어디서부터 해야 할지 눈앞이 캄캄해졌다.

그들은 먼저 회사의 연혁을 보여주기 위해 커튼을 내렸다. 회사 연혁에 대한 필름을 10분 정도 보고 있는데 그것이 눈에 제대로 들어오지 않았다. 때는 70년대 초였고, 나는 남의 논에 들어간 햇병아리였다.

필름 상영이 끝나고 커튼이 걷히자 주위 사람들이 보였다. 이번에 우리 회사에서 주물공장을 짓게 되어 여기 회사와 기술제휴를 하러 왔다고 이야 기했다.

"한국에서 펌프를 만들고 싶습니다."

그랬더니 그중 한 중역이 황당하다는 표정으로 너털웃음을 터트리는 것이다. 진지한 가운데 느닷없는 웃음소리에 깜짝 놀라지 않을 수 없었다. 영문을 몰랐다.

"미스터 유, 내가 군대 생활을 한국 문산리에서 했다. 한국엔 아무것도 없다. 그런 불모지에서 온 너희에게 우리가 무슨 이유로 기술을 줘야 하지?"

"……."

맞는 말이었고, 할 말이 없다. 나는 울상이 되어 얼고 말았다. 쥐구멍이라도 있으면 들어가고 싶은데 옆에서 자꾸만 박 부장님이 내 옆구리를 찌른다.

"뭐라고 그래? 유 계장, 뭐라고 그래?"

내가 들은 말을 박 부장에게 통역해 주었다. 박 부장도 당황한 눈빛을 감추지 못했다. 우리가 다음 말을 잇지 못하고 쩔쩔매고 있자, 피어리스펌프의 영업담당 부사장 낯빛도 묘해졌다. 현대그룹에 펌프를 팔려면 우리에게 잘해줘도 시원찮을 판국에 되려 잘난 척을 하고 주눅이 들게 했으니 그들 계산에도 잘 돌아가고 있는 상황이 아니었던 것이다. 여기서 망신을 더 주면 끝이었다. 그런 눈빛으로 부사장이 다른 직원들을 쳐다보자 직원들도 그제야 난처한 듯 쭈뼛거리기 시작했다.

"그 얘기는 차차 하기로 하고, 우리 공장 한번 견학을 하지 않겠나?"

미스터 스미스가 분위기를 바꾸려 이야기를 돌렸다.

다른 직원들은 나에게 반가웠다고 악수를 청하고 회의실을 나갔다. 그때까지도 아무 말을 할 수 없었다. '왜 기술을 줘야 하는지'에 대해 대답을 찾고 있을 뿐이었다. 다 나가고, 나와 박 부장 그리고 미스터 스미스만 남았다. 부사장은 아들에게 대하듯 내 어깨를 두드렸다. 그리고 '미스터 유' 부르면서 자상하게 공장을 안내해줬다. 점심도 같이 먹자고 했지만, 예의상 응했을 뿐 입맛이 없었다. 미국에 와서 처음으로 업체 방문을 한 것뿐인데 앞으로가 걱정이었다. 다음 날부터 이 꼴로 50여 곳의 기업체를 돌아봐야 한다고 생각하니 당장 한국으로 돌아가고 싶은 심정이다.

매일 잊지 말고 일일 보고를 하라던 샌프란시스코 지점장의 말이 귀에 메아리쳤지만, 그런 이야기를 보고하고 싶지는 않았다.

"한국에는 아무것도 없다. 그런 불모지에서 온 너희에게 우리가 무슨 이유로 기술을 줘야 되지?"

피어리스 펌프에서 들었던 말에 묻혀서 잠을 이루기가 힘들었다. 겨우 잠이 들었지만, 무거운 짐덩이 하나를 끌어안고 광활한 미국 땅에 버려져 있는 꿈을 꿨다.

미국에서 두 번째로 갈 곳은 시카고에 페티본이란 곳이었다. 중장비 부품을 만드는 회사였다. 전날의 패배감 때문인지 박 부장은 아침부터 힘이 없어 보였다. 비행기를 타러 나가야 하는데 마치 도살장에 끌려가는 소가 따로 없다. 여행이고 뭐고 겁이 나서 못 가겠다는 것이었다. 갈 길이 멀었는데 초반부터 난관이 아닐 수 없었다. 나 또한 일정에 맞추느라 준비도 없이 시카고에 갔다가는 똑같은 실수를 할 것 같아서 걱정하던 차였다.

"그럼, 내일 하루 미친 척하고 재낍시다."

"재껴? 어떻게?"

"어차피 내일은 토요일이잖아요. 이대로 시카고를 가면 피어리스 펌프스 짝이 날 게 뻔합니다. 생각도 정리할 겸 시카고 가기 전에 캔자스시티 한 번 들러봐요. 저 중학교 때 한국에서 영어회화를 가르쳐주셨던 할머니가 지금은 거기 계시거든요. 그분 소식이 궁금하던 차에 잘됐네요. 가서 분위기 좀 쇄신해 보자구요."

아무도 모르는 땅에서 유일하게 나를 알아볼 미국인을 만나고 싶었다. 그 사이 세월이 많이 흘렀는데 미국 할머니가 아직 살아계실지, 살아계시면 건강하신 건지 알 수 없었지만, 분명 나를 만난다면 알아봐 줄 것이고 반가워할 것이다.

박 부장도 깐깐한 업체 간부들을 만나는 것보다는 내 지인이라는 할머니를 만나는 것이 더 편할 것 같다고 판단했다.

"그래, 유 기사 말대로 한번 가보자."

우리는 캔자스시티 공항에 내려서 전화를 걸었다. 할머니 이름이 미세스 '플러머'였다. 그녀의 이름을 부르자, 전화기 너머로 나이 지긋한 할머니 목소리가 가늘게 들렸다. 분명 그녀의 목소리였다.

"누구세요?"

"중학교 때 한국에서 사모님한테서 영어를 배우던 유철진이라고 해요."

그때가 중학교 3학년 때이니까 13년 정도가 흐른 이야기였다. 그렇지만 할머니가 본국으로 돌아가고 나서도 꾸준히 크리스마스카드나 편지를 주고

받았기 때문에 나를 잊지는 않았을 것이라는 확신이 있었다.

"너희가 여길 어떻게 왔니?"

그녀가 내가 누군지 알아챈 것이 너무 기뻤다.

"미세스 플러머 얼굴 보고 싶어서 왔어요."

"철진, 너무나 반가워! 우리 영감이 살아 있었으면 더 좋았을 텐데……."

교수님은 돌아가셨다고 했다.

"저희가 거기까지 어떻게 가면 되나요?"

뜻밖의 손님이 반가웠지만, 할머니는 거동이 불편했던지 "내가 거기까지 운전하고 나가지는 못한다."고 말했다. 그러니 그곳에서 어떻게 버스를 타고 택시를 타고 해서 오라고 자세하게 이야기해 주었다. 그것을 메모지에 적었다.

공항에서 2시간 정도가 걸려서야 로렌스에 있는 미세스 플러머에게 갈 수 있었다. 그곳은 시골이었고, 농장 한가운데 외따로 지어진 집에 할머니가 살았다. 땅도 아주 넓고 집도 컸다. 한쪽에 외양간도 있어 전원적인 분위기가 물씬 풍겼다. 할머니가 그 큰 집에 혼자 살고 있어서 그런지 더 외로워 보였다. 그녀는 전화기 너머에서 짐작하던 만큼이나 많이 나이 들어 보였다.

"그런데 어쩌지? 많이 배고플 텐데 내가 밥을 해 줄 수가 없어서?"

1주일에 한 번씩 호스피스 같은 분들이 와서 밥을 해준다고 했다. 도시와는 많이 떨어져 있는 농촌이어서 음식을 시킬 수도 없었다.

"배가 고프긴 한데 다른 방법이 없을까요?"

"따뜻한 건 해줄 수가 없지만 내가 평상시에 먹는 건 있어. 콜드슬로 그거라도 괜찮겠니?"

우리는 당연히 괜찮다고 했고, 할머니가 내어 놓은 콜드슬로와 빵을 셋이서 맛있게 나누어 먹었다. 오랜만에 할머니를 만나니 옛날에 영어 공부하던 기억이 났다. 할머니는 외로웠던 일상에 특별한 손님이 와 준 것에 무척 기뻐했다. 잠시 도피 차원에서 그곳에 들렀지만, 할머니에게 좋은 선물이 되는 것 같아서 나도 기뻤다.

그날 하루를 묵고 아침이 되자, 할머니는 일어나기를 기다렸다는 듯이 막 잠에서 깬 우리를 끌고 외양간으로 갔다. 외양간 2층은 커다란 다락이었다. 옛날 피아노가 있었고, 책들이 많아서 서재같은 분위기였다. 거기엔 나의 어릴 때 사진도 있었다. 그걸 보여주면서 할머니는 잠시 회상에 잠긴 듯 눈물을 흘렸다. 돌아가신 교수님에 대한 그리움이 더해진 것이다.

"미세스 플러머, 오늘 우리는 비행기를 타고 시카고로 가야 해요."

조심스럽게 할머니의 어깨에 손을 얹었다.

"알고 있다. 어제 네가 말해 주지 않았니?"

"네, 맞아요. 당신을 다시 만나서 기뻤어요. 다음에도 다시 만날 수 있었으면 좋겠어요."

"그런 날이 다시 올까? 나는 오늘 널 본 걸로도 충분히 행복하다."

할머니 덕분에 타국 땅에 버려졌다고 생각했던 마음이 가라앉았다. 그녀와 다시 만날 것을 약속하고 다시 공항으로 되돌아갔다.

시카고를 가는 비행기 시간이 가까워져 오고 있었지만, 머릿속은 한결 개운했다. 박 부장도 어느 정도 적응을 했거나 안정된 모습이었다. 그러나 막상 공항에 내려 '페티본'에서 벌어질 일을 그려보니 막막하기는 마찬가지였다. 공항에서 기차로 갈아탔다.

'그들이 우리와 기술제휴를 해야 되는 이유를 어떻게 말해야 "그래, 같이 하자."는 대답을 얻을 수 있을까? 어떻게 말해야 할까?'

그런 생각으로 머리를 쥐어뜯고 있었는데 섬광처럼 지나가는 아이디어가 있었다. 자칫 모험이 될지 모르는 발상이었지만 더 이상 방법도 없는 것 같았다. 목적지인 오로라 역에 내리고 보니 그것이 마지막 기차였던가 보다. 토요일은 막차 시간이 일렀다. 택시도 끊겼는지 아무리 기다려도 오지 않았다. 지나다니는 사람도 없고 역장 혼자 역을 지킬 뿐 역 안의 승객이라고는 우리 둘뿐이었다. 역장도 퇴근할 시간이 다 된 모양이었다. 그런데 우리가 30분이 지나도록 거기 서 있으니까 역장이 우리 쪽으로 다가오면서 물었다.

"어이, 거기에 왜 서 있나?"

먼저 말을 걸어주니 반가웠다.

"택시 기다립니다."

"여기는 작은 도시라서 택시가 없어. 어디로 가는데?"

"근처 호텔에 가려고 합니다."

"어느 나라 사람이야?"

"한국 사람입니다."

그러자 'YMCA' 같은 데서라도 잘 수 있겠느냐고 묻는다.

우리나라 종로에 있는 YMCA 건물만 생각하고 우리는 '그거 좋다.'고 대답했다.

"그러면 내가 YMCA로 데려다 줄 테니까 오늘은 그곳에서 자고, 다음 날 일정을 보는 게 나을 것 같은데."

우리는 그렇게 하겠다고 하고 그의 차를 얻어 타고 그 근처 YMCA 건물에서 내렸다.

생각했던 대로 건물이 근사했다. 로비에서 방이 있느냐고 묻고 가격을 물었더니 3달러란다.

"3달러?"

믿을 수가 없어서 다시 한 번 물었다. 그러자 돌아오는 답은 역시 '3달러!'였다. 다른 호텔은 숙박비가 20달러 정도 하는데 하룻밤에 3달러라니 우리는 아무것도 모르고 좋다고 방을 달라고 했다.

"식사는 어떻게 하나요?"

아침과 저녁 식사에 대한 언급이 없어서 물어보았다.

"여기 식당은 없고, 식사를 하려면 자판기가 있으니 동전을 넣고 빼서 먹으면 됩니다."

"OK." 방이 싸니까 이해했다. 방에 들어가 보니 이층 침대만 덩그러니 있고, 개인 욕실도 없었다. 거기까지도 'OK.'

우리는 자판기에서 저녁을 수프와 요상스러운 것으로 때우고는 '이런 곳이 있었구나.' 하면서 각자 배정된 방에 들어갔다.

그런데 밤이 되자, 뭔가 잘못돼 가고 있다는 것을 알게 되었다. 방 밖에서 젊은 사람들이 뭘 하는 건지 소리를 지르고, 이리 뛰고 저리 뛰느라고 창가에 그림자들이 어지러웠다. 소란스러움은 시간이 지나도 멈추지 않았다. 잠을 잘 수 없었고, 무서웠다. 그런데 누가 내 방문을 두드리는 것이 아닌가. 모른 척하고 싶었지만, 그 소리가 너무도 다급하게 들려 문을 열어보았더니 박 부장이었다.

"유 계장, 무서워서 못 자겠어. 같이 자자."

"어른이 뭐가 무섭습니까?"

큰소리를 쳤지만 속으로는 그가 와준 것이 너무 고마웠다.

"여기서 같이 자자."

못 이기는 척 청을 들어주었다. 나는 침대 1층에서 2층으로 자리를 옮기면서 1층 자리를 박 부장에게 내 주었다. 그래도 잠이 들지 않자, 그동안 잊고 있었던 일을 하기로 했다. 샌프란시스코의 지점장에게 매일 보고를 하기로 한 것이 생각난 것이다.

"가는 곳마다 전화해. 어디서 자는 지까지도 보고하고. 상황이 안 되면 콜렉트 콜^{collect call}이라도 해서 꼭 전화해야 해."

그렇게 매일 전화를 하라고 했는데 햇병아리는 이제야 수화기를 들었다. 샌프란시스코는 우리가 있는 곳보다 2시간이 늦은 시각이었다.

"왜 이제야 전화를 하는 거야? 왜 그동안 전화를 안 했어? 내가 그렇게 신신당부를 했는데!"

꾸짖는 소리가 귀청을 찢을 것만 같았다. LA에서는 바빠서 전화를 못 하고, 할머니 댁에서는 할머니가 깰까 봐 연락을 못 했다. 지점장은 우리와 연락이 닿지 않자 그동안 무척 걱정한 모양이었다. 그런데 거기에 대고 캔자스시티에 다녀온 얘기를 할 수가 없었다.

"바빴어요. 죄송합니다."

"그럼, 지금 어디야?"

"여기가 시카고 오로라에 있는 YMCA라는 숙소예요."

그랬더니 지점장은 깜짝 놀라며 어서 그곳에서 나가라고 했다.

"야! 그곳은 범죄 소굴이야. 그곳을 들어가면 어떡해! 마약이나 하는 불한당 숙소란 말이야. 유 계장, 거기서는 최소한 '홀리데이인^{Holiday Inn}' 정도의 숙소로 들어가야 해."

그렇지 않아도 불안했는데 그 말에 더 겁이 났다. 당장 뛰쳐나가고 싶었지만, 밤중에 나갈 수도 없다.

　우리는 다음 날 아침에 일어나자마자 짐을 싸서 나갈 준비를 했다. 그 상황에서 아침은 생각에도 없었다. 박 부장이 먼저 홀리데이인으로 가자고 서둘렀다. 그리고 안내 데스크에서 홀리데이인이 어디에 있는지 물어보고 메모해 두었다. 그날은 일요일이었다. 차가 다닐 만한 곳에 서서 기다려보았지만, 이른 아침이라 그런지 택시는 찾아볼 수 없었고, 지나가는 차량도 많지 않았다. 그리고 간간이 지나다니는 차들도 낯선 동양인을 구경하며 지나칠 뿐 히치하이킹이 통하지 않았다. 그렇게 한참 기다리고 있는데 웬일로 차 한 대가 우리 앞에 서는 것이 아닌가. 노부부가 타고 있는 승용차였다.

　"어디 가는 길이오?"

　할아버지가 우리의 행방이 궁금했던 모양이다. 그들은 일요일 아침이라서 교회를 가는 길이라고 했다.

　"여기에 '홀리데이인'이 있다고 해서 그곳을 갈려고 합니다."

　할아버지는 거길 잘 아는 듯, 우리에게 뒤에 타라는 손짓을 했다. 속으로 '할아버지 할머니, 복 받으실 겁니다.' 라고 생각하며 그렇게 극적으로 그 차를 얻어 타고 홀리데이인으로 가게 되었다.

　YMCA를 벗어나 처음 맞이하는 식사시간은 참으로 근사하고 맛있었다. 사람도 많았다. 마음에 여유가 생기자 두 번째 공장 방문을 위해 시카고행 비행기 안에서 생각했던 것을 정리해 볼 수 있었다.

　다음 날 아침, 페티본에 전화를 걸었다. 한국 현대양행에서 온 미스터 유라고 하는데 언제 가면 좋겠냐고 물으니, 상대편이 반대로 우리가 있는 곳을 물었다.

"홀리데이인에 묵고 있습니다."

그러자 그곳에서 차를 가지고 우리를 데리러 왔다. 이번에도 그 업체 중역들이 다 나왔다. 우리에겐 외국인과의 두 번째 미팅이었다. 20대 후반의 어린 직원이 덩치도 크고 노련한 외국인 중역 앞에서 눈만 껌벅껌벅하고 있는 것을 상상해 보라.

그러나 더 이상 처음과 같은 실수를 다시 하고 싶지 않았다. 공장을 견학하고, 그들과 회의를 시작하게 되면서 당당하려 애썼다. 그리고 누가 묻기도 전에 배짱 있게 먼저 그들에게 질문을 던졌다.

"당신들 지금 아시아에서 시장점유율이 얼마나 됩니까?"

그러자 얼마 안된다고 답이 돌아왔다. 그럼 어느 곳의 시장점유율이 가장 크냐고 되물으니 미국과 유럽이 가장 크다면서 아시아는 일본이 거의 독식하고 있어서 점유율이 낮다고 덧붙였다. 바라던 대답이었다.

"우리가 당신들과 기술 제휴하러 왔습니다."

내 말이 끝나자, 예측했던 대로 그쪽에서도 한 직원이 황당하다는 듯 웃으면서 말했다.

"난 한국 전쟁 때 동두천에 있었고, 한국의 형편을 잘 압니다. 거기엔 아무것도 없었소. 그런데 그게 무슨 소리요?"

로스앤젤레스에서 들었던 말과 같았다. 그 당시 미국의 회사에 가면 반드시 그곳 중역 중에는 오산이나 동두천 등에서 군대생활을 하고 온 사람이 한두 명씩은 있었다. 그들은 한국의 환경뿐 아니라 역사에 대해서도 조금은 알고 있었다.

이번에는 그 말이 나온 것이 반가웠다. 나는 잘됐다는 듯 오히려 그에게 되물었다.

"그렇다면 우리가 일본사람에게 36년 동안 지배받아서 그들과 사이가 좋지 않은 것도 알고 있겠지요?

"물론 알고 있소."

"미국 기업들이 아시아 시장을 넘보지 못하는 것은 일본 때문입니다. 물론 우리는 기술도 없고, 임금이 싸다는 경쟁력만 있습니다. 그러나 또 하나의 무기가 더 있습니다. 일본을 이기고 싶어하는 근성입니다. 페티본과 기술 제휴를 해서 공장을 짓는다면 우리는 일본을 깨고 아시아 시장을 접수하기 위해 최선을 다할 것입니다. 우리에게 기술을 가르쳐 주세요. '페티본'의 이름으로 아시아를 공략할 기회를 드리겠습니다."

이를 듣고 있던 상대 중역들은 모두 고개를 끄덕였고, '일본을 깬다'는 말에는 웃음까지 지었다. 그렇게 그날의 회의는 성공적으로 끝이 났다.

시카고 페티본에서 배운 것이 많았다. 회의를 마치고 나와 그쪽 책임자와 점심을 먹었다. 마음의 여유가 생긴 나는 사장에게 사장실 문 위에 붙여진 '가벌러지스트Garbalegist'는 처음 보는 단어인데 무엇을 의미하는 것이냐? 며 궁금했던 것을 물었다. 그것은 '가비지garbage'를 활용해서 만든 단어인데 '직원들이 처리하기 싫어하는 일을 사장인 자신이 처리하겠다.'는 의미로 자신의 역할을 상징적으로 나타내기 위해 달아놓은 것이라고 했다.

"쓰레기 청소부!"

'역시 책임자는 남들이 하기 좋아하는 것을 처리하기보다 남들이 하기 싫어하는 것부터 처리해주고 챙겨야 하는구나.'

인상적이었고, 책임자가 지녀야 할 자세에 대해서 생각해보는 시간이 되었다.

그리고 이번 회의를 통해서 협상하는 법을 터득하게 됐다. 페티본 회의에서 '아시아 점유율'에 대해서 먼저 언급할 수 있었던 것은 상대 기업이 필요한 것과 우리가 그 기업에 해줄 수 있는 접점을 미리 알고 있었기 때문이다. 그렇지만 그런 접점을 잘 알고 있다 하더라도 그것을 효과적으로 풀어놓지 못하면 협상에서 끌려가는 꼴이 될 것이다. 그렇기에 상대의 흐름을 타기보다는 상대가 내 의도대로 흐름을 타게끔 하는 것이 협상에서 유리한 점이고, 그것을 가능하게 해주는 것이 '질문'이었다. '질문'의 힘은 대단했다. 그 다음부터는 가는 곳마다 그 비법이 통해서 회의마다 성공할 수 있었다.

박물관이 좋아!

우리는 60일간 일본–미국 서부~동부–유럽 런던–프랑스 파리–스위스 취리히–독일–이탈리아–스페인–스웨덴–벨기에–일본을 두루 거치며 공장 60개를 견학하였다.

공장이 쉬는 주말을 제외하면 업체를 방문할 수 있는 날짜는 고작 45일 정도였다. 60개 공장을 모두 견학하려면 주중 하루 평균 2~3개의 공장을 다녀야 하는 셈이다. 거기다 항공기–기차–자동차를 수없이 갈아타면서 장거리 일정을 소화해내야 했으니, 살인적인 스케줄이었다고 해도 과언이 아니다. 그런데도 주말에 쉬기보다는 머무는 곳의 고적지, 박물관 등 명승지를 둘러보는 기회를 놓치지 않으려고 뛰어다녔다.

비록 출장이었지만, 당시에 그처럼 세계 여러 곳을 다니면서 견문할 수 있는 기회를 얻기란 흔치 않은 일이었다. 그래서 공장들은 물론이고 서구인들의 문화유산, 길에서 마주치는 광경까지 어느 하나도 놓치고 싶지 않았다.

어느 일요일, 미국 워싱턴 DC에서 처음으로 박물관 견학을 할 때였다. 우리는 스미소니언 박물관Smithsonian Institution을 구경하기 위해 아침 일찍부터 서둘렀다. 그곳에는 미국은 물론 유럽과 아프리카, 아시아 심지어 우리나라 유적들까지 전시되어 있었다. 젊은 나에게는 모든 것이 새로웠고, 그 어느 하나 그냥 지나칠 수 없는 볼거리였다. 그런데 박 부장은 벌써 볼 거 다 보았다며 그만 호텔로 돌아가자고 다그친다. 나는 박물관 안에 전시된 것의 절반도 보지를 못한 상황이었기 때문에 당황스러웠다.

"유 계장, 갑시다!"

"정말 벌써 다 보셨어요?"

"그럼 뭐, 대강대강 보는 거지!"

부장은 돌아가고 싶은 마음이 확실한 것 같았다. 그래도 내가 부장에게 해줄 수 있는 대답은 "밖에서 조금만 기다려주세요. 부지런히 보고 따라가겠습니다."라고 하는 것이 최선이었다. 사실 점심도 거르면서까지 열성을 부리는 후배 때문에 덩달아 배를 곯아야 했던 그의 마음을 이해 못 하는 것은 아니었다. 그러나 아무리 배가 고파도 그대로 돌아갈 수가 없었다. 이 정도의 여러 문물이 거대하게 펼쳐진 전시를 언제 어디서 또다시 볼 수 있단 말인가? 그러나 박 부장은 얼마를 밖에서 기다렸는지 참다못해 나를 찾아와서 돌아가자며 재촉한다. 그러면 다시 부장에게 조금만 더 기다려달라고 부탁할 수밖에 없었다. 그러기를 여러 차례. 부장이 드디어 머리끝까지 화가 났는지 수많은 관광객들 가운데서 큰 소리로 화를 내는 것이다.

"유 계장, 나 혼자 호텔로 돌아갈 테니까 내 돈 내놔!"

그가 그런 상황이 오기까지 나를 기다릴 수밖에 없었던 것은 의사소통 문제 때문이었다. 게다가 미국으로 오면서부터 부장은 영어를 잘 쓰는 사람이 출장비를 맡아서 관리하는 것이 일 처리가 원활하겠다고 판단하고, 이미 그 전액을 나에게 맡긴 상태였다. 그 때문에 혼자 호텔에 돌아가려 해도 움직일 수가 없었던 것이다. 아마도 부장은 그 정도 이야기하면 내가 따라나설 줄 알았던 모양이다. 그러나 나는 곧이곧대로 돈을 꺼내어 박 부장님께 건넸다. 그 정도로 박물관을 관람하려는 의지가 컸다. 그러자 부장님은 큰소리로 나를 꾸짖는다. 나도 부장이 내 뜻을 몰라주는 것 같아 홧김에 "마음대로 하세요!" 하고 질러 놓고는 전시장 깊숙한 곳으로 들어가 버렸다.

그러나 그 후부터는 전시물이 아무리 희한하고 멋져도 제대로 눈에 들어오지 않았다. "과연 부장님이 제대로 호텔까지 가셨을까? 어떻게 택시는 타셨나?"하는 생각들이 온통 머릿속을 들쑤셨다. 그런데도 젊은 나도 자존심이 있다는 것을 보여주겠다며 저녁까지 시간을 끌면서 호텔로 돌아가지 않았다. 그러다가 참지 못하고 공중전화로 호텔에 전화를 걸었으나 아무도 전화를 받지 않는다. 덜컥 겁이 났고, 불안했다. 그리고 얼른 택시를 잡아탔다. 밖은 어두워지기 시작했다.

'만일 호텔로 돌아갔는데 부장님이 계시지 않으면 그다음에는 어떻게 하지? 본사나 샌프란시스코에는 뭐라고 보고해야 하지?'

택시 타는 사이 별별 생각을 하느라고 내 머리는 쥐가 날 것 같았다. 드디어 호텔에 도착하게 되자, 나는 부리나케 방문을 열어젖혔다. 부장이 거기 있었다. 만감이 교차하는 표정으로, 침대에 누워있는 그를 바라봤다. 부장은 나를 보자 "어이! 유 기사, 너무 그러지 말라구!" 하며 핀잔을 준다. 그런데 나는 그러든지 말든지 너무나도 반가워 그를 껴안고 싶은 심정을 애써 누르고 "제가 정말 잘못했습니다, 부장님. 그래도 호텔까지 잘 찾아오셨네요. 점심은 드셨어요?" 하며 용서부터 구했다. 그리고 저녁 먹을 시간에 다 지난 점심 타령을 한다.

"아니, 아직 못 먹었지."

"저 때문에 점심도 거르시고, 너무 죄송합니다. 부장님 제가 아까 일은 잘못했으니 잊으시고 오늘 저녁은 최고로 드시죠."

"그거 반가운 소리네. 그렇게 합시다!"

우리는 그날 저녁은 호텔에서 양식 스테이크로 미국식 만찬을 즐겼다. 그러나 그 후에 유럽에 가서도 프랑스 루브르 박물관Musee du Louvre을 관람하면서 같은 일로 부장과 또 한 차례 언쟁을 벌여야 했다.

60일간의 세계여행 이후에도 회사에서 공장을 계획할 때면 부장님이 부사장님이 되고, 내가 상무가 될 때까지 자주 해외 출장을 함께 다니게 되었다. 그러면서 우리는 아주 가까운 단짝이 되었다. 그분이 10여 년 전 세상을 떠나셨을 때, 사모님께서 내게 전하시기를 돌아가시기 전에 그렇게 나를 찾았다고 하였다.

영국에서 기차역을 지나치다.

우리는 뉴욕을 지나 런던에 도착했다. 그곳 지점장이 공항에서 맞아주었다. 다음 날 새벽 기차를 타고 웨일즈 남쪽South Wales 지역에 있는 뉴포트에 도착하면 '브리티시 제철소British Steel'직원이 픽업하여 우리를 안내한다고 한다.

런던에서 뉴포트까지 네다섯 시간이 걸렸다. 그곳은 2차 세계대전 때 폭격을 당한 곳으로, 미국과는 달리 공장이 새로 지어져 신식 설비를 갖추고 있었고, 모든 것이 질서정연했다. 우리는 여기에서 설비의 경쟁력을 느낄 수 있었다.

공장을 보고 우리는 역까지 배웅하는 직원을 뒤로하고 역 입구에서 역무원에게 다음 행선지 플랫폼의 위치를 물었다.

"런던행 열차는 어디서 타지요?"

"뷔페식당 뒤편 플랫폼으로 가면 됩니다."

우리는 그의 안내를 받고 아무 의심 없이 그쪽으로 막 들어오는 기차에 승차하였다. 우리는 기차에 타자마자 잠에 빠져들었다. 미국에서 영국으로 오면서 시차 적응이 안 돼 피로가 쌓였던 탓이다. 그렇게 얼마나 잤는지 문득 깨서 시계를 보니 이제 거의 런던에 도착할 시간이 다 된 것 같아서 부장을 깨웠다. 그러나 이게 웬일인가? 이 시각쯤이면 런던 외곽의 도회지가 나타나야 하는데 기차는 점점 깊은 산골을 달리는 것이 아닌가? 뭔가 이상하여 승차권을 점검하는 승무원에게 물었다. 그런데 아니나 다를까? 그의 대답이 우리는 동쪽으로 가는 것이 아니고 북쪽으로 달리고 있단다. 승무원에게 내일 있을 일정을 설명하면서 최선의 방법을 물었다.

그는 이리저리 열차 다이어리를 들여다본다.

"우선 영국 중부에 위치한 맨체스터까지 가야 합니다. 거기까지 가려면 다음에 내리는 작은 역에서 기차를 갈아타고 두 정거장 정도 가면 됩니다.

맨체스터에 도착하자마자 30분 이내에 버밍햄 가는 열차를 타고 그곳에서 자정에 런던행 열차로 갈아타면 새벽 6시에 런던에 도착할 수 있어요. 그것이 당신들에게 최선의 방법입니다."

우리는 승무원이 알려주는 대로 기차를 갈아탔고, 무사히 버밍햄에 도착해서 저녁을 간단히 먹고 역사 내부에서 런던행 열차가 어느 열차인지 확인하고는 자정이 되기까지 기다렸다. 자정이 가까워지자 우리는 또 실수하지 않으려 묻고 또 물으면서 런던행 열차 플랫폼에서 기다렸다. 그러면서도 그곳에서 제복을 입은 사람에게 다시 한 번 목적지를 물었다.

"런던행 열차가 맞으니 안심하세요. 그런데 어느 나라에서 왔죠?"

"한국 사람입니다."

"그래요? 이거 반가운데요?"

그는 자기가 한국 전쟁에 참여했었다면서 우리를 친절하게 대해 주었다. 그러더니 그가 열차 운전석을 열면서 들어오라 한다. 그가 바로 런던행 열차 운전사였던 것이다. 그동안 기차를 놓쳐서 정신없이 버밍햄까지 오느라고 지쳐있던 데다 다음 날 일정도 있고 해서 그 시간에 잠을 청해야 했지만, 그가 우리와 이야기를 나누고 싶다는 통에 밤새도록 그 사람의 친구가 되어 주고, 아침 6시에 런던에 도착하게 되었다. 그리고 다음 일정이 어찌 되는지 몰라서 호텔로 직행하였다.

호텔에는 런던 지점장 대신 그의 메시지와 승차권 2매가 우릴 기다리고 있었다. 지점장은 지난 저녁 늦게까지 우리를 기다렸는데도 아무 소식이 없자, 메시지를 남긴 것이다.

'아침 8:00 기차를 타고 런던 동부에 있는 시어니스 제철소Sheerness Steel로 가십시오.'

우리는 쉴 틈도 아침 먹을 새도 없이 샤워하고 옷만 갈아입고는 역까지 달려 지정된 열차를 타야 했다.

시어니스 제철소는 '리덕션 프로세스Reduction Process'라는 공법으로, 당시로는 아주 새로운 방법으로 철근을 양산하는 공장이었다. 우리는 아직 철근 공장과는 관련이 없었지만, 나중을 위해서 하나라도 놓칠세라 그렇게 달려왔던 것이다. 그 덕분에 아주 훌륭한 최신예 제강제품 시설을 견학할 수 있었다.

그 후, 독일에서는 '호이트Voith'라는 제지기계 제작공장에 들러서 지름 24m까지 가공 가능한 수직선반을 처음 목격하였다. 이것으로 그들은 제지기계, 수력발전소의 수차, 시멘트 설비의 킬른kiln, 도자기나 시멘트 원료를 초벌구이 이전까지 조작하는 데 사용하는 가마을 제작하고 있었다. 우리는 이곳을 방문한 덕에 후일 기술제휴를 통해서 군포공장에도 이와 같은 기계를 구입 설치하여 동종의 부품과 제품들을 만들 수 있게 되었다. 그리고 이탈리아를 거쳐 스페인을 돌면서 여러 기업을 견학하고 그곳의 중역들을 만나면서 의미 있는 체험을 할 수 있었다.

기술력과 경쟁력을 위한 최상의 선택

세계 여러 나라의 기업을 돌면서 국가마다 시대적인 상황에 따라 발전의 형태와 추이가 다르다는 것을 느끼게 되었다.

미국의 공장들은 제2차 대전 중 피해가 없어서 그랬는지 자동차 조립공장을 제외하면 대부분의 설비가 새로운 것이 없었다. 유압 프레스가 아닌 수

압 프레스를 쓰는 등 아주 생산성이 낮은 구형 가공설비들을 그대로 쓰고 있었고, 상태 또한 낡아서 문제가 있어 보였다.

반면 일본과 서유럽 국가들은 제2차 세계대전으로 모든 것이 철저히 파괴된 뒤, 운명적으로 새로운 공장과 생산설비들을 갖출 수밖에 없었다. 그들은 하나같이 새로이 개발된 전자식 NC 기계Numerical Control Machine Tools를 갖추고 있었다. NC 기계는 금형 대신에 프로그램을 펀치 테이프로 만들어서 기계를 작동하여 생산하는 기계다. 그렇게 보면 설비 면에서 미국이 뒤떨어지는 상황이었다. 공산품에 있어서 미국이 빠르게 바뀌지 않으면 곧 일본이나 유럽에 추월당할 것이 분명했다.

그래서 처음에는 미국설비는 참고할 것이 없다고 판단하기도 했다. 그러나 견학을 마치고 나서 생각이 바뀌었다. 오히려 그런 부분 때문에 미국이 우리를 필요로 하리라는 것을 짐작하게 된 것이다. 우리의 값싼 노동력과 새로운 공장설비로 미국의 기술력과 합치면 일본과 유럽을 이길 수 있겠다고 생각했다.

내가 60일간의 세계 일주를 다녀올 때 정인영 사장님이 들려준 이야기가 있다.

"우리는 자원이 없어 외화를 벌어들여야만 그것들을 사올 수 있는 형편이야. 외화를 벌려면 우선 외국에서 기술을 들여와 완제품을 만들어야 해. 그걸 수출해야만 이윤을 남겨서 또 자원을 사올 수 있는 거야. 그런데 기술을 배워오려면 일본이나 유럽보다는 미국사람들이 조금이라도 우리에게 더 이득인 거 아나? 그들은 부자나라이고, 자원이 많아 사람들이 그렇게 아득바득하지 않기 때문이지."

그 이야기가 맞았다. 일본과 기술제휴를 하려면 협상 과정에서 가장 어려운 점이 우리 제품에 대한 수출 조건이었다. 반드시 그들의 사전허가를 받거나 그들을 통해야만 했다. 그러나 그것은 거의 지키기가 힘든 일이었다. 일본은 우리와는 시장이 같기 때문에 아무래도 그런 식으로 단속하지 않으면 안 되었을 것이다. 유럽은 그래도 조금 나았다. 왜냐하면, 아시아 시장은 모두 일본에게 뺏기고 있는 실정이었으므로 우리가 아시아 지역을 거론하면 협상하기가 쉬웠기 때문이다. 그러나 미국은 전 세계시장을 석권하고 있었기에 그렇게 심각하지 않았다. 경쟁력이 있는 기술에 대해서는 로열티를 받기만 하면 됐기 때문에 기술문제나 시장에 대해서 너그러웠다. 물론 요즘은 우리의 위상이 높아졌으니 상황이 많이 달라졌을 것이다.

그 후로 나는 될 수 있으면 미국을 우선 대상국으로 찾았다. 기술 제휴가 쉽고 계약조건을 우리 쪽으로 유리하게 이끌 수 있다고 생각했다. 부족한 부분은 일본이나 유럽의 제품을 벤치마킹하여 보완하면 되었다. 그러나 영업 부문의 중역들은 나와는 의견이 정반대였다. 우선 국내에서 잘 팔아야 하므로 일본지역이나 유럽지역을 더 선호했다. 그래서 회사 내에서는 내가 친미파라는 소문이 자자했다. 그래도 나의 방향은 변함이 없었으며 그때마다 정인영 사장은 내 손을 들어주었다.

아직도 나는 그 시절 아무리 돈이 많은 사람이었다고 해도 할 수 없었던 견학을 하게 된 것에 큰 자부심을 가진다. 1970년 불과 28세의 나이로 세계 60개 산업체 공장을 방문하면서 많은 것을 보았고, 그것이 계기가 되어 그 후로도 회사에서는 국제산업시설 방문이나 해외 기술도입 협상이나 영업활동 문제가 있으면 주로 나에게 맡겼다. 그 덕분에 약 8년간에 걸쳐 연간 평균 8개월씩 해외를 나다니게 된 것이다.

비록 몸은 고달프고 힘든 기간이었으나 "병아리냐? 닭이냐?"의 질문 한 마디를 출발점으로 나를 키워주고 힘을 보태주신 정인영 사장님께 무한한 감사와 그분의 원대한 꿈과 미래에 대한 선견력에 존경을 드린다. 그리고 나와 함께 그러한 힘든 과정을 소화하면서 끈기 있게 따르고 지원해준 회사의 간부들에게도 감사와 존경을 표한다.

8

현대양행 군포공장

오늘의 한국 건설중장비 탄생 이야기

군포 주물·주강공장 건설이 끝난 후, 안양공장에서 울산 현대자동차로 내려보낼 주물품을 가공 조립하는 업무에 최선을 다하고 있었다. 그런데 과로 때문인지 어느 날부터인가 펄펄하던 기운은 어디로 사라져 피곤한 나날이 지속되었고, 어딘지 모르게 전신이 아프기 시작했다. 눈에 띄게 무기력해졌고, 쇠약해졌다. 병원에서는 폐가 나빠졌다면서 절대로 빨리 휴식을 취해야 한다고 했다. 그러나 회사의 사정을 생각하면 도저히 그럴 형편이 아니었다. 그런데 우연히 이를 알게 된 이종영 공장장이 나를 걱정해주며 좀 쉬면서 일하라고 일본 동경지사로 파견 발령을 내주었다.

일본에서 들어오는 자동차부품 중 KD^{Knock-Down Part: 일부는 국산화하고 일부는 수입} 하는 부품을 일컬음의 결품이 심했다. 그래서 생산계획에서 차질이 생겼고, 나는 일본사람들과 결품 예방대책을 조율하는 임무를 맡게 되었다. 바쁘지 않은 일정 덕분에 그곳에서 지내며 빠르게 병세를 회복하고 6개월 만에 안양공장으로 복귀할 수 있었다.

귀국하자마자 공장을 찾아갔지만 당장 주어진 업무가 달리 없어 무임소로 며칠을 지내게 되었다. 그러던 주말에 사장이 안양공장을 방문하면서 나에게 임무를 하나 주었다. 이종영 공장장과 미국의 크레인 회사American Hoist and Derrick Company 에 가서 한국에서 크레인을 생산할 수 있도록 기술제휴를 하고 돌아오라는 지시였다. 우리는 곧 미네소타 주 세인트폴에 있는 아메리칸 호이스트 본사를 방문하게 되었고, 샌프란시스코 이병재 차장과도 합류하였다.

며칠간 협상을 위해 씨름한 끝에 드디어 합의점에 도달하게 됐고, 기술제휴 서명을 받아낼 수 있었다. 그날 저녁 우리 세 명은 이에 대한 축하파티를 한다고 기분 좋게 술잔을 기울였다. 그러면서도 현재 내 상황에서 이종영 공장장을 수행하게 된 것이 우연이 아니라는 것크레인을 제작하는 사업에 나도 참여하게 될 거라는 사실을 짐작하고 있었기 때문에 한편으로 걱정이 되어서 그 자리가 그렇게 신이 나지만은 않았다. 이런저런 생각이 머리를 스쳐 지나갔고, 나는 그것을 감추지 않고 공장장에게 묻기에 이르렀다.

"공장장님, 여쭐 말씀이 있습니다."

"그래, 유 과장. 어디 이야기해 봐요."

"공장장님께서 아메리칸 호이스트와 기술제휴를 하겠다는 서명을 하게 되면서 오늘은 우리에게 있어서 역사적이고, 아주 중요한 날이 되었습니다. 그러나 저는 이것이 끝이 아니고 이제 시작이라는 생각을 하게 되었습니다.

그렇다면 앞으로 이 사업을 어떻게 시작하며, 어떻게 키워나가실 생각이신지요?"

나의 뜻밖의 질문에 껄껄거리며 술잔이 오가며 화기애애했던 분위기가 삽시간에 물바가지를 뒤집어쓴 듯 냉랭해지고 말았다. 공장장은 얼굴이 굳은 채 내 얼굴만 응시하고, 잠시 아무 말씀이 없었다. 그러다 침묵을 깨고 "그래, 그럼 유 과장은 이 사업을 어떻게 해야 된다고 생각하나?" 하고 공장장이 이야기의 바통을 나에게 되넘긴다. 그저 궁금하여 질문을 했을 따름인데 거꾸로 그렇게 질문을 받고 보니, 준비가 되지 않은 나로서도 당황하지 않을 수 없었다.

순간 무역부에 근무할 당시의 경험을 떠올릴 수 있어서 다행이었다. 당시 경부고속도로 건설을 위해서 들여온 외국 장비들이 너무나 고가인 것에 걱정하던 정주영 사장이 콘크리트 배치플랜트 concrete batch plant, 콘크리트를 생산하는 과정을 합쳐 자동으로 생산이 되도록 하는 기계설비 와 진동롤러 vibrating roller−바퀴를 진동시키는 데 따라 진동을 주어서 바닥을 다지는 기계설비 를 기계부에서 국산으로 제작해보라는 지시를 내린 적이 있었다. 그래서 기계부 김형벽 과장 후일 현대중공업 회장으로 은퇴 이 설계를 맡아 서빙고와 관악공장 정비사업소에 가서 그 설비들을 스케치하며 연구하였고, 나는 국산화 과정에서 필요한 부품 중 국내에서 조달할 수 없는 수입부품들을 들여오기 위해서 허가를 받느라고 줄곧 상공부를 드나들었더랬다. 그때의 기억을 바탕으로, 적당한지 모를 답변을 하느라고 진땀을 흘려야 했다.

귀국하는 비행기 안에서 지난 파티에서 내가 준비 없이 공장장에게 보고했던 내용에 대해서 다시 한 번 생각할 수밖에 없었다.

'이렇게 이야기해야 했는데……'

왜 그렇게 신경이 쓰였는지 빠뜨린 부분이나 보완해야 할 내용이 자꾸만 떠올랐다. 그런데 어쩌랴? 이미 내뱉은 말에 보충을 해보겠다고 나댈 수도 없는 노릇이니 홀로 후회하고, 아쉬워할밖에. 그러면서도 떠오르는 생각들을 다시 한 번 되뇌어 보고 정리하느라고 내내 부동자세로 비행을 마쳐야 했다.

그렇게 공장으로 돌아와 작업 중이던 어느 날이었다. 일본 가와사끼에서 도입한 2,000톤 프레스를 공장에 설치하는 중에 공장장이 부른다는 전갈을 받았다. 그런데 공장장실로 달려간 나를 공장장이 물끄러미 쳐다보면서 난처한 표정을 지었다.

"유 과장, 오늘 양복은 안 입고 왔나?"

"이게 전부인데요."

회사 점퍼를 입고 기름때로 엉망이 된 얼굴을 한 나 또한 갑작스러운 공장장의 질문에 난처할 수밖에 없었다.

"그러면 유 과장. 음, 시간이 없으니까 세수라도 하고 다른 사람한테 깨끗한 걸로 하나 빌려 입고 다시 내 방으로 와요."

공장장과 함께 차를 타고 당시 우리나라에서 제일 높은 건물인 종로에 있는 삼일빌딩에 도착하였다. 옥상에 있는 서울클럽에는 30여 명이 앉을 수 있는 넓은 테이블이 미리 준비되어 있었다. 얼마 안 있어 현대건설 중역들이 차례차례 도착하면서 자리를 메웠고, 모두가 정인영 사장을 기다렸다. 나는 그중에 제일 말단이어서 자리에 앉지도 못하고 선 자세로 사장을 기다려야 했다.

드디어 정인영 사장이 도착하였고, 모두 자리에 앉았다. 그러나 중역들은 모두 사장의 주변에 빙 둘러앉을 뿐 그 맞은편 쪽은 감히 앉으려고 하지 않았다. 그런데 나를 데려온 공장장이 "유 과장, 사장님 맞은편에 앉으세요." 하며 지시한다. 당혹스러워 어찌할 바를 몰라 하는데 사장도 "그래, 유 과장 내 앞에 앉아!" 한다.

할 수 없이 사장 앞자리에 얼어붙은 듯 앉아 있어야 했다. 그 날은 바로 아메리칸 호이스트의 크레인 국산화 협상이 이뤄진 것을 축하하면서 동시에 이를 현대건설에 알리는 만찬 자리였던 것이다. 현대건설은 현대양행의 크레인을 첫 번째로 구매해 줄 미래 고객이었다.

그 자리에서 나는 세상에 나와 처음 보고, 처음 먹어보는 양식을 대접받으면서도 긴장한 탓에 그 맛을 제대로 느낄 수 없었을뿐더러 그것이 어디로 들어가는지조차 모를 정도로 정신을 차리지 못했다.

저녁 식사가 거의 끝나고, 디저트와 커피가 들어올 때쯤이다. 공장장이 모두들 들어보라는 식으로 사장에게 질문을 하는데, 그 내용이 어디서 많이 들어본 내용이지 않은가?

"사장님, 오늘 사장님의 축하 만찬은 우리 대한민국의 중장비 사업을 처음으로 알리는 역사적으로 아주 중요한 날이고 사건입니다. 그러나 이것은 끝이 아니고 이제부터 시작이라 생각하는데 이 사업을 어떻게 시작하며 키워야 한다고 생각하십니까?"

내가 뜨끔하여 사장을 바라보는데, 지난번 공장장이 그랬던 것처럼 사장도 이에 당황했는지 순간 말을 잇지 못하고 있었다. 그러자 공장장은 얼른 "사장님, 유 과장에게 답변해 보라고 하시지요……." 하며 나를 지목한다. 그러자 사장은 "그래? 그럼 어디 유 과장, 자네가 이야기해 보지." 하면서 자연스럽게 질문을 넘긴다.

순간 얼음 속 동태가 된 기분이었다. 공장장이 대체 무슨 의도로 그런 질문을 한 거며, 왜 서울까지 오는 사이 이런 일에 대해 한 번도 얘기해주지 않았는지 원망했고, 야속할 수밖에 없었다.

일시에, 중역 30여 명의 시선이 내 쪽으로 몰린다. 아마 나는 동태보다는 홍당무가 되었을 것이다. 그러나 이미 엎질러진 물이었다. 말도 못하고 그대로 있느니 읊기라도 해야 한다는 생각에 지난번에 미국에서 공장장에게 답했고, 비행기를 타고 오면서 한번 정리해봤던 내용을 차근차근 간략하게 설명했다. 그랬더니 사장은 농담인지 진담인지 내가 설명했던 내용의 일부를 인용하면서 "그래, 공장도 짓고, 사람도 200명 정도 뽑아서 해야지……." 한다. 그러자 나도 모르게 성급해져서 그만 "사장님, 그래서는 안 됩니다. 우선 개발은 5명 정도로 시작하고, 공장은 군포의 넓은 주물공장 한 구석에서 초기 견본 5대 정도를 생산 착수해본 후에 문제점을 파악하고, 개선하면서 단계적으로 시장에 팔아야 합니다. 그런 식으로 돈을 벌어 가면서 공장도 지으시고, 사람도 보강하셔야 합니다."하고 직설적인 조언을 하기에 이르렀다. 그런데 사장은 기분이 좋은 듯 크게 웃었고, 그날 그 파티는 그렇게 마무리가 되었다.

그 자리는 당시 공장장이었던 이종영 상무가 나를 정인영 최고경영자에게 발견되도록 하게 한 자리였다. 물론 무역부에서 정인영 사장님을 모신 적이 있지만, 결정적인 계기는 공장장이 마련해준 것이었다. 오늘날에도, 까마득한 말단이 던진 당돌한 질문이나 대답을 허투루 듣기보다 활용할 기회를 주려고 애써준 그를 본받아 경영해나가고 있다.

다음 날, 뜻밖에도 공장장 지시로 건설 중장비 국산화 전략 프로젝트 중 제일 첫 번째인 크레인 국산화를 착수하는 팀장이 되는 영예를 얻게 되었다. 그러나 나 같은 졸병이 어느 날 갑자기 팀장이 되었다고 어느 누가 선뜻 인재를 빼 주겠는가? 그래서 나름대로 방법을 마련해서 내 아래 인재를 모으기 시작했다. 조그만 선물을 사들고 경기공고, 서울공고, 그리고 한독공고 교장실을 찾아가 우리 사업의 전망과 비전을 설명하고, 졸업생 중에서 가장 우수한 사람을 각각 한 명씩 추천받았다. 우선 그들을 스카우트하여 현장 조립사원으로 일하게 했다. 그리고 영문자료를 번역할 엔지니어로는 ROTC를 제대한 중견 사원 둘을 모집하였는데, 그 사람들이 바로 한라중공업의 부회장과 코레일 사장을 역임한 강경호 사장과 주식회사 만도의 부회장을 역임한 변정수 부회장이었다.

나를 포함해서 이렇게 총 6명이 우리나라 최초의 크레인을 개발 생산하게 된 주역이 되었다. 그 후 기술제휴를 통해 불도저, 휠로더, 엑스커베이터 등이 속속 국산화 과정을 밟았고, 결국 중장비 100%를 국산화하는 데 성공하여 오늘날 세계시장을 상대로 공장을 짓고, 수출하는 효자상품 노릇을 하게 되는 단초가 되었다.

지금도 그 주역들과 종종 모임을 갖는다. 가끔 그들과 모인 장소 주변에 공사현장이 있어 국산 엑스커베이터가 작동되는 광경을 목격하기도 하는데, 우리는 그 소리를 듣게 될 때마다 이런 이야기를 나누곤 한다.

"그 당시 우리가 과감하게 국산화에 뛰어들지 않았다면 건설 중장비는 아마도 100% 수입에 의존해야 했을 것이고, 외화가 없었던 우리나라의 건설 사업은 이렇게까지 발전하지 못했을 것입니다. 그리고 우리의 건설기술이 세계적으로 발전하는데 우리가 어떤 보조 역할을 해왔는지 세상은 모르지만, 우리의 자부심은 대단하지 않습니까?"

어느 날, 우리는 나름의 자부심에 물들어 저마다 과거를 회상해보고 있는데, 모여 앉은 자리에서 누군가 뜻밖의 이야기를 건넨다.

"회장님, 한 가지 잘못한 것이 있습니다."

"내가 무엇을 잘못했나? 한번 기탄없이 이야기해 보세요."

"회장님은 회사나 남을 위한 일은 부하들에게 너무나 열심히 잘 가르치셨는데, 후배들에게 회사 말고, 개인적으로 윤택하게 사는 법은 가르쳐 주지 않으셨어요. 남들은 부동산이다 뭐다 투자를 해서 한밑천 벌었는데, 후배들은 일하는 법만 배웠으니, 제각각 돈 번 사람은 하나도 없고, 상대적으로 모두 가난해요……."

"그렇지, 그건 나도 동의하네. 그렇지만 돈과 명예를 모두 가지려 한다면 문제가 생기는 것이라 생각하네. 우리는 남보다 큰 자부심과 명예들은 많이 얻지 않았는가? 사람이 살면서 밥은 굶지 않고, 자녀들 충분히 교육시켜 짝 지어 주었으면 된 거고 그게 행복이지 않은가?"

일생, 직장 생활을 하면서 나의 급여가 얼마이고, 다른 사람은 얼마인지, 나의 진급은 언제이고, 옆 직원의 진급은 어떤지를 알지도 신경 쓰지도 못하고 일이 좋아 일에 취하여 산 것이 사실이다. 그렇다고 그러한 삶이 잘 된 삶이라고 장담할 수는 없으나 진급이나 돈 때문에 일을 즐기지 못하고 메여 지내거나 불운이 닥칠까 봐 도전을 겁내는 이들보다는 잘살았지 않았나? 하고 생각해볼 때가 많다.

NC 기계 도입

군포에 주물공장을 짓고 나서도 연이어 크레인, 도저, 로더, 엑스커베이터 생산공장을 지었고, 부공장장으로서 운영까지 맡게 됐다. 내가 공장을 짓느라 바쁜 사이 다른 파트에서는 종합 기계 가공 공장시설을 준비하고 있었다. 군포 종합 기계 가공 공장은 아시아 개발은행ADB에서 3천만 달러, 미국 수출입은행에서 8백만 달러의 차관을 들여와 짓는 것으로 당시로서는 국내 최대의 최신 종합기계 가공 공장이었다.

그러나 기계 구입 과정에서 문제가 발생했다. 나는 분명 새로운 장비로 NC 기계를 도입해야 한다고 주장했지만, 다른 기술진 기획팀들의 의견은 나와 달라 언쟁이 끊이지 않았던 것이다. 세계일주 출장을 같이 다녀온 박 부장이 공장장이 됐다. 그런데 그마저 내 뜻을 몰라주는 것 같아서 속이 상했다.

"이것은 반드시 바꿔야 합니다. 공장장님도 보셨잖습니까?"

그러나 공장장은 금속파트 담당이라는 이유로 말을 하지 못했다. 서류에는 원칙상 나의 결재가 필요했고, 절대 내 의지를 꺾지 않았기 때문에 그 서류는 내 이름이 빠진 상태로 사장정인영 사장님에게 그대로 올라갔다.

그러던 어느 날, 군포공장으로 사장이 나를 찾는 전화가 왔다.

"이봐. 내가 하는 사업을 네가 방해하는 거야?"

"네?"

전화기를 들자마자 사장이 꾸짖는 소리가 나를 어리둥절하게 만들었다.

"너 ADB 차관으로 짓는 공장 설비도입에 왜 서명 안 하는 거야?"

나는 즉시 사장의 말을 알아듣고, 안되겠다 싶어 그 이유를 전화상으로 짧게 말씀드릴 수가 없으니 직접 올라가서 보고드리겠다고 답했다. 사장도 내가 그렇게까지 하는 데는 무슨 이유가 있구나! 직감하고 당장 올라오라고 지시한다.

세계 출장을 다녀와서 사장에게 제대로 된 보고를 하지 못했다. 60개 공장을 돌면서 보고, 느낀 것은 한도 끝도 없었다. 그리고 보지 않고는 느낄 수 없는 부분이 많았다. 그것을 일일이 서면으로 꾸밀 수조차 없었다. 당시 공장을 세우기 전부터 최첨단 NC 기계에 대해서 말할 수 없었던 것은 당장 필요한 업무내용이 아닌 데다가 보고하기에는 어마어마하고, 미국도 쓰지 않는 것에 대한 당위성을 찾지 못했기 때문이었다. 그러나 공장을 지으면서 그에 대한 의견이 확고해졌고, 설비를 들여야 하는 시점에서야 그 필요성을 주장할 수 있게 된 것이다.

드디어 사장께 보고하지 못한, NC 기계에 대해서 이야기할 시점이 왔다고 생각했다.

"NC 기계가 비쌉니다. 그렇지만, 장차 앞날을 생각해서 기계가 몇 대 안 돼도 컴퓨터가 적용된 기계를 넣어야 합니다. 현재 우리나라의 인건비가 싼 것은 사실입니다. 허나 이 공장을 5년, 10년만 하고 문 닫을 건 아니지 않습니까? 앞으로 일본, 유럽과 경쟁을 해야 하기 때문에 NC 기계를 놓자고 주장을 한 것이고, 다른 분들은 그 점을 이해하지 못하고, 수동기계만으로 도입 계획을 세운 것입니다. 이는 너무나 중대한 사안이기 때문에 그대로는 결재를 할 수가 없었습니다."

사장은 내 말을 듣고 잠시 고민하는 것 같더니, 곧바로 군포 공장에 전화해서 공장장에게 지시한다.

"무조건 유 이사가 하자는 대로 따라."

그리고 나에게 더 묻지도 않고, 돌아가 보라 한다.

'아… 난 죽었구나.' 사장의 결정에 마음이 놓이면서도 적지 않은 후폭풍이 예견되니 돌아가는 발걸음이 무거웠다.

공장에 들어서자 기획팀 20여 명 전원이 회의실에서 나를 기다리고 있었다. 그들은 일제히 나를 노려봤고, 금방이라도 잡아먹을 듯한 기세다. ADB 허가 신청서류는 이미 다 준비했는데 나 때문에 엎어진 것이다.

"여러분에게 수없이 이야기했는데 여러분은 제 이야기를 못 알아들었고, 사장님은 한마디에 알아들으셨을 뿐입니다. 저는 회사를 위해 제 의견을 이야기한 것입니다. 저를 탓하지 마십시오. 사장님도 제 의견이 맞다고 판단하셨고, 저는 이 순간에도 옳은 일을 했다고 확신합니다."

그러자 아시아 개발은행에 가서 차관을 허락받아야 할 강 전무가 그동안 여러 달에 걸쳐 공들여 만든 영문 서류를 집어 던지더니 나가버렸다. 강 전무는 기술 쪽과 무관한 사람이었기 때문에 그를 이해시키는 일은 힘든 일이었고, 보통 문제가 아니었다.

사장님이 지시한 일이었기에 다른 사람들은 나를 원망하면서도 아무 말을 못했다.

그 일이 있던 주말 아침, 회사를 나가려고 하는데 아침에 아시아 개발은행을 담당하고 있는 강 전무가 부인과 함께 우리 집을 찾아왔다.

"웨, 웬일이세요? 어서 들어오세요."

아내가 차를 끓여오고 옆에 앉았다.

"유 이사, 나 좀 살려줘. 이렇게 다 바꾸면 나 이거 허가 못 받아. 이거 잘 못되면 나 회사에서 짤린다구."

뭔가 해결책이 필요할 것 같았다. 그 열쇠는 내가 가지고 있었다.

"지금 사장님에게 꾸지람 들은 것이 강 전무님 책임이 아니지 않습니까? 회사 살리는 게 중요합니다. 지금 이거 했다가 회사 망가뜨리면 나중에 빼도 박도 못하니 잘 판단하셔야 합니다. 이건 안 됩니다."

"기계 10%만 NC로 바꿔줘요. 그 정도는 ADB에 가서 설득해 바꿀 수 있어."

그렇게 1시간여 입씨름을 하고 나서야 반씩 서로 양보해서 NC 기계를 50%만 바꾸기로 합의했다. 그래서 군포공장이 대한민국 최초로 NC 기계를 도입한 종합기계 공장이 되었다. 지금은 LS그룹으로 넘어가 그 이름이 바뀌었다.

해외에 주문한 NC 기계들이 제작되는 동안, 정보기관에 불려 간 적이 있다. 각 업계에서 약 20~30여 명이 나처럼 불려 와 앉아 있는데 다들 무슨 이유인지는 모르는 것 같았다. 잠시 후, 정보기관 차장이라는 사람이 들어와 인사를 한다. 그리고 우리들 각자에게 각서를 쓰게 했다. 돌아가서 이에 대해 발설하게 되면 엄벌하겠다는 내용이었다. 그리고 북한 공업단지의 생산 공정 홍보용 영상 4편을 연달아 보여주었다.

영상물은 홍보용이라서 실제 북한의 최신설비들이 총동원되었으리라고 판단되는 것에 반해 새로운 시설은 없었다. 북한의 생산 기계 역시 제2차 세계대전 때 기계들로 6·25때 터지고 남은 대형 기계 시설 그대로였다. 새로운 첨단 설비로 군포공장 시설을 갖추게 돼서 그런지 북한의 공장의 환경이 내게는 별다른 호기심을 주지 못했다.

한두 시간쯤 영상을 보고 나자 정보기관 차장은 우리나라가 지금의 북한 공업 현실과 어떻게 다른지 정확히 있는 그대로 뒤떨어지면 뒤떨어진 대로 적고, 문제점이 있으면 그 문제점이 무엇인지 우리가 어떻게 하면 그들을 이길 수 있는지 의견을 작성해 달라고 했다. 그리고 이 보고서는 곧바로 박 대통령에게 보고되는 것이라며 솔직하게 써줄 것을 다시 한 번 강조한다. 국가 경쟁력을 높이기 위한 대통령의 정책이 그렇게 치밀한 것에 놀라지 않을 수 없었다. 정보부원들은 기술자가 아니니까 평가 능력이 부족하다고 판단하고, 각 산업체에서 그 기술능력을 볼 줄 아는 사람을 불러 모은 것이었다.

문득 궁금해져서 차장에게 물었다. "북한 상황을 있는 그대로 국민들에게 보여줘서 단합해 나가자고 하면 좋을 텐데 왜 그렇게 하지 않는 겁니까?" 그러자 그는 우리나라가 그걸 공개할 정도로 수준이 높지 않기 때문이라고 안타까운 현실을 이해해 달라고 했다.

보고서를 쓰기 시작했다. '현재는 북한과 견주어 볼 때 기술력이 떨어진 것은 사실이지만, 내년부터는 분명 앞서게 될 것이다. 현대양행 공장에는 최첨단 NC 기계를 들이기로 했다. 이것은 미국보다 앞선 것이며, 유럽과 일본이 새롭게 들인 기계이다.……중략'

결과적으로 현대양행은 NC 기계를 들이자마자 전시장이 되고 말았다. 다른 기업에서 벤치마킹을 하기 위해 많은 경영인들이 방문했기 때문이다. 심지어는 정주영 회장도 후일 현대중공업 회장을 역임한 김형벽 부장과 동행해서 첨단장비를 구경했다.

그 후, 이를 계기로 중공업이 NC 기계를 구매하는 것은 필수 과제가 됐고, 다른 기업에서도 경쟁적으로 NC 기계를 도입하여 산업화가 가속화되었다. 그리고 정보기관에서는 사후 관리차원에서 1년에 한 두 번 씩 금일봉을 주고 가는 것이었다. 그것은 비밀유지 자금이었다. 그것을 받으면 직원들에게 회식비용에 쓰라고 주곤 했다. 그런 시절이 있었다.

쇳덩이 들기

주물공장 건물을 짓고 기계를 설비하는데 주물을 만드는 프로세스는 박 공장장의 지시 아래 이루어졌다. 그는 주물부문에서 일본 나고야에 있는 회사에서 큐폴라, 유도로, 미국 클리블랜드에서 단조 해머쇠를 때려 더욱 단단하게 쇠를 다지는 기계를 들여왔다. 그리고 그 바닥에는 기초 쇠 앤빌anvil, 모루-대장간에서 뜨거운 금속을 올려놓고 두드릴 때 쓰는 쇠로 된 대을 놓아야 하는데, 그 무게가 무려 60톤이나 되었다. 하지만 이 쇳덩이를 공장 안으로 들여놓을 방법이 없었다.

당시 대한민국에서는 이것을 이동할 때 쓰는 크레인이 단 두 대뿐이었는데 당장 쓸 수 있는 것은 부산에 있다고 했다. 당시 기술담당이었던 강 전무의 말에 따르면 경부고속도로가 건설되기 이전이라 그 장비가 국도를 타고 오려면 지역마다 경찰서에서 허가를 받아야 하고, 올라오는 데도 보름이 걸리며, 대여료도 만만치 않을 것이라고 했다. 크레인을 이용해서 앤빌을 들어 올린다면 건축 쪽도 문제였다. 장비가 오는 동안 공장 지붕을 마무리하지 못하고 열어둬야 했으니 말이다. 군포를 방문한 정인영 사장님은 이를 보고받고 무척 답답해했지만, 달리 뾰족한 수가 없었다.

그런데 나는 이미 그에 대한 묘안을 생각해두고 있었음에도 사장이 있는 자리에서 그 얘기를 할 수가 없었다. 여러 중역들 앞에서 어린 부공장장이 잘난 척 반론을 할 수가 없었기 때문이다. 그래서 사장이 돌아가신 후에야 내 의견을 내놓을 수 있었다.

"저에게 확실한 방법이 있습니다. 다 제가 책임질 테니 건축부에서는 걱정하지 말고, 지붕을 덮으세요."

모두 나의 태도에 의아해하고 우려했지만, 건축부에서는 그 말이 떨어지기가 무섭게 좋다고 작업을 시작했다.

"안되면 모두 네 책임이야."

걱정하는 선배들에게 확신할 수 있다면서 여러 번 걱정하지 말라는 이야기를 해야 했다. 이미 큐폴라 기초를 하는 과정에도 내가 개입해서 계획을 변경해놓은 상황이었기에 선배들은 더더욱 그 '책임'에 대해서 강조할 수밖에 없었던 것이다.

평소에, 나보다 직위는 낮더라도 나이 많은 선배들의 의견을 늘 존중해왔다. 그러나 주물공장을 짓는 것은 그들도 처음이었기에 우왕좌왕할 수밖에 없었다. 그래서 일본공장을 모델로 해서 기초공사를 해왔다. 그렇지만 너무 거기에 의존한 나머지 그 과정에서 일본의 환경과 우리의 환경이 다르다는 것을 놓치고 가기도 했다. 일본은 지진 때문에 쇳물을 녹이는 게 쓰러질까 봐 파일들을 많이 박는 식이었다. 그러나 그런 식으로 파일을 땅속에 박으면 돈이 엄청나게 들어갔다. 지금이야 파일 박는 게 일도 아니지만, 그 당시에는 가지고 있는 장비 가지고 파일을 박기에는 역부족이었다.

"파일 박지 않아도 됩니다."

공장을 짓기 전에 서점에서 사 봤던 해외 전문 서적을 선배들에게 보여주면서 토질이 단단하면 파일을 박을 필요가 없다는 것을 주장했다. 당시 공장 바닥은 개울이었던 곳이라 단단했다. 책을 바탕으로 기초 도면을 그렸다. 그리고 단조 엔빌을 옮기기 위해 수동식 도르래 운반장치를 만들었다. 그것은 조선호텔 현장에서 이미 타워크레인을 조립하면서 터득한 바가 있기 때문에 가능했다. 바닥에 둥근 파일을 깔고 도르래처럼 굴려 엔빌을 공중이 아닌 바닥에서 끌어넣었다.

그렇게 해서 주물 공장이 성공적으로 완공되었고, 내가 책임지겠다는 말에서 자유로울 수 있었다. 이를 알게 된 정인영 사장님이 나를 무척 기특해하셨다. 그러나 나는 그것이 오로지 나의 능력에서 온 것이기보다 연구와 경험에서 비롯된 것임을 잘 알고 있다. 연구하는 것이야 개개인의 의지에 달린 일이지만, 경험하는 일에서는 누구보다 복이 넘쳤지 않나 싶다. 그래서 후진들에게 이르고 싶다. 경험할 수 있는 기회를 누가 주지 않더라도 자기 발전을 위해 스스로 많이 찾아보라고. 아주 작은 경험이라도 두려움 없이 해 나아가면 반드시 그것이 쓰이는 때가 있고, 그 일로 자신이 빛날 때가 오리라고.

일본 히타치와 콘덴서 거래

1974년대 군포공장에서 있었던 시절이다. 당시도 우리나라 전력사정이 아주 좋지 않아, 군산과 영월에 복합화력 발전소를 짓겠다는 입찰 공고가 나왔다. 그동안은 발전소에 관해서 대부분 외국 업체들의 독식이었다. 그러나 이번에는 납기일이 촉박하자 외국 업체들이 입찰에 대한 부담감을 드러냈다.

현대양행은 이를 기회로 삼기 위해 미국의 GE General Electric와 접촉했다. 그리고 납기를 맞추는 것은 물론이고 가격도 낮춰 경쟁력을 갖출 수 있게 해주 겠다고 제의했다. 대신 군포의 새로운 가공시설을 계기로 발전설비 국산화 계획을 세울 수 있게 GE 쪽에서 협조하라는 조건을 달았다. 우리는 곧 손을 잡고, 수주에 성공하게 된다. 그러나 우리에게 발전설비의 제작기술은 전무 한 상태였기에 말이 협력업체이지 GE의 기술에 의존하여 하청을 받아 수행 하는 수준이었다.

그런데 발전 설비의 주요 부품 중 하나인 콘덴서에 문제가 생겼다. 이는 발전기를 돌리고 나오는 잔여 수증기를 물로 바꾸어 다시 보일러로 보내 효 율을 높이는 것으로 터빈에 들어간다. 미국 GE 측에서 이것을 한국까지 들 여오는데 운반비가 많이 들고, 납기가 촉박하다는 이유로 우리에게 제작을 맡겼던 것이다. 그러나 안타깝게도 당시 우리는 콘덴서를 제작할 만한 기술 도 부족하지만, 가공할 기계도 없고, 원재료도 구하기 힘든 상황이라는 것을 나중에야 알게 되었다.

납기일이 정말 얼마 남지 않은 시점에서 정인영 사장은 당시 이사였던 나 에게 가까운 일본에 가서 콘덴서를 조달해 오라는 지시를 내리기에 이른다.

그러나 그때가 마침 1차 오일쇼크oil shock가 와서 발전소들이 석탄이나 원 자력으로 바꾸느라고 그에 관한 설비 주문이 많던 시기였다. 일본은 이미 발 주가 많아서 우리의 주문을 집어넣을 수가 없었다. 그렇다고 포기할 수 없었 다. 일단 내가 일본에 가겠다고 동경 지점장에게 전화를 해두었다. 당시 일 본에서도 이를 제작할 수 있는 업체는 미쓰비시 중공업과 히타치 중공업에 불과했는데 마침 우리는 양사의 계열사인 '미쓰비시 전기', '도끼꼬'와 자동 차부품 생산의 기술협력 관계가 있어서 그들의 소개로 두 회사 모두 방문할 수 있게 되었다.

첫날 미쓰비시에 들렀는데 나이가 든 과장이 맞아 주었다. 나는 우리 쪽 사정이 어찌어찌 되었으니 여기에서 콘덴서를 공급해 주었으면 좋겠다고 이야기했다. 그러자 담당 과장이 답은 하지 않은 채 듣기만 하더니 "조금 기다리세요." 하면서 누군가에게 전화하러 나간다.

"저 사람은 결정권이 없구나."

우리쪽은 이미 콘덴서의 목표 가격을 결정해놓고 있었기 때문에 바로 주문을 넣을 수 있는 상황이었다. 그러나 미쓰비시 측 과장은 나와 회의를 하는 사이 열댓 번을 드나들면서 전화를 하는 것이다.

"견적과 납기는 언제까지 답변을 줄 수 있습니까?"

"일주일 걸립니다."

"과장님, 저희는 정말 한시가 급합니다. 그렇지만 내일모레까지 결정할 여유가 있으니 가능한 쪽으로 답을 내주세요."

"안 됩니다."

전화 때문에 산만해진 분위기에도 인내심을 가지고 회의를 이어나가며 무려 네 시간을 기다렸건만 고작 돌아오는 답이 그거였다. 노력해본다든지 알아보겠다든지 그런 답도 아니고, 아무런 가능성도 내포 되지 않은 '안 된다.'뿐이었다. 그래도 나는 그 대답에 수긍하지 않고, 모레까지 가능한지 알아봐 달라고 하면서 돌아왔다.

남은 것은 히타치중공업에 희망을 거는 것뿐이었다. 무슨 일이 있어도 이들과 협상을 성공시켜야만 한다. 만약 그렇게 하지 못하면 우리나라의 군산 영월 발전 계획은 차질이 오게 될 것이었고, 납기 지연으로 인해 우리 회사는 엄청난 위약금을 감당해야 하는 위기에 봉착하게 될 것이다.

다행히 그곳에서는 설계부장, 영업부장, 생산부장 등이 회의에 참여하는 성의를 보여주었고, 이야기가 순탄하게 진행되었다. 그러나 돌아온 답변은 어제 방문했던 미쓰비시와 크게 다르지 않았다.

"견적은 문제가 아닙니다. 달라고 하면 줄 수 있지만 지금 이미 선 주문된 작업량이 많아서 현대양행 측의 납기일에 맞춰서 물건을 만들 수가 없습니다."

도저히 주문이 들어갈 방법이 없다고 했다. 그러나 여기서도 포기할 수가 없어서 온종일 매달렸다. 기계 가격은 대략 250만 달러 정도 된다고 했다. 가격은 맞지만 다른 스케줄 사이에 우리 것을 끼워 넣어야 했다.

"결정은 사업본부장과 공장장에게 물어봐야 할 사항입니다."

"그럼 사업 본부장은 어디 계십니까?"

"사업 본부장은 도쿄에 계십니다."

"우리는 내일모레 한국으로 들어가야 합니다. 그러니 빨리 결정을 받아주십시오."

"우리가 내일 도쿄에 가서 사업본부장을 만나서 의견을 물어보고 결정을 하겠습니다."

그러나 이야기를 해보겠다는 것과는 달리 태도는 그런 것 같지 않았다. 사업본부장의 의견을 묻겠다는 건 건성이었다. 형식적인 회의였고 얻는 게 없었다. 그들 눈빛이 확신 없이 그렇게 말하고 있었다.

호텔로 돌아오면서 지사장에게 "우리가 히타치 쪽 사업본부장을 일찍 만날 방법이 없겠어요?" 하고 묻자, 그가 고개를 흔들며 대답했다.

"그 정도 거물은 한 달 전에 선약하지 않으면 만날 수가 없는 분들입니다."

아무리 내가 애송이 중역이라지만 같은 편으로부터 또 한 번 희망 없는 무기력한 말을 들어야 되다니, 무시당하는 기분이었다. 지점장은 나보다 나이가 훨씬 많은 분이니 화도 낼 수 없는 노릇이고, 참 이래도 안 되고 저래도 안 된다니 답답한 마음이었다. 그렇게 도쿄에 도착했다.

저녁 생각도 없고 낙심한 마음으로 호텔 방으로 돌아와 생각에 잠겼는데 불현듯 내가 간과하고 있던 사람이 떠올랐다. 그는 불과 한 달 전에 내가 점심을 대접했던 도끼꼬 전무인데, 원래 히타치에서 전무 이사로 몸담고 있다가 은퇴 후, 계열사인 도끼꼬 고문으로 일하고 있었다. 우리는 도끼꼬 라이센시로서 그 전무를 극진하게 대접했었다. 그는 우리에게 고마워했고, 다음에 일본에 오면 꼭 들리라고 했던 것도 기억한다. 일본에 남아 있을 수 있는 시간은 이제 하루밖에 남지 않았다.

다음 날 아침, 지사장과 도끼꼬 전무의 출근 시간에 맞춰 전화를 했다. 현대양행 군포공장에서 미스터 유가 당신을 만나러 왔다니까 그는 당장 올라오라고 답했다.

"어떻게 왔습니까?"

출근 시간에 느닷없이 들이닥친 격인데도 전무는 우리를 반갑게 맞았다. 나는 제대로 된 인사도 나눌 겨를이 없이 바로 본론으로 들어갔다.

"현직 발전사업 본부장을 아세요?"

"잘 알지, 그런데 무슨 일입니까?"

다행이다.

"제가 그분 10분 정도만 만나면 되는데 오늘 꼭 만나야 해서요. 그분 스케줄이 바쁘다고 들었습니다. 그래서 전무님께 부탁을 드리려고 이른 아침 민폐인데도 달려왔습니다."

"왜요?"

만나자마자 그런 부탁을 하니, 전무는 어리둥절할 수밖에 없었다.

"거기에 일을 주려고 그러는 거예요. 해害가 되는 일이 아니니 걱정하지 마세요."

"아, 그래요?"

그는 내 직위를 잘 알고 있었으니, 사기를 치거나 거짓이 아니라는 걸 잘 알고 있었다. 내가 너무 간절해 보였는지 전무는 히타치 사업 본부장에게 바로 전화를 걸었다.

"본부장, 여기 현대양행에서 '유 이사'라는 분이 자네를 만나보겠다고 왔는데 한 번 만나주게나. 10분만 시간을 내주면 된다는데 안 되겠나?"

그런데 상대 쪽은 안타깝게도 스케줄이 꽉 찼다고 하는 것 같았다. 그런데도 전무는 "10분만, 10분만 시간을 내주게." 하면서 약속을 잡아주는 것이 아닌가. 겨우 10분의 시간이 허락되었는지 전무는 수화기를 내려놓자마자 우리더러 서두르라 한다.

"지금 잠깐 만날 수 있다고 하니 빨리 오라네. 어서 가봐."

그렇게 해서 비서가 내준 차도 다 마시지 않고 바로 사업 본부장을 만나러 나가게 되었다. 도끼꼬 전무는 우리가 빨리 갈 수 있도록 회사 차량도 내주었다.

뛰듯이 본부장 접견실로 안내되어 자리에 앉자마자 건장한 두 명의 신사가 구름을 타고 오듯 여유작작하게 들어온다. 한 명은 키가 좀 작고 탄탄히 생기고, 다른 한 명은 6척의 장신이었다. 그들은 그렇게 유명다는 '무라다'

본부장이고, '니시이' 공장장이었다.

보통 사업에서는 10분 얘기하자는 것은 '잠시 얘기하자.'를 의미할 뿐, 이야기가 길어지면 한 시간에서 두어 시간이 될 수도 있다는 것을 의미한다. 그러나 이날만큼은 정말 급한 상황인 듯했다. 본부장은 오전에 전 세계소년 야구 대회 개막식에 초청되어 시구하기로 약속이 되어 있었다. 정말 우리에게 할애된 시간은 '잠시'란 의미가 아닌, 진짜 '10'분인 게 분명했다.

그동안 중요한 협상 때마다 15분에서 20분을 넘기지 않았다. 그래도 그동안은 시간이 없어서 그렇게 된 것이 아니라, 결론이 빨리 난 덕분에 회의 시간이 짧아졌을 뿐이다. 그런데 결론이라는 것은 상황에 따라 빨리 날 수도 있고, 느리게 날 수도 있는 것이다. 앞서 미쓰비시와 히타치의 담당자들을 만나면서 그들을 회유하기 위해 몇 시간이고 시간을 들여 이야기하지 않았던가. 그렇게 '10분'이란 시간이 정해지니 갑자기 긴장되고, 어디서부터 얘기해야 할지 몰랐다. 그러나 그 10분에 회사의 운명이 달려있었고, 정신을 차리지 않을 수 없었다.

명함을 주고받으며 앉자마자 지점장에게 통역을 부탁하곤, 100m 달리기에서 총소리를 들은 것처럼 나만의 질문화법으로 협상의 줄을 차고 나갔다.

"내가 몇 살이나 되어 보입니까?"

당시 나는 이사로서는 꽤 어린 나이인 데다 스포츠머리를 하고 다녔기에 나이보다 어려 보여 집에서도 아내가 머리를 기르라고 채근할 정도였다.

"글쎄요……."

이들은 혹시 내게 실례가 될까, 어느 정도라 해야 할지 몰라 자기들끼리 서로 마주 보며 얼마나 되겠느냐며 주고받을 뿐 대답하기를 주저하는 눈치였다.

"아시다시피 저는 현대양행의 이사이지만, 나이가 이제 30살입니다. 그렇다면 앞으로 10년쯤 뒤에 제가 회사에서 어느 정도 지위에 오르리라 생각하십니까?"

이렇게 묻고는 상대편의 대답도 듣기 전에 계속 말을 이어나간다.

"지난달 군산-영월 복합화력 발전소 입찰에서 우리가 GE와 수주한 것 아시지요?"

물론 그들도 입찰에 참여해 실패했기 때문에 안다고 답하였다. 짧은 납기 문제도 잘 알겠기에 연이어 이야기했다.

"나는 200만 달러 값의 콘덴서를 지금 당장에라도 발주할 수 있는 위임을 받고 왔습니다. 문제는 납기입니다."

이야기하자마자 본부장은 "왜 그런 것을 공장간부들과 이야기하시지 우리 선까지 가져왔지요?" 하고 의아해한다.

"어제 히타치 공장에 가서 온종일 회의를 했는데 결국 납기문제가 중대 이슈였습니다. 어제 회의한 부장들이 생산계획 순서 변경 여부를 결심 받기 위하여 이곳에 곧 올 것입니다. 어제 그분들의 눈에서 나는 '하겠다.'는 의지의 긍정적 보고가 아닌 '납기 맞추기가 어렵다.'는 부정적인 보고를 하리라는 것을 읽었기 때문에, 사전에 이렇게 급히 찾아오게 된 것입니다."

두 사람은 고개를 끄덕이며 나의 이야기를 듣고 있었다.

"앞으로 우리 현대양행과 히타치는 발전사업 부문의 국제시장에서 경쟁과 협조를 지속해야 한다고 믿습니다. 나는 앞으로도 발전사업에 참여하게 될 것입니다. 우리의 납기문제를 협조해 주시면 나도 이번 협조를 반드시 기억할 것입니다."

나의 당돌한 태도에 두 사람은 눈이 동그래져서 서로 한참을 쳐다만 보다가, 본부장이 공장장을 향하여 "야리마쇼까?할까?"한다. 그러자 공장장이 나를 한 번 보더니 본부장을 향하여 "야리마쇼!" 하며 허락한다. 협상은 10분도 안 되어 끝이 났고, 우리가 원하는 방향으로 결정이 났다. 그리고 두 사람은 시계를 보면서 일어나 우리에게 악수를 청한다.

우리가 그들과 함께 접견실을 나오는데, 어제 만난 부장들 중 한 명이 결재서류를 가지고 대기하고 있다가 우리가 나오는 것을 보고는 눈이 커지면서 놀란다. 본부장이 대기 중인 부장에게 "현대문제로 왔는가?" 묻자, "하이!" 대답한다. 그러자 본부장은 "그 문제라면 협조하기로 결정했으니 그리 알고 돌아가게!" 지시하고는 우리보다 한발 앞서 총알처럼 사무실을 빠져나갔다. 우리는 부장에게 간단히 자초지종을 설명하고, 그날 오후 비행기로 서울에 돌아왔다.

그 후, 이것이 계기가 되어 무라다 본부장은 서울 방문 때마다 히타치 서울지점장을 통하여 반드시 양주를 한 병씩 나에게 보냈다. 그러면 다른 연락 없이도 그분이 서울에 온 걸 알았다.

그로부터 3~4년 뒤, 한국 원자력연구소가 우리나라 업계대표 50여 명을 인솔하고 일본의 원자력발전소와 산업체 시찰을 가게 되었다. 현대양행 대표로 나도 참석하였다. 그러나 속한 회사는 크지만, 내 나이가 젊다는 이유로 회장단에서 제외되고 주한 일본대사관을 예방하는 데도 끼지 못했다. 그리고 일본 전경련 회장이 팰레스호텔에서 초청 만찬 행사를 할 때도 인사소개 대열에서 중간쯤에나 자리를 마련해 주었다.

그런데 웬일인가? 일본 전경련 회장 다음으로 서 있던 히타치의 무라다

본부장이 먼발치에서 나를 발견하고 "유~ 상!" 하면서 내가 서 있는 곳까지 찾아와 껴안으며 반가워하는 것이다. 순간적으로 소개 대열은 잠시 흐트러졌고, 나는 그에게 손이 잡힌 채 대열의 앞쪽으로 이끌려 나갔다. 그리고 무라다 본부장이 자기 옆에 있던 세 번째 사람에게 뭐라고 말하는 것 같더니 그가 나에게 "나는 미쓰비시 중공업 사장입니다." 하고 악수를 청한다. 그러자마자 그다음에 서 있던 신사가 "나는 후지 전기 사장입니다." 하고 다가와 인사를 한다. 공식행사 인사소개 대열은 또다시 잠시 흐트러졌고, 한국시찰단 인사소개를 시키던 의장, 당시 한국기계 김준연 회장도 물러서서 다른 모든 참석자들과 함께 우리의 만남을 지켜보며 기다렸다.

만찬이 끝난 후, 호텔로 돌아오자 회장단이 자기들 방으로 나를 불렀다. 모두 궁금하여 어찌 된 일이냐고 묻기에 업무 때문에 만난 일로 조금 알 뿐이라며 겸양하게 대답했다. 다음 날부터는 회장단 그룹에 들어가 동행하게 되었다.

당시 무라다 본부장이 나에게 지극했던 것을 추억하면 인연과 신용으로 엮인 인간관계가 얼마나 소중한지를 다시 한 번 절감하게 된다.

9

현대양행 창원공장^{현재의 두산중공업}의 태동

도쿄 뉴오타니호텔에서

1975년 가을 어느 날, 군포공장에서 평상시와 다름없이 월요일 정례주간 회의를 진행하고 있었다. 그런데 이때 뉴욕 출장 중인 정인영 사장으로부터 갑작스러운 전화가 왔다.

"오늘 가장 빠른 비행기 편으로, 당장 뉴욕으로 날라 와요!"

비서에게 가장 빠른 오후 비행기 편을 잡도록 지시하고, 운전기사에게 짐을 챙겨오게 해서 그날 오후 도쿄를 거쳐 뉴욕공항에 도착하였다. 공항에는 뉴욕 지점장이 나를 마중하기 위해 미리 나와 있었다.

"사장님은 지금 어디 계신가요?"

그런데 돌아오는 대답이 사장은 반대로 내가 거쳐 왔던 도쿄로 출발했단다.

"사장님께서 유 이사가 도착하면 GE의 뉴욕주 스케넥터디 Schenec-tady 공장과 매사추세츠에 있는 린 Lynn 공장, 그리고 메인주에 있는 포틀랜드 Portland 공장을 둘러보고 도쿄에서 합류하도록 지시를 남기셨습니다."

그 공장들은 모두 발전설비인 터빈, 제너레이터 generator, 발전기 그리고 보일러를 생산하는 곳이었다. 뉴욕주 스케넥터디 공장은 150여 년 전에 에디슨이 지었다는 구식 공장이었는데, 폭이 20m 정도에 길이가 200m 가까운 길고 좁은 건물이었다. 이런 공장 몇 개에서 중대형 터빈과 제너레이터를 제작·조립하고 있었으며, 본관 앞 원형 잔디밭에는 에디슨이 최초로 만들었다는 제너레이터가 전시되어 있었다. 그 전시물을 유심히 들여다보았다. 그것은 군산화력발전소에서 시운전하던 터빈이나 제너레이터 그리고 GE공장에서 생산하는 제품들 비교했을 때 그 발전 원리가 크게 다르지 않았다. 현재의 것이 그보다 효율을 높이기 위해 재질을 변경하고, 크기를 키워 대용량으로 만들어지고 있다는 것이 차이라면 차이일 뿐이었다.

다음은 매사추세츠에 있는 린 공장을 방문하였다. 그곳은 터빈의 각종 날개를 제작하는 공장으로 자동화 기계들로 꽉 차 있었다. 그걸로 아주 정밀한 터빈 날개들을 양산·조립했고, 대형 여객기의 항공기 터빈 엔진도 생산하고 있었다. 이어 마지막으로 방문한 메인주에 있는 포틀랜드 공장은 2차 대전 당시에 잠수함을 만들었던 곳으로, 보일러 부품을 만드는 비교적 작은 공장이었다.

방문을 마치고 사장님의 지시대로 바로 도쿄로 출발했다. 도착하고 보니 정인영 사장은 그새 미쓰비시, 히타치 그리고 IHI 발전설비 공장 방문을 주선해 놓고 나를 기다리고 있었다. 이들 공장은 1972년 현대양행 안양공장에서 자동차 부품을 만들게 되면서 당시 그들의 기술능력과 생산능력을 알아보기 위해서 이미 방문한 적이 있는 곳들이었다. 그러나 그런 내색은 하지 않았다.

일정을 모두 마치고 그날 저녁 식사 후, 사장은 지점장을 먼저 보내고 나에게는 남으라고 이른다.

"호텔 옥상에서 술 한잔 하지?"

사장은 생전에 술을 마시지 못했다. 그런 그가 술을 들자고 하는 것은 따로 할 말이 있다는 뜻으로 받아들여졌다.

뉴오타니 호텔New Otani Hotel 맨 위층의 캐러셀Carousel: 위층 전체가 회전식으로 돌아가 시내 전체를 관망할 수 있는 식당로 자리를 옮겨 칵테일을 하나씩 시켰다. 그리고 정인영 사장은 어린 시절 형님정주영 회장과 자라면서 있었던 일, 밀항선을 타고 일본에 유학 가서 고생하던 옛날 일들을 회상하며 내게 들려주었다. 그렇게 한 시간여 둘만의 편하고 즐거운 시간이 이어졌다. 그러나 그 이야기 끝에는 중요한 업무에 대한 이야기가 뒤따를 것이 분명했기 때문에 허투루 듣지 않기 위해 이야기 하나하나에 집중해야 했다.

"자네, 미국과 일본 공장들을 잘 둘러봤지?"

"네."

"그럼, 자네가 보기에 우리가 터빈, 제너레이터, 보일러 같은 발전설비들을 만들 수 있다고 생각해?"

"……."

이야기의 본론이 예상했던 것보다 엄청난 것이어서 순간 머뭇거리지 않을 수 없었다. 그러나 곧 정신을 가다듬고, 의견을 말했다.

"사람이 하는 일인데 안 될 것이 어디 있겠습니까? 설비만 들여오면 안 될 것이 없다고 생각합니다. 그런데 터빈의 날개를 제작하는 설비 같은 경우는 도입 시점이 문제가 될 것 같습니다. 린 공장처럼 정밀한 제품을 만들겠다고 처음부터 자동기계를 들이게 될 경우, 우리나라에서는 분명 초기 생산 수량이 얼마 되지 않을 테니 기계 가동률에 문제가 발생할 것입니다. 그렇다고 수동기계로 생산하게 되면 정밀도 문제가 발생하게 될 것입니다. 그래서 초기에는 어쩔 수 없이 수입에 의존하는 것이 좋을 것 같습니다. 그러나 터빈과 제너레이터의 케이싱casing 피복 被覆 과 샤프트shaft, 회전 운동이나 직선 왕복 운동으로 동력을 전달하는 부품는 미국이나 일본도 수동 기계로 생산하기 때문에 우리나라 인건비가 싸서 경쟁력이 충분하다고 봅니다."

그러자 정인영 사장님은 "유 이사도 그렇게 생각해? 내 생각과도 같구먼!" 하더니 "우리 내일 아침 먹고 귀국하지!" 하고 자리에서 일어난다. 귀국하자마자 사장은 황병주 부사장을 팀장으로 한 별도의 태스크포스팀을 만들고, 나에게는 예전대로 군포공장 생산 책임을 계속 맡겼다. 그러나 태스크포스팀이 그해 설날까지도 사업계획서를 만들지 못하면서 휴무기간이었던 우리 쪽도 힘을 보태야만 했다.

1977년 초, 드디어 이 사업 계획서는 정부에 제시되면서 제4차 5개년 경제개발 계획의 기초가 되었고, 모든 언론이 대대적으로 보도하였다. 후문으로는 당시 정부가 4차 5개년 경제개발 방향을 잡지 못하여 전전긍긍하고 있었는데, 마침 정인영 사장이 청와대에 제안서를 낸 덕분에 바로 받아들여져 4차 5개년 경제개발 계획의 골격을 이루게 되었다고 한다. 현대양행은 이러한 계획에 따라 투자를 결정 받게 됐고, 우리나라 최초의 발전설비와 석유화학 플랜트 설비를 생산할 수 있는 주단조 설비와 대형 정밀기계 가공 설비를 갖춘 공업단지를 시공하게 되면서 산업사적인 개가를 올리게 된다.

현대양행 창원공장지금의 두산중공업 공장은 8,000만 달러의 세계은행 차관을 포함하여 외자 약 2억 3,000만 달러 그리고 506억 원의 국민투자기금과 내자 1,600억을 투입한 공장으로서 귀산—귀곡—귀현 3개 마을을 아우르는 130만 평 용지를 확보하여 만들어진 것이다. 지금도 그 거대한 용지를 조성하고, 공장을 준공했던 광경을 생각하면 가슴이 설레며 전율이 느껴진다.

그 사업계획을 입안할 당시 협력기업이었던 GE 측의 스톤Stone이라는 구매부장이 내게 다음과 같은 이야기를 귀띔해 주었다.

"GE를 비롯한 현재 공급 가능한 전 세계 발전설비 제작회사들은 가공능력이 최대 30만 kw급의 중대형 터빈과 발전기밖에 제작하지 못한다. 그러나 현재 붐을 일으키고 있는 원자력 발전설비들은 최소 경제적 단위가 50만 kw 규격이다. 그러므로 현대양행이 이제 새로운 공장을 짓는다면 당연히 그만한 규모의 가공 가능한 설비 공장을 건설하여야 한다. 그러면 전 세계 원자력 발전소용 대형 터빈과 발전기들은 현대양행에서 독점 공급이 가능하게 된다."

정곡을 찌르는 조언이었다. 당시 터빈과 발전기의 샤프트를 주단조하여 가공 가능한 업체는 세계에 두 곳밖에 없었다. 그들은 일본 홋카이도에 있는 '신일본제철'의 '무로란Muroran' 제작소와 이탈리아의 '안살도Ansaldo'뿐이었다. 그 때문에 원자력 발전설비 제작회사들이 이 부품을 납품받으려면 달라는 대로 대금을 주고도 3~4년씩 기다리는 실정이었다.

그러나 훗날, 우리는 이러한 능력의 시설을 갖추게 되었음에도 정치적 불운 때문에 국제적인 기회를 잘 활용하지 못하였으니 통탄할 노릇이다. 당시 세계적으로 이러한 규모의 가공할 만한 일관생산 공장을 누구도 계획하지도 못했을 뿐 아니라, 실행에 옮길 만한 통찰력과 리더십을 가진 경영자가 존재하지 않는 시기였다. 고 박정희 대통령도 1979년 5월 진해 군항제에 가족과 함께 왔다가 현대양행 창원공장을 방문하여, "역시 정주영 사장처럼 아우인 정인영 사장의 스케일 또한 대단하구먼!" 하며 아주 기뻐했던 일이 생각난다.

이러한 시장을 읽어내는 통찰력과 리더십을 가진 경영자를 모셨던 것이 큰 행운이었다. 과잉 투자라는 지탄도 있었지만, 30년이란 세월이 지난 오늘날 지금 두산중공업이 세계 시장을 누비는 것을 보면 그것이 얼마나 부질없는 논쟁이었는지 생각하며 안타까워하지 않을 수 없다.

창원 중장비 공장 착공 현재의 Volvo Korea

1977년, 현대양행 안양공장에 있던 방위산업 공장이 정부의 시책과 증설을 목적으로 창원으로 이전하게 되었다. 정부의 지원금도 받아 18,000평 부지에 신축될 계획이었다. 당시 나는 아시아 개발은행과 미국 수출입은행의 차관으로 경기도 군포시 당정리에서 종합 기계공장 운영과 중장비 생산 공장을 책임지고 있을 때였다. 동시에 정인영 사장의 지시로 안양의 방산공장 이전 신축 문제도 결재해야 했다.

품의서를 보니 방산의 사업규모에 비해서 공장 계획 면적이 너무 넓었다. 방산 담당자는 나이도 많고, 군 경험도 많은 육군 대령 출신이었는데 생산 경험은 많지 않아 원가 개념이 전혀 없었다. 투자 금액은 200억 이상이었으나 연간 매출은 20억 뿐이었다. 이대로 사업을 진행한다면 회사 경영에 큰 피해를 줄 것은 자명했다.

한편, 군포 중장비 공장은 늘어나는 수요 때문에 매우 비좁았다. 공간이 더 필요했지만, 부지가 철길과 개울 사이에 있어서 용지를 확장할 수도 없었다. 어쩔 수 없이 내 머릿속에서 창원 부지에 현재의 중장비 공장도 확장 이전하면 좋겠다는 생각이 들었다. 군포는 수도권으로 근무 여건이 나았으나, 원거리인 창원으로 근무지를 옮기는 일은 모두가 싫어할 때였다. 사장은 나와 같이 현장을 순시하면서 중장비 공장이 비좁으나 확장할 길이 없는 문제로 고민했다. 이에 나는 모두가 싫어할 지방 이전이 회사를 위하는 길이라는 결심을 굳히고, 임직원들을 설득하기로 하였다.

"사장님, 방산 공장은 기계 설치를 다 해도 현재로서는 2,000평 정도의 규모면 충분합니다. 원래 계획했던 창원공장 면적은 18,000평이나 되어 그 사업규모에 비해 아직은 너무 넓습니다. 창원부지에 그 2,000평을 보태고, 본래의 방산공장 18,000평을 중장비 공장으로 하면 되지 않을까요? 다음에 방산이 커지면 그 후에 창원에 한 번 더 확장해도 늦지 않습니다."

그러자 정인영 사장은 그거 좋은 생각이라며 기쁜 낯을 보인다.

"OK, 바로 그렇게 하지."

그래서 방산 공장에 중장비 공장이 들어서게 되었다.

"유 이사가 발전설비 공장까지 창원공장 다 맡아서 해봐." 사장님은 그 큰일을 풋내기였던 나에게 맡기려 했다.

"감사한 말씀입니다만, 사장님. 제 나이 아직 30대인데 그걸 다 맡을 수 없습니다. 다 맡았다간 저는 하나도 제대로 못 할 겁니다. 지금 돈을 벌 수 있는 것은 중장비뿐인데 그것을 먼저 일으켜 세우고 나중에 다른 부분도 맡겨주시면 그때 하겠습니다."

사장은 내가 진급도 마다하고 회사를 위해 충심을 다 하겠다고 하니 더욱 신임했고, 그 이후 해외 발전설비나 원자력 설비와 관련되는 출장에는 꼭 나를 대동시켰다.

쓰레기가 된 돈 덩어리

현대양행 창원공장은 여의도보다도 넓은, 100여만 평이 넘는 용지에 지어졌다. 책임자로서 공장을 순시하려면 필히 차편을 이용해야 했다. 그렇더라도 그 광활한 공장을 꼼꼼하게 둘러보기란 그리 쉬운 일이 아니었다. 더구나 공장 건설 중에도 부분적으로는 생산도 병행하고 있었기 때문에 건설과 생산이 혼재되어 공장 분위기는 더욱 복잡하고 어수선하였다. 최대한 많이 보고 들으려 했지만, 매번 놓치는 현장들도 많았다. 그래도 공장 내의 쓰레기 처리장을 둘러보는 일은 절대 미루지 않았다. 그곳은 공장 수율뿐 아니라 제품의 품질, 직원들의 정신 상태 등을 한눈에 알아볼 수 있는 곳이었다. 즉, 공장의 전반적인 관리 상태를 보여주는 바로미터였다. 식당이나 가게의 관리 수준을 보기 위해 화장실을 먼저 보는 것과 같은 이치다.

그러나 나의 평소 지론과는 달리 쓰레기 처리장에는 다량의 멀쩡한 철판 조각들이 나뒹굴고 있었다. 부품 생산 단계에서 발생된 스크랩scrap, 쇠부스러기나 파쇠도 있었지만 과다하였고, 불량으로 생긴 것이 태반이었다. 생산 초기라고는 하지만 내가 공장 관리를 하면서 그토록 강조한 사항들이 전혀 지켜지지 않았다. 생산 중 불량이 발생하면 그 상태를 살피고 개선책을 찾아보도록 노력하라고 일렀지만, 당장 질책이 두려운 직원들은 그 순간을 모면할 목적으로 불량 난 것들을 모아 중장비로 찌그러뜨리기에 바빴다.

머리끝까지 화가 치밀었다. 출퇴근 버스를 동원해 직반장들을 모두 쓰레기장으로 집합시키고, 자재부, 구매부 직원은 저울도 가져오도록 지시하였다. 나의 부름에 다들 뛰다시피 해서 자리에 모였다. 내가 조금 전에 모아놓은 고철 덩어리와 마주한 그들은 곧 집합 이유를 알아차렸고, 안절부절못했다.

"저울 가지고 왔지? 이리 가지고 와."

고철로 버려진, 크고 멀쩡한 철판 조각 하나의 무게를 재도록 했다.

"구구절절 떠들어대기 입 아프니까 한번 보자고. 바늘이 어디 가 있어?"

"……."

"어디 가 있냐고?"

"……."

잠시 싸늘한 정적이 흘렀다.

"구매부, 철판이 1kg에 얼마냐?".

"얼마입니다."

"그럼 이것은 얼마지?"

"… 15만 원 정도입니다."

무거운 정적이 흐르고 있을 때, 나는 지갑에서 만 원짜리 한 장을 꺼냈다. 그 자리에서 한 사람을 지목하고 그것을 찢으라고 지시했다. 못 찢는다.

"찢어!"

다섯 번이나 소리를 질러야 했다. 그 직원은 얼굴이 하얗게 질려 어쩔 줄 몰라 했다. 그래도 기어이 그걸 찢도록 했다.

"15만 원, 20만 원짜리는 아무 생각 없이 찌그러뜨려 버리고, 만 원짜리는 왜 못 찢냐? 다시 분류해. 쓸 것 못 쓸 것 분류하라고!"

완공되지도 않은 공장에서 생산을 해야 했으니, 그 환경이나 관리 시스템이 미흡할 수밖에 없었다. 그걸 잘 알면서도 야단친 내 마음도 편하지만은 않았다. 그 후, 줄었다 하더라도 생산현장은 여전히 불량이 많았고, 나아지지 않았다.

당근과 채찍 주인의식으로부터 시작하자

그러던 어느 날 오후, 현장을 돌고 있는데 50여 미터 거리에서 한 기능직 사원이 새로 사온 물품 적치대를 불도저로 짓이겨 깔아뭉개고 있는 것을 직접 보게 되었다.

'얼마나 심보가 고약한 놈이길래, 이제 막 사들인 적치대까지 부순단 말인가?'

순간 화를 주체할 수가 없어, 그 현장으로 뛰어가 불도저에 올라타고 그 '고약한 놈'의 멱살을 잡아챈다. 그리고 강제로 그를 끄집어내리면서 다짜고짜 때리기 시작하는데, 그 주변에 있던 기능직들이 멀찍이서 이를 보고, 기사가 기능직을 결딴낸다며 다른 기능직들을 불러 모으는 것이다. 일하던 기능직 천여 명이 "우와" 소리를 지르며, 우리 쪽으로 한꺼번에 달려왔다. 그런데 그들이 가까이서 목격한 것은 기사가 아닌 공장장이 눈이 벌겋게 달아올라, 다가오는 자신들을 노려보는 모습이었다. 그들의 그런 집단행동에 더욱 화가 치밀어 구타를 멈출 수 없었고, 그 기능직을 향한 주먹이 더욱 묵직해지는 것을 느껴야 했다. 이를 지켜본 천여 명의 직원들은 "우우……" 하고 고함을 지르면서도 나에게 어쩌지 못하고 멈칫멈칫하기만 할 뿐이다.

드디어 구타를 멈추고, 주변에 적막이 흐르는 사이, 다시금 그 직원의 멱살을 움켜쥐고 불도저 위로 올라가 천여 명의 직원들 앞에서 호소했다.

"여러분, 이 불도저가 짓이기고 있던 것이 뭔지 아십니까? 여러분이 보다시피 이 물품 적치대는 비싼 돈을 주고 새로 사온 물건입니다. 그런데 이런 일을 모른 체하고 놔둘 수 있을까요? 내가 그대로 놔두었다면, 이번을 시작으로 더 많은 물품이나 적치대가 소리소문없이 쓰레기 신세가 됐을 겁니다. 여러분 물건 하나를 우습게 보면 안 됩니다. 그것들을 제값 주고 다시 구입해야 된다고 생각해보십시오. 우리 원가가 올라갈 거 아닙니까? 흑자가 나야 여러분 급여도 보장되는 거죠. 그런 의미에서 바로 이런 사람은 회사와 여러분의 적입니다. 나는 여러분이 보고 있는 이 자리에서 이 사람을 해고합니다."

그제야 내내 쥐고 있던 멱살을 풀고, 나는 불도저를 내려와 성큼성큼 사무실로 돌아와 버렸다.

한 시간여가 지나자, 직반장 30여 명이 나의 사무실을 찾아왔다.

"그 사람 공고 출신으로 이곳 창원에서 처음 입사했어요. 아무것도 모르는 사람입니다. 사정을 들어보니 불도저를 회전하다가 적치대를 건드려 찌그러뜨린 모양인데 야단맞을까 봐 그렇게 했다는 겁니다. 가정형편이 어려운 젊은 기능직이니 한 번만 용서해 주십시오."

좋게 보면 건의이고, 나쁘게 보면 단체적인 압력이었다. 그래도 일벌백계─罰百戒의 모범을 보여야 한다며 강력하게 거절하였다. 그러나 젊은 기능직의 형편이 마음에 걸렸고, 결국 공장 직원 모두에게 앞으로 절대 그런 일이 발생하지 않도록 책임지고 예방하겠다는 각서를 받아내고 나서야 요구사항을 들어주기로 하였다. 그리고는 그 문제의 직원을 내 집무실로 따로 조용히 불렀다.

그는 고개도 들지 못하고, 하염없이 울면서 "잘못했습니다, 잘못했습니다."만 반복했다. 가정형편이 딱한 건 사실이었다. 병들고, 가난한 농촌 부모님이 그나마 남아있던 논밭을 팔아가며 아들 하나를 어렵사리 공업고등학교까지 졸업할 수 있게 뒷바라지해왔던 모양이다. 이제 부모는 농사일도 할수 없고, 수입도 없으니 자기가 생계를 이어가야만 한다고 했다. 어린 나이에 멋모르고 저지른 일에 마음이 아팠다. 그래서 결국 앞으로 그런 일을 절대로 해서는 안 된다며 더욱 열심히 일하겠다는 약속을 받아내고 훈방하였다. 그리고 총무부를 시켜 그 청년의 월급을 다음 달부터 상당량 올려 주도록 지시하였다. 초장의 된서리와 뜻하지 않은 선처 덕분인지 그 젊은이는 몸을 사리지 않는, 충직한 일꾼으로 변해갔다.

그렇게 당근과 채찍을 써가며 회사의 화합과 생산성 향상에 최선의 노력을 기울였지만, 뜻하지 않게 회사의 운명은 10·26사태의 역사적 소용돌이에 휘말리게 되었다.

나약한 구축함장, 나약한 형─창원공장과 동생에게 닥친 비운

창원공장 건설을 위해 외자 2억 달러가 넘는 금액과 내자 1,500억 원이 넘는 막대한 자금이 투입되었다. 그래도 자금은 모자랐다. 우리는 어떻게 해서든지 자금이 회전할 방안을 총동원해야 했다. 당시는 대통령 서거 전이므로 창원 공장의 운명이 극에 달하지는 않은 상황이었다.

현대양행 중장비 생산시설은 1979년 3월에 완공되면서 미국과 이탈리아의 합자회사인 '피아트-알리스Fiat-Allis'와 미국의 또 다른 기업 '아메리칸 호이스트' 및 프랑스의 '포크레인Poclain'으로부터 기술협력을 받으며 굴삭기, 불도저, 휠로더, 크레인, 모터그레이더 등 건설 중장비 제품 생산을 시작하였다. 이에 비해 같은 용지의 발전설비와 중화학설비 생산 공장들은 아직 완공을 바라보지 못하고, 비용이 추가적으로 필요한 상황이었기에 회사는 자금압박 때문에 고통이 심했다. 그래서 우선 중장비 사업으로 어떻게든 회사의 자금 회전에 기여하도록 최선을 다해야 했다.

그 당시 우리나라 건설업체들은 이미 중동에 진출하여 여러 공사에서 외화벌이를 하고 있었다. 그런데도 우리 쪽에서는 사우디아라비아에서 일하는 한국 업체에 중장비를 팔 수가 없었다. 그 이유는 피아트-알리스의 딜러인, 사우디아라비아 3대 부호 알조메가 자기들의 영업영역에 한국에서 만든 장비를 가져오지 못하도록 막았기 때문이었다. 정인영 사장님의 지시로, 영업 담당 백 전무와 시카고에 있는 피아트-알리스 본부를 찾아가 그에 대한 사안을 설득하기 위해 미국행 비행기를 탔다.

그러나 그때는 단 하나밖에 없는 동생이 서울대학병원에 입원해 있을 당시였다. 코리아 헤럴드 기자였던 동생은 청와대의 지시로 유럽의 태권도 인력 수출 현황을 취재하기 위해 6개월간 장기 출장을 다녀온 후에 병이 났다. 출국 전에 잠시 병원에 들러 만나보니, 동생은 출장이 길어져서 도중에 외화가 모자라 생수 대신 수돗물을 마시며 돌아다닌 탓에 장에 탈이 난 것 같다며 웃는다. 그리고 아무 일 없을 테니 걱정하지 말고 다녀오라는 것이다. 동생의 그런 태도에 떠나는 발걸음이 한결 가벼워지는 것 같았다. 그리고 다행히 제수가 서울대 간호대학 교수로 있었기에 별일 있어도 전문가가 옆에서 제대로 잘 조치하겠다 싶어서 마음이 놓였다.

예정대로 미국 시카고에 있는 피아트-알리스 본부를 찾아갔다. 그렇지만 사우디아라비아는 자기네 영업영역이 아니고 이탈리아 토리노에 있는 피아트 유럽 본사 소관이란다. 우리는 그 즉시 이탈리아로 가서 유럽본부 사장을 만났다.

"사우디아라비아 영업대리점 회장인 알조메를 설득만 할 수 있다면 우리도 허락하겠습니다."

동의를 받고 우리는 다시 사우디아라비아 리아드로 가야 했다.

알조메 회장은 사우디아라비아의 3대 거부답게 여유가 넘쳐 보였다.

"우리 영역에서는 원본 기술 제품이 아니면 들어올 수 없습니다."

그는 단호하게 말했고, 우리는 당황할 수밖에 없었다. 우리가 다른 미국이나 유럽의 경쟁업체들에게 뺏기는 시장을 탈환해 올 수 있는 경쟁력을 갖췄고, 그만큼의 이윤은 모두 알조메 회장에게 돌아가는 것이라고 일러줘도 소용이 없었다. 그는 가지고 있는 코카콜라와 GM자동차의 대리점 수입만으로도 아쉬울 게 없는, 아주 고집 센 노인이었다.

우리는 방법을 바꿔서 그의 사업성에 대해서 존경심을 표했다. 그러자 그는 갑자기 친절해지면서 자기가 가지고 있는 대리점들을 안내해주는 것이다. 그리고 "지금은 이렇게 GM 자동차들이 맨땅의 먼지 위에 전시되어 있지만, 곧 자동차 전시장을 멋지게 지으려고 계획 중이오." 하며 자랑했다. 당장은 사업적으로 거절당했지만, 우리는 자동차 전시장을 짓겠다던 그의 이야기에 초점을 맞추기로 했다.

다음 날, 지점장에게 우리가 본사로 돌아가는 즉시 현대 쪽에서 알조메의 전시장 설계를 무료로 해주겠다는 제안을 하라고 지시했다. 대신 설계와 시공을 하기 위한 우리 측 사람들의 왕복 항공료와 체류 기간의 숙식은 그쪽에서 부담하는 조건이었다. 그리고 현대건설 본사에 미리 전화를 걸어서 최고의 자동차 전시장 설계자를 뽑아달라고 했다. 그래서 우리가 귀국할 때까지 멋진 자동차전시장의 조감도를 준비하라고 지시하고, 참고할 만한 외국 사진을 보냈다.

곧 우리 쪽에서 알조메에게 그럴싸한 조감도를 보내게 됐고, 이에 반한 알조메가 우리 측 제안을 받아들여 초청하였다. 당시 우리나라에는 자동차 전시장이 없었기 때문에 당연히 설계도 시공도 해 본 경험도 없었다. 그래도 나는 현대건설 설계자와 우리 측 서비스 인원의 가능성을 알고 있었기에 즉시 미국으로 보내어 여러 자동차 전시장을 관찰하게 한 뒤, 사우디아라비아 현지에 가서 현장을 보고, 그가 원하는 꿈을 듣고, 업무를 하도록 조치하였다. 우리는 직원들의 월급 정도만 투자하면 되는 일이라고 생각하고, 그 사이 아무런 요구도 하지 않은 채 자동차 전시장이 마련되는 한 달여의 시간을 기다렸다.

드디어 몇 달 뒤에 그가 꿈꾸었던 자동차전시장이 세워졌다. 돈 많은 재벌노인은 얼마나 만족스럽고, 기뻐하던지 우리가 덧붙여 제안하지도 않았는데 보은 차원에서인지 우리의 건설중장비를 사우디아라비아에서 파는 것을 흔쾌히 허락했다. 게다가 조건도 더 좋았다. 그는 한국건설업체뿐 아니라 주변 외국 건설 회사들에게도 우리 건설중장비들을 팔 수 있게 해주었다.

우리가 이탈리아를 방문하였을 때 피아트-알리스 쪽에서 우리에게 조소하듯 던졌던 말이 떠올랐다.

"당신들 힘으로 그 고집쟁이 노인을 설득하기는 불가능할 겁니다. 우리도 그 사람이 자기 마음대로 하는 바람에 머리가 아파요. 그를 설득해서 '좋다'고 허락이 떨어지면 우리도 얼마든지 허락하지요."

그들은 나중에 우리가 정말 그런 결과를 만들어낸 것에 놀라워하면서 자신들이 경솔했던 것을 인정해야만 했다.

알조메를 통해 우리가 중동영업권을 얻자마자 피아트-알리스의 회장과 미국본부 사장이 우리 공장의 생산능력을 보기 위하여 한국을 방문하게 되었다. 뜻밖에 더욱 큰 물고기가 우리 논에 들었다.

'이들은 전 세계시장의 의사 결정권을 가졌다. 이번을 기회로 중동시장뿐 아니라 전 세계로 우리 중장비를 팔 수 있는 계기를 만들어야 한다.'

물고기를 잡기 위해 기회의 밑밥을 깔아야 했다. 굳이 비행기가 아닌, 자동차를 이용해 창원까지 그들을 수행하면서 친분을 쌓으려고 노력했다.

그런데 안타깝게도 장장 5시간에 가까운 수행을 마치고 곤죽이 되어 창원에 도착했을 즈음, 서울대학병원에 입원한 동생이 위독하다는 전갈이 온 것을 확인했다. 순간 정신이 아득해졌고, 이 중대한 시기에 자리를 비울 수는 없는 것이 도리어 원망스러웠다. 할 수 없이 제수에게 전화해서 며칠만 기다려 달라고 전해야 했다. 그리고 동생에게 달려가지 못한 만큼 제대로 일을 성사시키겠다는 각오를 다질 수밖에 없었다.

창원공장 영빈관과 현장 브리핑 장소는 모두 공장 전경이 내려다보이는 언덕 위에 마련되어 있었다. 과연 피아트-알리스의 대표들은 그곳에서 바라보는 공장의 웅대함에 놀라 입을 다물지 못한다. 시작이 반을 넘겼다. 그날 밤, 영빈관에 마련한 저녁 식사자리에서 본격적인 설득작전에 들어갔다.

"당신들이 보았다시피 이 공장의 생산능력은 당신들의 미국 공장과 이탈리아 공장 규모에도 지지 않는 대단한 규모입니다. 당장 중동뿐 아니라 세계시장에 뛰어들어도 될 만큼의 수준이란 걸 두 분도 잘 아실 겁니다. 우리가 피아트-알리스와 합자해서 세계시장을 겨냥한다면 전 세계에 다른 경쟁자들을 물리칠 수 있을 겁니다. 그러나 우리가 이렇게 큰 공장을 가지고도 중동지역에만 수출하게 된다면 적자를 면하지 못할 것이고, 피아트-알리스 측도 더 많은 부품을 팔 수 있는 기회를 놓치게 될 것입니다. 어느 쪽이 서로에게 승산이 있는 선택이라고 생각하십니까?"

단도직입적으로 몰아붙였다. 그러나 전혀 준비되지 않았던 그들은 답을 하지 못하고 난감해 할 뿐이다. 당연한 반응이었다.

"지금 결정하라는 말씀이 아니니 걱정하지 마세요. 이 이야기는 내일 서울 올라가는 차 안에서 다시 깊이 이야기합시다."

그러면서 저녁을 끝내고 그들 둘이서 상의할 수 있도록 시간을 주었다. 그들이 거절해도 손해 볼 것이 없었고, 정인영 사장에게 보고한 것도 아니니 부담스러운 일은 아니었다. 그러나 위독하다는 동생을 찾아가는 것도 미루고, 일말의 가능성으로 만든 기회를 놓치고 싶지 않다는 생각에 그날 밤잠을 이룰 수가 없었다.

실용주의자들인 그들은 다음 날, 제안에 대한 긍정적인 반응을 보였으며, 서울 올라가는 5시간 동안 나와 앞으로의 구체적인 대책을 이야기했다. 사실 중장비 공장지금의 볼보코리아이 방위산업 공장 이전 때 창원의 중화학 공장지금의 두산중공업 옆으로 이동하게 되면서 그 규모가 훨씬 부풀려 보이는 효과가 있었지만, 그들은 내용도 모르는 일. 어차피 눈앞에 저질러진 불이었다. 각오는 했지만 이렇게 쉽게 협의의 물꼬가 열릴 줄은 몰랐다. 서울로 올라가자마자 곧장 정인영 사장님에게 창원 왕복 여행에서 있었던 이야기를 모두 보고했다. 난중亂中에 희소식이 들렸으니 사장님 또한 아니 좋아할 수 없었다. 그러나 우리 또한 갑작스러운 계획이었던 지라 구체적인 협상 준비가 마련되지 않은 것이 문제였다. 당장 계약을 하기는 무리였고, 그들이 돌아가서 마음이 변할 수도 있었다. 그래서 우리는 의향서를 마련하여, 그들이 머물고 있는 남산 하얏트호텔의 회의실을 빌려 구체적인 협의에 돌입해 3일 동안의 마라톤 협상 끝에 그들과 손을 맞잡게 되었다.

피아트-알리스와의 결판을 위해 1주일 이상의 시간을 흘려보냈다. 그리고 의향서의 서명이 마르기도 전에 동생의 병실로 달려갔다. 한 달여 만에 만난 동생은 놀랄 만큼 변해 있었다. 그렇게 건강하던 동생이 병원에서 위장이 나쁘다고 여러 날 굶기는 바람에 탈진되어 기력을 잃은 것이다. 이런 조치는 그를 면역능력까지 잃게 만들어 재기 불능 상황까지 이르게 하였다. 병으로 인해서가 아니라 병을 치료하는 방법이 적절치 않아서 위독해진 것이다. 나는 즉시 병원을 옮기겠다고 사촌 형님에게 전화를 걸었지만, 나보다 먼저 방문했던 형님은 이미 동생의 상태를 잘 알고 있었고, 그러기엔 늦었으니 그곳에서 최선을 다해보자는 답만 해줄 뿐이었다.

화가 치밀었다. 진작 동생을 찾아와 볼 수 없었던 나의 처지와 철석같이 민었던 제수의 처신을 원망하지 않을 수 없었다.

결국, 동생은 기력을 회복하지 못한 채 고인이 되고 말았다. 그의 나이 34세의 일이다. 동생은 1968년에 ROTC 군번 1번으로 대통령상을 받으며 임관해 미 8군 사령관 표창장까지 받았고, 코리아 헤럴드에 입사해 6년간 기자생활을 한 인재였으며, 하나밖에 없는 소중한 나의 동생이었다.

동생을 그렇게 떠나보내고 나서도 회사에 닥친 불을 끄기 위해서 백방으로 뛰어다녀야 했다. 그러나 그런 노력과는 별개로 현대양행은 자금 사정이 최악에 이르면서 피아트-알리스와의 세계화 전략 MOU^{memorandum of understanding, 투자에 관해 합의한 사항을 명시한 문서}도 현실화시키지 못하게 되었다. 자금의 악순환은 현대양행이라는 항공모함을 좌초시키고 있었다.

'왜 좀 더 빨리 생각하지 못했을까? 진작 세계시장 개척에 뛰어들었더라면 오늘날 이런 지경까지 오지 않았을 것을……'

나는 '현대양행'이라는 항공모함을 건져내지 못한 나약한 하나의 구축함장에 불과했다. 무한한 책임감이 나를 억눌렀고, 하나뿐인 동생이 되돌아와주지 않는 현실에 한없이 가슴 아파해야 했다.

가슴에 남은 작은 별의 명복을 빌며

창원공장 건설을 위해 앞에서 언급한 대로 막대한 자금이 투입되었다. 그러나 1979년 10월 26일, 중화학공업 입국을 주도하였던 박정희 대통령이 서거하면서 국책 사업에 가까운 현대양행의 대규모 사업은 크나큰 암초에 부딪히게 된다. 개발도상국으로서 충분한 산업 자금이 마련된 것도 아닌 상황에서 정부의 정책적 배려를 믿고 벌인 사업이었기에 그 후유증은 기업의 운명을 바꿀 만큼 어마어마한 것으로 작용하였다.

자금 조달은 계획대로 되지 않아 공사 지연 비용이 눈덩이처럼 불어나기 시작했고, 매출 계획의 차질로 하루하루 발생하는 인건비 등 경상비를 감당할 수가 없었다. 시작도 하기 전에 끝이란 말인가? 정부도 창원공장에 어려움이 닥친 걸 감지하고는 있었지만, 정치적인 불안정으로 대책을 내놓지 못하고 있었다.

잠정적으로 현대그룹과의 합의에 따라 플랜트 사업부문은 현대중공업으로 이관하기로 하였다. 각종 기자재는 대형 바지선으로, 인력은 수십 대의 버스로 해서 창원에서 울산까지 이동하는 모습은 엑서더스를 방불케 했다. 몇 날을 아침이면 버스 유리창에 붙어서 울부짖던 여직원들의 모습이 아직도 눈에 선하다.

자금 사정이 얼마나 어려웠던지 그때 현대양행은 월급을 6개월이나 체불하고 있었다. 정도 차이는 있었지만, 변통이 되는 직원들을 제외하고 대부분의 직원이 생활고를 겪어야 했다. 더구나 군포, 안양 등지에서 내려온 직원들은 타향사람이라는 이유로 조그만 외상도 얻을 수 없어 생활 자체가 안되는 상황이었다.

이런 어려운 시기에 불행한 일이 발생했다. 생산직 사원 하나가 자살을 한 것이다. 그 안타까움은 커다란 돌덩이가 돼서 내 가슴을 짓이겼다. 그런데 당장 그의 빈소를 찾아 나서려는 나를 붙드는 이들이 있었다. 희생된 한 사람에 연연하면 고통받는 나머지 사람들을 자극하게 된다며 이성적으로 행동할 것을 권하는 인사들이었다. 나를 만류하는 측은 이번 사태가 확대되어 더 큰 불상사가 나지 않을까 하는 염려가 있었던 것이다. 미묘한 시기였고, 책임자로서 경솔하게 행동할 수 없었다. 그러던 중 유서가 발견되었다. 자살한 청년의 이름은 기억하지 못하지만, 그의 유서 내용은 아직도 내 가슴 깊숙이 새겨져 있다.

나라님들, 우리 현대양행이 무엇을 잘못했단 말입니까? 죄가 있다면 우리나라의 중공업을 일으키려 혼을 다해 노력한 죄 이외에 무엇이 있습니까? 우리 현대양행을 살려 주세요.

비련의 주인공은 마지막 순간까지도 회사를 걱정하고, 나라의 중화학공업을 염려했다.

모든 임직원은 아침마다 조회 구호로 "견디자, 우리는 이 나라 중화학 공업을 일으키는 역군이다. 우리가 이 어려움을 견디자. 다시 때가 올 터."를 소리 높여 외쳐야 했다.

나는 주중에는 창원에서 근무하였지만, 주말이면 월요 회의를 위해서 서울로 올라갔다. 자금 경색 사항은 회사 부도나 다름이 없었다. 모든 경상비는 물론 대외 지급을 중지하고 있었고, 금융권은 모든 자금 거래를 동결하고 있어서 부도 처리만 하지 않은 상태였다. 이런 처지에 자금부서에 월급의 '월' 자도 꺼내지 못했고, 누구보다도 이 상황을 괴로워 할 사장에게도 그런 얘기를 할 수가 없었다.

자살한 직원 생각에 무척 울적했고, 제2, 제3의 불행한 사건을 염려하지 않을 수 없었다. 이 난국을 돌파하는 방법은 미불된 월급을 지급하여 직원들의 생활을 안정시키는 방법밖에 없다고 생각했다. 고심 끝에 평소 존경하던 울산 현대중공업 심현영 부사장에게 전화를 해서 창원으로 와줄 것을 부탁했다. 창원공장에는 생산용으로 비축한 철판 1만 톤이 있었다. 이 철판을 재료로 사용할 생산 시설 공사도 중단되어 언제 사용할지 모르는 상황이라 필요한 곳에 내다 팔기로 결심한 것이다.

창원으로 오신 심 부사장에게 '만 톤을 팔면 월급이 될 것 같다.'며 철판 인수를 요청했다.

"사장님한테 결재를 받았나?"

"받았습니다."

물론 거짓말이었다. 결재를 받을 상황이 아니었다. 그러자 심 부사장은 부산에 있는 도매상을 소개해주었고, 철판 모두를 제값 받고 팔 수 있게 도와주었다. 한때는 회사의 재산을 파손한 직원을 두들겨 패기도 했던 내가 그들의 연명을 위해 누구의 허락도 없이, 순수 회사물건을 팔아치운 순간이었다. 판매 대금으로 모든 직원의 밀린 월급을 지급할 수 있었다.

그 후, 회의차 서울에 올라가서 정인영 사장님에게 업무보고를 하고, 봉투 하나를 내밀었다.

"이게 뭐야?"

"제가 저질렀습니다."

"그래서, 이게 뭐야? 말로 해."

"사표입니다."

그러자 정인영 사장님은 깜짝 놀라며 왜 그러냐고 묻는다. 그에 창원 공장의 상황을 상세히 보고했고, 철판 10,000톤을 팔게 된 이야기를 덧붙였다.

"사장님께서도 힘드신 데 다 말씀드릴 수는 없고, 자살 사건은 마무리됐지만, 또 이런 사태가 발생하면 안 되겠다 싶어서 어쩔 수 없이 저지르게 되었습니다. 서울 지역에서 내려간 일부 생산직 부인들은 결혼반지를 팔아 마련한 자금으로 리어카를 장만해서 밤이면 길거리에서 포장마차 행상으로 생계를 유지하는 처지입니다."

그 얘기를 들은 사장님도 자책하면서 속상해 한다. 그리고 눈을 감고 한동안 아무 말도 하지 못했다.

"도저히 방법이 없었습니다. 생산 자재는 공장이 완공된 후 필요한 것이고, 직원들의 살길이 우선이었습니다."

사장님은 내 이야기를 가만히 듣고 있더니, "잘했어, 잘했어요. 사표는 도로 가지고 가요, 잘 했어요."하는 것이었다. 나는 말없이, 처음 써본 사표를 가슴팍에 도로 넣었다.

그날, 안양 공장장, 군포 공장장들에게서 걸려온 전화로 난리 소동이 났다. 직원들 월급 줬다는 소문이 이미 다 돌아서, 돈 나올 구석이 없는 점을 잘 아는 그들은 어디서 어떻게 돈을 구했느냐며 궁금해했다.

"내가 다 알아서 했습니다, 묻지 마세요. 자금부서에 물어봐요."

그렇게라도 밀린 월급을 줄 수 있었던 것을 감사히 여겼다.

여의도보다도 큰 100만 평이 넘는 용지 위에 30만 평이라는 공장을 지으면서 날마다 꾸던 꿈이 무산되어가고 직원들의 앞날은 어찌 되는 것인지 참으로 답답했다. 그때마다 혼자 차를 몰아 공장 뒷산으로 올라갔다. 마음을 위로하려 올라간 그곳에서 마산만을 바라보니 공장 설비들을 실은 선박들이 오가는 모습이 멀리 보인다. 얼마나 마음이 아린지 하염없이 가슴에 두 방망이질을 하곤 하였다.

그리고 오늘날까지도 가슴에 남는 여러 가지 중 하나는 내가 끝내 자살한 청년을 찾지 못한 일이다. 전두환 정치체제가 어느 정도 안정을 찾아갈 때라도 젊은 고인의 가정을 방문하여 고통받은 부모들을 위로하고, 가정형편을 살펴 뒷바라지를 도왔어야 했다. 그러나 회사의 존폐 위기에서 발등에 떨어진 불을 끄는 데 급급한 나머지 나중에는 그런 사실조차 잊었으니 나의 그릇 크기는 얼마나 작고 옹졸하기만 했던가. 그런 나를 용서하지 않겠지만, 마음 속 깊이 그의 명복을 빌며 그의 가족들에게 사과와 위로를 드린다.

그렇게 커다란 국가적 변화의 소용돌이 속에서 꽃도 피워보지 못하고 묻혀버린 작은 별들의 희생이 어찌 이것뿐이겠는가? 이러한 작은 희생과 고통을 거쳐서 오늘날 우리가 존재할 수 있었고, 경제 발전을 누리고 있었음을 잊지 말아야 한다.

정치적 이변에 좌절된 또 하나의 기회

박정희 대통령 서거 후, 1980년 중반쯤으로 기억한다. 자금 압박을 해결하기 위해서 백방으로 노력할 때의 또 한 가지 이야기다.

그로부터 3년 전, 인도네시아 건설부에 3,000만 달러 상당의 건설 중장비 250대를 외상으로 반출하였는데 회사가 어려운 상황에도 수금이 되지 않자, 사장의 지시로 1주일 정도 계획하고 인도네시아로 출장을 다녀와야 했다.

나는 즉시 창원공장을 김동식 이사에게 맡기고, 강경호 부장과 같이 자카르타로 향했다. 자카르타 현지 지점장 말에 의하면 인도네시아 건설부가 수금은커녕 이제 와서 현대양행 측 중장비를 살 수 없게 됐다며 다시 가져가라고 했다는 것이다. 바로 장비가 보관되어 있다는 수라바야로 날아갔다.

한 번도 사용하지 않은 새 장비들이 우기 속 습지에 놓여 있었다. 페인트는 벗겨지고 녹이 슬었다. 이것을 어떻게든 살려보겠다고 김종진 과장은 150여 명의 현지인을 고용해서 매일같이 녹을 갈아내고, 페인트칠을 하고 있는 것이 아닌가. 이제 한국에서도 팔리지 않을 만큼의 중고가 돼버렸으니 다른 나라로 가져갈 수도 없는 일. 당장 이곳에서 판로를 만들지 않으면 몇 천만 달러가 그대로 날아가게 생겼다.

과연, 프로노모시티 건설부장관을 찾아가 들은 이야기는 그야말로 기가 막혔다.

"지난 3년 동안 건설부 자체에서 사용하려고 각고의 노력을 다했습니다. 그러나 다른 부처들의 반대에 부딪혀 아무리 내가 장관이라도 해결할 수가 없게 됐으니, 당신 사장에게 미안하다고 전하고 한국으로 다시 가져가 주기 바랍니다."

상심한 채 장관실을 나온 후, '구입을 반대한다.'는 이유와 부처가 어딘지 지점장에게 물었다.

"인도네시아는 세계 최대의 목재 벌채가 이루어지기 때문에 건설 중장비 수요가 가장 많은 나라입니다. 그렇지만 이곳에서는 미국의 캐터필러^{CAT}와 일본의 고마쓰^{小松}의 정치적 영향력 때문에 다른 업체는 설 자리가 없습니다."

"그렇다면 우리 장비의 구매를 가장 반대하는 부처가 어딥니까? 그리고 이를 해결하려면 누구를 만나야 합니까?"

"반대하는 이가 둘인데 하나는 수하르토요 상공부 장관이고, 다른 하나는 일본 와세다 대학을 졸업한 대통령 비서실 기난자 관방차관입니다."

우선 상공부를 찾아가 국장을 만나서 장관 면담을 부탁했다. 그런데 국장이 주변에 눈치를 살피더니 장관과 면담을 하기 전에 나더러 자기 집에 찾아올 수 있겠느냐고 묻는다. 알고 보니 아즈 국장은 한국에서 새마을 교육을 받았던 경험이 있어 한국인에게 우호적이었고, 우리의 안타까운 상황에 조언을 해주고 싶어 했던 것이다.

"인도네시아는 건설장비 수요가 많은데 한국처럼 국산화하여 자국 장비 공장을 만들고 싶어 합니다. 건설부에 가져다 놓은 재고 장비를 팔려면 장관을 만나 건설 중장비 합자공장을 먼저 제안해 보는 게 좋을 겁니다. 그래야 장관을 설득할 수 있어요."

아즈 국장의 조언에 감사하지 않을 수 없었다. 인도네시아는 미국의 캐터필러에서 연간 4,000대, 일본의 고마쓰에서 연간 2,000대의 중장비를 구매할 정도로 세계 최대의 장비시장이었다. 스스로 합자공장을 제안하라는데 마다할 이유가 없었다.

이 어마어마한 시장이 우리 장비들로 바뀔 수 있다고 생각하니 온몸이 전기가 오른 듯 짜릿했다. 그리고 흥분된 마음으로 숙소로 돌아와 그에 대한 전략을 짜느라고 잠을 이루지 못했다.

며칠 후, 아즈 국장 안내로 수하르토요 상공장관을 만났다.

"나는 이번 당신 나라와 합자로 건설장비 공장을 만들자는 제안을 하기 위하여 방문하였습니다."

건설부가 가져다 놓은 재고 장비에 대해서는 입 밖에도 꺼내지 않았다. 그런데 장관은 이해할 수 없다는 표정으로 내 이야기를 맞받는다.

"당신들이 가진 기술은 원천기술이 아니고 그것을 복사한 것인데, 우리가 왜 원천기술을 가진 미국이나 일본을 놔두고 한국의 현대양행과 합자를 할 거라고 생각합니까?"

"아! 아주 좋은 질문입니다."

그런 대답에 당황했지만, 일단 그의 의견을 존중해준 후 결정적인 일격을 가했다.

"그렇지만 장관님, 만일 인도네시아가 원천 기술업체와 합자를 한다고 할 때 과연 해당 업체가 그 원천기술을 모두 알려줄 거라고 생각하십니까?"

"……."

"그동안 우리 현대양행은 원천 기술업체들과 기술제휴로 필요한 기술을 배우기 위해 많은 노력을 기울였습니다. 그러나 생각보다 녹록지 않은 일이었고, 온전히 우리 것으로 만드는 데는 아주 많은 시간을 허비하여야 했습니다. 분명 우리는 원천기술국은 아닙니다. 그렇지만 우리와 협력할 수 있는 업체라면 언제든지 우리가 터득해온 기술을 어려움 없이 나눌 것이고, 인도네시아가 우리와 합자회사를 세우게 된다면 반드시 성공하는 길을 걷게 될 겁니다."

인도네시아 상공부는 그동안 선진기술을 국산화하기 위해서 일본 도요타Toyota와 기술 제휴를 추진하고, 독일의 도이츠Deutz사와 디젤엔진 공장을 짓기도 했지만 모두 기술이전에 실패한 전례만을 남겨왔다. 그래서 장관은 나의 제안이 일리 있게 들렸던 모양이다. 고개를 끄덕거리더니 "만일 우리가 귀하를 인도네시아 주요 부품업체들에 방문시켜준다면, 당장에 중장비 국산화 계획을 수립해 줄 수 있습니까?" 하고 묻는다.

"물론입니다. 나와 강 부장은 우리 회사에서 그 일을 한 개척자요, 전문가입니다."

그러자 장관은 당장 태스크포스팀을 구성해서 그 일을 추진하라고 아즈 국장에게 지시한다. 곧 상공부와 국영 기업직원 4명이 차출되었고, 우리는 동원된 정부의 헬기와 비행기를 타고, VIP 자격으로 일주일 동안 인도네시아 여러 공장을 방문하기에 이른다.

그 사이 현대양행 본사 쪽에 지시해뒀던, 인도네시아 건설 중장비 합자공장의 가상 조감도가 도착하였다. 우리 둘은 매일 밤을 지새우다시피 하여 일주일 만에 사업계획서를 만들어냈고, 그 앞장에 조감도를 붙여 상공장관을 만났다. 불과 2주 만에 멋진 조감도와 'ICM^Indonesian Construction Machinery Project' 라는 이름이 붙은 사업계획서를 받아 든 장관은 흥분하여 입이 함지박만 해진다. 그리고 곧장 그것을 수하르토 대통령에게 보고하여 승인까지 얻게 되었다. 우리를 반대했던 상공부 측이 우리 편이 되는 순간이었다. 그리고 우리는 중장비 재고 문제를 한번에 해결할 수 있는 묘안을 찾아야 했다.

이제 우리를 반대하는 쪽은 일본 와세다 대학을 나왔다는 관방차관 기난자 뿐이다. 그의 출신으로 미루어보아 그를 설득한다는 것은 보통 어려운 일이 아닐 것이다. 인도네시아와 합자공장을 기획하고 있다는 것은 중요한 열쇠였기 때문에 우리는 그것을 활용할 만한 경제기획원 장관이며 부총리인 수말린을 만나서 문제를 해결해보기로 했다.

"상공장관을 만나 예기치 않게 한국과 인도네시아의 건설장비 합자공장을 짓기로 제안서를 보고 드렸는데, 수하르토 대통령도 좋아하셨다고 합니다. 그런데 이러한 계획은 아직까지 현대양행 대표이사의 허락을 받지 않은 상태에서 이루어진 것입니다. 그래서 우리가 귀국해서 사장님을 설득하려면 건설부가 지난 3년간 묵혀둔 수금문제를 해결해 주셔야 쉬울 것 같습니다. 부디 재고 장비를 특별예산으로라도 구입해 주셔야 그것을 발판으로 양국 간의 합자 사업이 제대로 이루어지리라 생각됩니다. 어렵지만 부총리께서 우리의 재고문제를 해결해 주십시오."

수말린 경제기획원 장관은 즉시 20여 명의 각 부처 국장급 실무자들을 불러오고, 나를 합석하게 하여 회의를 열었다.

"한국과 인도네시아는 전통적으로 우호국 사이인데 어찌하여 한국의 일개 기업에 이러한 고통과 부담을 주어왔는가?"

그렇게 부총리가 호되게 질책하니, 아무 말도 못 하고 모두 그 말을 받아 적기에만 바빴다. 그리고 곧 부총리는 재고품이 된 우리 장비를 구매하는데 필요한 협조사항을 부처 실무자들에게 지시하며, 특별예산을 곧바로 내려보내겠다고 약속했다. 현대양행 중장비 수용 반대에 앞장서왔던 상공장관도 그 자리에서 우리와의 합자공장을 진행하게 되었기에 수금문제에 대해서 더 이상 토를 달지 않았고, 부총리의 얘기를 경청할 뿐이었다. 일은 속사포로 진행되었다. 1주일 후, 신바람 난 인도네시아 건설부에서 계약하자고 우리를 불렀다.

일주일이면 해결될 거라던 사장님의 구상과는 달리, 우리가 인도네시아를 건너간 지 어언 한 달이 넘어가는 시점에서야 골칫덩이 외상문제를 해결할 수 있게 되었다. 마지막으로 건설부와 구매 계약서에 서명만 하면 끝나는 일인데도 나는 굳이 정인영 사장에게 인도네시아 방문을 부탁했다. 그동안 그 문제로 제일 고통 받았을 정인영 사장이 조인식에 참여하는 것이 마땅하다고 보았기 때문이다. 그리고 이에 앞서 사장은 창원공장에서 발전설비와 석유화학 공장설비가 완성되고 나면 인도네시아와 석유화학 대단위 플랜트를 구축하는 사업을 추진하려고 따로 프로젝트를 계획 중이었기 때문에 그 자리는 조인식 이상의 역사적인 의미가 있었던 것이다.

그러나 인도네시아와의 플랜트 사업계획은 박정희 대통령 정부 시절의 이야기였다. 박 대통령 서거 후, 창원의 중화학 공장의 완공이 지연되면서 인도네시아 정부는 프로젝트 추진에 문제가 생길 것을 우려했다. 그래서 최규하 대통령이 집권하자마자, 인도네시아 정부는 프로젝트를 서두르기 위하여 최 대통령을 초청하기에 이른다. 그러나 당시 고 이재설 인도네시아 대사가 우리나라 수출을 위하여 적극적으로 앞장서 도왔음에도 불구하고, 힘없는 임시정부는 이들의 요구에 대응하지 못했다. 그 후, 전두환 정권으로 넘어가면서 건설장비 사업과 석유화학 프로젝트 수출기회는 모두 물거품이 되고 만다. 일타이매 一打二賣 가 되었을, 우리나라 대단위 수출기회를 놓친 것이다.

지금 생각하면 그런 기회를 놓치지 않고, 강력히 추진했더라면 지금쯤 국가발전에 큰 기회를 만들어 주었지 않았을까 하는 아쉬움이 남는 부분이기도 하다.

최근에 들은 이야기에 의하면 그 후 우리나라와 진행 중이었던 프로젝트가 부결되자, 인도네시아 정부는 미국의 캐터필러와 일본의 고마쓰에게 의뢰하여 건설중장비 공장을 지었다고 한다.

250여 명을 현대그룹으로 인사 발령내다

전두환 정권이 들어서면서 창원공장은 과잉 투자와 '중화학공업 투자조정'이라는 명분 아래 완공되지 못한 채 일시 중단되었다. 그러다가 1980년 9월, 새 정부에 의해 구조조정 절차를 밟게 된다. 간판은 '한국중공업'으로 바뀌었고, 사장 또한 정부에서 임명하였다. 당시 초대 사장으로는 박정희 대통령 시절 상공부 장관을 역임했던 최각규 후일 김영삼 정부에서 경제부총리 역임 장관이 선임되었다.

창원공장이 무너진 것은 자금력만의 문제가 아니었다. 현대양행이 세계은행 차관을 들여오면서 세계은행에서 제시한 조건이 있었다. 그것은 '중화학공업은 투자 회수 기간이 길어서 공장 준공 후, 5년간 발전설비 사업을 현대양행에 일원화 독점시키라.'는 내용으로, 정부도 수긍하고 연대하여 서명까지 한 사항이었다. 그러나 발전설비 사업이 특정 기업에 일원화 될 경우 재계 지형이 달라질 수 있다는 불안감이 대기업 사이에 돌았다. 이를 두고 경제기획원과 상공부 사이의 의견 차이가 생겼고, 기술도입을 주관하는 상공부는 현대양행이 전제 조건을 두고 차관을 들인 사실을 모르고 대우중공업, 삼성중공업, 현대중공업 3사에도 기술제휴를 허가하여 발전설비사업을 4원화 시킨 것이었다.

자체적으로 발전설비 시장에 투자도 하지 않은 회사들에게 발전설비 발주를 주었으니, 대부분의 후발 기업들이 핵심 기자재를 외자로 도입하도록 놔둔 결과를 낳았다. 이는 가뜩이나 수요가 적은 우리나라에서 현대양행의 거대 투자시설들이 제대로 가동을 할 수 없게 하는 데 일조했고, 건설 중단을 가져온 또 하나의 원인이 되었다.

당시 상공부 장관이었던 최각규 장관은 이를 마음 아파하고, 안타까워했다. 그가 '한국중공업' 사장에 취임하게 되면서 제일 먼저 한 일이 바로 정인영 사장을 만나기 위해 압구정동 사저로 찾아간 것이라고 한다. 그런데 정인영 사장은 최각규 사장을 맞아, 아쉬움을 토로하기보다 시종일관 넘치는 위트와 유머로 대화를 이끌며 상대방을 웃게 해주면서 사과할 틈을 주지 않았다고 한다. 그 후, 최 사장은 살아오는 동안 정인영 사장처럼 큰 그릇을 가진 사람을 만나보지 못했다고 술회하곤 했다.

그렇다. 내가 모셨던 정인영 사장님은 위트와 유머가 국제적으로도 유명했고, 이왕 엎질러진 물은 다시 뒤돌아보지 않고 "What to do next?" 하는 마음으로 다음 할 일을 찾았던 분이다. 그리고 자본과 기술, 시설, 경험이 없던 우리나라에서 기술인재 육성에 혼심을 기울인, 진정 '큰 사람'이었다.

정부는 현대양행 창원 중공업의 이름을 '한국중공업'으로 개명시킨 지 얼마 되지 않아 최각규 사장 대신 대우그룹 김우중 회장을 전문 경영인으로 교체 영입한다. 그리고 중공업이 대우그룹으로 넘어간다는 소문이 무성해졌다.

1980년 대우그룹 사람들로 구성된 실사단이 김우중 사장과 함께 들어와 한국중공업 실사 작업을 추진했다. 실사단의 첫 작업은 고정자산을 비롯한 모든 자산을 정산하는 것이었다. 당시 나는 창원에 남아있었고, 회의에 참석해서 그 과정을 지켜보게 되었다.

그 과정에서 정인영 사장 측 인사들은 배제되었다. 그 준비 작업은 대우 실사단의 주도하에 일사천리로 진행되고 있었다. 나는 공장장이었지만 의견을 개진할 기회조차 없었다. 정산 과정은 주로 재무제표와 실물을 확인·대조하는 작업이었는데 자산 평가가 제대로 이루어지지 않고 있다는 느낌을 받았다. 일부 현대양행의 임직원들은 미래의 권력에 약한 모습을 보였고, 그중 일부는 대우 측에 가까이하면서 내 눈치만 살피는 것이었다.

더욱 치열하게 정산 작업을 해야 할 회계부서나 관리부서 사람들은 이미 자기주장을 할 힘을 잃고 있었다. 엔지니어와는 달리 직장 구하기가 쉽지 않은 그들의 처지를 생각할 때 그들만을 나무랄 용기가 나지 않았다. 그렇다고 정인영 사장이 이런 문제에 적극적으로 개입하기에는 경황이 없었다. 그분의 정직성과 사업 보국의 일념을 잘 아는 나라도 남아서 정당한 정산 작업이 이루어지도록 해야 했다.

나는 항상 문제가 있는 곳에 해결책도 반드시 있다고 생각한다. 과연 그 해결책이 무엇일까를 생각하며 밤을 지새우고, 다음 날 아침 일찍 울산의 현대중공업 심현영 부사장에게 또 한 번 전화를 걸었다. 매번 그랬듯이 내가 어려운 문제를 부탁해도 항상 도와주었던 고마운 분이다. 자리를 뜰 수 없는 내 처지를 설명하고 창원으로 와줄 것을 청하였다. 이때도 심 부사장은 한걸음에 창원까지 달려와 주었다.

부사장에게 정산 과정에서 일어나는 문제와 내가 생각하는 우려를 털어놓았다.

"유 상무, 그러면 내가 무엇을 어떻게 해주면 되지?"

"여기 현대양행 창원공장과 본사에 있는 엔지니어들은 우리나라 중화학

공업의 최첨단 기술을 습득한 사람들이니 새로운 직장을 찾아 밥 먹고 사는 데는 문제가 없습니다. 그러나 재무직을 비롯한 관리직 임직원들의 경우는 직장 문제로 새로 들어올 경영진의 지시에서 자유로울 수가 없습니다. 여기서 제가 할 수 있는 일이 없습니다. 심 부사장께서 정주영 회장님께 저의 취지와 입장을 대신 보고해주시고, 이 사람들 모두 현대그룹에 채용될 수 있도록 도와주세요. 그러면 제가 용기백배하여 공정한 정산 작업이 되도록 하겠습니다."

"알았네, 그러면 발령낼 직원이 몇 명이나 되는지 명단을 만들어 주게."

그 자리에서 관리담당 김동식 이사가 작성한 250여 명의 명단을 그에게 넘겼다. 심 부사장은 그 명단 일체를 들고 김해공항을 거쳐 서울로 향했다. 그리고 그날 오후 늦은 비행기로 돌아와 다음 날 아침, 우리가 만들어 준 인사발령명단의 100%를 수용한 발령공문을 내 손에 쥐여주었다. 심 부사장으로부터 창원공장 전후 사정을 듣게 된 정주영 회장은 긴급 현대그룹운영위원회를 열어, 현대그룹 각 사가 요청 인력을 나누어 받도록 조치하고, 즉시 인사 명령까지 내려주었던 것이다. 그것은 공개되지도 못하고, 공개적으로 할 수도 없었던 인사명령서였다.

30대 후반의 젊은 혈기와 정의감으로 용기를 가지고 했던 일이다. 정산 작업을 끝으로 나는 창원을 떠났다. 그리고 얼마 되지 않아 김우중 사장도 경질된다. 물론 대우에서 실사단으로 같이 왔던 대우 출신 임직원들도 썰물처럼 철수했다. 꼭 2개월 만의 일이다. 저간의 사정을 속 시원하게 들은 바가 없어 그 이유를 짐작만 할 뿐이다. 그리고 현대그룹으로 인사 발령이 났던 사람들은 현대그룹 각 사에서 새로운 직장 생활을 할 수 있었다. 이러한

고통과 아픔을 딛고 오늘을 이어받은 두산중공업의 산업역군들이 세계에서
유일무이한 중화학공업 시설을 가지고 넓고 넓은 세계시장을 향하여 꿋꿋하
게 개척해 나가는 모습을 볼 때면 가슴 뿌듯함을 느낀다. 아울러 30여 년 전,
미래 한국의 중공업을 위한 선견력과 판단력을 가지고 큰 결단을 내렸던 한
라그룹 정인영 회장님의 웅대한 포부가 이 나라에서 아직도 살아 숨 쉬고 있
는 것에 큰 감회를 느끼며, 동시에 감사를 드리고 싶다.

10

현대양행의 못다 이룬 꿈-한라그룹의 탄생

한라 조선소의 시작-세계최대 폰툰Pontoon 조선소를 짓다

사업 분야가 다변화되어 있는 현대중공업도 최초의 사업은 조선이었고, 그래서 처음의 사명社名도 '현대조선중공업'이었다.

현대양행 과장 시절 동경지점에 나가 있을 때, 당시 현대건설 사장이었던 정주영 사장님이 유럽 출장 후 귀국 길에 동경지점을 방문한 적이 있다. 그 때까지만 해도 유럽으로 가는 직항로가 없어 동경을 경유하여 출입국을 해야 하던 시절이었다. 동경지점에는 나 이외에도 현대건설에서 조양래 차장이 있었고, 현지 교포 한 명이 관리직으로 근무하고 있었다.

그 날, 정주영 사장님과 우리 모두는 저녁 식사를 같이 하게 되었다.

정주영 사장님은 유럽에서 조선소들을 돌아보고 오는 길이라고 했다.

"내가 조선소를 지어야겠어. 북유럽은 한국보다 밤도 길고, 춥잖아? 그런 조건인데도 조선 사업이 번창했어. 이에 비해 한국은 기후도 좋은데 그런 사업이 없지. 우리가 조선소를 하면 선진국하고도 얼마든지 경쟁할 수 있을 거야."

정주영 사장이 영국으로부터 차관을 받기 위해 500원짜리 지폐_{당시 500원은 이순신과 거북선이 그려진 지폐였다.}를 들고 찾아가서 '조선소를 짓겠다.'고 했던 유명한 일화는 그 이후의 이야기이다.

그리고 그로부터 10여 년 후, 현대양행은 창원공장을 잃고, '한라그룹'으로 다시 태어나, 기존의 안양공장을 '만도'로 개명하고, 이어 인천에 있었던 6만 평의 공터에 파나막스_{Panamax Size. 파나마운하를 건널 수 있는 중형 선박}규모의 조선소 건설 계획을 정주영 회장의 아우인 정인영 사장의 지휘아래 진행하게 된다.

그런데 토목 기술자들은 인천조선소 예정 용지를 조사한 결과 조선소 용지로 적합하지 않다는 결론을 내렸다.

"이곳은 개펄의 깊이가 80m이기 때문에 지상 구조물의 안전을 위해서는 암반까지 촘촘히 파일링을 해야 해서 막대한 자금이 들게 될 겁니다. 실질적으로 여기에 조선소를 짓겠다는 것은 경제성이 없어 보이는 구상인 것 같습니다."

건축·토목적으로는 이해가 되었지만 불가능하다는 말부터 내뱉는 그의 태도가 거슬렸고, 일념으로 재기를 꿈꾸는 정인영 사장에게 대안없이 보고하기가 마음에 들지 않았다.

"당신들은 '된다. 안된다.'의 판별만 하는 사람입니까? 다른 해결 방법을 고민하지는 않나요? 문제점이 있으면 그것을 해결할 방안을 찾아야 하는 게 맞지 않습니까? 우리 목표는 이곳에 사장님의 염원대로 조선소를 지어서 회사를 다시 일으켜 세우는 것입니다."

그 후, 미국 출장을 가는 길에 항공기에 비치된 잡지에서 '미국 해저 유전개발'이라는 제목의 기사를 보게 되었다. 큰 구조물 폰툰에 공기를 넣고 띄워서 유전개발 잭업리그Jack-up Rig, 대륙붕 유전개발 시추설비를 만드는 조선소의 사진이었다. 그것을 보자마자 '이거다.'하는 생각에 당장 기사에 실린 곳으로 가야겠다고 결심했다. 그래서 일을 마치고 즉시 발길을 돌려, 동행 중이던 강경호 부장과 함께 미시시피 주 빌록시에 있는 잉갈스 조선소Ingalls Shipbuilding 로 향했다.

회사 정문에서 경비가 나를 막는다.

"출입증 있습니까?"

"아니요, 잡지에 실린 기사 때문에 견학하고 싶어서 왔습니다."

"그럼, 미리 약속은 하셨습니까?"

무작정 온 길이었기 때문에 담당자가 누구인지도 모르고, 약속도 돼 있지 않았다.

"견학을 하고 싶습니다. 어떻게 하면 좋습니까?"

그러자 경비가 누군가에게 전화를 걸었다. 잠시 후 나에게 전화를 바꿔 줬다.

"너는 누구이고, 어디서 왔냐?."

수화기 너머에서 누군지 모르는 한 직원이 나의 신분을 물었다.

"나는 한국에서 온 현대그룹의 하나인 한라에서 왔습니다. 조선소를 구경하고 싶어서 들렀는데 가능합니까?"

갑작스러운 방문이었고, 어이없는 부탁이었다.

"너희는 경쟁자 아니냐?"

'현대'에서 왔다고 하니 경계하는 모습이 역력했다.

"경쟁자라고 생각하면 경쟁자다. 지금 시대에 경쟁자가 협력체가 되기도 하지 않습니까? 여기 조선소야 숨겨지는 것이 아니니까 지나가다가도 볼 수 있는데 앞으로 협력 가능한 기회가 아시아지역에서도 있을 수 있지 않습니까? 구경 좀 합시다."

나의 패기 있는 모습에 담당자인 듯한 사람이 차를 끌고 나왔다. 대신 사진은 찍으면 안 된다고 당부를 하며 조선소 내부를 구경시켜 주었다.

잭업리그가 만 톤 정도 되어 보이는데, 폰툰 몸체 바디에 올려 바다로 끌고 나가 물에 띄우는 것이다. 그것을 보고 눈이 번쩍 뜨였다.

"저거다! 저렇게 큰 구조물을 만들어 띄우는구나!"

한국으로 들어와서 즉시 토목 담당을 만나 이를 의논하고, 정리한 후 정인영 사장에게 두 가지 방안을 보고했다.

"첫 번째, 처음 계획한 대로 바닷속에 기둥을 박게 된다면 돈이 많이 들어 자본이 그와 함께 바다에 묻히는 꼴이 됩니다. 그러나 배를 지상 대차 위에서 만들고, 그 대차와 배를 굴려 폰툰에 싣고 나가 물에 띄운 다음 아웃피팅 Outfitting, 큰 배를 물에 띄울 정도만 만들어서 물에 띄운 후, 선체 내부 공사를 진행하는 것 하는 식으로 진행하게 된다면 파일을 박을 필요가 없습니다. 제가 이런 방식으로 해양 구조물을 띄우는 업체, 미국 잉갈스 조선소를 직접 방문하고 왔습니다."

"그러면 폰툰은 어떻게 제작하나?"

사장의 자연스러운 질문이었다. 그러나 사실 폰툰을 만드는 것도 엄청난 일거리였다.

"네, 그것이 두 번째 보고 드릴 내용입니다. 저의 판단으로는 폰툰형 바지선은 제가 본대로 설계만 하면 한라건설에서 충분히 제작할 수 있다고 봅니다. 그런데 폰툰을 제작하는 것도 파일을 박는 만큼이나 인력과 비용이 드는 일입니다. 그렇지만 바다에 버려질 비용으로 용접사 2,000명을 채용해서 폰툰 바지선을 만들게 한 후, 그렇게 훈련된 용접사를 인천 조선소가 인수하게 되면 경험자조선업에서는 용접공 인력이 많이 필요하다.를 뽑는 거나 다름없게 됩니다. 자본을 버리는 게 아니라 일자리를 주고, 사람에게 투자하는 걸로 바꾸는 것이니 이득이지 않습니까?"

우리의 보고는 받아들여졌고, 그렇게 하여 인천 부두 용지에 폰툰식 조선소를 건설하여 18,000톤 파나막스급 선박 건조建造가 가능하게 되었다. 당시 이것이 세계에서 가장 큰 폰툰 바지형 조선소였다.

얼마 전 불행한 세월호 사고에서도 선체 인양 방법으로 이 방법이 검토된다는 보도를 보고 감회가 새로웠다. 그렇게 만들어진 인천조선소는 이후 IMF 때 현대중공업이 인수하면서 아쉽게도 문을 닫게 된다.

현대그룹과 한라그룹의 관계

요즈음 젊은이들 가운데는 현대그룹과 한라그룹에 대한 상호관계에 혼선을 겪고 질문을 하는 경우가 종종 있어 젊은 독자들의 이해를 위해 간단히 서술해 보기로 한다.

현대그룹의 초기 모체는 현대건설이다. 1968년 내가 입사할 당시에는 현대건설의 대표이사가 정주영 사장이었고, 바로 밑의 아우인 정인영 씨가 부사장이었다. 정인영 부사장은 현대양행과 아틀라스 해운을 창업하였다. 현대양행은 스테인리스로 된 식기류, 포크, 나이프 등의 제품을 만들어 판매 수출하는 회사였고, 아틀라스 해운은 해운업을 하는 회사였다. 당시 우리나라는 심각한 외화부족을 경험하고 있었는데 현대양행에서는 포크와 나이프를 수출하여 외화를 벌어들였으나 그 규모가 아주 작았다. 그래서 오늘의 현대자동차 설립과 동시에 그 부품을 만드는 공장을 1969년에 건설하여 자동차 부품사업 오늘의 만도 에 뛰어들면서 양식기 제조사업을 폐기하였다.

현대양행은 안양시 박달동에 자동차 부품을 제조하는 안양공장 오늘날의 주식회사 만도, 군포시 당정동에 자동차 부품을 만들기 위한 각종 주물과 건설중장비, 농기계, 공작기계 및 제지기계, 섬유기계, 대형냉동기류, 담수화 설비, 시멘트 플랜트, 석유화학 플랜트, 발전설비 등을 제조 판매하는 군포공장 오늘의 LS그룹 군포공장 을 추가하였으나 플랜트 사업이 커 나가기에는 제한된 공장 용지로 한계가 있어 경남 창원시에 현대양행 창원공장 오늘의 두산중공업 을 짓는다. 이는 귀산-귀곡-귀현리 130만평의 공장을 지으면서, 1974~1979년 발전설비, 석유화학 플랜트, 시멘트 플랜트, 담수화 설비, 건설중장비 등의 생산시스템과 설비를 이곳으로 이전 보강하였다.

1979년 10월 26일, 박정희 대통령이 시해되었을 당시 현대양행 창원공장은 발전설비와 각종 플랜트 공장을 90% 공정에서 완공을 바라보고 있었고, 건설중장비 공장은 이미 완공되어 생산 가동 중이었다. 그런데 1980년 전두환 정부의 중화학 투자조정 정책에 의하여 현대양행 창원공장은 자금줄이 막혀 끝내 완공을 보지 못 하고 한국중공업이라는 정부기업으로 개칭 흡수되면서 곧이어 경영권을 넘긴다. 2개월여 만에 또다시 대우가 물러나고 국영기업인 한국중공업으로 바뀌었다가 근년에 두산그룹이 플랜트 공장들만 인수하면서 오늘의 두산중공업으로 개칭 운영된다. 대우그룹 이후 국영기업화된 한국중공업에서 건설중장비 부문은 이미 생산을 하고 있었으므로 민영화시켜 삼성그룹이 인수하게 되었다가 IMF 직전에 건설중장비 사업은 삼성그룹에서 다시 스웨덴의 Volvo그룹에 넘어가 오늘에 이르게 된다. 건설중장비 중에서 지게차 사업 부분은 미국의 클라크사Clark Material Handling에 넘어갔다가 다시 한 번 영안그룹으로 소유주가 바뀌는 우여곡절을 맞이하였다.

이러한 혼란 과정에서 현대양행은 창원공장과 군포공장을 정부에 넘기고 안양공장오늘의 만도을 모체로 한라그룹으로 개칭하면서 한라그룹 재건본부를 설립하여 다시 한라자원파푸아뉴기니에서 벌목사업을 시작하여 목재와 펄프용재를 한국으로 들여오는 사업과 한라건설, 한라시멘트, 한라중공업 인천조선소를 설립·건설하였다.이와 동시에 인천조선소의 확장 한계 때문에 한라중공업은 다시 전라남도 영암에 대형조선소를 건설하다가 IMF 사태로 인하여 다시 한 번 오늘의 현대중공업에 편입된다. 이때 주식회사 만도는 자동차 부품을 분할하여 냉동기와 에어컨 부문 사업을 확대하기 위하여 자동차 에어컨을 전문으로 생산하는 한라공조주식회사와 김치냉장고 등을 만드는 한라 Winia를 분리·독립시키면서 오늘에 이른다.

이렇듯 현대양행의 창업주인 고 정인영 회장은 1970년대, 기술도 없고, 자본도 없으며 시설도 없는 시절에 실업자만 우글거리던 대한민국에서 과감하게 외국으로부터 기술을 도입하고, 그분 특유의 외국어 능력으로 해외 차관을 유치하면서 다수의 최신예 생산공장을 지어나갔고, 우리나라 기계공업의 여명기를 열어나는 데 큰 역할을 했다. 또 그는 우리나라에 부족한 플랜트의 전문가들을 양성하기 위해 수많은 인재를 해외로 보내 훈련시키는 것에 적극적이었다. 정인영 회장의 선지자적이고, 개척자적인 그런 행보 덕분에 오늘날 우리나라는 공업화 과정에서 절체절명 위기에도 대처 가능한 인재를 확보할 수 있게 된 것이다.

한편 정주영 회장이 이끄는 현대건설은 여러분이 잘 알다시피 울산에 현대중공업과 현대자동차 공장을 지으면서 중동 사업을 개척했다. 그분은 수많은 계열을 품은 현대그룹을 만들어냈고, 역사에 남을 선지자, 선각자 그리고 개척자로 기록된다. 이 두 형제의 창업해서 이룩한 산업화로 인해 많은 일자리가 생겨났다. 협력업체들까지 합친다면 우리나라에서 현대와 한라 그룹과 연계되지 않은 사람은 드물 것이다.

현대백화점 탄생 비화

1981년, 인천에 조선소를 지을 당시 '금강개발산업'이라는 곳의 박용운 전무가 찾아왔다. 현대건설이 사우디아라비아에서 공사할 때, 한국 식자재를 조달하기 위해서 만들어진 것이 '금강개발산업'이었다.

그 후, '금강개발산업'은 회사를 더 키우기 위해서 현대그룹이 어디에 공장만 지으면 식자재를 판촉하러 다녔다. 그래서 '금강개발산업' 박 전무가 조선소 건설을 앞두고 나를 찾아오게 된 것이다.

박 전무는 나와 잘 아는 사이였다.

"박 전무, 오랜만에 만났으니까 우리 부둣가에서 회나 한 접시 하실까요?"

그렇게 해서 우리는 인천 바닷가를 배경으로 한 식당에 들어가서 회 한 접시와 소주 한잔을 하면서 점심을 먹었다. 그때 한라그룹 시절 동기였던 김명준 사장도 동행했다.

"공장장님, 조선소 준공이 다 되면 직원은 얼마나 될까요?"

"3,000명에서 4,000명은 되겠지요?"

박 전무가 본론으로 들어가 식자재 납품에 대해서 운을 띄우려 할 때였다.

"박 전무, 그것도 그거지만 내가 좋은 아이디어 하나 줄 테니까 그거 한번 생각해보세요."

"그 아이디어란 게 뭡니까? 뜸 들이지 말고 일단 들어나 봅시다."

"지금 금강개발산업이 현대에 식품 팔러 다니고, 쪼끄만 연립상가 짓는 게 전부인데. 더 앞을 내다보고 백화점을 지어보는 겁니다."

그 당시 서울 압구정동에 '갤러리아' 백화점이 잘 될 때였다. 그래서 현대 아파트 주민들은 마을버스를 타고 그곳에서 쇼핑을 했다.

"같은 동네라도 현대아파트와 갤러리아는 거리가 있으니 아파트 근처에 백화점을 짓는다면 아마 잘 될 겁니다. 현대아파트 단지 정도면 그 주변 백화점이 잘 될 수밖에 없지요. 그런데 그것을 일반 백화점처럼 지으면 차별화가 되지 않아요. 새로운 개념의 백화점을 짓는 겁니다. 압구정동 아줌마, 소득 수준이 높습니다. 그렇다고 현대그룹 재벌이 들어가 사는 것은 아니지만, 최고급 월급쟁이가 사는 곳이니 경제적 여유는 있으면서 남편들은 대체로 일이 많고, 바쁠 겁니다. 남편이 그리 바쁘니까 부인들은 할 게 없을 거고 ……. 그 부인들에게 할 일을 주는 겁니다."

"그래서요? 일자리를 주자는 겁니까?"

박 전무는 알 듯 모를 듯한 표정으로 다음 이야기를 재촉했다.

"우리나라에 영화관이 대한극장, 명보극장 1,000석, 2,000석 규모로 상영관이 크기만 하고, 여러 개가 없으니까 다양하게 영화를 올릴 수가 없잖아요? 백화점 꼭대기에 영화관을 만드는 데 100여 명씩 들어가는 상영관을 여러 개 만들어서 영화를 여러 개 동시에 상영할 수 있도록 만들어 놓는 거예요. 미국에서 그런 영화관을 많이 봤어요. 그리고 지하에는 스케이트장을 만들어 자녀들과 취미 생활을 하도록 하자는 것이지요. 백화점을 단순 쇼핑하는 곳이 아니라 문화공간으로 탈바꿈시키면 문화생활 한답시고 멀리 찾아가는 것보다 집 앞에서 다 해결되니 얼마나 좋습니까? 백화점은 그에 걸맞게 아주 멋지고 활용도가 높은 공간이지 않아요? 휴스턴에 있는 '갤러리아' 백화점 지하에는 상설 스케이트장이 있어요. 겨울이 없는 도시에 1년 내내 스케이트라니 매력 있지 않아요? 그러면 우리는 여름에는 스케이트장, 겨울에는 롤러스케이트장을 만들어 놓고 아이들을 거기서 놀게 하는 겁니다. 그러면 엄마들이 그 사이 영화 구경도 하고 백화점 쇼핑도 할 수 있는 여유가 생기는 거죠. 그리고 식품코너를 만들어서 그들이 저녁에 집으로 돌아갈 때는 남편 밥 지을 것을 사가게 하는 거예요. 그리고 도쿄 긴자에 '미쓰코시' 백화점을 한번 가보면 지하철에서 백화점 가는 길이 통로로 연결되어 있어요. 접근성이 아주 좋죠. 그럼 아마도 먼 곳에 있는 사람도 지하철을 타고 와서 그 백화점을 이용할 수 있을 겁니다."

박 전무의 입이 쩍 벌어졌다.

그동안 해외로 출장을 다니면서 기술만 습득한 것이 아니었다. 오가는 거리며 발이 닿는 곳 어디든 새로운 아이디어와 새로운 정보가 꿈틀거리고 있었다. 그러다 보니 불모지 한국 땅에 그것들을 가상으로 옮겨보면서 '이런 것을 여기에 적용하면 어떨까?'하는 상상을 수없이 해오던 터였다.

"박 전무, 이걸 어르신께 한 번 건의해 봐요. 이까짓 식품 이거 몇 푼이나 남는다고 이렇게 고생하고 다니세요?"

그랬더니 박 전무는 자기 무릎을 치면서 아이디어를 보탠다.

"어허, 분명 좋은 아이디어네요. 그러면 앞으로 곧 개최될 88올림픽을 겨냥해서 거기다가 '맥도날드', '배스킨라빈스 31' 같은 국제적인 프렌차이즈 식품점도 추가하면 어떨까요?"

분명 좋은 아이디어였고, 현대그룹이 그 정도 못할 것 없었다. 그때가 내가 미국으로 유학 가기 1년 전인 1982년도였다.

1985년도에 휴학을 하고 현대중공업으로 돌아왔을 때 현대백화점이 거의 완공되었다는 소식을 듣게 되었다. 그러나 그곳에 영화관은 들어가지 못했다. 우리나라 법으로 학교 정문에서 반경 2km 내에는 오락시설이 들어가지 못하게 되어 있는데 압구정 쪽 용지가 학교와 가까웠다. 영화관은 오락시설로 규정되었기 때문에 그걸 제외한 문화공간만 만들게 된 것이다. 스케이트장도 돈이 많이 들어가서 그런지 만들지 못했다. 그래도 지하철 3호선과 연결하는 것은 빼놓지 않았다.

견문이란 이렇게 중요하다고 생각한다. 바로 휴스턴의 갤러리아백화점과 도쿄 긴자의 미스코시백화점의 융합모델이다. 요즈음 IoT라 하여 미래의 신사업은 '기술 창조형'이 아닌 '기술 융합형' 사업이라고 하지 않는가?

제3부

미국유학과 가족

1

트리플 R−미국 동양학 박사와의 인연

인연의 시작

1963년 공군에 있을 때 특별한 친구 한 명을 알게 되었다. 그는 로널드 R 로벨Ronald Ray Robel이라는 미국인으로 나보다 6살이 많았다. 로벨은 미시간 주립대학 대학원에서 박사과정을 하면서 주한 미군을 위한 메릴랜드 대학 강의를 했고, 이를 위해 한국의 미군 기지들을 오가며 출강을 했다. 그가 한국에 강의하러 올 때면 주로 미군 군용기를 이용했지만, 미군기는 항상 제시간에 도착하는 것이 아니었다. 날씨의 변동에 따라 이착륙이 지연되었기 때문이다. 이런 상황에 처했을 때 그는 한국군 군용기 이용을 부탁했다. 내가 그의 부탁을 받아주었고, 우리의 인연은 그렇게 시작되었다.

로벨이 일정을 마치고, 나와 외박일이 맞으면 그를 집으로 데리고 왔다. 금호동에 있는 내 방에는 낡은 군용 목침대가 있었다. 이부자리도 엉망이었던 자리에 그 친구를 재우고, 나는 아무렇지도 않게 그 옆, 방바닥에 누워 잤다. 그 친구는 이런 오픈 마인드를 가진, 가식 없고 솔직한 내 성격을 좋아했다.

나는 군 생활을 마친 후, 대학을 졸업해서 현대건설에서 일하게 되었고, 그는 미국으로 돌아가 미시간 대학에서 동양역사학 박사 학위를 받고, 1967년 앨라배마 주립대학 교수로 부임하게 된다. 우리의 교신과 왕래는 45년간 지속되었다.

론Ron:Ronald R. Robel 교수은 전공을 뛰어넘을 만큼 동양에 푹 빠져있었다. 한·중·일 3개국어를 모두 할 줄 알았다. 그중에 중국어를 특히 잘 했는데 서양인으로서는 익히기 힘든 한자 또한 읽고, 쓰는 것이 능수능란했다. 물론 그는 동양인들과 교류하는 것을 좋아했고, 그 교류 영역이 어찌나 넓었던지 대만의 장개석 총통과도 가까운 사이였다.

하루는 내가 미국 출장 중 주말을 이용하여 그의 집을 방문했다. 그런데 집안에 있던 장식물과 집기들이 모두 한국과 일본, 중국에서 가져온 골동품뿐이었다. 그리고 서재의 3면이 온통 한국어, 일본어 그리고 한자로 된 서적들로 꽉 차 있었다. 깜짝 놀란 나는 "이 많은 서적을 어떻게 다 읽었느냐?"고 물었다. 그런데 엉뚱하게도 그가 이런 대답을 했다.

"내가 서양 여자와 결혼을 했으면 한자 공부를 이렇게 못했을 거야. 서양 여자는 이런 것을 받아들이기 힘들어해."

그 친구는 동양에 대한 모든 것을 좋아했다. 물론 동양인 여자도 좋아했다. 그러나 그 이유가 동양 여자가 이상형이어서라기보다 동양의 역사를 공부하는 데 더 이로워서 그러는 걸로 보일 때가 많았다.

그가 중국 역사에 대해서 공부하려고 할 때, 중국 본토는 들어갈 수 없게 되자 대만에 머물러야 했던 적이 있었다. 그때 그곳에서 여자를 사귀었는데 Tea Farm첫잎을 키우는 농장 딸이었다. 결혼을 약속하고 승낙을 받으려 했지만, 그녀의 집안에서는 서양 남자와의 혼인을 크게 반대했다고 한다. 그러면서 하는 말이 "중국 여자와 결혼해서 중국 역사를 더 많이 공부하기를 바랐지만 쉽게 되지 않았다."고 하는 것이다. 그 정도로 동양학에 대한 열정이 남다른 친구였다.

그는 여러 권의 책도 냈다. 주로 동양과 서양의 비교역사학이다. 책 제목이 'BC 2,000년 동양과 서양의 문명' 이런 식이었다. 한 나라의 역사와 문명을 연구하기도 벅찬데 서양과 동양의 역사 문명을 통달해서 비교 연구까지 할 수 있다는 것이 존경스러웠다. 그러나 그 친구는 겸손해서 그런 일을 절대 자랑하지 않았다

여담이지만, 언젠가 그가 '스위스에 미국식 집을 짓고, 일본 여자와 결혼해서 중국음식을 먹고 사는 것이 남자로서 가장 이상적인 삶'이라고 한 얘기가 아직도 인상 깊게 기억에 남는다. 비록 그가 우스갯소리로 한 말이었지만, 그것은 서양과 동양의 문화를 충분히 이해하고 있으면서 두 문화가 서로 적절히 교류해서 더 좋은 문화가 되기를 바라는 그의 본래 마음을 함축적으로 내비친 말이기도 했다.

민간외교

친구는 가끔 나에게 한국의 6·25 전쟁과 남북 간의 관계에 대해서 묻기도 했다. 나는 어려서 6·25 전쟁을 치렀고, 당연히 남북한의 문제뿐 아니라 한

국 사회 문제에 대해 관심이 많았으므로 그것에 대해서 이야기할 거리가 많았다. 표면적으로 드러나지는 않았지만, 그 당시는 박정희 대통령을 거쳐서 전두환 대통령으로 정권이 교체되는 시점으로 미국과의 마찰이 심했던 때이기도 했다.

"미국이 한국 사람들과 북한 사람들을 알고 이해하는 것보다 남한이 북한 사람을 더 잘 이해하는 것이 당연하고, 그들을 보는 시각이 더 정확하지 않을까? 북한에 대한 정책은 미국이 이래라저래라 하기보다 남한 정부가 하자는 대로해야 한다고 생각하네."

로벨은 내 말에 공감해 주었고, 귀담아들어 주었다. 그리고 내 이야기가 신뢰가 있었는지 뒤이어 한국에 대한 미국의 정책이 어떻게 나아가야 할지에 대해서도 물어봤다. 나는 당연히 그 또한 한국 정부가 하자는 대로 따르고 협조해야 한다고 말했다. 훗날 알고 보니 그 친구가 미 국방성에서 아시아 극동 자문 위원회에 속해 있었단다. 그런 나의 주장이 직접 반영되었는지는 알 수 없으나, 그 후 한국에 대한 미국 정책이 긍정적으로 바뀐 것은 로벨의 영향도 있겠다고 생각하니 흐뭇했다.

그는 또 앨라배마 주립대학교와 부산대학교가 자매결연하게 도와주었다. 그때는 한국이 가난했었다. 그런데 앨라배마 주립대학과의 자매결연 덕분에 부산의 인재들이 장학금을 받으며 외국에서 유학생활을 할 수 있었다. 지금도 앨라배마 주립대학교 출신의 부산대학 교수가 많을 것이라고 추측한다. 더불어 미국인이 부산대학교로 유학을 와 서로 교류하면서 작게나마 한국을 알리는 계기가 되기도 했다. 그가 민간외교 역할을 많이 했던 것이다. 물론 중국, 일본에도 그런 자매결연식의 외교를 도왔다.

그는 어느 나라보다 한국을 좋아한 평생의 친한파였다. 그렇다고 그가 우리에게 좋은 이야기만 해준 것은 아니다. 그는 살아 있을 때 "일본인은 100 달러를 벌면 100달러를 쓰고, 중국인은 100달러를 벌면 100달러 모두를 저축하려 하고, 한국인은 100달러를 벌면 고스톱으로 300달러를 빚내어 쓴다."며 한국인의 단점을 꼬집어 조언하는 것도 잊지 않았다.

친구에 대한 신의信義

2007년, 미국에서 그 친구의 제자로부터 전화 한 통이 걸려왔다. 내가 한국에 있을 때다. 그는 변호사였고, 나와도 친분이 있었다. 현대에서 근무할 때 그를 한국에 초청하기도 하며 왕래하던 사이였다.

"로벨이 전립선암으로 수술했는데 이미 다른 장기에도 암이 전이됐는지 지금은 상태가 위독합니다."

친구가 죽어가고 있다는 말에 당장 그가 입원한 병원으로 연락을 취해보겠다고 했다.

"교수님이 연락하지 말라고 했는데, 알고 계셔야 할 것 같아서 전화 드린 거예요. … 모른 척 알고만 계세요."

주변 사람들에게 부담을 주지 않으려는 그의 성격을 모르진 않았지만, 나는 그 제자의 말대로 모른 척할 수 없어 당장 미국으로 전화를 걸었다.

"로벨, 몸이 많이 좋지 않다고 들었어. 꼭 자네를 만나고 싶네. 내가 그쪽으로 가겠어."

그는 역시 오지 말라고 했다.

개인의 독립성을 중요하게 생각하는 서구적 정서 때문인지 미국인들은 누가 뭐라고 해도 자기 삶을 살아간다. 로벨도 그랬다. 주변에서 제자들을 집으로 들여 호모라 해도 굳건했다. 백인 중에 가장 동양인을 좋아했고, 그는 제자들과 같이 숙식도 하면서 자신이 직접 담근 김치나 다른 한국 음식을 맛보게 했다. 내가 미국에 유학을 갈 당시에도 우리 가족 전원을 자기 집에 며칠씩이나 지내게 했다. 백인들은 그런 행동을 하는 로벨를 이해하지 못했다. 당시 미국에서 동양인의 이미지는 나쁘게 말하면 가난한 나라에서 온 비렁뱅이 정도였다. 백인 동네에서는 그 친구를 대놓고 소외시켰다. 하지만 그는 그런 주변을 전혀 의식하지도 신경 쓰지도 않았다.

"CJ 그는 나를 이렇게 불렀다, 나는 이제 얼마 못 살 것 같다. CJ는 세계를 위해서 반드시 좋은 일을 해라. 돈 많이 벌어서 좋은 일을 해라."

그는 전화기 너머에서 유언 같은 말을 전했다. 가끔 그 친구가 나에게 "꿈이 무엇이냐?"고 물으면 "돈 많이 벌면 어려운 사람을 돕고 싶다."라고 말해 왔던 것이다.

로벨의 꿈은 동양역사를 공부하고 서양과 가교架橋를 놓는 것이었다. 그는 자신의 꿈을 실현하기 위해 노력했다. 그의 그런 노력은 외교로 연결되기 마련이었다. 덕분에 일본의 파나소닉Panasonic과 같은 아시아업체들 여럿과 현대자동차 외 한국 부품업체 100여 개 정도가 앨라배마 주에 터를 잡을 수 있었다. 더 나아가 많은 인재를 양성해내기도 했으니 꿈을 뛰어넘었다고도 볼 수 있다.

당장 내가 그곳에 갈 수 없자, 미국에 있던 아들에게 가급적 빨리 엉클 론에게 가보라고 일렀다. 우리 아이들은 로벨을 '엉클 론'이라고 불렀다. 아들은 그 주 주말인 금요일 저녁에 업무가 끝나자마자 엉클 론을 찾아 날아갔다. 그리고 아들로부터 전화가 왔다. 자신이 그곳에 도착하기 이틀 전에 이미 로벨이 세상을 등졌다는 슬픈 소식을 전했다. 결국, 살아있을 때 다시 보지 못한 것이다. 그가 죽고, 나중에야 그의 가족에 대해서 알게 되었다. 로벨의 어머니, 아버지는 이미 예전에 돌아가셨고, 하나 있던 여동생도 암으로 죽었다고 했다.

빈소에는 여동생의 남편인 매제妹弟만 있었다고 한다. 그 매제가 우리 아들에게 엉클 론 이야기를 들려주었다.

"그는 동양 사람들을 지나치게 좋아하고, 주로 동양인들과 함께했기 때문에 정교수가 되지 못하고 부교수로 인생을 마무리해야 했다. 나는 그게 참 안타까웠다. 이 친구는 동양인 중에 한국 사람을 가장 좋아했다."

그 이야기를 듣고 있자니 과거에 로벨이 했던 말이 생각났다. "일본 사람은 필요할 때만 가까이하고, 어느 정도 홀로서기가 가능해지면 뒤도 돌아보지 않지만, 한국 사람은 신의信義를 끝까지 지킬 줄 알아. 중국 사람은 더 두고 봐야 알고……."

내가 만학을 결정하고 로벨이 앨라배마를 추천하여 유학하고 있을 당시, 한국 유학생이 100여 명 있었다. 그래서 1년에 한두 번씩 유학생 모임으로 야유회도 갔다. 나도 유학생 자격으로 그 모임에 참여한 적이 있다. 거기에서 유학생 대표에게 로벨 교수에 대해서 이야기해 주었다.

그 교수님이 동양문화와 전통만 연구하는 것이 아니라 진심으로 동양을 사랑하는 사람이며, 특히 한국 사람들을 제일 좋아한다. 앨라배마에 여러분이 장학금을 받으며 교환학생으로 올 수 있었던 것 또한 그 교수님 덕분이다. 로벨 교수는 한국 사람이 신의가 있어 좋다고 했다. 앞으로 이런 자리에 내가 없어도 로벨 교수를 불러준다면 그가 무척 기뻐할 것이다. 또 다른 대표가 와도 그 사실을 전하여 잊지 않도록 해야 한다. 이것이 우리가 그에게 지킬 수 있는 신의다.

대표는 내 의견을 적극 수렴하여 로벨이 죽기 전까지 한국 유학생의 고문으로 초청했다.

앨라배마 주립대학교 첸슬러chancellor, 주립대학 총장을 지휘하는 사람 포테라 박사에게 이메일을 보냈다. 앨라배마 주립대학교는 4개가 있는데 포테라 박사가 이들 전체 인사를 담당했다.

그는 일전에 나에게 도움을 받은 적이 있었다. 앨라배마에 현대자동차 공장을 유치할 수 있도록 간접적으로나마 협조했던 것이다.

메일의 내용은 이랬다.

"지금의 앨라배마가 한국, 중국, 일본과 교류하면서 산업발전을 이루게 된 것은 로벨 교수가 있었기 때문에 가능한 일이었습니다. 이는 포테라 박사도 잘 알 것입니다. 그리고 누가 뭐라고 해도 내가 그분을 잘 압니다. 그가 일반 교수와 달라 주위에서 외면당했다면 그건 그의 학문 특성상 그랬던 것이지 굳이 다른 이유가 있어서는 아니었습니다."

그 길로 첸슬러는 긴급 이사회를 열었다. 그리고 로벨을 Emeritus Professor 즉, 대학교에서 교수에게 은퇴했을 때 주는 큰 명예 직함으로 승격하여 통과시켜 주었다. 그 덕분에 로벨의 장례식을 학교장學校葬으로 치를 수 있었다. 그 소식에 기쁜 마음으로 직접 로벨의 그동안 공로를 작성해서 미국으로 보냈다. 정리해 보니 3~4페이지나 되었다. 그들은 내가 보낸 메일을 인쇄해 장례식에서 낭독해주었다.

내가 그 식장에 참여하지 못한 게 안타까웠다. 로벨의 묘는 그의 매제에 의해서 고향인 인디애나주에 있는 부모님과 동생의 묘 옆에 안치되었고, 나는 그 해가 지나고 2년 뒤에야 아내와 같이 그의 묘에 갈 수 있었다. 그곳에서 그가 죽기 전에 살던 집과 전 재산을 학교와 지역사회에 기증했다는 이야기를 들을 수 있었다.

그리고 사람

나는 나에게 오는 사람은 막지 않는다. 떠나는 사람도 잡지 않는다. 동양 사람이든 서양 사람이든 연이 이어진다면 끝까지 같이 하고 싶은 것이 내 고집이다. 그런 탓에 한국의 친구들만큼이나 외국 친구들이 많다.

앨라배마 주립대학 이사장이었던 포테라 박사가 얼마 전에 은퇴했다. 그렇지만 그와의 인연은 계속되고 있다. 얼마 전 첸슬러 내외가 한국을 방문했을 때 부부동반으로 식사를 같이 하기도 했다. 그리고 그가 일산 킨텍스에서 국제 자동차 쇼 개막식 스피커speaker로 나와 자리를 빛내주었다.

그런가 하면 박근혜 대통령이 취임 후, 미국을 방문했을 때 로스앤젤레스에서 그를 저녁 만찬에 초청할 정도로 친한파로 인정받고 있기도 하다. 현재 미국의 스크린도어 사업을 진행하는 과정에서 금융문제를 돕겠다고 할만큼 소중한 인연이다.

"자기 일생에 친구가 많지만, 50년 지기 친구는 2~3명뿐이고, 그중의 하나가 너다."

로벨이 나에게 말했었다. 그만큼 그는 나를 좋아했다.

그가 한국에 왔을 때 그 친구에게 목욕을 같이 가자고 한 적이 있다. 그를 사우나 장에 데리고 들어갔는데 그 안에서 사람들이 속옷 한 장도 없이 전부 벗고 있는 것을 보고, 그 친구가 당황해 했던 기억이 떠오른다. 미국에서는 혼자서 샤워할 때를 제외하고는 탈의를 잘 하지 않는다. 사우나장에서도 수영복을 입는 것이 보통이다. 이들에게 다 벗는다는 것은 신뢰를 의미했다. 그래서 꼭 그런 것은 아니었겠지만, 가끔은 그런 계기가 우리의 신뢰를 두텁게 해준 것은 아닌가 해서 웃곤 한다.

2

나와 가족을 돌아보다

신앙을 갖다. 그리고 유학을 준비하다.

내가 창원 공장을 지을 때까지만 해도 꿈에 부풀어서 아내가 뭐라고 해도 듣지도 않았었다. 현대양행의 이름으로 안양, 군포, 창원까지 공장을 연달아 지어냈다. 그러나 그렇게 지칠 줄 모르고 질주하기만 했던 직장생활은 13년 만에 고비를 맞는다.

창원공장지금의 두산중공업을 완공하지 못하게 된 것은 큰 상처가 되었다. 현대양행의 후신인 한라그룹 재건을 위해서 인천조선소 준공 현장을 뛰어다니면서도 마음 한편이 퀭하기만 했다. 그리고 일이 전처럼 재밌지 않았다. 조선소 준공 또한 의미 있는 사업이었지만, 그 규모로 따지면 창원공장과 비교가 불가했고, 나의 전문 분야가 아니었기 때문에 의욕이 전과 같지 않았던 것이다. 그래서 그런지 일이 어느 정도 마무리되어갈 즈음 내 몸에서 신호를 보내기 시작했다. 여기저기 아프지 않은 곳이 없었다. 그런데 더 문제는 나만 아픈 것이 아니라는 것이었다.

내가 일에 전념한 세월만큼 나의 가족은 남편과 아버지를 '일'에 빼앗겨지냈다. 그런 가정은 내가 아픈 것보다 더 아프게 보였다.

결혼하자마자 무역부에서 현대양행 안양공장 현장으로 자리를 옮겼다. 그 때문에 아내는 신혼의 단꿈은 꿔 보지도 못한 채 남편이 부재중인 집에서 홀로 지내야 할 때가 많았다. 안양에서 야간 근무를 하고 서울까지 되돌아온 남편은 늘 피곤해 보였고, 안타까워 보였을 것이다. 한편으로는 새신부로서 그런 남편이 원망스러웠을 것이다.

안양 공장을 마무리한 후에도 군포 공장 건설을 위해서 바쁜 나날을 보내야 했다. 어떻게 보면 자처한 일이기도 한데, 1년에 8개월씩 선진 기술이 있는 곳이라면 어디든 돌아다니면서 기술을 배우러 다녔다.

첫째 아이 출산 때는 아내를 장모님에게 부탁하여 병원에 입원시키고, 해외 출장을 가야 했다. 큰 아이는 아들이었고, 우리 집안의 대를 이어줄 장남이었다. 아버지, 어머니께서 살아계셨다면 무척이나 기뻐하셨을 일이고, 귀한 손주 대접을 받았을 것이다. 뿐만 아니라 난생처음 아이가 생겨 '아빠'가 되는 순간은 얼마나 경이롭고, 기쁜 순간인가. 그런데도 공장건설을 제대로 해야 한다는 게 우선이 되었다.

둘째가 태어날 무렵에도 출장 중이었다. 그런 중에 어느 날, 아침 일찍부터 아내에게서 '배가 아프다. 진통이 오는 것 같다. 아기가 곧 나올 것 같다.'라는 긴급 연락이 왔다. 안양에서 국민주택 12평에 살았을 때의 일이다. 집에는 다섯 살배기 아들과 아내 혼자인데 어찌할 바를 몰랐다.

비행기 시간도 정해져 있었고, 해외 스케줄이 모두 정해져 있는 상태였다. 그래서 다급한 마음에 옆집에 사는 직원 부인에게 부탁했다. 다행히 그분과 연락이 잘 닿아서 아내가 늦지 않고 병원에 갈 수 있었다는 소식을 듣고 겨우 안도의 숨을 쉬었다. 그런 와중에도 나는 주어진 일정을 소화하느라 분주했다. 아내는 딸을 낳았다고 했고, 나는 '수고했다.'고 전했다. 그때는 집에 전화가 없어 연락을 직접 할 수가 없었다. 편지 몇 통을 부치면서 안부를 묻는 것이 전부였던 것이다. 모녀가 안전하고 건강하다는 소식을 들으니 다시 일에 전념할 수가 있었다.

그리고 두 달 후에야 집에 돌아올 수 있었다. 문을 열자 큰아이가 먼저 눈에 들어온다. 그런데 아이는 오랜만에 아버지를 보는데도 반기지 않고 대면대면이다. 아내는 둘째 아이 수유 중인지 얼굴은 보이지 않고, 방에서 "당신 오셨어요?" 라는 말만 할 뿐 얼른 얼굴을 내비치지 않는다. 나는 아들을 번쩍 안아 올려보고는 "우리 아들 그새 많이 컸네?" 말하며 조금 서운해진 마음을 위로해 본다. "허구한 날 출장인데 아이가 언제 봤다고 아버지 얼굴을 기억하겠어요?" 아내가 예전에 했던 말이 생각난다. 그리고 나서 둘째가 궁금해서 안방을 들여다보았다.

'딸이라니 어떨꼬?'

아내는 수유를 막 끝냈는지 안고 있던 딸아이를 내 팔에 안겼다. 막 낳은 아기 얼굴만 생각하고 와서 그런지 아이는 생각보다도 많이 커 있었다.

"얘가 둘째야?"

아직 둘째 아이 얼굴이 낯설어서 반가운 인사를 그렇게 했다. 그러나 아내는 아빠도 없이 낳아서 이름도 지어주지 못하고 있었는데, 아이를 보자마자 한다는 인사와 남의 자식 보듯 하는 남편의 태도가 미웠는지 무척이나 섭섭해 했다. 그리고 나는 두 달 만에 만났음에도 불구하고 그날 밤새 아내에게 이해를 구해야 했다.

나는 일을 좋아했다. 일선에서 만나는 사람들도 좋아했다. 그래서 그런지 일요일이라는 개념도 없었고, 요즘 말대로 월, 화, 수, 목, 금, 금, 금을 당연하게 생각한 것이다.

앞에서도 이야기했듯 나는 유교적 사상이 뿌리 깊은 가정에서 태어나고 자랐다. 그것은 교육적인 면에서 충분히 가치가 있지만 현대식 가정과는 맞지 않는 면도 있었다.

우리 부모님 시대에는 어머니들이 학교의 신식 교육을 받고 자라기보다 가정에서 유교적인 교육만을 받다가 결혼한 경우가 대부분이다. '남편은 하늘이고, 부인은 땅이다.'라는 말은 원래 그런 의미가 아니었겠지만, 남편의 권위를 상징하는 말이 되었고, 아내가 남편에게 희생하고 복종하는 것을 당연하게 만들었다. 우리 어머니 또한 아버지의 뜻을 늘 하늘같이 여기시고 그 뒤를 조용히 따르셨다. 이런 어머니 아래에서 성장해온 남자들은 그게 여자의 마땅한 도리라고 생각했고, 결혼하게 되면 당연히 그런 가정이 꾸려질 것으로 생각하는 것이 일반적이었다. 나도 그때는 그랬던 것 같다.

'가정이 편해야 모든 일이 잘된다.'는 말 또한 어려서부터 숱하게 들어온 말이지만, 이는 가화만사성家和萬事成이기보다 수신제가치국평천하修身齊家治國平天下를 뜻했고, 그 말뜻 속의 아버지는 권위적이었다. 나 또한 가정의 일을 내 중심으로 풀어나가려 했다. 그러나 내 시대에서는 가부장적인 것과 가정이 편한 것과는 거리가 멀다는 것을 뒤늦게 알게 되었다. 정말 '가정이 편해야 모든 일이 잘된다.'는 말대로 가정은 앞자리에 와야 했다.

문득 돌아보니 우리 가정은 정반대였다. 나는 사회에서 인정을 받고, 쭉쭉 앞으로 뻗어 갈 일만 남은 것 같은데, 그런 나와는 달리 가정은 늘 불안했다. 아이들은 잦은 출장 때문에 나를 잊었고, 잦은 이사 때문에 늘 전학 다니느라 지쳐 있었다.

'조선소가 완공되고 나면 곧 수주를 위해서 또다시 뛰어다녀야 한다. 그런데 나는 조선 전문가도 아니지 않은가?'

그 어떤 준비된 것도 없이, 갑자기 다른 업체들의 전문가들과 경쟁을 해야 한다는 것은 엄청나게 부담스러운 일이 아닐 수 없다. 물론 성공확률은 낮을 것이고, 회사는 나 때문에 손해를 볼 것이다. 그리고 이미 계산이 뻔한 일에 내 소중한 시간을 낭비하고 싶지 않다는 생각을 하게 된다. 개인적으로나 회사 차원에서나 획기적인 변화가 필요했다.

그동안, 나 자신뿐 아니라 임직원들에게도 항상 입버릇처럼 하던 말이 있다.

"내가 여러분의 책임자로서 여러분의 앞길을 막는 사람이 되고 싶지는 않습니다. 여러분을 더 이상 지도하고 가르칠 수 없는 순간이 온다면, 나는 지체 없이 모든 것을 내려놓고 떠나겠습니다."

'나는 내 약속을 지킨다. 그러나 그 돌파구로 이직을 택하지는 않을 것이다.'

이미 30대에 '전무'라는, 책임 있는 자리까지 오른 이상 경쟁회사로 자리를 옮길 수도 없는 처지였다. 설사 그런다 하더라도 상황은 변하지 않을 것이다. 바쁘기만 하던 내 인생엔 '쉼'이라는 브레이크가 필요했다. 그리고 그 속에서 새로운 전환점을 마련해야 했다.

"이제라도 어릴 때부터 꿈꿔오던 유학의 길을 걸어보는 것은 어떨까? 너무 늦은 나이일까? 그러기엔 내가 너무 멀리 와버린 것은 아닌지……."

자기 위안에서인지는 모르겠으나 그런 생각을 하면 할수록 마음이 편해지고, 즐거워지는 것은 웬일인가. 그리고 점점 "그래, 한 번 도전해 보는 거야."라는 생각이 굳어지기 시작했다. 그러나 단순히 그런 기분 때문에 그렇게 중요한 문제를 쉽게 결정할 수는 없었다. 이제야 비로소 한 가정의 가장으로서 제대로 눈을 뜨기 시작했기 때문이다. 이제 더 이상 가족들에게 철새 같은 삶을 강요하고 싶지 않았다.

유학을 간다는 것 또한 '이방인'이기를 자처하며 새로운 환경에 적응해야 하는 커다란 과제를 품고 있는 것이다. 바뀌는 것이 있다면 가장인 내가 그들과 늘 같이 하리라는 것. 그것만이 달라지는 것이다. 모두가 지쳐있는 가정에서 또 다른 나의 도전이 가능할까? 내 욕심 때문에 가정을 돌이킬 수 없는 수렁에 빠뜨리고 싶지는 않았다. 그래서 유학으로 마음이 기우는 것을 느끼면서도 최종 판단을 보류한 채 주저하고 있어야 했다.

어디에 애기할 수 없는 답답함이 밀려왔고, 정말 이 시점에서 어떤 결정을 내려야 좋을지 막막했다. 그때부터 '기도'란 걸 하기 시작했다. 그 방법은 몰랐지만, 내 간절한 마음은 두 손을 모으게 했고, 알 수 없는 누군가를 향해 이야기하게 했다.

"하느님, 하느님이 계시면 대답해 주십시오. 제가 지금 생각하는 것이 올바른 방향입니까? 제가 생각을 잘못하고 있다면 제가 가야 할 길을 가르쳐 주십시오."

출근 시간이면 기사가 동행하는 차 뒷좌석에 앉아서 운전기사가 들을 수 없는 조용한 목소리로 기도인지 뭔지 모를 독백을 했다. 그런 간절함을 누가 들어서 흐트러질까 봐 온 정성을 다해 마음속으로 하느님을 불러보았다. 종교를 가져본 적은 없지만, 하느님이 진정 존재하여 내 얘기를 들어주길 바랐다.

그렇게 매일 아침 출근 시간마다 마음의 기도를 중얼거린 지가 어느새 한 달 정도 되어갈 무렵이었다. 어느 날 아침, 여느 때처럼 출근 준비를 하고, 집을 나서려는데 아내가 뒤에서 불러 세운다.

"여보, 나 성당에 가서 교리공부를 하면 어떨까?"

깜짝 놀랐다. 그리고 말갛게 나를 바라보는 아내의 눈을 보고 있자니 내가 매일 기도하는 모습을 들킨 것 같은 기분마저 들었다.

"그래, 당신이 그러겠다면 나야 대찬성이지!"

아내는 내가 놀란 것도 모르고, 대답이 떨어지자 너무 반가워했다. 잘 알고 지내는 이웃 아주머니가 성당에 다니게 됐는데 아내에게 예비자 교육을 함께 받아보자고 했단다. 과연 나의 기도가 하늘과 통했는지 하느님은 그 답으로 아내를 성당으로 이끄셨다. 그날 아침, 운전기사는 오랜만에 밝아진 내 얼굴을 보았을 것이다.

1982년 8월, 아내는 6개월의 천주교리 공부를 마치고, 영세를 받게 되었다. 그런데 세례식을 앞둔 어느 날, 신부님이 아내를 통해 나를 조용히 불렀다.

"바깥분은 부인께서 천주교 신자가 되는 것을 어떻게 생각하십니까?"

"…… 네, 물론 찬성합니다."

무슨 문제가 있나 싶어서 조금 걱정스럽게 그렇다는 대답을 했다.

"그런데 본인이 영세를 받는 것을 어떻게 생각하십니까?"

"네, 영세요? 물론 저도 받고 싶습니다. 그렇지만 지금은 때가 아닌 것 같아요. 영세를 받으려면 교리 공부를 해야 한다고 들었습니다. 그런데 저는 아직 아무것도 모릅니다. 회사 일이 바빠 성당에 자주 나오지 못해서 그러니 이해해주세요. 나이 더 먹어 은퇴하면 꼭 교리 공부도 하고, 성당에 빠지지 않고 다니도록 하겠습니다."

"그렇지만 형제님, 두 분 중에 한쪽만 성당에 다니고 다른 한쪽이 다니지 않으면 가정이 화목하지 않은 경우가 많습니다. 그러길 바라세요? 이번 기회에 두 분 다 영세를 받으시고, 가족 모두 성당에 열심히 다니는 것이 더 좋을 것 같은데요."

신부님은 여전히 자상한 미소로 나를 깊이 바라본다.

"앞으로 성당에 열심히 나오겠다고 약속만 하세요. 그리고 꼬마들 둘하고 해서 가족 네 분 모두 영세를 받으세요."

"정말 저는 아무것도 모르는데요."

"약속만 하세요."

"그렇다면 열심히 나오겠다고 약속은 못 해도 노력하겠다는 약속은 드릴 수 있습니다."

"그것으로 좋습니다. 나는 보면 알아요."

그렇게 1982년 8월 15일, 우리 가족 네 명 모두가 성당에서 영세를 받게 되었고, 다시 태어나는 계기를 마련하게 되었다. 그다음부터 나는 미국을 가거나 파푸아니아 정글로 출장을 가더라도 토요일이면 반드시 현지 숙소에서 성당의 위치와 미사 시간을 알아두었고, 신자생활을 게을리하지 않았다.

가톨릭 신자생활 33년, 지금은 가톨릭 의과대학 이사장으로 계신 박신언 몬시뇰께서 나의 가정을 구하고, 새로운 삶의 길을 열어주셨다.

우리 가족은 이전보다 한층 마음의 안정을 찾아가기 시작했다. 그러나 그 후에도 아직 나의 노력이 부족하다는 것을 깨우친 사건이 있었다.

아들이 중학교에 입학한 해의 일이다. 담임선생님이 부모님을 모시고 오라고 해서 아내와 함께 직접 학교를 찾아간 적이 있다. 그동안 아이들 일은 아내가 모두 담당하고 해결해 왔기 때문에 내가 아이의 학교를 방문하는 것은 정말 오랜만의 일이었다. 아니 그동안 그런 일이 전무했다.

학교를 찾아가 자리에 앉자마자 담임선생님이 말을 꺼낸다.

"아버지는 이렇게 훌륭하신데 아드님은 왜 그런지 모르겠습니다?"

좋은 일로 학교에 온 게 아니란 것은 알고 있었지만, 막상 그런 얘기를 들으니 갑작스럽고, 당황스럽다.

"무슨 일입니까, 선생님? 아들이 무슨 잘못이라도 했나요?"

그러자 담임선생님이 지난 일화를 이야기하기 시작한다.

그때가 겨울이었다. 중학교는 11월부터 교실에 난로를 설치했지만, 바깥 기온이 영하로 내려가야만 실제로 불을 땔 수 있었다. 그때는 연료가 귀했기에 당연한 조치였다. 그런데 영하로 내려가지 않은 날씨임에도 불구하고 12시 점심시간만 되면, 전교의 난로가 일제히 켜졌다는 것이다. 학생들이 도모해서 벌어진 일이었다. 선생님들이 깜짝 놀라서 제재하려 했지만 속수무책이었다. 알고 보니 그 일의 주동자는 고작 중학교 1학년이었던 내 아들이었다. 아이는 점심시간만 되면 운동장 중앙에 나가서 손짓으로 지시를 했고, 그러면 전교의 난로가 켜졌다.

13살 난 아이가 전교 학생들의 마음을 하나로 모으다니 마음 한쪽으로는 대단하기도 하고 기가 막히다가도 그 방향이 학교에 큰 폐를 끼칠 정도로 무모하다는 것에 걱정이 되었다. '이놈을 어떻게 해야 하나?'하고 잠시 오락가락하고 있는 사이, 담임선생님이 이야기를 끝마치고 아들의 성적표를 내밀었다. 성적은 급하게 사선을 그은 듯 바닥을 향하고 있었다. 초등학교 들어갈 때까지만 해도 반장을 했던 아이였다. 뭐 도와준 것 없이 잘 자란다고 걱정 없던 마음이 덜컥 불안해졌다.

아들은 아버지의 일 때문에 국민학교초등학교의 옛말를 다니는 6년 동안 10번이 넘는 전학을 다녀야만 했다. 너무 여러 군데 전학 다니다 보니 아이도 텃세를 느꼈을 것이다. 그 때문인지 본능적으로 사람들이 자신에게 집중하게만들기 위해 특이한 행동을 하거나 이슈가 될 만한 모의를 했던 모양이다. 그때 행동들은 긍정적이지 않았다. 그제야 내가 바쁘게 돌아다니느라 아이들의 환경을 살피지 못했다는 것을 다시 한 번 깨닫게 되었다.

모든 것의 원인은 '나'임에도 불구하고 속상한 마음에 그날 저녁 아들을 크게 혼냈다. 때리면 때릴수록 아이의 눈에는 독기만 들어가지 설득이 되는게 아니었다. 이런 모습을 멀찌감치 보고 있던 아내가 말했다.

"당신 집안의 장손이니 당신이 알아서 해요."

아내는 그 말만 하고, 더 이상 참견하지도 않았다. 그렇게 오랫동안 누누이 이야기했는데 이제야 알았느냐는 것 같기도 하고, 이제라도 알았으니 다행이라고 말하는 것 같기도 했다. 그 말이 맞았다. 그 말에 곰곰이 생각해 봤다. 아버지와 어머니께서 나를 어떻게 키우셨는지 머리에 스쳐 지나갔다. 그렇지만 아이를 어디서부터 가르쳐야 할지 막막했다.

방법은 그동안 비웠던 아버지의 자리를 찾는 일에서부터 시작해야 했다. 그러나 현재 상태의 회사 사정으로는 가정에 충실한 아버지 역할을 하기가 불가능한 일이었다.

나는 '최선'을 향하여 생각해보고 또 생각해보았다. 잠시 직장의 책임을 벗어나 유학길에 올라 아이들 곁에서 나 자신이 학생으로서 모범을 보여준다면 가능할 것 같다는 생각이 또다시 머리를 스친다. 유학을 가려던 나의 꿈과 아이를 옆에 두고 모범을 보인다는 것이 일치하고, 인생에서 도전해볼 만한 가치 있는 기회가 될 거라는 판단이 섰다.

3

가족과 떠난 유학길

가족과 함께 유학길에 오르다.

유학에 대해서 고심하고 있던 어느 날 아침, 미국인 친구 로벨이 우리 집을 방문하게 되었다. 그는 2년에 한 번은 반드시 아시아를 들렀다. 그리고 일본, 한국, 대만, 중국을 거쳤다. 내가 결혼하고, 아이가 자라는 사이에도 그는 한국에 들르면 꼭 우리 집에 머물렀다. 지저분한 목침대가 있던 금호동 총각 때부터 애들이 국민학교 다닐 때까지 우리 집에 드나들었으니, 그 친구는 우리에게 가족이나 다름이 없었다. 그래서 아이들은 그를 '엉클 론'이라고 부르거나, 그냥 '론'이라고 부르면서 친삼촌처럼 친근하게 대했다.

"로벨. 내가 지금 나이가 좀 들었지만, 지금이라도 유학을 가면 공부할 수 있을까?"

내가 유학에 대한 꿈을 품고 있었다는 사실을 알고 있었지만, 일이 재밌어서 생각지도 않고 완전히 접고 있는 줄 알고 있던 그 친구는 이 얘기를 듣자 '너, 웬일이냐?'라는 표정을 지었다.

"너무 바쁘게 앞만 보고 산 것 같아. 우리 가족들도 지친 것 같아서 말이야. 주위를 환기한다는 의미도 있고, 가족이 함께 유학을 가면 어떨까? 하고 생각하고 있는 중이야."

"음, 좋은 생각이야. 넌 일 중독자였어. 그런데 정말 일 그만두고 다녀와도 되겠어?"

"일이야 얼마든지 다시 구할 수 있지만, 가족은 아니잖아."

로벨은 충분히 이해하겠다는 표정이다.

"그런데 말이야. 내 영어 실력으로 가능할까? 유학을 가게 되면 대학원 과정을 밟고, 논문도 써야 할 텐데……."

"물론, 가능하고말고. 너 정도면 충분해. 미국에선 흔한 일이야. 대학원생 40%가 직장을 다니다가 오는 경우고, 그중에 중년도 많아."

그의 말에 힘이 났다. 그리고 더 구체적인 계획을 짜봐야겠다고 생각했다. 로벨이 돌아가고 나서 나는 마음속으로 정한 것을 드디어 아내와 상의해 보기로 했다. 아직 결정되지 않은 일을 아이들이 듣고 지레짐작할 것 같아서 아이들이 모두 잠든 밤에 아내에게 말을 걸었다.

"우리 같이 미국 갈까? 가서 일하는 게 아니고, 애들이랑 공부해볼까 하는데 당신 생각은 어때? 시기는 인천조선소가 완공되는 내년 1983년 가을 학기 정도로 생각 중이야."

아내는 그게 무슨 말인지 못 알아듣는 것 같다가 유학 절차나 이사문제 등의 구체적인 계획을 덧붙이자 그냥 뜬금없이 하는 이야기가 아니라는 것을 알아챘다. 처음엔 늘 혼자 다니던 출장을 여행차원에서 같이 가자는 말인

줄 알았는데 '일을 그만두고, 가족 모두 미국에 가서 공부하자.'는 말이 나오자, 듣고 있던 눈빛이 달라졌다. 아내는 내가 언행일치하는 것을 잘 알고 있었고, 그 점만은 존중해 주어왔기에 지금 아내 자신의 결정이 중요하다는 것을 눈치채고 있었다. 근심 반, 희망 반으로 듣고 있던 아내는 "그래, 우리 미국 가서 집안을 좀 더 단단하게 추슬러봅시다."하고 '우리'에 악센트를 넣으면서 대답했고, 약간 상기된 표정이 되어 있었다. 아내와 나 사이에 소기의 목표가 생기자, 그 밤에 쉽게 대화가 끝나지 않았다.

그렇게 너무 오래 두런거린 탓일까? 어느새 아들이 깨서 안방문에 귀를 대고 우리가 하는 말을 밖에서 엿듣고 있었던 모양이다. 아들은 동생 방으로 들어가, 자는 아이를 깨우더니 우리가 곧 미국을 간다면서 호들갑을 떨었단다.

로벨이 미국으로 돌아가기 전에 자기가 도착하면 입학 신청서를 보내주겠다고 했다. 그 친구가 교수로 있는 앨라배마 주립대학 쪽이 학비가 싸다고 했다. 우리 가족 모두가 유학을 가려다 보니 학비 문제가 아주 중요했다. 공부는 내가 하기 나름이므로 꼭 명문대학이 아니어도 되었다. 더구나 아무 연고가 없는 곳보다는 친구가 교수로 있는 대학으로 가는 것이 가족들에게도 적응하기가 더욱 편할 것 같았다.

친구가 곧 서류를 보내왔다. 서류 내용을 보니 TOEFL과 GRE 시험성적이 필요했다. 큰일이었다. 그때까지 TOEFL과 GRE 공부를 해본 적이 없었다. 그런데 자존심과 체면이 있어 차마 친구에게 그런 이야기는 할 수 없었다. 어떻게든 시험을 치러야 하는 상황이다. 그래서 관련 서적을 사서 틈틈이 공부하기 시작했다.

그렇게 1년을 준비했다. 시험 보는 날, 내 차를 운전하는 기사에게 서울이 아닌 부평에 데려다 달라고 했다. 그리고 부평역 앞에서 내려 시험장까지는 택시를 탔다. 서울 소재 시험장에서 아는 직원을 마주치기라도 하면 소문이 날 것 같아서였다. 부평에 가서도 혹시나 하는 마음에 주변을 둘러보면서 안심한 후에야 시험에 임할 수 있었다. 다행히도 시험은 무사히 통과하게 되었다.

그러나 해결해야 할 문제는 이것뿐이 아니었다. 유학을 가려면 조선소 일이 마무리되는 대로 사표를 내야 하는데, 나를 철석같이 믿고 있는 정인영 회장에게 아무 대안 없이 그만두겠다고 할 수가 없었다. 부디 새로 지은 조선소를 원만하게 운영하실 수 있도록 경영과 영업을 책임져 줄 사람을 구색 있게 구성해 두어야 했다. 그래서 우선 정인영 회장이 해외 출장을 떠날 때마다, 나 대신 나와 함께 수고해온 다른 참모들이 차례로 수행할 수 있도록 했다. 그런 뒤에는 회장이 그들을 어떻게 평가하는지 귀담아들으면서 적합한 참모들이 가까이 모시도록 조치했다.

그러던 와중에 1983년 봄, 하늘이 도왔는지 어느 날 울산 현대중공업에서 조선 본부장을 하던 홍석의 부사장이 서울로 발령을 받아 현대그룹 계동사옥에 와서 근무한다는 소식을 접하게 되었다. 그 즉시 계동사옥으로 달려가서 홍 부사장을 만났다. 그는 울산 현대중공업 이전에 현대건설에서 근무했고, 현대자동차에서도 품질관리를 담당하였기 때문에 나와는 현대양행 안양공장 자동차부품 생산을 맡을 당시부터 서로 잘 알고 지내던 사이였다.

"아니 조선 경영의 영웅호걸께서 웬일로 서울에 와서 칩거하고 계십니까?"

"정주영 회장께서 나보고 지쳐 있으니, 좀 쉬라 하시기에 이렇게 올라와 쉬고 있지!"

나는 속으로 '옳다, 마침 잘 되었다!' 외치고는 하소연을 털어놓기 시작했다.

"홍 부사장님, 아시다시피 저는 팔자에도 없는 조선소를 짓고 있는데 아직도 모르는 게 너무나 많습니다. 여기서 이러지 마시고 바람이나 쏘일 겸, 함께 인천으로 가셔서 저에게 한 수 가르쳐 주세요. 점심은 제가 부둣가 횟집에서 거하게 대접하겠습니다."

그랬더니 그렇지 않아도 앉아만 있는 것이 답답하다던 부사장은 신바람이 나서 나를 따라 나선다.

마무리되어가는 조선소 현장에 도착한 홍 부사장은 물고기가 제물을 만난 듯 아주 기분이 좋아서 "여기는 이래야 되고, 저기는 저렇게 보완하면 더 좋지 않은가?" 하면서 현장을 둘러보았다. 과연 그 한 마디 한 마디가 조선 전문가다운 조언들이었다.

나는 일이 되게 하려고 점심을 먹으며, "홍 부사장님, 서울로 전근 오시면서 한라그룹의 정인영 회장님께 인사를 드렸습니까?" 하고 물었다.

"아니, 그래야 하는 거야?"

"아, 물론 당연하지요. 우리 현대그룹에서 두 번째 어른이지 않습니까?"

그래서 홍 부사장은 다음 날 아침, 우리 한라건물을 예방하기로 약속했다. 나는 그와 헤어져 사무실에 돌아오자마자 한라해운 김명준 사장을 찾아갔다. 그리고 홍 부사장의 근황을 알리면서, 앞으로 인천조선소를 맡길 최고 경영자로 추천하였다.

"그럼 조선소가 완공되어 홍 부사장이 맡으면 유 전무는 뭘 하려고?"

"나의 개인 문제보다는 회사가 잘 되는 길이 우선 먼저가 아니겠는가?"

"하기야, 자네 말이 맞네만……."

"자네가 내 생각해주어 고맙네. 내일 홍 부사장이 방문하면 김 사장이 회장님께 안내하여 인사를 드리도록 해 줘. 내가 참석하면 두 분 모두 그런 대화 나누기가 자유롭지 않을 터이니 말일세."

그리하여 홍 부사장은 초대 인천 한라조선소 사장으로 취임하게 되었다. 그 후로는 홍 사장이 나의 참모들과 자연스럽게 업무 연결이 되도록 지원하면서 한편으로는 틈틈이 유학준비를 해나갔다. 홍 사장은 예상보다도 더 빠르게 업무를 터득하고 추진해 나갔다. 그러자 이제는 참모들의 보고 순서에 내가 끼어 있어 절차가 복잡해지고 비효율적으로 느껴지게 되었는데, 그것이 홍 사장이 취임한 지 불과 3~4개월 만의 일이었다. 자연스럽게 떠날 때가 된 것이다. 그리고 앨라배마 주립대학으로부터 산업공학과를 지망해서 입학 허가를 통지받은 상태였다. 나는 이미 엔지니어로서 전무직위 경영자에 올라 일했기 때문에 기계공학 분야로 석사학위를 따는 것은 적당하지 않아, 경영자로서 폭넓은 안목을 갖기 위해 산업공학과를 지망하게 되었다.

그것을 공표하기 위해서 적당한 날짜와 장소를 알아보았다. 그리고 비서를 통해서 한라 중역들에게 몇 날 몇 시에 ○○장소로 저녁을 초청한다는 메시지를 보내 참석해 달라고 부탁하였다. 그리고 그날이 되어 홍 사장에게는 "오랫동안 정인영 회장님을 뵙지 못했고, 오늘은 개인적으로 회장님께 보고할 것도 있고 해서 먼저 서울에 가겠습니다." 하고 보고하고는 정해진 시간보다 일찍 길을 나섰다.

참으로 몇 개월 만에 정인영 회장과 독대를 하게 된 자리였다. 사실 회의 때 종종 만났지만, 그동안 별다른 대화를 나눠 본 적이 없었다. 모두가 함께하는 자리였고, 그 자리에서 홍 사장이 중심을 잡아야 했기 때문에 나는 나서지 않고 참관자 노릇만 하려고 노력했다. 회장 역시 홍 사장의 보고 체계를 확립하기 위해서 지적 사항이 있으면 참모들 앞에서 나를 꾸짖고, 채근했는데 그 또한 별말 없이 경청할 뿐이었다.

회장은 오랜만에 나와 단둘이 자리를 같이하게 되자, 무척 반가워했다. 그동안 회의에서 보여준 분위기와는 사뭇 달랐다.

"회장님, 개인적으로 보고할 일이 있어서 찾아뵈었습니다. 그동안 조선소도 완공되고, 홍 사장께서 전문경영인으로서 완벽하게 일 해나가시니 저의 참모들도 홍 사장님을 잘 따르고, 회사 차원에서는 이보다 더 다행일 수 없습니다……. 이제 제가 할 일은 다 한 것 같습니다. 그리고 이제부터는 회장님을 떠나 제가 개인적으로 꿈꿔왔던 일을 하고자 합니다."

그런 폭탄발언에 좀 전까지도 만면에 희색이던 회장의 얼굴이 돌처럼 굳는다. 그리곤 내가 집무실로 들어오기 전까지 보고 있던 신문을 다시 찾아 들어 그 속에 얼굴을 묻고, 아무 말을 못 한다. 문득 회장님을 처음 뵀을 때가 떠올랐다. 점점 가슴이 먹먹해져 왔다.

"그래 어디로 간단 말이야?"

회장은 신문 너머로 어렵게 이야기를 꺼냈다.

"네. 공부가 하고 싶어 유학을 떠나렵니다."

"자네가 그 나이에, 그 직위에, 유학을 간다면 누가 믿겠어?"

"아니 사실입니다. 추호도 거짓말이 아닙니다."

회장은 내 얘기를 핑계로 받아들이는 것 같았다. 그래서 회장님에게 그동안 이야기하지 못했던 어릴 때부터의 꿈이며, 그것이 불발된 사연과 유학을 계획한 경위에 대해 자세히 풀어놓았다. 그러나 어색해진 분위기는 다시 돌아오지 않았다.

"회장님, 그동안 가르쳐 주시고, 키워 주신 은혜, 평생 잊지 않겠습니다. 감사합니다."

그 말을 하고 나니, 어르신과의 오랜 정 때문인지 금세라도 눈물이 나올 것만 같았다. 나는 더 이상 뒷말을 잇지 못하고, 얼른 자리에서 일어나 회장에게 목례만 하고 나와 화장실로 뛰어들어가야 했다.

저녁이 되자, 약속했던 모임에 하나둘 사람이 모이기 시작했다. 한라그룹 중역들만을 모아 부른 자리였고, 그 또한 오랜만의 일이었다. 술잔이 돌고, 기분 좋게 노래도 하면서 모두 자리를 즐겼다. 충분한 시간이 흘러 파장할 즈음에 모두를 주목시켰다. 그리고 본론을 꺼냈다.

"오늘, 회장님을 만나서 사의를 표했습니다. 저는 이제 공부를 더 하려고 곧 미국에 갑니다."

20여 명 중 어느 한 사람도 내 얘기를 믿지 않았다. 내가 술에 취해서 하는 농담으로 받아들였고, 돌림노래처럼 그 말이 맞느냐며 물어보기만 수차례. 밤이 늦은지라 그들은 갑자기 어리둥절해진 마음을 다스리지도 못한 채 돌아갔다.

다음 날, 아침부터 울리기 시작하는 전화벨 소리는 끝이 없었다. 하는 수 없이 중역 몇 분들과 남서울호텔지금의 리츠칼튼호텔에서 만나자는 약속을 했다. 그 자리에는 만도 한상량 사장도 동석했다. 그는 그날 아침 정인영 회장이 예고도 없이 만도를 찾았고, "유철진이가 유학을 간다고 한다는데 그 이야기를 정말 믿어야 되느냐?" 하며 의심하던 이야기를 내게 전했다. 그리고 회장이 단단히 오해하고 있는 것 같다며 다시 한 번 찾아가 사실을 분명히 알리고 오라는 것이다. 어떤 중역은 회장님의 충격이 너무 커서 그런 것이니 마음이 좀 진정되면 찾아가는 것이 낫지 않느냐고 의견을 내기도 했다.

그러나 성격이 급한 나는 그 자리에서 정인영 회장 집무실로 달려갔다. 그리고 어제 보고한 내용이 사실이라고 다시 한 번 이야기했다.

"자네, 앉아보게."

그 사이 회장도 여러 가지 생각을 해봤던 모양이다.

"유 전무가 공부하러 가겠다면 도리가 없지. 그런데 자네를 그냥 보낼 수는 없고, 선택권을 줄 거야. 내가 줄 수 있는 방법은 세 가지네. 거기서 한 가지만 선택해. 다른 선택권은 없다는 것을 명심하고!"

회장은 어느 때보다 단호해 보였다.

"첫째는 자네 장래에 중요한 것인데, 현재 상태로 한라그룹에 머무르는 것이다. 둘째, 그동안 여러 가지 일들을 하느라 심신이 지쳐있다는 것을 충분히 이해하기 때문에 샌프란시스코 지점에 가족과 함께 나가서 약 1년여 일하다가 귀국하는 것이다. 끝으로 유 전무가 부득이 공부하겠다면 내가 학비를 지원하고, 공부를 마치면 귀국하여 한라로 돌아오는 것이다."

그 방법 모두, 나를 잃지 않겠다는 메시지였고, 그 마음이 느껴져 감동하지 않을 수 없었다. 나에겐 이미 세 번째가 답이었지만, 그 자리에서 바로 대답할 수가 없었다.

"회장님, 회장님의 사려 깊은 배려에 감사드립니다. 그러나 이 문제는 가족과도 상의해야 하기 때문에 1주일만 생각할 말미를 주십시오."

그 말 한마디에 회장의 안색이 밝아지는 것을 느꼈다.

며칠 후, 회장이 좀 더 편한 마음으로 내 뜻을 받아주길 바라는 마음에서 회장댁을 찾았다. TV도 같이 보면서 사사로운 이야기를 주고받은 지 1시간여가 지나서야 본론을 이야기할 수 있었다.

"회장님, 그동안 여러 가지로 고민하고, 생각하며 가족들과도 의견을 나눠보았습니다. 그런데 결국 제가 선택할 수 있는 것은 유학을 가는 것입니다."

완곡한 태도였고, 회장께서도 어찌할 수가 없다는 것을 아는 듯하다.

"그러면 언제 떠나게 되는가?"

"네, 8월 3일로 항공기 예약이 되어 있습니다."

1983년의 일이었다.

이 책을 읽는 독자는 글을 읽는 내내 '인연'이 얼마나 소중한지를 느끼게 될 것이다. 그리고 인연을 만드는 것만큼이나 그 관계를 이어나가는 처세도 중요하다는 것을 깨닫게 될 것이다. 우리는 언제든 어느 관계에든 오해하고, 상처받을 수 있다. 특히 서로 헤어지게 되거나 가는 방향이 달라질 경우는 더 그러하다. 그것을 어떻게 지혜롭게 해결할 것이냐는 마음의 문제라고 생각한다. 나를 먼저 생각하느냐, 상대방의 마음을 먼저 헤아려보느냐에 따라 '인연'은 다른 형태로 남는다.

1년 반, 미국에서의 생활-새마을운동

1983년 8월, 미국을 갔을 때 우리 가족은 거처할 집을 마련하는 동안 잠시 로벨 집에 머물러 있었다. 우리는 그 친구가 해주는 밥을 먹으면서 지냈다. 그러다가 학교 내에 2 Bed Room 아파트가 괜찮아 보여서 들어가게 되었지만, 전세를 두고 온 압구정 집이 54평이었으니 그곳이 무척 비좁게 느껴진 게 사실이었다. 그 친구가 우리 가족을 협소한 학교 아파트로 옮겨 보낼 때 딸과 아들이 같이 쓰는 방에 이층 침대를 보고서 말은 하지 않았지만, 매우 안쓰러워하는 눈치였다. 나면서부터 독립적인 공간을 갖는 미국의 문화에서 본다면, 그것도 어느 정도 자란 남매가 한 방을 쓴다는 것은 꽤나 신경이 쓰이는 부분일 것이다.

그런데 어느 날, 로벨 교수의 소개로 교내 역사학 교수 중 한 분이 영국으로 1년 동안 편입교수로 가게 됐다며 나에게 집을 맡아달라는 것이다. 자기 집을 그냥 두고 가자니 관리할 사람이 필요했던지 임대료를 싸게 해 주겠다고 한다. 우리는 그동안 가정집에서의 생활을 간절히 원해왔기에 단번에 그러겠다며 수락했다. 그 집은 아파트나 연립 주택이 아니고 전원주택이라서 아주 넓었다. 정원도 넓어서 집 둘레로 차고와 연결된 개인 차로가 둥글게 나 있었다. 집도 있고 차 둘 곳도 생겨 1,500달러짜리 10년 묵은 중고차도 장만하게 됐다.

앨라배마는 미국에서도 보수적이기로 이름난 주였다. 거기다 앨라배마 주립대학은 미국에서 가장 뒤늦게 흑인 학생을 받아들였고, 연방정부 FBI요원이 4년간 신변보호를 하면서 흑인 학생을 졸업시킨 초보수적인 학교였다. 그런데 우리가 이사 간 동네는 앨라배마 내에서도 역사 고적지로서 옛날 집들도 많았고, 젊은 사람들보다는 노인들이 많은 데다 흑인을 찾아볼 수가 없는 백인들만 사는 마을이었던 것이다. 더구나 우리처럼 살빛이 노란 동양인들은 유일무이했다. 우리는 뭣도 모르고 넓어진 환경에 환호하면서 이사를 갔던 모양이다.

아내를 제외하고 나와 애들은 학교에 적응하고, 공부하느라고 정신이 없었다. 낮 3시면 하교하는 아이들을 차에 태워 집에 데려다 주고, 나는 다시 공부하기 위해 학교로 돌아갔다. 정말 열심히 공부했다.

그런데 어느 날 뜬금없이 아들과 딸아이가 다른 곳으로 이사가자는 것이다. 아내도 옆에서 거들었다.

"갑자기 그게 무슨 소리야?"

그 집에 들어간 지 한 달밖에 되지 않았을 때의 일이다. 그 집의 주인은 1년이 지나야 미국으로 돌아온다. 나를 믿고 떠난 교수에게 뭐라고 연락할 수도 없는 상황이었다.

"왜 그러는데? 집에 무슨 일이 있어?"

"집이 아니고 동네가 문제예요, 아버지!"

큰 아이가 먼저 자신의 불만을 토로한다. 학교의 배려로 대학 연구실을 따로 갖게 되었는데, 저녁을 먹고 나면 연구실에 아들을 데리고 가서 같이 공부했다. 그런 생활을 계속했다. 그런 노력 때문인지 아이와 부쩍 친해지고 있었고, 말없던 아이는 점점 자신의 감정이나 생각을 조금씩 털어놓기 시작했다.

"동네 아이들이 우리랑 놀아주지 않아요."

아이들이 일제히 입을 불퉁거리기 시작했다. 그러고는 울먹이면서 하소연을 한다. 동네 아이들은 우리 아이들과 친구를 해주지도 않았고, 마주치면 숨고, 도망을 간다는 것이었다. 옆에 있던 아내도 자기가 동네 사람들을 보면 "Hello" 하고 인사를 해도 동네 사람들은 인사를 받지 않고, 고개를 돌려버린다고 했다. 그 때문에 스트레스가 쌓여 못 살겠다면서 다시 학교 아파트로 이사를 나가잔다.

그 집에 이사를 들어갈 때가 10월이었으니 곧 11월이었고, 동네 가로숫길이 가랑잎으로 뒤덮이기 시작했다. 그날도 가랑잎들을 밟으면서 앞으로 어떻게 해야 할지 고민하고 있었다. '바스락거리는 가랑잎 소리가 한국이나 미국이나' 하고 생각에 젖어있는데, 가랑잎이 정말 인도가 보이지 않을 만큼 많이도 떨어져 있는 것이 지나치다 싶었다. 그런데 이걸 치우는 사람이 아무도 없었다. '이상하다.' 하고 생각하는 찰나 머리에 떠오르는 게 있었다. 그리고 곧장 집으로 달려갔다.

"우리는 새마을운동을 한다! 동네에서 우리보다 젊은이는 빼고 노인들의 집 주변인도와 차도 주변은 학교 가기 전 매일 아침 그리고 학교에서 돌아오면 매일 오후, 아무 말 없이 그 사람들보다 먼저 청소해 주기로 하자!"

아이들은 아침 단잠을 30분 빼앗긴다는 아쉬움에 고개를 저었지만, 왜 그래야 하는지 설명을 듣고는 모두 일단 한 번 해보자는 각오를 다지게 된다. 우리 네 가족은 그 가을 내내 아침에 30분 일찍 일어나서 모두 함께 그 동네 주변의 가랑잎을 다 쓸었다. 우리는 누가 보고 있다는 것을 느끼면서도 일부러 보란 듯이 행동했다. 그곳에 거주하고 있는 대부분이 우리보다 나이가 많았다. 그래서 좀 더 시간적으로 여유가 있었고, 우리가 하는 행동들을 지켜보고 있었다.

그곳 주민들은 동네에 동양인 가족 하나가 이사 들어왔는데 자기 집 마당만 청소하는 게 아니라 이웃집 앞마당이며 동네 거리거리마다 쌓인 낙엽을 치우는 것을 보고 서로 이야기를 했던 모양이다.

그렇게 한 달쯤 됐을 때 우리 동네가 그 일대에서 가장 깨끗해졌다. 주민들도 그 사실을 잘 아는 듯했고, 깨끗해진 동네를 자랑스러워했다. 이제 우리가 나타나면 백인들이 "Hello" 하고 먼저 인사를 걸어온다. 우리는 처음 그 인사를 들었을 때 그런 변화에 놀랐다. 이제는 동네 아이들이 자기네들이랑 같이 놀자며 문지방이 닳게 드나들었다. 우리가 동네에 모범을 보인 결과다.

서양인이나 동양인이나 사람 사는 것은 똑같은 것 같다. 인심이 메말랐다고 생각했던 그곳에 정이 넘쳐나고 있었다. 어느 날은 옆집 할머니가 아내에게 영어를 가르쳐 준다면서 초대를 했다. 그 덕분에 나는 안심하고 공부에 집중할 수 있었다. '가정이 편해야 일도 잘된다. 아니, 공부도 잘된다.'가 이루어지기 시작했다. 그리고 아이들에게 그런 결과를 보여주게 된 것이 무척 뿌듯했다.

그렇게 1년 반을 생활하던 중 '현대'의 부름을 받게 되었다. 다시 일 중심으로 돌아가고 싶지 않았지만 상황이 다급했다. 결국, 앞으로 일하는 동안에도 가정이 1번이라는 마음을 버리지 않겠다는 마음으로 휴학을 하고 돌아갈 결심을 하게 된다. 우리가 한국으로 돌아가야 된다고 하자, 그곳 주민들은 아쉬워했고, 우리를 위한 동네 파티를 열어 주었다. 우리는 그곳의 따뜻한 정을 간직한 채 떠날 수 있었다. 아주 짧은 기간이었지만, 우리가 전한 '새마을 운동' 정신은 그들에게 진한 인상을 남긴 모양이었다. 우리가 떠난 후에도 그곳은 청년들을 중심으로 아침 청소반이 꾸려져서 운영되었고, 깨끗한 마을을 유지해 나갔다.

그리고 5년 뒤, 다시 대학원에 복학하기 위해 앨라배마에 돌아갔을 때, 그들은 우리 가족을 잊지 않고 맞아주었다. 다른 동네에 집을 얻어서 지냈는데도 그곳 주민들은 우리를 초대해서 "Welcome Home" 하면서 동네 파티를 다시 한 번 열어주었다.

4

자녀교육

아들의 홀로서기

한국으로 돌아가기를 결정하고 나서 걱정되는 일이 있었다.

아들이 미국으로 와서 이제 영어도 제법 익숙해지고 적응기에 들어섰는데 다시 한국으로 돌아가 전학을 시키는 것이 마땅한지 문제였다. 애초부터 미국 유학을 결정하게 된 계기에는 아들에 대한 장래를 생각하는 마음이 내포되어 있었다. 그렇다고 조금 욕심을 부려 아이만 혼자 타국에 홀로 두고 돌아가자니, 아이가 여기서 이만큼 적응한 것은 함께여서 가능한 일이었지 않을까? 하는 생각이 들었다. 가족이 없는 가운데서 아이는 어떻게 될지 모른다. 더구나 아이는 아직 어렸다. 아이의 교육을 위해 나만 한국에 돌아가는 것은 어떤가? 이제 가장의 자리를 찾았다고 안도하고 있던 때에 되려 가족들과 생이별을 한다니, 그것도 안 될 일인 것 같았다.

고민하면서 미국의 동부에서부터 서부까지 지인들에게 귀국을 알리기 위해 인사차 전화를 돌렸다.

"일주일간 정리하고 한국으로 돌아간다."

"멀쩡히 공부 잘하다가 갑자기 무슨 일로?"

"여차여차해서 휴학하고 복귀하기로 했어."

친구는 놀라면서도 일복 많은 친구 처지가 그렇지 하면서 웃어댔다.

"그럼 가족들도 같이 돌아가는 거야?"

"음, 그래야지."

"아들은 어찌하고? 그렇게 시간 들이고, 돈 들여서 왔는데 일 때문에 죄다 그렇게 들어가면 어떡해? 휴학했다면서. 다시 들어와 공부하겠다는 거 아니야? 너는 적응할 게 없지만 자라는 아이들은 그런 게 아니잖아. 너처럼 왔다갔다 할 수 없잖아."

켄터키에 있던 선배 하나가 아주 적극적으로 나의 아들 일을 걱정해 주었다.

"그래, 나도 그 때문에 사실은 고민이 많아. 그러면 아이를 앨라배마 한국 유학생들과 합숙을 시켜야 하는데, 아직 그러기엔 어린 것 같아서 데리고 들어가야 하나? 하고 생각하고 있어."

"그게 무슨 소리야? 남들은 조기유학 시키지 못해서 안달인데 넌 왜 그런 문제로 애를 데리고 들어가려고 해? 아들을 우리 집에 두고 가면 되지. 이형을 폼으로 뒀어?"

답답한 마음을 이고 있는데 그가 뒤통수를 치듯 나무랐다. 공군복무시절 1년 선배인 그의 이름은 이관승이었다. 그는 켄터키에서 태권도장 세 곳을 운영하고 있었다.

그러나 그 말도 쉽지는 않았다. 그의 가족과는 상의도 없이 즉석에서 나온 제의였으므로 가능할지 알 수 없는 일이었고, 가장 마음에 걸리는 것은 형수였다. 어느 날 갑자기 남편 뜻으로 후배 아들을 양자들이듯 가정에 들여놓는다면 나 같아도 부담되고 싫을 것 같았다. 잘 봐준다고 해도 서로 오해할 만한 일이 벌어질 수도 있는 일이었다.

"우리 집은 5남매가 버글거리는데 네 아들 숟가락 하나 더 났다고 뭐가 더 어려워지나? 두고 가라구!"

"남자들이야 괜찮지만, 형수가 받아들이겠어?"

다음 날, 형수가 집사람에게 전화를 걸어왔다.

"고민하지 말고 우리 집에 맡기고 가요!"

집사람과 나는 마음이 기울기 시작했다. 그래서 아내와 이야기 끝에 아들을 그 선배 집에 맡기고 가기로 결정하게 되었다. 하지만 아직 아들은 그런 이야기가 오고 가는지 모르고 있던 차였다. 자기도 부모를 따라 당연히 한국에 돌아가는 것으로 알고 있었다. 그런데 아들이 우리가 주고받은 통화 내용을 들었는지, 다음 날 새벽 2시쯤에 엄마를 깨우면서 "엄마는 내가 미워서 나를 두고 가는 거지?" 하고 원망하더란다.

아버지는 몰라도 엄마까지 동의했다는 말에 상처를 받은 모양이었다. 어린 나이에 부모님이 자기를 타국에 두고 간다는 것은 얼마나 두려운 일인가. 아무리 이해시키려 해도 아들은 막무가내였다. 그런 말을 듣고 엄마의 마음이 편할 리 없었다.

아내는 아침부터 나를 따로 보자고 하더니 새벽에 있었던 일을 고했다.

"아이가 단단히 오해를 하고 있으니까 당신이 설득 좀 해봐요. 나랑은 너무 감정적이니까 말로 안 되네요."

당연히 그럴 만한 일인데 그런 일이 생길 거라고는 전혀 예상하지 못했다. 그 말을 들으니 마음이 아팠다. 곧바로 아들을 찾아, '드라이브 가자.'며 차에 태웠다. 아이와의 대화에 집중하고 싶어 일직선으로 쭉 뻗은 길을 천천히 달렸다. 아들은 내가 무슨 얘기를 하려고 하는지 잘 알고 있었다. 그러나 표정은 아내의 말대로 좋지가 않았다.

'어디서부터 어떻게 얘기를 해야 할까?'

"……."

"태석아, 이야기 듣고 많이 실망한다는 얘기 들었다. 그런데 어느 부모가 자식을 밉다고 타국 땅에 버리고 가겠어? 그동안 엄마, 아빠가 널 미워하는 것 같든?

"……."

"물론 힘들겠지. 그렇지만 엄마, 아빠를 믿고 6개월만 거기 있어 보지 않으련? 6개월 후에, 네가 도저히 못 견디겠다 싶으면 두말하지 않고 내가 너를 데리러 올게. 지금 영어도 자리를 잡으려 하고 있고, 지금 상태로 한국으로 돌아가면 수학이 많이 뒤처져 있을 거다. 너도 그 문제는 잘 알고 있을 거야. 무엇이라도 하나는 완성되어 있어야 네가 뒤처지지 않을 거라는 생각이야. 이렇게 잘하고 있는데 여기서 관두는 것은 아깝잖아? 부모 마음이 그런 거야."

조심스럽게 말을 이어 나갔다. 아들은 부모로부터 인정받고 있다는 것을 느끼곤 자신감을 회복했는지 이제 고개를 끄덕이면서 내 말에 수긍했다.

"그럼, 아버지 말대로 6개월만 있어 볼게요."

아들은 사내답게 군더더기나 조건을 달지 않고 답했다. 나는 드라이브에서 돌아와 선배에게 전화해서 애를 두고 가겠다고 했다. 그리고 덧붙여 아들이 거기 있는 동안 태권도 검은 띠를 따게 해주라는 부탁을 했다. 그래야지만 그 집에 있는 명목이 더 붙는 거라고 생각한 것이다. 그리고 그 덕분에 아이는 더욱 강인해지리라.

그렇게 해서 아들을 미국에 두고 가족 세 명이 한국으로 오게 됐다. 이후 집사람은 아들 혼자 먼 곳에 두고 와서 속상한 마음에 눈물로 나날을 보냈다. 그때 딸은 지금의 초등학교 5학년 정도의 어린 나이라서 데리고 들어왔다.

아내는 울지 않으려고 애를 썼지만 쉽게 참아지지 않는 모양이었다. 아들은 그런 엄마에게 그동안 험한 말을 했던 것이 되레 미안했는지 담담하게 손을 잡아주며 걱정하지 말라고 잘 지내고 있을 거라고 말한다. 아들은 이미 혼자 남기로 결정한 순간부터 어른이 된 것만 같았다. 우리는 조금 마음이 허전해진 채 뉴욕으로 발길을 옮겨야 했다.

뉴욕에서는 현대그룹 미주 고객을 위한 신년하례식이 한창이었다. 현대그룹 사장단들과 미국의 정계 인사와 업계 대표들이 다 와 있었다. 그곳을 들어서는 나만큼이나 현대그룹 사장들도 정신이 없어 보였다. 그런데 1년 반을 학생 신분으로 있다가 갑자기 그런 자리에 있으려니, 그들과 어울려서 관여하지도 않았던 일들에 대해 알고 있는 척하며 끼어들기가 불편했다.

'한국중공업이 제대로 됐으면 지금 이 자리에서 이렇게 처량하게 앉아 있을까?' 생각해 보니까. 후회도 되고 만감이 오갔다. 그 사이에서 굽실거리는 것은 더욱 싫었다. 그 자리에 불편하게 앉아 있을 이유가 없다고 생각하고 뉴욕 지점장에게 다가갔다.

"내가 그동안 뭘 했어야 저 사이에 끼어라도 있지. 반가운 사람도 여럿 만났지만, 아무래도 자리가 불편하니까 저는 이만 가는 게 좋을 것 같습니다. 나는 일정과 달리 내일 아침 비행기로 들어가고 싶으니 처리 좀 해 주세요."

그랬더니 뉴욕 지점장은 그럴 만하다며 한국 가는 비행기 표를 가져왔다. 그것을 받아들고 가족과 거리로 나왔다. 뉴욕까지 왔는데 그대로 가기가 뭐해서 110층짜리 쌍둥이 빌딩인 세계무역센터에 갔다. 후에 2001년 9.11 미국 대폭발 테러 사건으로 붕괴되었다. 우리는 무역센터 꼭대기에서 기념 촬영하고 한국으로 돌아왔다. 거기에 아들이 없어서 서운했지만, 언제고 아들과 또 오면 된다고 생각했다.

6개월 후, 미국으로 출장 간 주말에 약속대로 아들을 만나기 위해 켄터키에 들렀다.

아들은 그 사이 짧은 기간이었는데도 많이 성숙해져 있었다.

"여기서 지내는 게 어떠냐?"고 묻는 것이 무색할 정도로 잘 지내고 있는 듯 보였다. 우리 둘은 그곳 성당에서 같이 미사에 참여했다.

"아들아, 약속대로 6개월이 지나서 널 만나러 왔다. 아버지가 약속한 건 꼭 지키는 사람이라는 거 너도 잘 알고 있지?"

"네, 잘 알고 있어요."

"어때, 아직도 한국으로 돌아가고 싶니?"

"아니에요, 아버지. 한번 해보겠습니다. 여기 있는 동안 혼자서도 할 수 있다는 것을 알았어요. 해볼 만해요. 더 해볼게요."

아들은 의젓하게 웃으며 오히려 아버지를 달래듯 말한다.

"같이 한국에 안 들어가도 되겠어?"

아이가 힘든데 억지로 참고 견디는 것은 아닌지 걱정이 되었다.

"걱정 마세요. 괜찮아요. 무슨 일 있으면 아버지나 어머니께 연락하면 되잖아요. 그럼 이렇게 와 주실 거고."

"그래, 안되면 연락해라. 그게 아니더라도 전화나 편지는 꼭 하고."

"네. 그러고 있잖아요."

어느새 아들이 내 어깨만큼 자라있다는 것을 느꼈다.

방학이 돼서 아내와 딸을 켄터키로 보냈다. 하지만 그곳에서 두 가족이 지내야 하니 여간 부담스러운 게 아닐 것이었다. 나는 미안한 마음에 우리 세 식구와 그 집 가족이 캠핑용 차량을 빌려 여행을 가도록 했다.

그러나 그 이후, 아내는 아들을 보러 가는 일을 그만뒀다. 선배의 가족들은 늘 우리를 환영해주었지만, 그곳에 더 이상 민폐를 끼칠 수가 없었다. 아이가 그곳에 있는 5년 동안 아내는 두 번밖에 아이를 보지 못했다. 대신 아들에게 보고 싶을 때마다 성경 구절이 쓰인 편지를 보냈다고 한다. 지금도 아들의 제일 큰 자산이 그것이다.

아이를 맡겼던 친구는 장로회 교인이어서 일요일이면 그 가족이 모두 교회에 갔다. 그런데도 아들은 성당에 가겠다는 의지를 밝히고 꼬박꼬박 성당에 다녔다. 아이는 멀리서도 가족과 함께하는 의식을 치른 셈이다.

미국 출장 중에 아들을 만나서 들은 이야기를 아직도 잊을 수가 없다. 그때 아이가 고1이나 고2가 됐을 무렵이다.

아들이 학교생활이 끝나면 태권도장에 들러 조교 노릇으로 신입생들에게 기본기를 가르치는데, 어린애들은 금방 외우고 따라 하는 반면 40대 중년 신사는 한 달이 되어도 못 따라오더란다. 그래서 아들은 그 중년 신사가 집에서 직장까지 1시간 동안 라디오를 듣는다는 이야기를 듣고, "기본기에 관한 녹음테이프를 만들어 줄 테니 출퇴근 운전길에 라디오 대신 들어보세요."
라고 했단다. 그러자 그 중년 신사는 어린 자기가 주는 테이프를 받고는 얼굴을 붉혔고, 3일 만에 그 내용을 모두 외웠다고 한다.

"열심히 노력하니 어느 한순간에 다 터득하는 걸 경험했어요. 사람이 마음으로 '하겠다.'는 의지를 갖느냐, 그렇지 않으냐에 따라 큰 차이를 낳는 거 같습니다. 결국, 마음가짐이 중요하다는 것을 배웠어요."

'아, 이놈이 많이 컸구나!'.

얼마나 기분이 좋던지. 아직도 기억이 생생하다. 부모가 일일이 간섭하지 않고, 잔소리하지 않아도 아이는 살아가는 법을 스스로 터득할 줄 아는 존재였다. 멀리 있더라도 부모의 애정과 사랑이 있다면 뭐든지 스스로도 잘 해낼 수 있는 능력을 갖춘 것이었다. 아이가 스스로 깨달은 것이지만, 그럴 만한 환경이 주어졌기에 가능했다고 생각한다.

평소에도 아이들이 어릴 때 힘든 것도 경험해 보아야 한다고 생각해왔다. 단지 귀엽게만 자라서 훗날 자기 주관이 나약하고 제대로 성장하지 못한 사례를 많이 보아왔다. 아들은 그 집에서 고등과정을 마치고 대학에 진학하면서 독립하게 되었다. 그동안 아들이 그 댁에 대해 좋다 나쁘다 한마디 얘기를 한 적이 없었다. 지내다 보면 조그마한 불평불만 혹은 서로 간에 갈등이 왜 없었겠는가. 그런 어린시절 고생은 아들 성장기에 큰 이변이기도 했지만, 큰 스승이기도 했다. 아들은 고등학교를 좋은 성적으로 졸업하게 됐고, 매년 미국 대통령이 각 주에서 초청하는 고교생 명단에 들어 워싱턴 DC에 다녀오기도 했다.

그 후, 나는 앨라배마 대학의 박사과정에 있는 한국 유학생들에게 무엇을 시키면 좋을지 물어봤다. 국제금융을 공부시키라는 의견이 많았다. 그래서 재료공학을 하겠다는 아들의 의지와는 다르게 국제금융의 진로를 추천하고 가톨릭계 대학인 노트르담 대학에 보냈다. 대학 진로에 있어선 아들의 조부인 내 아버지에게 빙의가 된 것처럼 좀 가부장적인 자세로 아버지의 권위를 행사한 게 사실이었다. 그렇더라도 이미 부모에게서 독립한 아들이 내 의견을 존중하고 따랐다는 의미는 일리가 있는 선택이라고 판단했기 때문이라고 본다. 현재 아들은 외국의 증권거래소에서 일하고 있다.

지금도 우리 아이를 키워 준 이관승 형과 형수에게 받은 향수享受를 잊지 못한다.

딸아이의 성장기

한편, 딸아이 교육은 엄마가 곁에서 잘 챙겼다. 딸은 압구정동에 있는 구정초등학교를 나왔다. 딸의 친구들은 물질적으로 풍요롭게 자란 아이들이 대부분이었다. 그래서 늘 그 아이들의 발에는 아디다스, 나이키 등의 유명 브랜드 신발들이 신겨져 있었다. 그러나 아내는 아이 생일 때 친구들을 초대해서 파티를 열어주는 정도 외에는 물질주의적인 교육은 지양했다.

아내는 늘 딸아이의 신발을 살 때면 동대문 평화시장에 가곤 했다. 그리고 아이를 시장에 데리고 가면서 이렇게 일렀다.

"애야, 네 친구들이 신고 다니는 신발은 어른들이 사서 신기에도 부담스러운 게 많아. 그 질에 비해서 터무니없이 비싼 것도 사실이고, 너는 매일 자라고 있는데 해마다 그걸 사 신는 것은 낭비겠지?"

아내는 시장에서 튼튼하고 저렴한 신발을 골라서 딸에게 신기고, 딸아이 이름으로 저금통장을 만들어 주었다. 그 후로도 학용품을 비롯해 아이의 물건들을 대부분 그런 식으로 구입했다. 아이는 자기가 아끼려고 노력한 만큼 통장에 돈이 쌓이는 것을 체감하게 되었고, 실제로 알려진 브랜드가 아니어도 좋은 안목으로 잘 구입하면 그에 못지 않다는 것을 배웠다.

지금 딸은 미국에 있다. 내가 얼마 전, 미국에 갔을 때 이미 두 아이의 엄마가 된 딸을 만나서 "너 그때 엄마가 다른 아이들과 다르게 백화점 물건이 아니라 시장 물건만 사준 것이 서운하지 않았니?" 하고 물었다.

그러자 딸은 웃으면서 대답했다.

"압구정동에는 난다긴다하는 집안의 자녀가 많이 살았어요. 걔들은 본인이 판단하기 이전부터 부모에 손에 이끌려 백화점을 다녔을 거예요. 그래서 유명 브랜드 매장에서 신발 사 신는 것이 당연하다고 생각했겠죠. 그런데 제가 걔들이 모르는 낯선 브랜드 신발을 신고 있으니까 '네 꺼 신발 브랜드는 뭐야? 못 보던 건데?' 하면서 신기해하더라니까요? 걔들은 백화점 신발 말고는 다른 신발 브랜드가 있는지도 몰랐어요. 그때 제가 애들도 모르는 신발을 신고 있는 게 어찌나 으쓱하던지. "나, 이거 평화시장에서 샀다." 그러면서 자랑하고 속으로는 '니들이 다 신는 신발은 비싸기만 하고 흔하다. 나는 너희보다 한발 앞섰다.' 하면서 걔들을 골려줬죠. 내가 그렇게 자신 있어 하니까 친구들도 그게 꽤 좋은 거로 생각하는 것 같았어요. 그 덕분에 물건에 대한 좋은 가치관을 갖게 된 것 같아요. 우리 아이한테도 그런 점은 물려주고 싶어요."

아이에게 부모로서 물려줘야 할 것은 물질적인 것이기보다는 그런, 살아가는 지혜여야 할 것이다.

딸아이가 초등학교 6학년 때의 일이다. 가족들이 다시 미국으로 나가야 할 때 전학증을 떼려고 찾아간 자리에서 교무주임이 나를 불러서 앉히더니 대뜸 "얘, 잘 키우셨어요." 한다.

"누가 시키지도 않았는데 공중 화장실이 언제나 깨끗하여 조사해 보니 물 떠와서 스스로 청소하는 아이가 이 아이더군요. '자기 헌신', 이런 것을 어디에서 배웠는지 모르겠습니다만, 잘 키우시면 대성할 것 같습니다." 라고 하는 것이다.

그 후, '아이는 어른의 거울이다.'라는 말이 새삼스럽게 떠오르면서 앞으로 더 좋은 본을 보여야겠다는 생각을 하게 되었다.

아이들이 그렇게 자랄 수 있었던 것은 늘 아내가 현명하게 생각하고 판단했기 때문이기도 했다. 한국의 여느 학교가 그렇듯 딸이 다니는 초등학교에도 어머니 모임이 있었지만, 아내는 그런 모임에 가지 않았다. 말 그대로 아이들을 위해서 학부모 입장에서 학교에 봉사하는 일이면 모르겠지만, 익히 알고 있듯 그런 종류의 모임은 아닌 듯싶었다. 나 또한 아내가 가는 것이 싫었다. 아내도 내 생각을 존중해 주었기 때문에 '학교는 아이가 다니는 곳이지, 학부모가 다니는 곳이 아니다.' 면서 주변에서 뭐라고 하든 신경 쓰지 않았던 것 같다.

대신 아내가 조경에 쓰라고 학교에 등나무 하나를 보낸 적이 있는데 담임은 학부형이 가져온 것이라 '싫다'는 소리는 못했지만 반가워하지도 않았다. 그래도 나무를 그냥 둘 수가 없었는지 운동장에 그 나무가 심어졌다. 지금도 딸이 다니던 초등학교 교정을 문밖에서 들여다보면 운동장 한구석에서 건강하게 자란 그 나무를 볼 수 있다. 그곳을 지날 때마다 등나무가 굵어져 있는 것을 보면 흐뭇하다.

5

나의 유학

두 번의 휴학과 복학

1985년 복귀 이후에도 나는 세 번을 더 현대그룹을 떠나게 된다. 그중 두 번은 학업을 이어나가기 위한 것이었고, 마지막엔 나의 길을 선택하기 위한 결정이었다. 종합해 보면 결국 현대그룹을 자의로 네 번을 떠나고, 다시 세 번을 불려 온, 흔치 않은 운명의 사람이기도 했다.

유학을 하면서 산업공학 석사학위를 취득했고, 상과 대학의 경영과학 Management Science 과정에 도전하여 박사자격시험 Comprehensive Examination에 합격해서 논문 집필을 하기도 했다. 그러나 현대에 부딪힌 위기들을 대처하느라고 끝내 그 마무리를 하지 못하게 되었다.

물론 교육비와 귀중한 인생을 낭비한 것 같은 아쉬움도 있다. 그러나 동시에 회사에 어려운 일이 생기면 그 많은 인재 중에, 더구나 회사를 떠난 사람을 어른들께서 세 번씩이나 찾아주셨다는 것은 큰 자부심을 주기도 했다. 그만큼 내가 현대에 얼마나 필요한 사람인가를 확인할 수 있었던 계기였다.

그리고 중요한 것은 학위를 따고, 따지 않고의 문제가 아니지 않은가. 40대, 50대의 만학에 20대의 미국 젊은이들과 경쟁했고, 전공을 두 번씩 바꾸며 산업공학석사와 경영과학 대학원 박사과정을 거치면서 우수학생으로서 앨라배마 대학 산업공학과에 내에 '유철진'이라는 내 이름을 동판으로 새겨넣기까지 했으니 그것만으로도 명예로운 일이었다. 아직도 나의 이름이 그곳에 걸려 있는지는 모르겠다. 더구나 유학하는 동안은 지쳐 있던 가정을 다시 살리지 않았던가? 충분히 보람된 시간이었다.

배움이 꿈을 향한 답이기를

요즘 신문지상에서 종종 '논문표절'이라는 타이틀이 박힌 기사를 접할 때가 있다. 우리의 젊은 인재들을 양성하거나 그 본이 되어야 할 중요 인사들이 '간판'을 얻기 위해서라면 위선도 불사하는 모습에 여간 실망스러운 것이 아니다. 그런데 과연 이런 출세 지향적인 사고가 당장의 '좋은 자리' 말고, 궁극적으로 나에게 어떤 발전을 가져다줄 수 있을까?

한번은 나에게 앨라배마 대학에서 유학 중인 박사과정의 한국 학생으로부터 전화가 왔다. 그런데 처음 듣는 이름이었다.

"지도 교수님이 유철진 학생 공부해온 게 너무 아깝고, 안타깝게 됐다며 저더러 논문을 대필해 주라고 해서 전화 드렸습니다."

나를 도와주겠다는 그의 마음은 충분히 고마운 일이지만, 그 '도움'이라는 것이 진정 나를 위한 '도움'인지 그 친구는 잠시 헷갈렸던 것이 분명하다. 잠시 불쾌하기도 했지만, 그의 잘못된 선의를 정중하게 거절하고 돌아서서, '배우는 자'가 진정 '배움'의 가치를 모르고 있는 것에 가슴 아파해야 했다.

내가 여러 우여곡절을 겪으면서도 만학을 이어나가고 싶어 했던 것은 '간판' 때문이 아니었다. 물론 배움의 결과물로 학위를 받고 싶은 마음이 없었던 것은 아니다. 그러나 정말 '박사'라는 타이틀만을 바라고 유학을 했다면 그렇게 회사를 여러 번 그만두지도 않았을 것이고, 그렇게 여러 번 전공을 바꾸지도 않았을 것이며, 그렇게 열정적으로 공부하지도 못했을 것이다. 배움을 통해서 더 나은 나로 발전하고, 쓰임 있는 사람으로 거듭나고 싶었다. 그런데 유학 시절 만학도의 눈에 비친 우리 젊은이들이 공부하는 모습은 여러 번 나를 안타깝게 했다.

내가 현대에 복직하게 되면서 앨라배마 한국 학생회는 우리 유학생들을 모아놓고 송별회를 열어주었다. 그 자리에서 나는 그동안 우리 젊은 학생들에게 느꼈던 그 안타까움을 잠시 내비쳐 보인 적이 있다.

그들은 한국에서 대학 4년을 마치고, 미국 대학에 와서 같은 전공으로 다시 4년의 학사과정을 거쳐 대학원 2년, 박사과정 2년을 더 공부하느라고 보통 8년의 세월을 보낸다. 그런데 문제는 그것이 얼마나 효율적이지 못한가에 대해 그들이 깨닫지 못한다는 점이다.

그것은 어쩌면 한 분야에 전념하는 모습으로 보일 수도 있는 일이었다. 그러나 나는 가끔 이들이 진정 공부하는 것을 즐기고, 견문을 넓히기 위해서 유학을 왔다기보다는 단순히 미국에 와서 박사학위를 따간다는 다짐만으로 공부를 하고 있는 것은 아닌가? 하는 생각이 들곤 했다.

나의 그런 생각이 잔소리로 들린다면 어쩔 수 없는 일이다. 그러나 분명한 것은 출세를 지향하기 위한 배움은 어느 순간 가면을 벗고, 알맹이도 없는, 껍데기인 자신을 증명하려 한다는 것이다. 극단적으로는 '논문 표절'이란 기사 속, 어느 공직자에게 닥친 운명처럼 말이다.

진정, 배움이 '무엇이 하고 싶고, 무엇이 되고 싶다.'는 꿈을 향한 답이기를 바란다.

6

사회적 인간이 되기

엽서의 가치

1970년대에 해외출장을 밥 먹듯이 다녔다. 앞에서도 말했지만, 해외여행이 드문 시기에 출장을 그렇게 다닌다는 것은 쉽지 않은 일이었다.

그때 회사 일로 출장을 가면 정부에서 300달러를 공식 환전해 주었다. 당시 호텔비가 하루 저녁에 20~30달러였다. 그러나 회사에서 출장을 가면 비행기 푯값만 2,500달러 였다. 미국을 직항으로 해서 오가면 2,200달러이고, 유럽을 거쳐서 지구를 한 바퀴 돌아 다녀오면 2,500달러 정도가 들었다. 그 비용이 별 차이가 없기 때문에 일부러 경유하는 비행기 편을 선택해서 출장을 보냈던 것이다.

우리나라에 달러가 부족하다 보니 항공료 때문에 단기 출장은 쉽지가 않았다. 회사에서 사람 하나를 출장 보낼 때는 그 회사의 부서마다 해외에서 처리해야 할 업무들을 정리해서 맡긴다. 그러면 경유해 가는 나라나 지역마다 일을 처리하면서 세계를 돌게 된다. 회사 차원에서는 비용이 절감되는 방법이었지만 그러다 보면 2~3달이 후딱 지나가 버렸다. 그 때문에 아이들이 한참 자라는 모습도 제대로 보지 못했다.

그래서 해외 출장을 갈 때마다 현지 호텔이나 공항에서 포스트 카드를 샀다. 카드는 10센트면 살 수 있었다. 100장이라야 10달러면 충분했다. 가는 곳마다 멋지고 그럴듯한 것으로 고른 다음, 공항에서 비행기를 기다리는 동안 가족에게 편지를 쓰거나 주소록을 펴고 지인들에게 엽서를 썼다. 항상 출장 가기 전에 비서에게 주소록을 업데이트하게 해서 챙기게 했던 이유가 거기 있었다. 편지를 제외하고는 엽서에는 몇 자 적지 못하니까 솜씨를 부릴 필요도 없었고, 세 문장 정도로 안부를 전하면 끝이었다.

'제가 이러저러한 일로 해외출장 중입니다. 제가 선생님_{사장님}을 자주 뵈어야 되는데. 바쁘다는 핑계로 찾아뵙지 못했습니다. 이쪽 런던에 와서 멋진 사진엽서를 보니까 선생님_{사장님}이 생각나서 보냅니다.'

이런 식으로 써서 지인들에게 보냈다. 해외여행도 쉽지 않았으니 명승지 포스트 카드도 희귀했다.

그런 우편물은 보통 회사로 보내기 때문에 비서가 가장 먼저 보게 된다. 실제 엽서 내용은 별거 없으나 사진이 멋지고, 예뻐서 기억에 남을 수밖에 없다. 사실 현대그룹에 있는 동안 한 곳에서 진득하게 있어본 적이 없던지라 아는 사람은 많은데 인사드릴 시간이 없었다. 예전엔 정부에서 구정설 명절을 없애고 신정에만 쉴 수 있게 했는데, 당시에도 신정 연휴는 하루 이틀밖에 되지 않아서 전부 인사를 드리지 못했다. 게다가 해외출장이 잦으니 '엽서 쓰기'를 통해서라도 안부를 여쭙고 싶은 마음에서 시작된 것이었다.

비서들은 직업적 특성상인지, 엽서의 사진과 그걸 보낸 내 이름을 수신인보다 더 잘 기억했다. 내가 귀국해 들어와서 다른 계열사나 부서로 일 때문에 협조를 구하는 전화를 걸게 될 때 그 담당 비서에게 "중공업에 누구누구입니다." 하고 이름을 밝히면 전화 너머로 비서가 "아! 엽서 잘 봤습니다." 하고 아는 체를 한다. "사장님과 통화를 하고 싶다." 용건을 말하면 "알겠습니다." 하며 단박에 만나는 약속도 잘 잡아 준다. 사장들도 그런 관심을 반가워했다. 그때 출장 가서 바쁜데도 엽서 보내는 사람은 나밖에 없었을 것이다.

간단한 몇 줄이라도 한번 출장을 나가면 그것을 5~60통, 100통을 쓴다. 저녁 한 끼 먹는 값밖에 들지 않지만, 정성이지 않은가.

작은 선물의 효과

나는 늘 인연을 소중하게 생각했다. 회사를 그만두고 앨라배마에서 유학할 당시에도 그동안 알고 지낸 한국 지인들과의 인연까지 끊고 지내고 싶지는 않았다. 처음 회사를 그만두었을 때 다시 현대로 복직하게 된다는 보장은 없었다. 다만 후일에 어떤 장소에서 어떤 일로 그들을 다시 만나게 될지 모른다는 생각이 들었을 뿐이다.

유학 당시에는 그동안 일선에서 만났던 선배들과 동료들에게 '내셔널지오그래픽'이라는 잡지를 보내기 시작했다. 1년 치를 구독 신청하면 그때 돈으로 30달러면 되었다. 부인들을 위해 보그 잡지도 추가했는데 그건 1년 치가 25달러였다. 80~90년대 이야기이다.

내가 할 수 있는 최소한의 선물이라고 생각했다. 3만 원 정도의 구독료를 투자해 50명에게 보내면 150만 원이고, 100명에게 하면 300만 원이었다. 내가 한국 들어가서 그들을 만나 술집에라도 들러서 위스키 한 병을 같이 마실라치면 2~300만 원이 훌쩍 넘어간다. 그런 식으로 하룻밤 술값으로 쓰는 것보다는 적은 비용으로 더 많은 사람들에게 매달 기다릴 수 있는, 보다 건전한 선물을 하는 것이 더 현명하다는 생각이 들었다. 학생 신분이 되었고, 수입이 없다 보니 선택한 강구책이었지만, 막상 그래 놓고 나니 그처럼 좋은 선물도 없겠다는 생각이 들었다. 한번 정기구독을 신청하고 나면 이제 그들의 집으로 그것을 매달 자동으로 배달해 주는 것은 출판사의 몫이요, 집배원의 몫이었다. 그렇지만 그 잡지를 내가 보냈다는 것은 밝히지 않았다. 낯도 간지러웠고, 그들이 고마운 선물로 받아주면 다행이었다. 그러나 정씨 일가에게는 그런 선물도 하지 않았다. 고마운 분들임은 사실이지만, 자칫 아부성으로 비칠 것 같기도 했기 때문이다.

그런데 유학 도중 갑작스럽게 현대중공업 울산 전무이사로 다시 복귀하게 되었고, 미국에 이어 한국에서도 신년 하례회에 참석하게 되었다. 그곳에는 회사 임직원 부부가 모두 초청되어 와 있었다. 그들 대부분이 내가 보낸 잡지를 보았을 것으로 생각하니 흐뭇하기도 하고 과연 제대로 잘 들어갔는지 궁금하기도 했다.

"사모님, 내셔널지오그래픽 잘 들어가고 있습니까?"

나는 그중에 가장 친분이 있는 사모님께 귓속말로 살그머니 물어보았다. 미국에서 돌아오기로 했을 때가 12월 즈음이었으므로 잡지를 재구독 신청하지 못한 채 돌아온 상황이었다. 그리고 그것은 내가 미국에 있을 때 의미 있는 선물이었다. 혹시 그런 줄도 모르고 잡지를 기다릴 수 있겠다는 생각이

드니, 소극적으로나마 이제는 그 잡지를 보낼 수 없게 되었다는 것을 알려야 했다.

"그거 사장님이 보내신 거예요?"

사모님은 눈이 커지면서 나를 바라보고 묻는다. 제대로 구독이 되고 있다는 것을 확인하면서도 부끄러웠다.

"우리는 그 잡지들이 어디서 오는지 몰랐어요. 미국에서 오는 것만 알았지. 한 달에 한 번씩 계속 꼬박꼬박 들어오니까 수상해서 애들한테 묻기도 했는데 애들은 그런 거 주문한 적이 없다고 해서 난 그냥 '애 아빠가 유명하니까 보내주는 것이구나.' 라고 단정했었는데. 범인이 여기 있으셨네. 호호호. 유학 가셨다면서 바쁘셨을 텐데 어떻게 그런 걸 챙겨 보낼 생각을 했어요?"

"사실은 제가 그랬던 것처럼 사장님이 일하시느라 바빠서 가정을 돌볼 틈도 없으실 것 같기에 제가 사장님 가족들 보시라고 작은 선물 보낸 것입니다."

그랬더니 사모님은 그 마음을 무척이나 고마워해 주었다.

그런 것이 좋은 동기 부여가 되었다. 두 번째 미국 유학을 갈 때도 지인들에게 잡지 선물을 계속 하게 됐다. 이제는 그들이 그 선물을 먼저 알아봐 주었고, 잘 받았다는 전화를 해주기도 했다.

"유 사장, 당신 공부하는 학생이 무슨 돈이 있어서 이런 걸 보내나. 계좌번호 보내!"

"그게 얼마나 된다고 그러십니까? 주는 사람 부끄럽게"

"아, 보내라니까"

사실 그 사람에게 간 것은 1년에 30달러짜리 2~3년이 간 것뿐인데 모든 사람들에게 투자한 금액 이상의 돈을 받게 됐다. 장사로 치면 흑자다. 그보다 작은 선물이었을 뿐인데 그 정도로 가치 있게 생각해 준다는 것 자체가 몇 배의 이득이었다.

지금도 그때의 지인들을 만난다. 그들은 그런 일 때문에 나의 됨됨이를 높게 평가해 주곤 했던 것 같다. 내가 퇴사를 했다가도 다시 주요직으로 돌아왔던 것은 나의 능력을 인정해 준 현대 정주영 회장님이나 한라 정인영 회장님의 배려이기도 했지만, 그 옆에 있던 나와 인연을 이어 오던 임직원들이 나에 대해 좋은 이야기를 해 주었기 때문에 가능했던 일이라고 생각한다. 분명 회장이나 사장은 미국에서 나를 부르기 전에 참모들에게 나에 대한 의견을 물었을 것이다.

"유 사장 일 시키면 어때?" 하면서 물었을 것이고, 주변 임직원들은 "아! 그 사람은 신용 있고 사람이 좋다."라는 이야기를 했을 것이다. 나에게 매달 책을 받는 입장이 되면 나쁜 소리를 할 수 있겠는가? 그러면 윗분들은 '아, 내 생각이 맞았구나.' 라고 생각하고 편한 마음으로 나를 불렀는지도 모른다.

7

오, 앨라배마

앨라배마 1992년 명예시민

유학기간 내내 앨라배마 국제무역센터Alabama International Trade Center 고문으로서 전액 장학금을 받을 수 있었다.

앨라배마는 그 당시에 미국에서 경제 수준이 낮은 주에 속했다. 지방 정부도 예산이 부족한 탓에 앨라배마 국제무역센터를 따로 내지 못하고, 주립대학 내에 만들어서 국제교류를 활성화하기 위해 운영하였다. 우리나라로 말하면 무역협회를 대학에서 운영하는 것인데, 외국인을 고용할 돈이 없으니까 대신 장학금을 주면서 유학 온 학생들을 모았다. 학생들을 통하여 각 나라와의 교역관계를 발전시키기 위해 애를 쓰고 있었다. 나는 그곳에서 현대의 고위 임원을 했던 유학생이니 더 아닌 적격자였다. 그래서 나에게도 제의가 들어왔다.

"미스터 유, 당신의 경력을 보았습니다. 앨라배마 국제무역센터에 고문을 맡아주시면 고맙겠습니다."

"고맙습니다. 그렇지만 제가 여기에 공부를 하기 위해 회사도 그만두고 온 형편인데 지금 그런 일로 시간을 쓰면 엄청난 기회비용이 들게 되는 겁니다."

나의 목표는 되도록 이른 시일 안에 석사과정과 박사과정을 이수하는 것이었다.

"네, 압니다. 그래서 저희는 그 점을 고려해서 장학금 제도를 마련하고 있습니다. 아시겠지만 저희가 환경이 열악합니다. 저희에게 도움을 주신다면 한미 간의 교역에 중요한 역할을 해주시는 겁니다."

센터장의 얘기를 듣고 보니 앨라배마 국제무역센터의 고문을 맡다 보면 한국 유학생들이나 모국에도 도움이 될 것 같다는 생각이 들었다. 그래서 한 가지 제안을 하고 수락하기로 했다.

"…좀 전에 말씀드린 것처럼 저는 공부가 하루라도 늦어지면 시간적으로나 경제적으로나 손실이 큽니다. 그렇기 때문에 부득이 저를 고문으로 쓰시고 싶다면 다른 한국 유학생 어시스턴스 한 명을 붙여 주세요. 저는 정상적으로 학교 수업을 받으면서 공부할 계획입니다. 앨라배마 국제무역센터의 일은 제가 그 유학생을 통해서 보고를 받고 지시를 하는 식으로 진행하도록 하겠습니다."

"OK, 좋습니다."

그때 나를 도와 비서 역할을 해줬던 유학생은 장학금을 받고 일하게 되었고, 그 학생이 한국에 와서 교수가 되었다.

앨라배마 국제무역센터는 중소기업을 많이 육성하고 있었다. 어느 날, 주 정부의 개발국장이 나를 만나자고 찾아왔다. 그리고 앨라배마 버밍햄시 근교에는 조그마한 의료기기 업체들이 50~60개 있는데 이들의 수출 지원을 어떤 방법으로 운영하면 좋을지 자문을 구했다. 그동안 나는 미국뿐 아니라 여러 나라의 공장과 업체들을 섭렵하다시피 했던 관계로 그에 대한 해답이 될 만한 사례를 이야기해 줄 수 있었다.

군포 주물 공장을 짓기 위해 60일간의 세계 일주를 했을 때 이탈리아 밀라노에도 갔었다. 거기에서 동북쪽으로 차로 한 시간 정도 가면 레냐노^{LEG-}NANO라는 공작기계공장 단지가 있었다. 방문하기 전, 나는 거기 기계 값이 너무 싸서 이상하게 생각했었다.

농공단지인데 농민들이 대부분이었다. 규모가 작은 공장들이 200개나 되는데 공장에 근무하는 사람은 적게는 5명이었고, 많아도 20명 정도뿐이었다. 그중에 주물 공장은 100여 명 정도로 규모가 큰 쪽에 들었고, 다른 부품을 취급하는 공장들은 가내수공업장처럼 작았다. 이곳에 직원들은 자전거로 출퇴근했다. 점심을 집에 가서 먹고 오는 그런 단지였다. 그러나 그런 규모에도 공작기계 종류가 아주 다양했다.

그래서 주 정부에서는 그곳에 수출회사를 하나 만들었다. 모든 바이어들이 그곳을 다 둘러볼 수는 없기 때문에 합병회사 형식으로 센터를 만들어서 그곳에 물건들을 통합전시 취급하고 무역을 해 주었다. 전시장을 두고 업체별 제품을 전시하고, 라틴어가 아닌 영어로 바이어들과 대화를 나눌 수 있는 직원을 배치했다.

바이어들은 공장 여러 곳을 일일이 방문하지 않아도 필요한 부품 설명을 들을 수 있었고, 가격이나 물량에 대한 정보를 얻을 수 있었다. 발품을 팔아 얻은 정보는 누락될 수도 있었지만, 그곳에서는 그럴 위험도 없었다. 바이어 쪽에서도 시간과 노력을 줄일 수 있었다. 그 덕분에 쉽게 수출 계약이 이루어졌다. 그곳 주 정부의 합병회사에서 상품을 대신 팔아주어 믿음도 가고, 특별히 마케팅이나 수출 계약을 하기 위해 따로 인력을 쓸 필요가 없었으니 그런 작은 공장이나 업체들도 운영해 나가는 데 무리가 없었고, 매출에 대한 어려움을 겪지 않았다. 우리의 지방 농공단지도 이와 같은 판매 방식을 고려해 볼 일이다.

"외국에서는 앨라배마가 멀다고 생각합니다. 국제선 직항항공 노선도 없고, 애틀랜타를 거쳐야 해서, 이곳에 오려면 1박 2일을 계획해야 합니다. 그러므로 이탈리아의 기계공장 단지처럼 통합해서 제품 전시를 하고, 수출을 대행할 수 있는 통합 영업회사를 만들어 마진을 붙이든지 정부가 운영하든지 하면 많이 발전할 것 같습니다."

개발국장은 그 얘기가 의도했던 바와 맞아 떨어졌던지 고개를 끄덕이면서 경청했다. 그 후, 주 정부에서는 새 건물을 지어서 그 안에 제품을 위한 전문 쇼룸과 사무실을 만들었다. 그때가 내가 다시 현대에 불려가 현대중공업 시카고 지사장으로 일하고 있을 때였다. 주지사가 내게 사람을 보냈다. 전시장이 8층 건물을 새로 지어 개장하게 되었다고 테이프 컷팅을 하는데 참여해 달라는 것이었다. 내 의견이 반영되어 그런 전시장이 지어졌다니 반가운 일이었다. 그러나 유감스럽게도 당시 현대에 떨어진 급한 불을 끄기 위해 동분서주하느라 바빴다. 고맙지만 가지 못하게 되었으니 미안하다는 메시지를 보내야 했다. 얼마 뒤, 주지사는 또 사람을 보내왔다.

그는 나에게 '명예시민증'을 건네주면서 앨라배마 주의 발전에 기여해 주어 고맙다는 인사를 했다. 주지사의 원래 계획은 전시장 개장식에서 그걸 주려고 했던 것 같다. 비록 시카고 사무실에서 그걸 전달받게 됐지만, 그 뜻만은 넘치게 고마웠고, 기뻤다.

현대자동차의 앨라배마 인연-조용한 앰배세더

그리고 한참 세월이 흘러서 1999년 5월 현대정공 미주법인 고문을 퇴임하고, 개인적인 사업을 위해서 미국에 머물렀을 때의 일이다. 이제 운전기사와 비서도 없는 처지여서 일을 해나가려면 스스로 운전하고, 서류도 챙겨야 했다. 그런데 그게 익숙하지 않아 깜박 잊어버리는 것이 많았다. 미팅이 잡혀 있어 시간에 맞추느라 급히 가다 보면 필요한 서류 중에 꼭 하나를 두고 온 것을 뒤늦게 발견하곤 했다.

난 그렇게 뭔가 빠뜨리고 실수를 할 때마다 바보가 된 것 같고, 산만해진 내 성격을 의심해 보기도 했다. 그러나 결론은 대기업 회장이나 심지어 대통령일지라도 퇴직 초기에는 밖에 혼자 나가 직접 뭔가를 하려고 하면 앞뒤가 바뀌어 초기에는 바보가 될 것이라는 거다. 그렇게 안타까운 홀로서기를 하느라고 우왕좌왕하니 교통사고도 자주 났다. 그때 '엑센트'를 한 대 사서 타고 다닐 때였다. 운전 중에 잊고 온 명함을 찾겠다고 잠깐 두리번거리는 사이 BMW를 박은 일이 있었다. 미국은 한국과 교통체계가 달라, 신호등이 따로 없어도 마주 보는 반대편에서 차가 오지 않는다면 대부분 좌회전이나 유턴할 수 있게 돼 있었다. 편리한 점은 있지만, 그만큼 전방과 좌우 사방을 잘 살펴보고 움직여야 했다. 그래서 잠시 산만하게 군 게 사고로 이어졌다. 다행히 나를 포함해 내가 들이받았던 차량에 앉아있던 전원이 무사했다. 그러나 BMW는 범퍼만 떨어져 나간 데 비해 '엑센트'는 새로 산 지 두 달여 만에 폐차를 해야 했다.

그 후에도 그런 사고가 두 번 더 일어났지만 세 번을 살아났다. 그때마다, '아! 하느님, 아직 제가 해야 할 일이 있다는 뜻이겠지요?'하고 기도했다.

당시 사고 후, 망가진 엑센트를 살펴보면서 다른 문제점은 없는지 살펴보았다. 요즘처럼 국내 자동차 기술이 고도화되지 못한 시기의 이야기다. 폐차장으로 가서 그런 상태를 사진으로 찍어 두었다. 그리고 그 사진을 미국 내 서부에 있던 현대자동차의 안 사장에게 보냈다.

여차여차해서 내가 엑센트의 취약한 부분을 발견했으니 다행이지 외국 사람이 그런 일을 미리 당했으면 이것은 어마어마한 소송감이다. 세계 시장으로 더 많이 나올 건데 이 결함에 관하여 품질을 다시 재점검하라는 내용의 편지도 같이 담았다. 오늘날 현대차의 기술은 눈부시게 발전하여 국내뿐 아니라 해외에서도 안정성 '우수' 등급을 받으며 BMW나 폭스바겐 등을 앞질렀다는 뉴스를 종종 듣게 되었다.

그리고 3주 후에 한국으로 돌아와 있는데 전화가 왔다.

"사장님, 보내 주신 정보 정말 감사합니다. 그런데 사실은 제가 지금 남부에서 자동차 공장을 지으려고 프로젝트를 맡고 있어서 그 운영을 놓은 지 좀 됐습니다. 물론 그 건은 다른 담당자에게 넘겼으니 염려 마시구요."

"아, 그래요? 그럼 그 자동차 공장을 어디에 짓게 되나?"

"아, 네 지금 미국에서는 저희가 생각해 둔 후보 지역이 있는데요. 공장을 서로 유치하려고 해서 지금 진행을 아무도 모르게 하고 있습니다."

"후보지가 어딘데?"

앨라배마하고 켄터키, 테네시 주 등 4~5곳이 경쟁이란다.

그 중에 앨라배마가 후보지로 언급되고 있다니 나도 모르게 갑자기 관심이 기울어서 몇 가지 조언을 하게 됐다.

알다시피 앞으로 한국 사람들이 여러 사람을 데리고 미국에 가서 공장을 짓고, 운영하는 과정에 어떤 문제에 봉착할지 모르니 내가 현대정공 사장으로 재직할 때 한국을 찾아왔던 앨라배마 인사들에게 연락해서 우리 현대차가 요구하는 조건에 맞춰 협상하고, 아울러 이들과의 인맥을 유지하며 후일을 대비해야 한다. 더구나 미국 남부는 지방색이 강하여 특히 인간관계가 아주 중요하다. 그래서 그곳에 저명인사를 안다는 것은 매우 중요한 일이라고 했다.

"그 사람들이 같이 도와주고 그래야 생활습관과 문화적 차이로 발생할 수 있는 오해도 예방할 수 있지. 한국 젊은이들이 들어가서 무슨 문제가 일어날지 모르지 않아?"

"네, 맞습니다. 그런데 현대 쪽에서 그쪽으로 알고 있는 현지 인사가 없어서요. 혹시 사장님께서 아시는 분이라도 계신가요?"

"자네도 잘 아는 사람이야. 한국에도 몇 번 방문했고, 자네가 프로토콜해서 안면이 있을 거야."

안 사장은 알아들은 듯 "아~, 네" 한다.

"내가 앨라배마에 유학하면서 그 주립대학 이사장 포테라 박사와 인연이 많았어. 그분에게 내 얘기를 하고 부탁하면 주지사와 직접 통화해서 다른 주보다도 유리하게 만들어서 도와줄 거야. 안되면 그만이구. 자동차 공장을 앨라배마에 지어 놓으면 앞으로 한국 직원들에게 문제가 생겨도 해결하기 쉬울 거고. 그럴 때, '사람을 안다.'는 것은 돈의 가치로 계산할 수 없는 일이지."

그렇게 말한 데는 이유가 있었다. 현대정공 대표이사 시절에 우리 중역들 20~30명을 미국 동부에 썸머 스쿨summer school에 보낸 적이 있다. 그때 미국을 처음 방문한 중역 몇 명이 돌아가기 전에 가족들 선물을 사러 현지 백화점에 갔던 모양인데 여자 점원 중 자기 아내와 체격이나 인상이 비슷한 사람을 보고 옷이나 액세서리를 맞춰 본 모양이었다. 그런데 거기서 난리가 났다. 부사장이 뛰어들어왔다.

"문제가 생겼습니다. 백화점 점원이 우리 일행 중 아무개가 '몸을 주무르고 성희롱을 했다.'고 문제로 삼아서 고소를 했어요. 지금 경찰서로 붙들려 가게 생겼어요."

문화나 표현법의 차이로 오해를 샀던 모양이다. 나는 즉시 정몽구 회장과 관계가 있는, 썸머 스쿨을 주최한 그 대학 총장을 찾아가 도움을 요청하라고 지시했다. 그랬더니 고맙게도 총장이 나서서 해결해 줬다. '총장' 하면 시골 동네라고 해도 그 지역사회에서 권위가 있기 때문이었다. 그 덕분에 잘 무마를 해서 끝난 적이 있었다. 인맥관계는 그렇게 중요한 것이다.

그런 사정을 안 사장도 알았고, 내 얘기에 공감했다.

"그런데 사장님, 제가 포테라 박사를 알지만, 그동안 직접 교류를 한 적이 한 번도 없어서 그러는데 사장님과 아직 연락이 닿나요?"

"그럼, 나는 언제든 연락이 됩니다."

"그러면 포테라 박사께 연락 좀 부탁한다고 전해 주세요. 내일 한국으로 들어가 봐야 해서요."

"그렇게 하지요."

그 후 아내와 함께 앨라배마 주에 들르게 됐을 때, 자동차 공장을 지으려고 터파기 공사하는 현장을 볼 수 있었고, 주지사 사무실에 방문하게 됐다. 그는 현대차를 앨라배마가 유치할 수 있게 도와준 것에 고맙다고 했다. 그리고 느닷없이 "당신 소원이 뭡니까?"라고 묻는다. 당황스러웠지만, 나는 웃으면서 "소원 하나가 있다."고 말하고 뭔가 큰 걸 바라는 얼굴로 주지사 얼굴을 바라보면서 이야기를 했다.

"모든 게 순탄하면 좋겠지만, 앞으로 현대자동차가 들어오면 생각지도 않았던 문제들이 발생할 수 있을 겁니다. 아마 앨라배마에서 현대를 가장 많이 아는 사람이 아직은 나일 겁니다. 또 현대에서 앨라배마를 가장 많이 아는 사람도 나일 것입니다. 그러니까 사소한 문제나 해결하기 어려운 문제가 있으면 나에게 연락을 해서 나를 Ambassador 대사 로 활용하세요. 그래서 앨라배마도 잘 되고, 현대도 잘 돼서 한미 관계가 돈독해지기만을 바랄 뿐입니다."

아주 어려운 부탁을 할 줄 알았는데 이런 부탁을 하니 뜻밖이었는지 주지사는 파안대소를 하고 기분 좋은 얼굴로 나를 껴안았다. 그 후, 앨라배마 주에서는 자동차 공장이 정상궤도에 오르기까지 나에게 노사문제나 상호협력 문제에 관해서 종종 조언을 구하곤 했다.

개인적으로 '엑센트' 폐차 후에 '소나타'로 바꾸어야 했지만, 그 사건은 현대자동차의 결함을 수정하고, 앨라배마가 현대자동차 공장을 유치하는데도 크게 일조한 일이 되었다. 그리고 또 한 번, '인연'의 힘을 체감하게 된 계기가 됐다.

당시 이사장이었던 포테라 박사는 은퇴하여 미연방 정부의 세계기술혁신연구소World Technology Institute of Innovation 조직을 만들어 6개국 합동연구기관에 한국을 참여시켜 현재 KAIST와 협조하고 있다.

제4부

다시 현대로

1

현대중공업 건설중장비 사업 본부장으로 복귀

필요한 사람

미국에 유학 간 지 1년여, 1984년 12월 중순 둘째 해 첫 학기를 마무리할 무렵이었다. 어느 날 한국으로부터 전화 한 통이 걸려왔다.

"안녕하세요? 유철진 전무님, 저는 삼성에 아무개라는 사람입니다. 공부는 잘되고 있습니까?"

무슨 일인지 어리둥절했다.

"삼성 사람이 무슨 일로 저를 찾습니까? 여기 연락처는 어찌 알고……."

"아는 법이 다 있죠. 하하."

상대방을 잘 모르는데 나에 대해 잘 아는 듯한 말투가 좀 수상하면서도 궁금했다.

"전무님이 유학 가시기 전에 창원의 중공업 사업에 애쓰신 걸 잘 알고 있

습니다. 삼성그룹에서 이번에 한국중공업 창원 중장비공장을 인수했습니
다. 전무님께서 거기에 얼마나 공을 들이셨는지, 한국중공업으로 넘어갈 때
얼마나 안타까워하셨는지 잘 알고 있어서 전화 드렸습니다. 그곳을 전무님
만큼 잘 알고, 잘 운영해 주실 분이 없을 것 같은데 이번에 삼성으로 건너오
셔서 본부장으로 함께 일해보시는 건 어떻습니까?"

그 얘기를 듣고 있자니 그때의 안타까움이 되살아나는 것 같아서 속이 거
북해졌다.

"좋은 말씀이고, 그렇게 제의해 주셔서 감사합니다. 알다시피 저는 지금 공
부 중입니다. 그러니 공부 끝나고 나서 그때 이야기해 봅시다. 감사합니다."

단호하게 거절하고 싶었지만, 굳이 그런 식으로 적을 만들고 싶지는 않았
다. 석사학위 마치고, 내년 가을학기에 보자는 식으로 해서 구실 좋게 거절
하고 전화를 끊었다.

이제 막 마흔이 넘은 젊은 나이였고, 그동안 현대에서 전무까지 하면서
뼈를 묻어온 세월이 있는데 그런 명목으로 쉽게 자리를 옮기다니……. 삼성
에서 아무리 좋은 자리를 내준다고 해도 아무리 월급을 많이 준다고 해도 할
수 없는 일이었다. 지위나 돈을 주고도 얻을 수 없는 것이 '사람' 아니던가?
나는 '현대', 그리고 '현대' 사람들과의 신의를 지키고 싶었다.

그리고 며칠 후 또 한 번 삼성으로부터 연락이 왔다. 삼성중공업 경 회장
이 텍사스를 방문하게 됐으니 그곳에서 만나자는 내용이다. 그러나 역시 나
는 지난번처럼 다음을 기약하며 거절의 의사를 밝히고 전화를 끊었다. 그렇
지만 이미 마음에는 파도가 치고 있었다. 이제 학기도 끝자락이었고, 글은
눈에 들어오지 않는다. 옛날 서울에서의 삼청각_{고급 요릿집} 생각이 주마간산처
럼 지나가며 떠오른다. 각오한 바가 있어 미국 땅에 왔지만, 매일 회사 사무

실이나 현장에서 다이내믹한 격동기를 보내다가 대학 도서관에 박혀서 책과 씨름하고 있으려니 가끔은 바닷고기가 어항에 갇혀있는 듯한 답답함이 밀려오곤 했다. 그렇게 마음의 배가 맥없이 흔들리는 것을 그냥 놔둘 수 없는 노릇이다. 그래서 그 후, 기분전환을 하기 위해 가족들과 함께 일주일 동안 크리스마스 여행을 다녀오게 되었다.

그런데 여행에서 돌아온 날 새벽, 잠에 취해 있는데 현대건설 무역부시절 모셨던 현대중공업 음용기 부사장으로부터 전화가 왔다.

"회장님이 자네를 찾으셔. 이번에 창원 중장비공장을 정부입찰에서 삼성한테 뺏겼네. 자네더러 현대로 즉시 복직하여 중장비를 개발하라는 정주영 회장님의 지시야."

꿈결이었지만, 왠지 낯설지 않은 이야기에 당황스럽지도 않았다.

"……"

답변을 제대로 할 수가 없었다. 그쪽에서 무슨 의도로 나를 찾는지는 알아들었지만, 아직 내 정신의 반쪽은 꿈속에서 돌아오지 않은 상태였다.

"아, 자고 있다고 했지? 느닷없이 전화해서 미안하네. 이틀 뒤에 다시 전화하겠네."

전화는 끊어졌고, 나는 다시 침대에 얼굴을 박았다.

역시 며칠 후, 다시 음 부사장으로부터 전화가 왔다.

"저번에 말한 대로 회장께서는 자네가 현대로 들어와 중장비 개발에 힘써줄 것을 부탁하고 계셔. 현재 현대그룹으로 복직한 현대양행 출신들은 지위가 모두 한 계급씩 강등돼서 들어온 상황이야. 그러니 울산에 오게 되면 상무로 복직될 거고, 중기계 사업본부장을 맡게 될 걸세."

내가 사직서를 낼 당시에는 현대양행^{한라그룹} 전무이사였다.

"부사장님, 저는 여기 현대가 보내서 온 게 아닙니다. 늦깎이 공부를 해 보겠다고 어렵게 용기를 내서 사표를 내고 온 길입니다. 공부하기 시작한 지 고작 1년이 조금 넘었고, 제가 복직하겠다고 한 것도 아닌데 현대가 절 필요 해서 부르는 상황이 아닙니까? 그런데 어떻게 그런 제의를 하면서 1계급 강 등 이야기부터 꺼내시는 겁니까? 그 자리로 다시 오라고 해도 갈까 말까인 데 그런 발상이 나올 수 있습니까?"

"……."

삼성에서 걸려 온 전화는 쉽게 거절할 수 있었지만, 현대에서 온 제의는 쉽지 않았다. 부르기만 하면 당연히 다시 돌아올 것이라고 믿는 쪽을 어떻게 설득해야 좋을지 모를 일이었다.

"또 문제는 이번 중기계 사업본부를 맡으라면서요. 그쪽 일을 제가 잘할 수 있을지 없을지도 모르면서 사업본부장 시킨다고 막상 공부를 중단하고 가서 보니 제가 할 수 없는 일이면 현대 쪽도 손실이고, 저는 더더욱 이것도 저것도 아닌 게 돼 버립니다. 마지막으로 제가 지금 유학을 오느라고 살던 집을 전세 주고, 그 돈을 깨서 애들까지 공부시키고 있습니다. 지금 당장 들 어오라고 하면 들어갈 집도 없습니다."

그렇게 구구절절 늘어놓고 마무리하는 말은 역시, 6개월 후에 석사과정이 끝나면 다시 보자는 얘기였다. 그런데 부사장은 그 말을 제대로 알아들은 것 인지 못 알아들은 것인지 '지금은 느닷없이 전화를 걸어서 당황스러울 거야, 3일 후에 전화를 다시 할 테니 가족과 상의를 해 봐.' 하면서 전화를 끊는다.

그리고 정확히 3일 후에 전화가 왔다.

첫 번째. 직급은 전과 같이 전무직 그대로 하겠다.

두 번째. 집은 문제가 되지 않는다.

세 번째. 일은 같은 중장비니, 하던 일과 같을 것이다.

이번에는 지난번 거절하겠다는 이유에 답을 달아서 다시 제의해온 것이다. 거절한다는 의사 표시를 장황하게 했더니 협상하는 것으로 생각했던 모양이다. 내가 그만큼 현대에 필요한 사람이라고 느끼게 해주어 감사하고 기분이 좋기도 했지만, 몇 차례에 걸쳐 나를 설득하려고 애쓰는 음 부사장에게 미안하기도 했다. 그러나 그렇다고 우리 가족 전체의 앞날이 걸린 문제를 쉽게 결정할 수는 없었다.

"부사장님 말씀 너무 감사합니다. 그런데 아무리 생각해 봐도 공부 끝나고 가는 게 좋을 것 같아요. 여기서 이런 식으로 공부를 중단하면 지금까지 지낸 게 수포로 돌아가게 됩니다. 이해해 주세요."

부사장은 회장의 지시와 나의 거절 사이에서 난감했던 모양이다.

"유 전무, 'No' 해도 좋으니까 일단 한국에 와서 회장님을 직접 만나 뵈면 안 되겠나? 중간에 나도 불편하지만, 이런 식으로 제의를 거절하는 것도 예의가 아닌 것 같네만. 여기 와서 자네가 회장님께 사정을 얘기하고, 6개월 후에 석사과정 마치면 뵙자고 해 봐. 회장님 다시 안 뵐 것도 아니잖아. 비행기 표는 바로 보낼게."

부사장과 모르는 사이도 아니고, 그렇게까지 얘기하는데 그마저도 거절할 수가 없었다. 그래서 바로 2박 3일 일정으로 들르겠다고 대답하고 전화를 끊었다. 그러자 곧 현대 뉴욕지점에서 비행기표가 마련되었으니 ID카드만 들고 버밍햄 공항으로 가라는 전화가 왔다. 나는 아내에게 한국에 잠시 다녀오겠다며 간단하게 짐을 챙겼다. 그리고 공항에 갔더니 일등석 표가 예매되어 있었다.

드디어 한국에 들어와 현대중공업 이춘림 회장 안내로 정주영 회장에게 인사를 가게 되었다. 어떻게 정중하게 거절할 수 있을까? 고민하며 집무실로 들어서는데 회장께서 내게 던진 첫마디가 귀를 의심하게 한다.

"벌써 이사 들어왔어?"

농담인 줄 알면서도 가슴이 뜨끔했다. 그리고 "아닙니다. 지금이 아니고 곧 들어옵니다."라고 이 회장이 대신 바꿔서 대답했다. 'Yes'도 아니었고 그렇다고 'No'도 아니었다.

"알겠어, 그래. 자네, 그렇게 서 있지 말고, 여기 앉게."

정주영 회장은 좀 전의 익살스러움은 버리고 사뭇 진지한 태도로 나를 바라보았다.

그때가 1985년 1월 시무식 다음 날의 이야기다.

"자네도 알다시피 조선업이라는 게 건물 짓는 거나 매한가지라 노동집약 산업이야. 현재 중국이 개혁 개방에 속도를 내면서 성장할 준비를 모두 끝내고, 곧 그 방대한 노동력으로 무섭게 달려온다는 얘기야. 적어도 앞으로 20년 후엔 일차적으로 조선업 같은 사업은 중국에 넘겨야 되는 거지. 울산에는 지금 2만 명 넘는 근로자가 일하고 있어. 지금부터 대책을 세우지 않으면 앞으로 뻔한 일이 일어나겠지? 회사도 회사지만 많은 사람이 직장을 잃게 되는 거야. 우리는 위기에 봉착하기 전에 대안을 마련해야 하네. 이제 노동집약 산업에서 기술집약 산업으로 전환해야 하는 거야. 그래서 건설중장비 산업을 그중 하나로 선택했지. 조선 부문에서 연간 600억의 감가상각비용減價償却費用이 발생하고 있는 거 아나? 나는 이 중에서 400억을 떼어 5년간 2,000억 원을 자네에게 줄 테야. 그러니 자네가 중장비 사업을 추진해 봐."

엄청난 도전이었고, 엄청난 약속이었다. 지금껏 그렇게 구체적으로 숫자를 제시하면서 비전을 이야기하는 인물은 처음이었다. 또한, 거기서 20년 앞을 내다보는 선견력과 고용 유지를 위한 국가 사회적 사명감을 보고 감동하지 않을 수 없었다. 그리고 나를 신뢰하기에 그런 엄청난 도전의 주역으로 삼겠다는 말은 내 마음을 움직이게 했다. 그 자리에서 '1학기 남겨놓은 석사학위'라는 개인 변명을 드리기는커녕 자신도 모르게 아주 작아지는 나를 발견하였다.

"제가 알기로 공산국가를 제외한 자유세계의 조선산업 시장 규모는 연간 350억 달러 정도로 알고 있습니다. 반면 건설 중장비의 자유세계시장 규모는 선박보다 종류가 조금 많지만, 연간 500억 달러로 조선 부문 대체 산업으로 충분한 가치가 있다고 확신합니다. 하지만 선박은 100% 주문생산 방식인 반면 자동차는 100% 반복생산 방식인데 건설 중장비는 이 두 가지의 중간 형태입니다. 그렇기 때문에 주문생산 방식에 익숙한 노동력을 반복생산에 익숙하도록 훈련해서 경제적인 투자 방식을 선택하면 경쟁력이 있습니다."

분명 뭔가에 홀린 게 분명했다. 내 머릿속에서는 이미 중장비 공업에 대한 앞으로 계획까지 그려지고 있었으니 말이다. 정주영 회장은 그런 분이었다. 사람을 일하게 만들고, 일하고 싶게 만드는 그런 지도자였다.

"투자해 주시겠다는 규모는 아직 이르고, 창원과 같이 약 200억 투자해 주시면 주문생산에 익숙한 중공업 인원을 반복생산 방식으로 적응시키며 흑자를 만든 상태에서 경제적인 규모로 세계시장을 향해 나아가야 합니다. 말씀하시는 중기계사업본부는 정확히 무슨 일을 하는지 아직 울산을 보지 않아 잘 모르겠는데 제가 가서 보고 할 수 있는 분야인지 판단해야 될 것 같습니다. 그래야 회사도 도움이 되고, 저도 공부하다가 중도 하차하고 돌아와야 되는 상황인데 귀중한 시간만 낭비하는 결과를 만들지 않게 됩니다. 일단 울산에 내려가 모든 상황을 판단해 보고 기여할 일이 있을 때 다시 말씀을 드리겠습니다."

"그래, 한번 내려가 봐."

회장님은 사뭇 적극적인 내 태도가 만족스러운 눈치다.

그러나 나는 바로 울산으로 가기보다 창원에 먼저 들러보았다. 그곳을 떠난 5년 동안 중장비 공장이 얼마나 어떻게 변화하였는지 눈으로 확인하고 싶었다. 그렇지 않아도 협소한 국내 시장에서 삼성, 한라 그리고 대우에 이어 현대가 네 번째로 사업을 벌이게 되는 상황이다. 여기서 혹시나 잘못 판단하여 내가 만든 2개의 공장과 앞으로 짓게 될 현대중공업 공장을 합하여 3개를 모두 공멸시키는 결과를 만들게 되지는 않을까? 하는 우려가 있었다. 그래서 창원공장이 잘 돌아가고 있다면 굳이 현대까지 난립하게 하고 싶지 않았던 것이다.

그곳은 5년 전 모습 그대로였다. 시간이 멈춘 듯 기둥에 페인트칠 하나까지도 변하지 않은 모습이었고, 아무것도 나아진 것이 없었다. 울산까지 가면서 가만히 생각해 봤다. 내가 현대로 복귀해서 중장비 사업을 맡게 되면 삼성에서는 불이 날 게 뻔했다. 현대에도 아직 마음이 붙질 않았지만, 서로 불이라도 붙이지 않으면 창원공장이고 뭐고 맨날 그 모양일 거라는 생각에 잠겼다.

울산의 기존 중기계사업본부에서는 그곳에서 조선에 들어가는 기계가공품이 모두 만들어지고 있었다. 땜질과 조립은 조선 사업부가 하고, 기계 가공은 중기계 사업본부가 하는 것이었다. 현대양행 군포공장에 비교하면 작지만, 가공 공장이니까 기계들이 많았다. 그렇게 한 바퀴 둘러보고 나서 다시 중공업 회장을 찾아갔다.

"회장님, 공장을 둘러보고 오니, 중기계 사업본부는 전에 제가 하던 것과 다르지 않더군요. 그런데 아무리 생각해도 여기서 발목 잡히면 안 될 것 같아요. 석사학위 1학기 남은 상황에서 복귀한다는 것이 생각보다 쉽지 않습니다."

"야, 인마 네가 석사여서 부른 것 아니잖아. 박사여서 부른 것도 아니고, 필요해서 부른 거지. 박사 따고 오면 뭐해. 박사라고 하면 아무 때나 직장 구해서 들어갈 수 있어? 자기를 필요로 하는 곳을 적시에 찾아가는 것이 박사 노릇하는 거야. 지금 때를 놓치고 석사 받아오면 뭐 하냐."

울산 공장까지 내려와 시찰하고 이제 와 다시 학교 타령을 하고 자리를 사양한다고 하니 이 회장은 끝내 화가 난 모양이었다.

"인사담당 중역 올려보내!"

그리고는 그 사이 중공업 회장은 현대산업개발 사장에게 전화를 걸었다.

"최 사장, 그룹 회장님께 말씀드릴 테니까 아파트 하나 준비해요. 빈 것 있지?"

"신사동에 연립주택 2채가 남아 있습니다. 그중에 45평 하나와 66평 하나가 있습니다."

"그럼 그 중에 하나 남겨 놔요."

그리고 "네 식구니까 45평이면 되지?" 하고 나를 넘겨다 본다. 그러자 나는 얼결에 "이왕 해 줄 거면 66평으로 해주셔야죠."라고 중얼거린다.

거기다 아까 부른 인사 담당이 올라오니, 나를 전무로 발령 내라고 지시했다. 일하겠다는 결심도 하지 않았는데 눈앞에서 얼렁뚱땅 내 자리가 만들어지고 있는 게 아닌가. 사실 나도 이래야 할지 저래야 할지 갈등하고 있는 찰라 회장이 선을 그어 주고, 결정을 내려 준 것이다. 차라리 속이 시원했다.

'뭐 그렇게 된 거 어쩔 수 없게 됐다.' 하면서 은근히 앞으로 해야 할 일들을 떠올리자 가슴이 벅찼다.

인사 결정이 났고, 사장에게 인사를 드려야 했다. 사장실에 인사간다는 전화를 넣자, 바로 올라오라고 한다. 집무실엔 정몽준 사장이 앉아 있었다. 정몽준 사장도 해외 유학파라서 그런지 내가 공부하는 사정에 관해서 관심을 보였다.

"본의 아니게 유 전무님을 공부하는 중간에 불러들여서 정말 죄송하게 됐습니다. 그래도 아시다시피 저희 현대에서는 유 전무님이 꼭 복귀를 해야 하는 상황이니 애써주세요."

집무실을 나와, 미국으로 돌아가기 전에 아내에게 전화를 했다.

"보따리 싸."

"무슨 소리예요? 한 사흘 한국 갔다 온다더니 보따리 싸라니요?"

아무 사정을 몰랐던 아내는 어찌 된 영문인지 물었지만, 일이 그렇게 됐고, 돌아가서 자세한 이야기를 하겠다며 일단 시간이 없으니 한국으로 돌아올 짐을 싸야 된다고 간단히 얘기만 하고 전화를 끊었다.

중공업 회장의 지시사항

뉴욕의 신년하례식을 거친 후, 울산에 첫 출근을 했다. 첫날 조찬 간담회가 끝나고 중공업 회장 집무실로 간부들이 모였다. 그날 내가 받은 지시 사항은 다음 세 가지였다.

첫째, 울산 사업본부의 올해 계획은 흑자를 목표로 작성되었을 것이다. 그러나 실질적으로는 적자가 날 것이다. 즉 사업계획을 처음부터 적자로 표현하면 부담되니 인위적으로 흑자로 만들었을 것이다. 확인하여 실질적인 흑자로 전환해라. 중공업에서는 적자가 통하지 않는다.

둘째, 울산 본부의 인원들은 대부분 조선에서 해양으로 또 플랜트사업을 거쳐 마지막으로 중기계 사업본부로 밀려왔다. 그들을 정예화하여 재편성하라.

셋째, 그룹 회장의 지시 사항인 건설 중장비를 하루속히 개발 상품화하도록 해라.

회장의 지시는 명료하면서도 지금 울산 사업본부의 문제점을 그대로 꿰뚫고 있었고, 앞날 내가 겪고 해결해야 할 일들이 녹록지 않을 것임을 암시하기도 하는 것이었다. 중장비 개발 이외에 두 가지 보태진 숙제가 더 어려울 것 같다는 생각을 했다. 벌써 1월이 끝나가는데 여기저기 인사 다니며 노닥거릴 시간도 마음의 여유도 없이 조급해졌다.

집무실로 돌아와 잠시 아래 직원들과 회의를 한 후, 관리담당 이사를 남게 하여 지난 2년간의 본부 손익계산서, 금년도 사업계획서, 인사기록대장을 사무직과 현장직으로 구분하여 학력과 경력을 볼 수 있게 만들어 가져오라 지시했다.

예상 적자를 예상 흑자로

2년간의 손익계산서를 바탕으로 금년도 사업계획서에서 외부로 지출되는 재료비와 외주 하도급 비용의 변동비 비중이 턱없이 낮은 것을 발견하였다. 인건비와 고정비는 숨길 수 없으니 낮아진 재료비와 외주비의 비중만큼 변동비를 낮춘 것으로 이 차이를 계산하면 숨겨 놓은 예상 적자 금액이 된다. 관리담당을 다시 불러 지난 2년간의 주요 생산 제품과 재료비, 외주 하도급 비용을 집계하고, 금액차이를 조사해 보고하도록 하였다. 그리고 보고서에 수주 단가도 제품 중량별로 가중치를 만들어 지난 2년간의 실적 자료와 올해 계획 자료를 분석했다.

오후가 되어 관리담당 이사와 관리부장을 다시 불렀다.

"아무리 보수적으로 계산해도 5~8억 정도가 적자인데 어째서 사업계획서에는 3억의 흑자로 잡혀있는 겁니까?"

나는 그들에게 한번 보라면서 들고 있던 분석 자료들을 책상 위에 던졌다. 그러자 이사와 부장 얼굴이 붉어져서 이야기한다. 사실은 4억 적자가 예상되는데 처음부터 적자 계획을 낼 수 없어 흑자로 만들었다는 것이다. 중공업 회장의 경영 직관이 적중했다. 실토는 받았는데 그대로 두면 적자가 뻔하고 직원들을 쥐어짜 보아야 안 될 일은 없겠지만, 300억 매출액 사업본부에 4억 적자도 4억 흑자도 각각 1%에 불과한 작은 살림살이였으므로 의미가 별로 없었다. 게다가 적자가 예상되기 때문에 애초부터 원가 부문은 줄이고 줄였을 것이며 생산성은 적극적으로 잡아 놓았을 것이다. 그렇더라도 아직 4억 정도의 적자가 예상된다. 내가 이 사실을 안 이상 그대로 두면 적자 폭은 더욱 커질 게 분명하다. 몰랐으면 몰라도 문제를 발견한 이상 대책을 만들어야 했다.

ABC 분석법의 방법을 도입하여 매출액의 80%를 차지하는 자재와 외주

업체 중 가장 많은 금액을 거래하는 주력 업체들을 찾아내고, 이의 비중과 지난해의 비중을 비교하였다. 그리고 주요 5개 업체를 선택하여 대표이사를 불러들였다.

새로 부임한 본부장의 면담 요청에 협력업체 대표들은 반색하며 뛰어왔다. 나는 그들의 애로사항을 들어주며 자연스러운 대화를 이끌어나갔다. 그러면서 해당 업체별로 재료비-노무비-고정비의 비중이 실제로 얼마나 드는지를 알아냈다.

"여러분, 현대와 손잡고 애써주신 점 감사합니다. 그렇지만 현재 여러분의 업체들이 금년도 제시한 납품가를 다 맞추다 보면 현대중공업은 적자 구덩이에 빠지게 될 겁니다. 이런 식으로 현대의 사업에 문제가 생기면 그게 어디로 돌아가겠습니까? 이런 사정을 알아주시고, 금년도 부디 지난 2년간의 비중에 맞춰 주시길 요청합니다. 당장은 이득이 적겠지만, 앞으로 현대중공업이 꾸고 있는 꿈이 원대하다는 것을 잊지 않으신다면 결코 지금의 선택이 손해라고 볼 수는 없을 것입니다. 그리고 이를 계기로 현대중공업은 여러분들과 끝까지 공생공영하면서 함께하게 될 겁니다."

이로써 애초 예상 적자금액은 바로 예상 흑자계획으로 바뀔 수 있었다.

최근 지인들과 삼성동에 위치한 호텔에서 점심 식사를 하면서 그중에 한 분이 예전부터 나를 알고 있었다는 얘기를 듣게 되었다. 자기 일생에 갑^甲 측이 외제 넥타이 선물까지 해가면서 납품가 얼마를 깎아달라고 요청한 것은 처음이라 아직도 기억이 난다고 하였다.

현대중공업에서의 첫해 적자가 분명한 상황을 흑자로 만들었다는 이유로 그 해 말에 그룹 회장의 현대그룹 최우수경영자 상장과 부상을 받았다.

인재만들기 프로젝트

이 회장의 말대로 과장급 이상 간부 중에는 대졸자 이상이 40%에도 미치지 못했고, 기술자와 영업 사원을 통틀어 해외에 나가 본 경험자들이 몇 명 되지 않았다. 또 현장 조반장 이상 직위에는 중학교 미만 졸업자가 대부분으로 심지어 조선 사업 초기에 받아들인 전과자들도 우리 사업본부로 밀려와 도면을 제대로 해독하는 사람이 극소수였다. 어떻게 이런 사람들로 조선 부품을 제작하는 기계 공장을 유지했나 싶어 앞이 캄캄했다. 지시받은 대로라면 정리 대상이 너무 많아 팔다리를 모두 잘라야 할 상황이고, 그러다간 사업본부 자체를 운영할 인력 대책이 없었다.

생산담당 박규현 부장을 불러 현장 간부들이 도면을 정확히 해독할 수 있는 매뉴얼을 만들라고 지시하고, 사무실 과장급 이상 간부들의 교육 매뉴얼은 직접 만들기 시작했다.

그로부터 6개월간 매일 저녁 6시에 자체 교육이 시작되었고, 주간에 한 번씩 시험을 치르게 했다. 자연스럽게 사무실엔 긴장감이 흘렀고, 현장 간부들은 내 뜻을 잘 따라 주었다. 그들의 열정에 나도 피곤함을 무릅쓰고 고생을 마다치 않던 기억이 생생하다. 그 덕분에 연말 인사고과에서 우리 쪽 직원이 해고되는 일은 없었다.

그리고 해외 방문 경험이 전혀 없는 과장급 이상 간부들은 모두 여권을 준비하게 했다. 그래서 영업 부문에서 입찰이나 수출 상담을 목적으로 해외 출장을 나갈 때마다 해외에 한두 명씩 딸려 보내 국제 감각과 견문을 넓히게 하는 데 주력하였다.

이때 서울 본사 총무부에서는 이에 대해서 말이 많았다. 경제도 좋지 않은데 중공업 사업본부 중에서 가장 작은 본부이면서, 가장 흑자를 내지도 못하고, 가장 많은 인원을 해외에 보내며 경비를 낭비한다는 잡음이 퍼진 것이다. 그래서 울산 중장비가 관리 부문 차원에서 매우 근심스럽다는 말들이 나돌았다.

내가 직원들의 해외 훈련 계획을 지시할 당시, 나름대로의 계획이 있었다. 이미 어른들은 우리가 올해에 적자 낼 것을 예상했고, 나는 벌써 협력업체들과 협상을 통해 흑자 계획을 세워놓았기 때문에 전임자의 흑자목표만 달성시켜도 나의 첫 번째 경영 실적에 만족해할 것으로 판단하였다. 그러므로 나머지 흑자 부분은 내년 이후로 미루고, 앞날의 경영을 위해 인원 교체보다는 임직원들의 교육에 투자하는 것이 마땅하다고 생각했다. 그리고 그 의지를 보여주기 위해서 본부장 이상의 사장단은 해외여행에 1등 탑승권을 발급받았는데도 내 비행기 표를 비즈니스 등급으로 하향 발급하라고 지시하면서 나머지 사원들에게는 서울 본사의 잡음에 흔들리지 말라고 당부했다.

그런데 예상 밖의 해프닝이 발생했다. 얼마 후, 우리 팀의 보고가 올라갔는지 정주영 그룹 회장의 지시로 현대그룹 모든 사장단은 경제가 회복될 때까지 1등 탑승권 대신 비즈니스 등급으로 하향 조정해서 해외출장을 다니라 하달되었던 것이다. 그리고 우리 본부 간부들의 해외훈련 중지명령은 내려오지 않았다.

당시 나는 그룹사 사장단에게 미안한 마음에 눈치가 보였지만, 그룹 회장만은 역시 특별한 보고 없이도 나의 취지와 방향을 이심전심 이해하고 있다고 생각하니 마음속으로 기쁘지 않을 수 없었다.

현대 건설중장비 개발의 역사

　사업본부에는 굴러다니는 건설 중장비를 경험한 사람은 아무도 없었고, 현장에는 중소기업들과의 경쟁에도 뒤지는 소위 고정식 ABCT^{Asphalt Plant,} ^{Batcher Plant, Crushing Plant, Tower Crane}의 부품과 반제품 재고들만이 대량으로 쌓여 있었다. 차량형 건설 중장비는 국내외를 막론하고 시장규모가 컸지만, 당시 처지로는 접근할 수 없을 만큼 설계, 생산기술, 투자면에서 어려움이 많았다. 본부 내에는 당장 나를 이해하고 도와줄 손발이 필요했다.

　한편 현대양행이 무너진 후, 작아진 한라그룹으로 복귀하지 못하고 다른 기업에 들어가 전전긍긍하며 때를 기다리던 기술자들이 있었다. 그런데 다행히 그들이 우리 쪽 소식을 듣고 모여들기 시작했다. 이에 각 분야에 필요한 인재들을 모을 수 있었고, 나머지는 우리 본부에서 주력 부대를 훈련시켜 나가기로 계획했다. 그리고 기술, 생산, 해외영업 혼성팀을 만들어 장비별로 OEM 수출팀을 짜기 시작하였다.

　미국은 대륙이 넓어 불도저^{bulldozer}, 물질을 밀어내는 굴착기계와 로더^{loader}, 운반기계, 스크레이퍼^{scraper}, 흙 공사용 기계 등이 건설업체의 주력 중장비 역할을 해 왔다. 그러나 대부분의 국토개발이 완료되면서 서서히 미국의 중장비 시장은 도로의 유지보수 목적에 필요한 장비들로 교체되면서 소형화되었고, 가격 경쟁이 극심해졌다. 게다가 존재하지 않았던 굴삭기^{Excavator}의 수요가 증가하기 시작하여 이에 대한 개발이 뒤늦었던 미국은 원천기술을 보유한 유럽이나 일본 업체로부터 직접 구입하거나 OEM 형태로 현지 생산하는 식으로 업체끼리 각축전을 벌이고 있었다.

굴삭기는 사탕무를 추수할 목적으로 프랑스에서 '포크레인Poclain'이라는 이름으로 처음 개발되어 점점 다양한 용도로 쓰이게 되었다. 토공 공사에서 흙을 이동 운반하려면 재래방식은 불도저로 모아 로더로 퍼서 트럭에 실어야 하는데, 이러한 2중 작업도 반드시 전진, 후진 왕복운동을 거쳐야 트럭에 1회 흙을 실을 수 있다. 그렇지만 굴삭기는 제자리에서 흙을 푸고, 회전만 하면 상차上車할 수 있었기 때문에 토공 비용이 적게 들고 공사기간이 짧아 미국 시장은 물론이고, 전 세계 건설시장에서도 다른 장비에 비하여 상대적으로 그 시장이 급신장할 것이 분명하였다.

이에 우리는 중장비사업의 앞날을 위해 굴삭기를 자체 개발하자는 계획을 세우게 되었다. 원천기술국인 유럽과 일본에 기술을 의존할 경우는 기술국을 통해서만 수출할 수 있었기 때문에 현대중공업이라는 회사규모에는 수출시장 범위와 손익에 제약이 있어 성장의 한계가 있었다. 그래서 힘이 들어도 자체 개발을 해야 넓은 해외시장에 자유롭게 진출할 수 있다고 판단하였다. 그러나 초기에 기술도입이냐 자체 개발이냐의 장단점을 놓고 의견들이 분분했다. 이 의견은 결국 젊은 정몽준 사장에게까지 올라갔다.

"유 본부장은 어느 쪽을 원하십니까?"

"저야 물론 기술도입하면 편하겠지만, 앞날을 위하여 힘이 들어도 자체 개발을 원합니다."

"그럼, 유 본부장 원하는 대로 시행착오가 있어도 한번 해 보세요."

사장으로서 안정적인 방안을 고집할 수도 있었지만, 참모가 해 보겠다면 믿고 끝까지 지원하려는 결단력 덕분에 시작한 것이 오늘날 세계를 누비는, 현대중장비들의 모태가 된 것이다.

그 전에 나는 1977년, 현대양행 창원공장에서도 어른의 만류를 마다하고 몰래 굴삭기 100% 국산화 3개 모델의 초기개발을 완성한 전례가 있었다. 그 후 양산量産을 못 한 채 한국중공업을 떠났지만, 후진들이 이것을 상품으로 완성 출시해서 국산 굴삭기의 시조가 되었는데 창원을 인수한 삼성이 그 혜택을 보게 되었다. 우리는 현대중공업으로서 다시 자체모델을 개발하여야 했지만 해봤던 일이기 때문에 자신이 있었다.

굴삭기 개발방향은 결정됐고, 다음으로 불도저와 로더 개발계획도 수립했다. 우리같이 해외공급원을 찾고 있는 원천기술업체들을 만나 OEM 수출계약을 맺고, 그들의 설계, 제작, 생산에 대한 경험을 전수받아 적은 개발비용으로 우리나라의 적은 수요를 충족함과 아울러 수출 물량을 확보해서 수익을 내자는 계획을 추진하였다.

우리는 일본, 미국으로 다니면서 OEM 완성장비공급과 부품수출계약을 체결하기 위해 뛰어다녔다. 그리하여 미국 드레서Dresser Ltd. 전신 International Harvester사의 불도저 및 로더, 트랙 인터내셔널Trak International. 전신 Koehring사의 스키드 스티어 로더Skid Steer Loader, 일본 닛산 기자이Nissan Gizai의 미니굴삭기, 예일Yale Material Handling의 지게차 기술을 확보하는 데 성공하였다.

'공업발전법'에 발이 묶이다

내가 현대중공업 전무로 복귀하던 해의 6월 어느 날로 기억한다. 드레서와 함께 불도저 두 모델, 로더 두 모델을 향후 5년간 OEM 완성장비로 공급해주기로 계약을 체결하고 기분 좋게 김포공항당시에는 인천공항이 없었음 출구를 나오는데 작고한 한유동 상무가 나를 마중하더니 그룹회장이 기다리신다며 본사로 직행하라고 하였다.

그룹 회장실에 들어가자마자 정주영 회장은 나를 보더니 "그건 자네 책임이 아니야! 자네 책임이 아니라구." 하며 알 수 없는 말만 반복했다.

"회장님, 저 지금 김포에 입국하여 곧바로 이리 오는 길입니다."

어리둥절하여 그렇게 보고를 하는데 회장은 상공부^{현재의 산업자원}에서 현대중공업은 앞으로 건설중장비를 만들지도 팔지도 못한다는 중장비사업 금지 조치가 내려왔다며 안타까워한다.

이건 장난도 아니고, 앞뒤도 맞지 않고, 도저히 있을 수도 이해가 가지도 않는 일이었다. 무언가 잘못되어도 한참 잘못되었으며, 드레서와 도저개발 OEM 수출계약서를 가지고 왔는데 어찌한단 말인가? 순간 당황했다.

"회장님, 저는 미국에서 세계 2번째로 큰, 인터내셔널 하베스터^{회장은 건설업을 하시기 때문에 인터내셔널 하베스터를 잘 아셨다.}를 인수한 드레서사와 앞으로 5년간 도저와 로더를 OEM 공급하기로 계약하고 이제 막 귀국하는 길인데 중단이라니요? 무슨 명분으로 드레서에 계약을 포기한다고 통보합니까? 그렇게 되면 우리 현대의 국제적 공신력은 어떻게 됩니까? 우리는 수출을 해야만 살아갈 수 있는 나라인데 도대체 이게 어디서 나온 중단 조치입니까? 이해가 되지 않습니다."

그 순간 그룹 회장은 다그쳐 물었다.

"정말 미국과 OEM 공급계약을 체결했단 말이야?"

나는 가방에서 계약서를 꺼냈다.

"네, 그렇습니다. 여기 보십시오. 바로 이겁니다."

그러자 회장은 즉시 현대건설 회장과 기조실장을 호출해서 지시했다.

"유 전무가 드레서와의 OEM 수출 계약서를 가지고 왔다는데, 이 자료를 가지고 정부와 다시 접촉하여 반드시 우리가 중장비를 하도록 조치해!"

그들에게 복사본을 주고, 나는 서울에서 따로 상공부 김태준 차관보를 만나 사정을 이야기했다. 그러나 차관보는 알았다며 일단 돌아가 기다리라고 할 뿐이었다.

나는 중장비 개발을 위해 입사한 임직원들에게 출장 결과에 대한 전달도, 차후 업무지시도 하지 못한 채 돌아가는 사정을 알기 위해 이곳저곳에 수소문해볼 뿐이었다.

한국중공업의 중장비공장을 인수한 삼성중공업은 현대중공업도 중장비를 개발한다는 소식을 듣고, 정부 측에 대놓고 반발했다.

"한국중공업^{현대양행} ^{창원공장} 중장비공장을 정부가 민영화 입찰에 부쳐 비싸게 팔아놓고는 인수사업이 자리도 잡기 전에 또 다른 중장비사업을 현대가 하도록 방치한다면, 삼성이 인수한 사업을 물리거나 아니면 삼성도 자동차사업을 하겠다."

그래서 상공부가 현대를 불러 이에 대한 제재 방안을 만들게 되었다. 신설되는 '공업발전법^{이후} ^{공발법}'에 따르면 산업합리화 업종으로 건설중장비가 포함되며, 이는 한시적으로 기존업체의 독점체제를 확보하려는 방안이기 때문에 신규로 참여하겠다는 현대를 배제할 수밖에 없게 됐다는 것이다. 자동차사업에 참여하겠다던 삼성이 역시 정부의 시한부제재에 밀려 참아오다가 결국은 8년 뒤인 1993년 6월에 삼성자동차를 설립한다. , 현대중공업이 자기네가 스카우트하려던 전문가를 영입하여 중장비 사업을 시작한다니 중공업에 취약한 삼성에서는 반발할 만하였다.

며칠 후 정부 측 입장이 계동사옥을 거쳐 울산에 전달되었다.

"현대중공업은 앞으로 5년간 국내에서 중장비를 개발하거나 생산하고, 판매하는 것을 절대 금한다. 다만 수출하는 것만은 묵인하는데, 수출하더라도 컨테이너 내부에 넣어서 외부에 보이지 않도록 해야 한다. 만약 언론에 사진이 찍혀 말썽이 발생하면 수출 중단은 물론 삼성의 자동차 생산판매도 자유화시키겠다."

다음 날, 상공부로 다시 올라가서 강력하게 항의했다.

"포장도로를 달리는 자동차의 수출도 내수시장에서 2~3년 사용해보고 수출을 하는데, 흙과 돌을 움직이는 토공 장비를 개발장비 1호기부터 수출만 하라니, A/S가 필수로 따라야 하는 장비수출정책이 상식적으로 말이 되지 않습니다. 말씀대로 1호기부터 수출한다면 미국 로키산맥에서 동부 보스턴까지 비행기 타고 서비스하라는 말씀인데, 그렇게 되면 서비스 비용이 장비값을 추월해서 결국은 외화 낭비만 하는 꼴이 될 겁니다. 이건 결국 수출하지 말라는 정책입니다.

상공부에서는 나의 항의에 "기본원칙은 중복투자를 안 시키는 것인데 OEM 수출 공급 계약을 해왔기 때문에 그나마도 현대 측 입장을 십분 고려하여 내린 조치니, 하든가 말든가 현대에서 알아서 하시오. 만일 현대에서 문제를 만들어 더 이상 시끄러워지면 그나마도 못할 것이오."라고 답변했다.

그룹의 어른들은 이번 정부의 조치로 그나마 삼성이 자동차사업에 참여하지 못하도록 한 것을 다행으로 받아들이는 안도의 분위기였기에 나는 답답하지 않을 수 없었다. 이제 중장비 사업을 추진하고 말고는 사업본부장이 알아서 하라는 입장이고, 종합기획실에서는 그마저도 대놓고 반대하는 바람에 어디다 상의조차 해볼 수도 없었다. 전후가 어찌 되었건 현대그룹 차원에서는 우리 중장비사업을 희생양으로 삼성의 자동차사업 참여를 방어하는 데 성공한 셈이 되었다.

허탈했다. 당장 해외 OEM 수출계약을 파기해야 하고, 중장비 개발을 위해 이미 간부로 영입해둔 30여 명의 경력자들에게 마땅한 일을 줄 수 없다니, 시작해보기도 전에 존폐를 걱정해야 했다. 이제 와서 내가 발을 빼고 복학을 한다고 해도 신학기 등록은 이미 마감된 지 오래고, 등록이 가능하다 해도 학과목 수업을 따라잡기에는 이미 늦었으며, 또 아이들 학교 문제도 대안을 찾을 방도가 없었다.

아마도 삼성에서는, 현대가 국내시장에는 들어오지 못하고 1호기부터 OEM 장비를 수출할 수도 없으니, 결국 중장비사업을 포기할 것이라며 기뻐할 것이 분명하다. 그 모습을 생각하니 피가 거꾸로 흐르는 느낌이었다. 자존심이 허락하지 않았다. 나는 결국, "GO"를 외치고 해보겠다는 각오를 새로이 했다. 그러나 임직원들이 같은 각오로 임해주지 못하면 사업은 실패로 끝나버릴 것이 자명했다.

신중만 이사와 구경웅 이사를 포함한 임직원 모두를 대회의실에 집합시켜 정부와 그룹의 입장을 알려주며 사업추진 여부에 대한 중지를 모았다. 결정은 다수결의 원칙에 따르겠으며, 만일 이 사업을 포기하는 것으로 의견이 모일 경우, 한 사람도 빠짐없이 그룹 내 희망하는 회사와 부서에 전직할 수 있도록 하겠다고 약속했다.

"미국과 일본에 개발생산 1호기부터 완전무결한 장비로 수출하지 못하면 우리 장비를 외국에 시집 보낸 후, 막대한 서비스 비용 때문에 나중에는 현재 수출가격 모두를 쏟아 부어도 모자라 결국, 우리의 명예와 시간, 회사와 국가의 외화만 낭비한 채 사업을 포기하게 될 겁니다. 이런 상황이 오면 회사에 막대한 피해를 주고, 여러분은 여러분대로 시간을 낭비한 채 모두가 직장을 잃게 되는 어려움에 봉착할 것입니다. 그러나 만일 1호기부터 A/S가 필요없는, 완전무결한 장비를 개발 생산하여 수출할 수 있다면 판매가 허용되는 5년 뒤부터는 국내시장에서 삼성-대우를 이기는 것은 물론이고, 미국과 일본의 OEM 업체들과 그들의 고객들을 놀라게 할 것입니다. 그로써 우리 현대중공업이 전 세계 시장으로 나아가 국제 경쟁업체들과도 당당하게 어깨를 겨루고 싸울 수 있다고 나는 확신합니다. 굴삭기 자체모델 개발 역시, 금지조치 기간이 만료되는 기간에 시험평가를 거쳐 양산을 준비한다고 생각한다면 오히려 시간적 여유가 생긴 것이고, 그 시점에 공개가 된다면 또한 놀라운 뉴스가 되겠지요. 그러나 만일 어느 한 부분이라도 문제가 생겨 불완전한 제품을 만들면 오히려 현재 시점에서 시작을 포기하고 각자가 헤어지는 것이 개인과 회사 입장에서 바른 판단이라고 생각합니다."

직원들에게 서로 의견을 나눠보고 결론을 내보라고 부탁하였다. 참석자 30여 명은 종일 회의를 진행했고, 퇴근 시간 가까이가 되어서야 나를 회의실로 불렀다.

"중장비를 개발시도도 해보지 않고, 초기부터 포기하여 헤어진다는 것은 도저히 자존심이 허락하지 않습니다. 그 때문에 본부장을 중심으로 죽을 각오를 하고 1호기부터 완전무결한 장비를 만들기로 전원 만장일치 합의하였습니다."

나는 결연한 의지의 눈빛과 각오를 모두에게서 느끼며 무거운 책임감에 가슴이 벅차 말문이 막혔다.

"감사합니다. 그러면 우리 한번 해 봅시다. 아마도 여러분이 경험자인 함장의 지휘를 그대로 따라 주시면, 모든 계획이 가능한 일이 될 것입니다."

이로써 OEM 수출을 위한 개발은 전원의 합의 아래 기술담당 총책 신중만 이사의 지휘로 다시 속도를 내기 시작하였다. 1985년 여름의 이야기다.

정부의 이러한 조치로 우리가 현대의 애물단지가 되면서 부여받게 된 공장용지는 중공업 단지의 쓰레기장이었다. 우리는 그곳을 메우고 정리하면서 오늘날에도 남아있는 제1공장을 짓게 된다.

그룹 회장이 내게 보여준 처음 비전과는 다르게 첫 공장의 잉태부터 제2공장 역시 언덕 꼭대기의 협소한 땅으로 밀리게 되었다. 누가 보아도 중장비 공장이 그렇게 협소한 위치에 놓였다는 것은 장래를 위해 바람직하지 못하고 부끄러운 일이다. 후진들은 중장비 사업이 본격화되고 세계를 향해 가속화되는 제3공장 건설 시점부터는 근본적으로 백년대계를 내다보는 넓은 꿈의 장소로 이동해야 할 것이다.

제1공장에서 OEM 장비들을 개발하며 양산준비를 하는 과정에서 자동차 공장장에게 부탁하여 자동차의 고문으로 와있는 전직 미쓰비시 중역을 우리 공장에 모셔다가 주문생산 방식에 익숙한 우리 임직원들에게 반복생산 방식을 가르치는 데 힘썼다.

드레서 OEM 장비개발과 세계화 전략제안

개발진행 과정에 드레서 사장단의 방문에 이어 드레서 그룹 회장과 부회장이 한국을 방문하여 중공업이 소유하고 있던 헬기로 울산까지 안내하게 되었다. 이분들은 울산 상공에서 주위를 돌며 현대그룹 공장들의 규모와 능력에 제압되었다.

다음 날, 드레서 회장은 나에게 별도 시간을 요구했다. 그리고 그를 만난 자리에서 제안을 받았다.

'드레서 그룹이 인터내셔널 하베스터에서 인수 보유한 모든 기술자료를 현대에 지원할 것이다. 그러니 드레서 그룹의 기술력과 자본력 그리고 현대의 경쟁력과 생산능력을 합한 합자회사를 만들어 세계 시장을 제패하자.'

그 내용은 장기 전략적이면서도 우리에게 큰 기회였다. 그리고 20년 뒤를 내다본 정주영 회장님의 원대한 꿈과도 맞았다. 그러나 정부정책 때문에 드레서의 제의를 당장 윗분들과 상의해 볼 수도 없는 상황이었다. 중장비 사업을 자동차 사업과 교환하고 쓰레기장에 공장 용지를 주실 정도인데, 그런 계획에 대해 확신을 가질 어른은 없을 거라고 판단하였다.

그 기회를 놓치고 싶지 않았고, 중대한 결정을 내려야 했다.

"중공업은 선박 전문가로만 구성되어 있고, 중장비 전문가는 아직 없습니다. 지금 나는 여러분의 OEM 장비 4가지 모델을 개발진행 중인데, 당신들의 제안을 보고하면 혼란만 부르기 때문에 시기적으로 부적절합니다. 나에게 3년간의 시간을 주면 내가 중공업 모든 임직원이 우리도 중장비를 할 수 있다는 확신을 갖도록 만들 것입니다. 그러면 드레서 그룹 역시 현대가 할 수 있다는 사실을 눈으로 확인한 후에 세계전략을 추진하면 오히려 3년 늦어도 지금보다는 더욱 분명하고 빠르게 추진할 수 있다고 봅니다. 그때까지는 여러분과 나만이 알고 있는 걸로 하고, 그 목표를 향하여 협조해 주십시오."

드레서 회장은 나의 의견과 결정을 받아들였고, 그리하기로 합의하였다. 그러나 후에 나는 그 결정을 후회하게 된다.

당시 그룹 회장은 해외출장 중이어서 드레서 회장단과 만날 수가 없었다. 그러나 현대그룹 명예회장 자격으로 미국 레이건 대통령을 면담하러 방문하게 될 때 텍사스에 있는 드레서 그룹 총수들을 워싱턴 DC로 불러와 첫 만남을 가질 수 있게 했다. 후일 드레서와 암묵적으로 약속한 3년 후를 위해서도 좋으리라 판단했기 때문이었다.

그 이후 양사 간의 협력은 신속하게 이루어져 세계시장에 판매할 중대형 굴삭기를 공동 개발할 타당성 조사를 위해 드레서의 에거리치Eggerich 사장이 기술진과 내한하여 우리와 함께 일본 유압부품 업체, 독일의 드레서 공장, 렉스로스Rexroth 유압부품 공장을 거쳐 그들의 소유인 프랑스 윰보 굴삭기 Yumbo Excavator 공장 굴삭기 개발생산 초기공장을 함께 방문하였다.

방문한 윰보공장은 프랑스의 알프스산기슭 포도주 생산단지 한가운데 위치하여 기술면이나 운반면에서 경쟁력이 떨어졌고, 이미 기술과 가격 경쟁력에 뒤져 사양화로 접어든 상태였다. 그들은 우리 팀에게 공짜로 넘겨 주겠다며, 후일 공동개발 생산할 중대형 굴삭기 모델의 수출가격으로 정산할 테니 운영해 보라 제의하기도 했다. 그러나 나는 현실에 맞는 사양仕樣으로 경쟁력 있는 장비를 만들어 판매해야 성공할 수 있는데 가뜩이나 제한된 인력을 분산할 의미가 없다고 거절하였다.

그러던 2년 뒤 1987년 5월, 드디어 드레서의 도저와 로더 4기종의 OEM 첫 제품들이 완성 제작되었다. 드레서 품질 검사팀이 도착하여 20여 가지 미세한 부분개선 사항을 지적해주고 귀국했다. 그러나 품질팀이 대체적으로 긍정적이라고 한 보고를 듣고 에거리치 사장은 주문을 받아놓은 것이 밀렸으니 빨리 예정 양산 물량을 이달 중에 선적해 달라고 했다.

우리 사람들이 드디어 그 노고를 인정받게 될 때가 머지않음에 기쁘지 않을 수 없었다. 그러나 그런 감상에 젖어 자칫하면 초기개발 당시의 각오와 초심을 망각하고 자만하게 될까 우려되었다. 즉시 에거리치 사장에게 전화를 걸어, 지금 발견된 사소한 문제를 그대로 두고 추진하면 경험이 적은 우리 사람들이 앞으로 큰 실수를 할 가능성이 있다며 아무리 급해도 납기를 한 달만 더 늦춰 달라고 요청하였다.

나의 뜻을 알아들은 사장은 둘 사이에 비밀로 하기로 하고, 한 달간 납기를 연기해 줌과 동시에 품질관리 방문팀의 보고서를 보고 놀라 철저한 재수정을 요청하는 팩스를 보내 주었다. 팩스를 근거로 전 임직원에게 비상을 걸었다. 앞으로 한 달간 공장의 모든 생산 활동을 중단하고, 지금부터 드레서의 품질 관리팀이 지적한 사항들이 다시는 재발하지 않도록 완벽한 생산표준체계를 만들도록 하였다. 그리고 동시에 내 허락 없이 절대로 제품을 생산하지 말고 품질개선에만 힘쓰라고 공장의 모든 임직원에게 지시를 내렸다. 이는 우리 쪽에 엄청난 아픔이 되겠지만 감수해야 할 일이었다.

그 사이 한 달간 우리 쪽 매출이 없게 되자 관리부문에서는 난리가 났다. 중공업 회장도 근심했고, 나도 아팠다. 그러나 아무 말도 하지 않고 인내로 견디었다. 모든 체제를 완벽하게 재정비하는데 약 3주 정도가 걸렸다.

바로 당시의 아팠던 조치가 후일 우리 장비들을 미국에 파는 데 아주 큰 도움을 주었다. 그럴 수 있었던 것은 드레서의 OEM 장비의 우수한 품질에 대한 소문 때문이었다. 애초 OEM 계약에는 '현대'라는 표식을 붙이지 못하게 되어 있었으나, 장비 프레임의 원산지 표시 부위에 '현대중공업'이라고 아주 작게나마 부착해 둔 것이 현대가 알려지게 된 계기가 되었다. 그리고 어느덧 드레서와의 약속기간인 3년이 다 되어가고 있었다.

그러나 첫 번째 견본장비 출하가 이루어지고 양산제품이 수출된 지도 잠시, 1987년 노태우 대통령 후보의 6.29선언 이후 노동조합 자유화 약속에 따라 울산공장은 3개월 동안, 역사상 최초의 노사분규에 휘말리게 된다. 인터넷이 발달되지 않던 당시는 팩스와 국제전화가 고작이었는데, 드레서는 CNN, New York Times, Wall Street Journal 등 각종 뉴스를 통해 이런 사태를 접하고, 여러 번 우리와의 접촉을 시도하였단다. 그러나 그때는 이미 중공업 모든 사무실이 노조원들에게 장악되어 엉망이 되고 도저히 들어갈 수가 없는 상태였다.

3개월간의 노사분규를 겪고, 겨우 공장이 가동되기 시작하는데 시카고 유병호 지사장으로부터 드레서의 움직임이 심상치 않으니 드레서에 방문해 보라는 연락이 왔다. 그 즉시 시카고와 댈러스를 방문했다.

그들의 반응은 예상외로 냉랭했다. 그리고 한국은 이번 노사분규 시작으로 인하여 앞으로 국제경쟁력이 없어져, 미래가 약속되지 않는다고 판단하였기 때문에 미안하게 됐지만, 현대 대신 일본 고마쓰사와 세계전략 파트너를 맺기로 이사회가 결정했다는 내용을 전달했다. 개발한 도저와 로더는 어찌하겠느냐는 우리 쪽 질문에 대해서도 경쟁력이 있을 때까지는 현대에서 수입하겠으나, 앞으로 가격 경쟁력을 우려하여 한국의 OEM 공급을 차선책으로 미루기로 했고, 이미 폴란드와 접촉하고 있다는 설명을 했다. 그리고 중대형 굴삭기 공동개발도 어찌하겠느냐는 질문에도 자기네가 알아서 하거나 우리가 자체 개발하면 OEM 공급 가능성을 검토하겠단다.

지난 3개월의 현대중공업 노사분규의 영향은 신생 중장비 사업본부에는 정부의 생산–영업 금지조치에 이어 너무나 가혹한 형벌이었다.

드레서 경영진의 이러한 공식 반응에 이어 노사분규 후유증은 그렇다 치고, 엎친 데 덮친 격으로 환율이 바닥을 모르고 매일같이 절상되어 달러당 1,100원대에서 불과 몇 개월 사이에 780원까지 올랐다. 애초 보수적으로 잡는다고 대비했던 달러당 1,000원 선은 이미 무너졌고, 수출할수록 적자가 되는 운명 아래 놓였다.

나는 나다니엘 호손의 글 속에 데이비드 스완처럼 샘터에 잠든 기분이었다. 다만 다르다면 안타깝게도 나는 수많았던 기회들이 눈에 보였다는 것이고, 그것을 놓친 것을 후회하고 있다는 것이다.

'드레서가 우리와 합작하자고 했던 것을 3년 뒤로 유보시킨 일이 후회된다. 당장 합작하자 할 것을. 프랑스에 있는 드레서 융보공장을 공짜로 인수운영해 보라던 제안 역시 받아들이지 않은 것도 후회된다. 그런 식으로 관계를 맺어 서로가 살이 닿게만 해놓았더라면 노사분규로 잠시 생산에 차질을 겪었다고 드레서 그룹이 그렇게 쉽게 우리를 포기하고 일본과 손을 잡았을까? 이러한 제안을 매번 경솔하게 내가 판단하기보다 정주영 회장님께 말씀을 드렸더라면 어떠했을까?'

수많은 아쉬움이 스쳐 지나갔다.

행운인지 불운인지 순간순간 닥쳐오는 운명을 모두 옳게 판단하기에 나는 얼마나 미약한 존재인가? 아니, 사람이란 얼마나 미약한 존재인가? 그러나 조금만 더 현명한 판단과 대비를 했더라면 불운도 행운이 되지 않았을까? 그러나 지나간 것은 지나간 것이다. 이제 앞을 바라보고 지금의 시련을 발판삼아 행동하는 수밖에 없다.

한국으로 돌아가는 비행기 안에서 내내 고민했다. 그리고 결심했다.

'드레서를 배제하고 독립적인 굴삭기 자체 개발모델을 만들어내자. 일단 물량은 최소화하면서 수출실적의 명맥만을 유지하여 적자를 최소화하고, 정부의 금지조치가 만료되는 기간 내에 중대형 굴삭기를 자체 개발하자. 그래서 금지조치 만료에 맞추어 자체모델을 출시하고, 내수시장에서 경쟁하면서 세계 시장과 경쟁하여 승리시키겠다.'

귀국 즉시 나는 중장비 자체 개발을 서둘렀다.

자체모델 굴삭기 3기종 개발

1987년 말을 기준으로 하여, 1988년 계획을 수립하는 과정에서 미국 드레서의 도저, 로더 OEM 생산판매, 일본 닛산 기자이의 미니 굴삭기, 미국 트랙 인터내셔널의 스키드 스티어 로더의 OEM 수출은 30%에 불과하였고, 환율절상 때문에 이마저도 도저히 손익을 맞출 수가 없었다. 또한, 이미 시행된 공발법 때문에 수출을 내수로 돌릴 수도 없는 처지였다. 그렇다고 기존

중기계사업본부의 수주, 매출에서 발생하는 얼마 안되는 이익에 기대어 중장비가 같은 본부에 속해 있다는 이유로 손실을 감추며, 그 살림살이에 안주하려는 소극적 대응을 한다면 단기적으로는 가능하나 장기적으로는 한계가 있다고 판단하였다.

조선, 해양 및 플랜트사업본부에 납품하는 우리 본부 사업업종은 이제 어느 정도 안정되었으니, 공장과 중기계 사업을 원래처럼 자생하도록 되돌려 주어야 했다. 차라리 매출과 손익의 돌파구가 없는 기로에 선 중장비사업을 거기에서 분리 독립시키고, 별도의 사업본부를 창립하여 나 자신을 도마 위에 올려놓고 정면 돌파를 시도하는 것이 애초 그룹 회장께서 나를 부른 목적에도 부응하는 것이었다.

정부가 조치한 금지 기간이 아직 유효한 동안에 중장비만의 임직원들을 데리고 스스로 앞날을 준비하도록 몰입하는 방법이 오히려 최선의 대책으로, 굴삭기 자체모델 개발을 서둘러야만 내일의 희망을 여는 길이라 판단하였다.

1987년 가을 노사분규 직후 드레서를 방문하고 귀국하면서 어른들에게 이러한 취지의 중장비 사업부문 분리 독립에 대하여 보고했다. 그러자 기다렸다는 듯이 그 의견을 흔쾌히 동의하며 받아 주었다. 그로써 중기계 사업본부의 기존 업무는 플랜트 사업본부로 귀속시키고, 나는 새로운 중장비 사업본부를 창립하여 외로운 독립 분가의 길을 택하였다.

지금의 제1공장을 재배치하여 드레서의 도저, 로더, 스키드 스티어 로더, 미니굴삭기 생산을 안정시켜가며 지게차의 국내 생산을 추진했다. 당시 중대형 굴삭기 기술을 일본에서 제휴해 오라는 지시를 마다하고 20억 원의 자체모델 개발 품의를 명예회장^{당시 정주영 회장은 그룹 회장직을 정세영 회장에게 위임하고 명예회}_{장으로 물러나 있었다.}에게 재가받았다. 그리고 중대형 굴삭기 3기종^{0.7㎥, 1.0㎥, 1.2㎥}의 연구개발실을 용인 마북리에 설립하여 인력을 모집하고, 일제 견본 장비 2대를 도입하기에 이른다.

이후, 토요일은 울산에서 수원 근처 마북리로 올라와 개발회의에 참여했다. 오전에는 모델별 장비의 목표사양, 선택사양, 목표원가, 개발진도 등을 점검하고, 오후에는 연구소 임직원들과 축구시합으로 스트레스를 풀어주고 팀워크 단합에 심혈을 쏟았다.

그리고 현재는 별로 특이할 만한 일이 아니지만, 굴삭기의 모양과 색상을 결정하기 위하여, 내가 예상키로 국내에서는 처음으로 홍익대학교 출신 산업디자이너 2명을 채용하게 되었다. 중후 장대한 현대중장비에 예술적 가치를 가미하여 세계화 브랜드 이미지를 부각하려 했고, 굴삭기의 이름을 지을 때에도 서구인의 인지도에 쉽게 접근하도록 서양인에게 평가를 의뢰하여 Robex ^{Robust Excavator의 약자}로 정했다. 그리고 여행비만 대주고 PL^{Product Liability} 전문 변호사인 친구를 워싱턴에서 불러와 PL Label의 위치와 문장, 방법을 협조 받기도 했다. 초기부터 제품의 수출 목적에 초점을 맞추었던 것이다.

이와 같이 아주 작은 것까지도 놓치지 않으면서, 마북리 연구소 임직원들이 주야를 모르고 일한 덕분에 무려 1년 만에 굴삭기의 3가지 모델을 개발, 상품화해낼 수 있게 되었다. 나는 아직까지도 그 기록적인 쾌거를 기네스북에라도 올려 그들의 피땀어린 노고를 남겨주지 못한 점을 아쉽게 생각하고 있다.

그로써 오늘날 세계에서 인정받고 있는 중장비를 삼성중공업^{지금의 볼보코리}_아에 이어 현대중공업에서 자체개발하였다는 역사를 남기게 되었다. 여기까지 오기에는 지난, 현대양행 창원 공장의 초기모델 개발에 헌신하고, 기여한 기술인들의 노력이 바탕이 되었기 때문에 가능한 일이었다. 그들 중에서도 한라중공업 부회장을 역임하고 은퇴한 강경호 부회장, 변정수 부회장, 현대중공업 상무로 은퇴한 이홍선, 문창수 그리고 전기우 부장과 현대양행의 김형곤 차장, 볼보코리아 사장으로 재직 중인 석위수 사장, 마지막으로 오늘날의 쾌거를 보지 못하고 과로로 세상을 먼저 떠난 김종하 차장은 우리나라 굴삭기 국산화 개발 역사에 남겨야 할 자랑스러운 영웅들이다. 그 외에도 우리나라 건설중장비 산업을 일으키기 위하여 가정을 뒤로하며 회사 일에 우선을 두고 개발, 생산, 수출에 혼심을 다한 역군들의 노고가 오늘을 만든 것이다.

개인의 이해관계에 휘둘린 중장비 영업전략

정부의 공발법에 의한 시한부 금지조치 기간 만료가 6개월 남은 어느 날, 중공업 영업담당 중역과 만나 국내시장 영업방법과 절차에 대한 이야기를 조율하기 위해 계동사옥을 찾았다. 서울사무소는 중장비 판매가 플랜트나 선박과 달리 신발이 닳도록 뛰어다녀야 하는 단가가 낮은 사업이라고 평가했다.

서울사무소의 중역은 집무실에 들어서는 나를 보고 명예회장이 찾는다며 무조건 회장실로 앞장서 데리고 갔다. 그 중역은 비서실을 무시하고 명예회장실로 직행했다.

"회장님, 곧 공발법이 해제되어 중장비 분야가 내수시장에 참여하려면 곧바로 영업 조직을 구성해야 하는데요. 중공업에서 따로 만들어 비용을 들이기보다는 전국 현대자동차 영업소에 위임시키는 것이 투자도 적고 경제적

일 것 같습니다."

그가 본부장인 나도, 사장도, 중공업 회장도 모르는 이야기를 명예회장에게 직접 보고하는 것에 놀랐다. 그러나 정주영 회장은 그런 사실도 모르고 그 중역의 말이 일리 있어 보이니 좀 더 검토하라는 지시를 내렸고, 나는 거기에 대고 뭐라 할 말을 찾지 못했다.

명예회장실을 나오자마자 또 나를 잡고 또 그 중역이 간 곳은 정세영 그룹 회장실이었다. 그런데 그가 정세영 그룹회장에게 보고하는 내용은 방금 전과는 사뭇 달랐다.

"회장님, 방금 명예회장님께서 중장비 판매조직을 새로 두지 말고, 전국 자동차영업소에서 판매하라고 지시하셨습니다."

그러자 그룹 회장은 자동차는 불특정 다수를 상대하는 영업이고, 중장비는 특정 소수를 상대하는 영업인데 무슨 시너지가 있어 이런 지시가 나오게 되었느냐고 노발대발했다.

그런데 이 중역은 자기도 모르는 일이고, 명예회장 지시를 전달했을 뿐이라며 그룹 회장실을 나간다. 그룹 회장은 그를 따라 나가는 나를 등 뒤에서 불러 세우고는 1시간여 동안이나 꾸중을 해댄다. 그리고 할 수 없다는 듯 자동차 영업담당 중역을 호출하기에 이른다.

너무나 삽시간에 일어난 일이었고, 끌려다니면서 바보가 된 나는 중역의 개인적인 자작극이라고 말도 할 수가 없었다.

정세영 회장은 명예회장의 지시사항이니 어쩔 수 없다며, 영업담당 중역에게 내일 당장 울산에 내려가 상황 판단하고 다시 보고하라는 지시를 내렸다. 그렇게 회장실을 함께 나와 다음 날 울산에서 만나기로 약속하고 헤어졌다. 좋은 의미로 혹 떼러 서울 올라왔다가 어처구니없이 혹을 붙인 격이었다. 화가 치밀어 그의 집무실로 직행했으나, 그는 이미 퇴근하고 없었다.

그로 인하여 처음으로 국내시장 진입이 가능해진 시점에서 중장비의 국내판매는 현대자동차도 아닌 '현대자동차서비스 주식회사'가 맡게 되었다. 그 후 자동차서비스는 서비스 외에도 중장비 판매목표를 달성해야 하는 책임도 떠안게 되었다. 경쟁에서 이기기 위하여 중장비 판매단가를 낮추어야 했기 때문에 내가 중장비를 떠나 앨라배마대학에 복학한 뒤에도 수년간 현대자동차 서비스주식회사와 현대중공업은 마찰을 겪고 불협화음이 지속되었던 것으로 알고 있다. 한 사람의 이해관계가 만들어낸 기업의 미래였다.

'가정이 편해야 모든 일이 잘된다.' 실천기

휴학하고 다시 현대중공업 중기계 사업본부장으로 복귀하면서 역시 예전처럼 밤낮없는 일상이 반복되었다. 그러나 지난날처럼 그 일상 속에서 가족을 잊는 답습은 하지 않았다.

1985년 초여름 어느 날로 기억한다. 갑작스레 정주영 회장의 매제였던 김영주 회장이 나의 사무실을 방문했다. 깜짝 놀라며 회장을 반겼다.

"어인 일이세요?"

"차 한잔 하러 들렀지. 일은 잘되고 있나?"

그는 이런저런 얘기를 나누다가 방문목적의 본론을 내비쳤다.

"명예회장님께서 울산에 오실 때마다 골프멤버에 유 본부장을 넣으시는데 한 번도 참석하지 않고 빠지기만 하는 이유가 도대체 무언가? 다른 사장단은 골프멤버에 들어가려 무던히 애들을 쓰지만, 끼워주지 않아 애달파 하는데. 내가 하도 명예회장님 뵙기가 안쓰러워 찾아왔네……."

당시 나는 그랬다. 그런데도 예외 없이 내 이름이 들어가 있어서 그렇지 않아도 눈총을 받는 기분이 들어 항상 미안하던 상황이었다.

"회장님, 저도 항상 죄송하여 말씀드릴 기회를 찾았는데, 오늘 때가 되었나 봅니다. 저는 매주 서울 집에 올라갑니다. 그런데 국민학교 다니는 딸이 저더러 우리 집은 여자만 셋이라는 것입니다. 당시 우리 가족은 미국으로 유학을 다녀와 서울로 거처를 옮겼고, 아들은 계속 유학 중이었기 때문에 미국에 남아있었다. 아무리 보아도 여자가 둘 뿐인데 어찌 셋이냐 물으니 강아지도 여자라는 것입니다. 그런데 명예회장님은 주말에 오시지 않습니까? 저는 주말만이라도 아버지 노릇, 남편 노릇을 해야 일주일간 편하게 일합니다. 제가 명예회장님 골프 초청에 나가고 집안이 편치 않아, 회사 일에 집중하지 못하면 회사에 무슨 도움이 됩니까? 골프에 나가는 것보다 서울 다녀와 회사 일에 집중하는 것이 중요하지 않겠습니까?"

"……."

"회장님, 판단해 주십시오. 저는 지시대로 따르겠습니다."

내 말이 끝나자마자 김 회장은 "알겠네. 알았어! 그리고 커피 잘 마셨어!" 하고는 돌아갔다.

그 뒤로 나는 명예회장님의 골프초청멤버에서 해방되었다.

1987년 울산 중공업 노사분규

1987년도 6.29선언 직후, 민주화 바람과 함께 현대중공업에도 노동조합이 설립되고 대규모 노사분규가 일어나게 된다. 그러면서 각종 중장비가 울산 시내를 점거하기도 하였고, 수개월 동안이나 생산이 중단되는 사태가 계속되었다.

당시 노조 측은 수십 건의 요구사항을 가지고 2만여 명의 근로자들을 앞세워 경영자들을 위협하며 협상을 이끌려 했고, 그러한 방법으로는 해결의 실마리를 찾을 수 없었기에 혼란은 가중되기만 했다. 나아가 나라와 사회 전체에 불안감을 안겨 주었으며 세계적인 뉴스거리가 되기도 했다. 데모 과정에서 수많은 근로자가 사무실들을 장악한 상태라 경영진은 팽팽한 대립 속에서 이리저리 사무실을 이동하면서 타결방안과 대책들을 마련하기 위한 매일매일 사장단 회의를 이어갔다. 그러나 나는 사장단 대책 회의에서 제시된 많은 부분의 안건을 반대하는 미운 짓을 해야 했다.

"전기를 끊어버리자!"는 안건도 있었다.

데모의 아지트인 독신자 숙소 '오좌불'에 대한 접근이 불가하자 전기공급을 끊어버리면 할 수 없이 모두 밖으로 나오지 않겠느냐는 생각이었다.

"저는 반댑니다. 그런 식으로는 해결이 되지 않습니다."

그러나 결국 전기 공급은 끊겼고, 그 결과는 노동조합원들의 부인들이 나서서 음식과 간식을 지원하게 만들어 오히려 그들의 사기만 올려주게 했을 뿐이었다. 그러자 다음으로 '물을 끊자.'는 방안이 나왔다.

"인간에게 필수적인 물과 불을 대기업 경영진들이 끊는다면 문제가 해결되기는커녕 사회적 지탄 거리가 되어 부메랑으로 돌아올 겁니다. 사태는 더욱 악화될 거구요."

이러한 나의 만류도 소용이 없었다. 당시 노조 파업 때문에 치안본부 차장 이하 전투경찰 1만여 명이 울산에 투입되어 있었다. 그런데 이런 상황이 벌어지자 치안본부 차장은 현대중공업 회장과 사장에게 "경찰과 근로자들 간에 큰 싸움을 붙이려는 겁니까? 어서 물을 연결하세요. 그렇지 않으면 우리는 내일 철수합니다."라고 통보하였다.

밤 11시에 긴급 사장단 회의가 소집되었고, 회의 결과 물을 다시 연결하기로 하였다. 하는 수 없이 각 사업본부장마다 설득 조를 꾸리기로 하였다. 단 본부장은 신변보호를 겸해 1명씩 직원을 대동하고 기능직 사원들 숙소를 방문하여 대화의 물꼬를 트는 방안이 제시되었다. 나는 그 또한 효과가 없을 것으로 반대했지만, 회사의 결정이라 참여할 수 밖에 없었다.

각 본부장들이 기능직 숙소 3개 동씩을 맡기로 결정되었다. 나는 키가 큰 김종진 부장을 대동하였다. 우리는 회사버스를 타고 들어가서 지정된 시간이 되면 모두 대기했던 버스로 돌아오게 돼 있었다.

"40분 내지 1시간 정도만 설득하고 오세요."

40분 동안에 설득을 하라는 것은 불가능한 일이었다. 그건 노력했다는 것을 보여주기 위한 형식에 불과한 것이지 의미가 없는 일이라고 생각되었다.

나에게 배당된 기숙사 1층으로 들어가서 방문을 두드렸다. 아무런 반응도, 기척도 없었다. 2층으로 올라가 다시 몇 개의 방문을 두드려 보았지만, 역시 아무도 없는 것이었다. 식당으로 내려가니 식사하며 웅성거리는 소리가 들렸다. 거기에는 내가 맡은 3개 동 사람들뿐만 아니라 다른 동에 거주하는 많은 노조원들이 모여 식사하는 중이었다. 그들은 우리를 발견하고 당장 나가라고 고함을 지르면서 식사 트레이를 집어 던지는 등 한바탕 소동을 벌였다.

"모두 진정하세요. 나는 여러분의 문제점과 애로사항이 무엇인지 듣고, 회사의 사정도 설명하러 왔습니다." 큰 소리로 말을 걸어보았지만, 내 말은 들으려 하지도 않고, 모두들 고함만 질러댔다. 그곳에 서서 망신을 당하고 있는데 멀리서 한 사람이 "개소리라도 들어나 보자!" 하는 것이었다. 순간 나는 희망이 있으니 기다려 보자 마음먹었다.

식사가 끝나면서 한두 사람이 나에게 와서 말을 걸기 시작했다. 그러자 주변 노조원들도 관심을 보였고, 나중에는 식탁 위까지 올라가 부채꼴로 나를 둘러싸고 2시간 정도 질의 응답 시간을 가지며 실랑이를 벌였다. 결과는 없어도 일단 대화의 물꼬는 트인 셈이었다. 그들과 현안에 대해서 어렵게 대화를 이끌어 가는 중간에 정몽준 사장께서도 이곳 기숙사까지 다녀가셨다는 이야기를 수행했던 김 부장을 통해 전해 들었다.

기숙사에서 나오니 버스는 물론 기다리는 사람도 없었다. 우리 두 사람은 터벅터벅 걸어서 숙소로 직행하여 가볍게 몸을 씻고, 마음을 가다듬은 다음 사장실로 향했다.

"사장님께서 기다리고 계십니다. 빨리 들어가 보세요."

비서가 친절하게 문을 열어주며 일렀다. 집무실로 들어서자 사장은 나를 기다렸다는 듯이 반색을 했다.

"앉으세요, 본부장님."

"모두가 설득 조를 꾸리자고 할 때, 유 본부장이 '그런 식으로는 안 된다.'고 극구 반대하지 않았어요? 그렇게 반대를 해놓고 유 본부장이 제일 적극적이었습니다. 정작 설득에 반대를 하지 않던 대부분의 본부장들은 노조 숙소로비에서 TV를 보면서 시간만 때우고 있을 때 유 본부장이 노조원들과 식당에서 마주하고 설득하는 모습을 보았습니다…….”

“어느 회의에서나 의견은 여러 가지 다를 수 있습니다만, 일단 회사가 결정하면 비록 자신과 의견이 다르다 하여도 마땅히 회사의 결정 대로 수행해야 하는 것이 아닙니까? 회사는 그렇게 되어야 맞습니다. 저는 회사 방침에 따른 것에 불과합니다. 회의 할 때는 제 의견을 묻기에 솔직히 말씀 드린 것 뿐입니다.”

사장은 말없이 고개를 끄덕였다.

그 당시에는 노조도, 노조집행부도, 경영진도, 데모가 처음이었기 때문에 이런 상황에 어떻게 해야 할지 아무도 몰랐다. 파업을 주도했지만, 요구사항만 있을 뿐 협상하려 하지 않았고, 회사 측도 마땅한 대책을 마련하지 못했다. 그렇게 파업은 장기화되었고, 귀중한 시간만 낭비되었다. 노조 위원장은 물론 집행부는 어린 나이였다. 그래서 처음에는 스스럼없이 마음을 트며 말을 놓았는데, 다른 집행부원들이 자기들 위원장에게 반말을 했다고 항의가 거셌고, 난리가 난 적도 있었다. 그런 식으로 양자간에는 사사건건 꼬투리가 잡으며 해결의 실마리가 보이지 않았다.

3개월 간의 길고 긴 밀고 당기기 협상의 마지막 부분에 남아있던 중요한 사안들 중에 한 가지는 학력, 경력을 떠나서 동일한 보너스를 달라는 것이었다. 그것은 불가능한 일이었다. “그러면 회사가 망합니다.”라고 말해도 설득이 되지 않았다. 회사 측 대표 10여 명과 노조측 대표 10여 명 동수가 앉아서 계속 ‘해내라’, ‘안 된다’고 하며 팽팽한 신경전만 벌일 뿐 끝이 보이지 않았다. 그들에게 왜 그것이 불가능한 일인지 분명히 알아듣도록 설명해 줘야 하느데 방법이 없었다. 그 순간 한 가지 생각이 머리를 스쳐 지나갔다.

"위원장님! 위원장님의 지도력과 명석하신 머리를 보니 위원장님께서는 중고등학교 시절 내내 일등만 하신 것 같아요? 맞지요?"

"아니요, 나는 머리가 나빠 내내 꼴등만 했습니다!"

사무국장은 그럴 리가 있느냐는 듯 웃으면서 말했다. 농담으로 받아들이는 분위기였다.

"사무국장님! 국장님도 계속 일등만 하셨을 것 같네요!" 하니까 역시 꼴찌라 한다.

"XX 위원님은요?"

"나도 꼴등이요."

"YY 위원님은요?"

"나도 형편없었어요!"

어느 한 사람도 우등했다는 사람은 없었다.

"여러분들이 겸손해서 1등인데 꼴찌라 말하는 것 잘 알고 있습니다."

혹시나 그들의 자존심이 상하지 않을까 신경을 쓰면서 계속 이야기를 이어나갔다.

"여기 계신 여러분이 꼴찌를 하였는지 1등을 하셨는지 잘 모르지만, 우리는 모두 1등과 꼴등 사이에서 공부하며 성장하였다는 사실을 기억할 것입니다. 우리 교육의 역사가 언제부터 석차를 매기는 방법을 사용했는지는 정확히 모르지만, 아마도 그 때는 문자가 생기기 시작한 아주 오래 전부터가 아닌가 싶습니다. 그리고 우리 인류는 그런 석차에 의한 교육 덕분에 발전해 올 수 있었습니다. 모든 사람에게 석차 없이 점수를 똑같이 주었다면 모두들 열심히 공부했겠습니까? 그러면 지금의 인류는 발전하였을까요? 사실 나도 국민학교, 중학교, 고등학교를 거치면서 공부하기 싫어 아버지에게 꾸중 듣고 매 맞으며 공부해야 했습니다."

"이와 같이 노력한 사람과 노력하지 않은 사람에게 주는 차등은 바로 발전의 원동력이 됩니다. 인센티브, 보너스 차등 또한 경쟁을 통한 발전의 원동력이라 생각하면 됩니다. 같은 보너스를 받는다면 누가 더 열심히 일하고 싶을까요? 그러면 회사의 미래는 어떻게 되겠습니까? 결국, 회사는 열심히 일하는 사람이 줄어들어 발전은커녕 존재할 수 없게 되는 것이 아니겠습니까?"

그러자 기성세대보다 현명하고 영리한 노조 측 젊은이들이 이렇게 말을 바꾸어 얘기한다.

"아! 우리가 이야기하는 것은 전부 똑같이 달라는 것이 아니라 등급의 차이가 크고 복잡하니까 몇 등급으로 줄이자는 겁니다. 현재 단계보다 좀 더 단순한 단계로 말입니다."

"그것은 이야기가 됩니다. 그래서 학교성적도 과거에는 0점에서 100점까지 나누던 것을 수우미양가 5단계로 단순화하였지 않습니까?"

결국, 우리는 5단계 보너스 등급을 3단계 상중하로 단순화하는 방법으로 타협했고, 또한 잡다했던 나머지 조건들이 하나하나 정리되어 가면서 3개월이라는 장기간 노조와의 협상은 드디어 해결 국면을 맞이하게 된다.

파업은 끝이 났고, 작업이 다시 정상적으로 돌아가기 시작했다. 그런데 그렇게 잠잠해진 분위기와는 다르게 회사 내부에서는 파업을 이끈 노조집행부를 두고 '기업의 천문학적 손실을 불러온 파업 주동자를 고소한다.', '잘라버린다.'하면서 그들의 처리 문제를 놓고 의견이 분분해져 있는 상황이었다.

나는 또 이에 반대했다. 노사가 합의하고 화합한지 얼마 되지도 않은데다가 공장이 정상 가동되기만 기다렸다가 노조 수뇌부의 뒤통수를 치겠다니 꺼지려는 불에 다시 휘발유를 뿌리는 격이었다.

"절대 안 됩니다. 그런 식으로 하면 난리 납니다."

결국 우리 본부가 그 주동자들을 다 맡도록 결정되었다. 뜻밖의 조치였지만 어쩔 도리가 없었다. 편입되는 인원이 10명 정도 되지 않을까 짐작했지만 예상을 넘어 180명이나 되었다. 별개 회사로 독립시킬 정도의 규모였다. 일을 처리하겠다고 모난 짓을 좀 했더니만, 그렇게 큰 짐을 떠안게 돼버렸다. 그래도 그 인원이 모두 쫓겨나가거나 고소 당하여 또 다른 문제를 예방하였기에 그에 만족하면서 고생을 자처하기로 했다. 그러나 우리본부 중역들로부터 거센 항의가 잇따랐다.

"이들을 어떻게 해야 하나?" 한숨도 나왔지만, 이왕 이렇게 된 것 한발 더 나아가 그들의 능력을 키워서 인재로 만들어보자는 계획을 세우게 되었다.

그들 중 노조집행부 20여 명에게 대해 승급시험을 볼 수 있게 했다. 당시 대학졸업자는 4급 사원부터 시작되는데 고등학교 졸업 기능직 사원이 4급 사원이 되려면 6급에서부터 5급을 거쳐 필기시험을 치러야 4급으로 승급할 수 있었다. 필기시험을 보게 된 집행부 인원 모두 능력을 인정받아 4급 사원으로 올라가게 되었다. 모두가 승급한 것은 아니었지만, 그들 대부분은 노력의 결과가 있다는 것을 느꼈을 것이다. 그리고 이들을 전국의 A/S 지부로 분산 배치하였다. 왜냐하면 이들 집행부 사람들이 공장에 있는 한 다른 노조원들이 이들을 또 다시 앞장세워 회사를 어렵게 하지는 않을까 하는 염려 때문이었다.

언젠가 정주영 명예회장께서 시베리아 벌목사업을 하실 때 그곳에 투입된 건설중장비 A/S 때문에 인원이 필요하여 노조집행부 A/S 직원들이 현지에 파견된 적이 있었다. 후에 이곳을 방문한 사장단들이 사무실로 찾아와서 "그렇게 열정적으로 일하는 사람들은 처음이다."라며 칭찬하기도 했다.

그로 인해 인재는 찾아내는 방법도 있겠지만. 가정에서 자녀에게 관심을 가지고 키우듯, 기업에서도 직원 육성을 위해 노력한다면 가능성이 있는 사람이면 누구나 인재로 성장될 잠재력이 있다는 것을 배우게 되었다.

현대를 떠나 아직 보잘것없는 벤처사업을 시작했는데도 그때의 정을 잊지 못했는지 그 직원들이 나를 찾아준다. 그 중에는 자기사업을 일으켜서 크게 성공한 사람도 있다. 자녀들 혼사를 치를 때에도 아들이 장가를 가는데 주례를 서달라는 통에 난감한 적도 있었다. "나는 이제 별 볼 일 없는 사람인데 자네 사장님께 부탁하시지."하고 사양하면, 돌아오는 답이 나를 감동시키곤 한다.

"그렇게 따지면 주례 서줄 사람은 많아요. 본부장님은 제 인생을 바꿔 주신 분입니다. 뜻 깊은 자리에 오셔서 제 자식도 한번 봐 주시고 좋은 이야기 들려주시면 더 큰 축복이 될 겁니다……."

두 번째 사퇴

1989년 8월, 중공업 내 사업본부 간의 구조개편이 시행되었다. 일단 중공업과 별개 법인으로 운영되던 '현대엔진공업주식회사'는 본래 '조선사업본부'와의 긴밀한 연관성 때문에 '엔진사업본부' 라는 이름으로 중공업사업부로 흡수통합되었다. 이로써 각자 노사분규를 치르며 상호 영향을 주던 관계를 청산하게 되면서 노사분규 기간이 단축되는 효과를 점쳐볼 수 있게 되었다. 반면 '건설중장비사업부' 는 '현대중장비산업주식회사' 로 바뀌어 별개의 법인으로 분리 독립되었는데, 이 과정에서 경영진이 정몽구 회장 구도로 재편성되어 새로운 시대를 맞게 된다.

분명 이런 조치는 중장비 사업을 새로운 시각으로 재편성하여 도약을 시켜보겠다는 의지로 보였다. 이를 계기로 그다음 단계인 안정성장의 시대로 나아가야 할 것이다. 그렇다면 그동안 내가 가지고 있던 지휘봉도 새로운 누군가가 이어받아야지만 그 변화의 시작이 더욱 힘을 발휘할 것이다. 물론 변화의 조짐으로 핀 '가능성'을 한 자락 잡고, 그동안 일궈놓은 것의 열매를 보고 싶은 마음이야 간절했지만, 그런 고집으로 자리를 지키다가는 그 '가능성'의 이파리를 꺾는 일밖에 더 되겠는가?

'새 술은 새 부대에 담도록 하자.'

그해 초, 미국 앨라배마 대학원에서 한 통의 편지가 날아왔다. 휴학신청 최대 허용기간인 5년이 다 되었기 때문에 늦어도 2000년 1월 학기까지는 복학하여야 하고, 아니면 이수한 학과목의 취득한 학점들이 무효가 되어 처음부터 과목이수를 다시 해야 한다는 내용이었다.

그걸 받아든 순간, 나를 돌아보게 되었다. 누가 알아주지도 않는 그 외로운 싸움 끝에 새롭게 중장비들을 개발해내고, 그것들을 국내외 시장에 내놓는 데 문제가 없을 만큼 자리를 잡기까지 난관을 넘겨온 지난 5년 세월이 주마등처럼 스쳐 지나갔다. 나는 이미 불모지를 개척하는 단계에서 모든 힘을 소진하고, 새로운 아이디어를 끌어내기에는 바닥을 드러낸 우물과 같은 신세였다. 나에게 재충전이 필요했다. 그러나 과연 복학할 수 있을까? 하는 고민을 하던 때에 새로운 국면을 맞이하게 된 것이다.

내가 사직 의사를 표하자, 정몽구 회장은 나를 불러 노사분규 속에서도 신제품을 개발하느라 가족과 떨어져 고생했다면서 서울 원효로 서비스 건물에 영업사무실을 만들어 올리고, 일주일의 반은 서울 근무, 나머지 반은 울산에 내려가 돌보도록 하는 걸로 하고, 차기 공장장을 지명하라고 했다. 회장의 배려에 감사했지만, 예정대로 재충전을 위해 복학을 준비했다.

그리고 떠나기 전, 삼성중공업 중장비 사업본부장과 만나 다음과 같은 제안을 했다.

"현대중장비가 곧 미국에 진출할 계획인데, 이미 1년 전에 미국 동부로 먼저 진출한 삼성중공업과 초장부터 상호 출혈 경쟁을 하는 것은 서로 손해입니다. 어차피 3~4년 후에는 중부에서부터 경쟁 혼전이 불가피하니까 초기에 한국 업체끼리 맞붙는 건 예방합시다. 어때요? 처음부터 양측이 손해 보는 것으로 하시겠습니까? 서로 성장한 후에 만나서 겨루는 걸로 하시겠습니까?"

생각대로 삼성의 중역도 내 의견에 동의해서 시카고에서 만나 경쟁하자는 신사협정을 맺게 되었다. 이를 계기로 현대는 자연스럽게 삼성 측의 협조를 받으면서 서부 지역인 워싱턴주-오레곤주-캘리포니아주 지역에서 자체 모델의 수출 교두보를 마련하게 되었다. 그러면서 삼성과 우리 실무자들 사이에 상호 정보교환이 이루어지도록 상부상조 체제를 구축할 수 있었다.

KAL기 폭파사건으로 친구 김덕봉을 잃다.

KAL기 폭파사건1987년 미얀마 상공에서 대한항공 보잉 707기가 북한공작원에 의하여 공중폭파된 사건으로 평생 친구 김덕봉을 잃었다. 같이 학창시절을 보냈으며, 같이 유학을 꿈꿨고, 같이 현대의 일꾼이 되었던 김덕봉이 그립다.

나는 학교 시험에 운이 없는 편이었다. 대학을 후기로 들어가기 전에도 중학교를 후기로 들어갔다. 그곳에서 좋은 친구들을 만났지만, 그때는 내가 '무척 운이 없다.'고 생각했다. 거기서 김덕봉을 만났다. 덕봉도 나처럼 후기 시험을 치르고 같은 중고등학교에 다니게 되었고, 우리의 오랜 인연이 거기서 시작된 것이었다.

그는 키도 크고, 덩치도 컸다. 운동을 잘해서 중학교 때 야구부에서 피처로 활동하기도 했다.

우리는 '맥아더 장군' 이야기를 듣고, 같이 감명했고, 핵물리학자를 같이 꿈꿨다. 우리는 같이 열심히 공부했다. 그리고 나와 전공과목만 조금 달리하여 그 친구도 서울대 화학과를 지원하였다. 그러나 그도 나처럼 낙방의 쓴맛을 보고 후기 대학으로 한양대 기계과를 지원했던 것이다. 우린 사정이 비슷해지니 더 친해질 수밖에 없었고, 대학 1, 2학년 방황기를 같이 보내게 되었다.

군대에 갈 때는 잠시 떨어져 지내게 되었는데, 친구도 나와 같이 영어 공부를 꾸준히 한 터여서 육군 카투사에 지원하여 3년여를 근무했다. 둘 다 비슷한 시기에 입대하고, 제대했기 때문에 복학 시기 또한 같았다. 우리는 그 3년의 군대 생활을 제외하고는 거의 떨어져 지낸 적이 없었다.

군을 제대하고 그와 나는 다시 단짝으로 돌아왔고 서로가 한 단계 성숙해졌다는 것을 확인했다. 누가 그러자고 한 것도 아니지만 방황기는 추억이 되었고, 둘 다 예전처럼 허투루 학교를 다니지는 않으리라는 것을 이미 알았던 것이다. 우리는 어떤 인연인지 몰라도 끝까지 같이할 운명인 것처럼 느껴졌다. '살아도 같이 살고, 죽어도 같이 죽는다.'라는 말이 우리의 우정을 상징하는 말이 되어버릴 때였다. 그때는 정말 죽을 때까지 그 친구와 함께할 것만 같았다.

그런데 같이 유학을 꿈꾸다가 아르바이트한답시고 같이 들어간 현대건설에서 우리의 운명이 조금씩 갈라지게 되었다. 군산 화력발전소 이후로 나는 이적에 또 이적을 거듭하면서 현대양행지금의 한라그룹에서 다양한 사회경력을 쌓게 되었고, 덕봉은 화력발전소에 남아서 현대건설에서 발전소 엔지니어로서의 길을 꾸준히 가게 되었다. 그러나 한때, 덕봉은 나의 고속 승진 때문에 서로의 입지와 위치가 달라지는 것에 대해서 불만일 때가 있었다. 늘 같이 했고, 늘 서로 비슷했는데 어느 순간 둘의 균형이 깨진 것을 느꼈던 것이다.

안양공장에서 서울 금호동까지 출근하기가 무리인 것 같아서 신혼집을 산본 국민주택 12평짜리로 옮겨 살 무렵이었다. 어느 날 김덕봉이 나를 찾아 산본에 왔다.

나는 결혼을 했고, 직급도 중역이었지만 친구는 미혼인 데다 아직 차장이었다.

"어이, 유철진. 신혼 재미가 어때? 그동안 잘 지냈어?"

"어서 들어와. 뭘 이 무거운 걸 가지고 와."

키도 크고, 덩치가 좋은 덕봉이 사과 한 박스를 사 들고 집에 들어서니 그렇지 않아도 좁은 집이 더 좁게 느껴졌다. 오랜만에 만났는데도 여전한 모습이어서 무척 반가웠다.

아내는 어느새 술상을 날라 왔고, 우리는 기분 좋게 마주 앉아 술잔을 기울였다.

"너, 이렇게 사는 거 보니까 나도 장가가고 싶어지네."

"야, 너는 아직 장가가기 일러. 넌 동생들 좀 건사하고 장가가야지. 결혼하면 건사하기 힘들어져."

덕봉도 집안의 장남이었다. 위로 누나가 하나 있고, 여동생이 둘, 남동생이 하나가 있었다. 나는 결혼한 주제에 덕봉에게 장가가지 말라고 그랬으니 조금은 심통이 났을 것이다. 그래도 친구지간이라서 그것을 농으로 받으면서 웃었다. 술잔은 계속 오고 갔고, 날도 점점 기울어 저녁에서 밤으로 가고 있었다. 점점 취기가 올랐다. 그런데 좀 전과는 다르게 친구 녀석이 툴툴거리기 시작했다. 덕봉은 그때 군산화력발전소를 끝내고 인천화력발전소로 옮겨서 엔지니어로 일하게 되었다. 그러면서 이런저런 문제에 대해 불만이 많이 생겼는지 불평이며, 신세 한탄이 도를 넘기 시작했다.

"철진아, 일하기 정말 힘들다. 너는 화력 발전소에서 쏙 빠져서 여기저기 일하러 다니느라 신이 날 테지만, 나는 발전소에 처박혀서 맨날 같은 일만 하고 있으니 재미도 없다. 일은 오죽이나 많으냐? 너도 일 해봐서 알겠지만, 발전소 시운전하기까지 며칠 동안 날밤을 까야 되고. 죽겠다, 죽겠어. 내가 잘하고 있는지도 모르겠다. 아무도 알아주지 않으니 아직도 차장이야."

친구는 일에 힘듦보다 일을 계기로 늘 같이 있던 친구와 멀어진 것에 대한 아쉬움을 이야기하고 있었는지도 모른다. 그렇지만 그동안 한 가지 뭔가 결정을 하면 끝을 보려고 했던 친구의 성격을 알고 있었기에 '일이 힘들다. 어쩐다.' 하고 투덜거리는 것에 실망스럽지 않을 수 없었다.

친구의 불만은 끝이 없었다. 날이 새도 모자랄 것 같았다. 그러자 나는 어느 순간 그 친구 손을 잡고 억지로 방에서 밖으로 끌어내며 크게 화를 냈다.

"너 직장생활 하기 싫으면 관둬. 그러나 있는 동안에는 끝까지 불평하지 말고 최선을 다하는 거야. 네가 사무실에서는 내 앞에서처럼 불평은 절대로 하지 않겠지만, 그런 네 속마음은 이미 들통난 거야. 함께 일하는 사람들이 네 표정과 행동으로 네 불만을 느꼈을 거란 말이야. 그러니까 아직 차장인 거야. 그런 이야기 하려면 다시는 찾아오지 마."

"......"

취중이었지만, 친구에게 충고랍시고 한 것이 나도 도를 넘었다. 그 밤에 친구는 자존심이 상한 채 돌아가야 했다.

"당신, 어떻게 친구에게 그런 말을 할 수가 있어요?"

그것을 지켜본 아내는 나더러 냉정한 사람이라면서 나무랐다.

그러나 그 사건 이후, 친구는 두말없이 열심히 일하여 승진 가도에 올랐다. 그리고 발전소의 국내 일인자가 되었고, 현대건설 전무 자리까지 올라가게 되었다. 나의 행동에 충격을 받아서 반발심에 그리된 것은 아니었다. 친구는 원래 그렇게 해낼 만한 자질이 있었으며, 다시금 자신의 자질을 깨달았을 뿐이다.

우리가 늘 같이 다닐 때는 몰랐던 능력들이 우리가 각자의 길을 가게 되면서 더욱 발현된 것이 사실이다. 친구는 늘 함께 하기보다 각자의 갈 길을 장려해줘야 하고, 경쟁하기보다 각자 최선을 다하는 관계여야 한다는 것을 그때 깨달았다.

그가 현대건설 전무로 발전사업 본부장 책임을 지고 있을 때는 영업이 제일 큰 사명이었다. 1983년 내가 유학을 가기에 앞서 우리 둘은 자리를 함께 할 기회가 있었는데, 현대건설의 발전사업 규모로 국내시장에만 의존하기에는 그 규모가 너무 작았고, 해외공사를 외국업체 하청으로 하다 보니 이문이 너무 박하여 고민하고 있었다.

덕봉이 나의 의견을 물었다.

"내가 듣기로는 프랑스 남부지역 니스나 모나코 지역에 중동부호들의 별장지대가 있는데, 그곳을 중심으로 중동지역 빅딜들이 이루어진다고 알고 있어. 발전설비는 규모가 크고, 우리나라는 원유가 필요하니 국제 입찰만 따라다니지 말고, 발전설비와 원유공급을 교환하는 조건으로 영업을 추진해보면 어떨까? 일이 잘되면 발전 설비에서도 원유에서도 이익이 남는 일석이조의 사업이 되지 않을까?"

그는 정말 실행력이 강한 친구였다. 남의 의견이라도 맞는다고 판단하면 특유의 추진력으로 일을 해결하곤 했다. 내가 휴학을 하고 1985년 다시 현대중공업으로 복귀하여 일할 때 그는 중동지역의 발전설비 수주와 공사에 정신이 없었다.

어느 날 두 사람이 부부동반하여 함께 저녁 식사를 하는데, 그의 부인이 "우리 바깥분이 집을 너무 자주 비우고, 예고 없이 해외출장을 가곤 해서 도대체 집안이 안정이 안 돼요." 하고 불만 섞인 어려움을 나의 아내에게 하소연하였다. 아내는 그 자리에서 "그것도 모두 한때랍니다. 영원한 것은 하나도 없는 것 같아요. 우리 양반도 이미 70년대에 8년을 그렇게 뛰어다니더니 요즘은 좀 덜해요. 집안의 좋은 일이니 견뎌내세요." 하고 위로했다.

그에 덕봉이 자기 부인을 보면서 "나 모레, 사우디아라비아로 출장 가야 돼." 하며 어렵게 말을 꺼낸다. 덕봉의 부인은 우리들 앞이라서 화도 못 내고, 출장 잘 다녀오라며 순순히 허락해주었다. 그리고 우리 넷은 두 달에 한 번씩은 이러한 자리를 만들자 약속하고 헤어졌다.

1987년 11월 29일, 김덕봉이 사우디아라비아에서 서울로 오기 위해 탑승한 비행기가 미얀마 상공에서 마유미 김현희 사건으로 공중 폭파된다. 비행기에 타고 있던 전원이 죽었다. '살아도 같이 살고, 죽어도 같이 죽는다'던 친구는 영영 나와 운명을 달리해버렸다. 그렇게 또 한 번 험한 역사의 소용돌이 때문에 울어야 했다.

그러나 김덕봉은 아직도 언제나 내 마음 속에 나와 같이 살고 있다.

2

미국 현지법인 지사장에 부임하여
시장을 개척하다

휴식과 맞바꾼 미션

1990년 1월, 현대 중공업을 사직하고 복학하자마자 공부하는 것에 전념하였다. 지난 5년 전보다 나는 더 나이가 들었고, 시간이 없었다. 한눈팔 새가 없었던 것이다. 그 결과, 그 해 8월 산업공학 석사학위를 취득하면서 상경대학원 경영과학과로 GMAT^{Graduate Management Admissions Test, 경영대학원 입학시험}를 치르며 박사과정을 등록할 수 있게 되었다.

1992년 5월에는 상과대학 박사과정의 학과목을 모두 이수하였고, 두 달 후인 7월에는 논문작성을 위한 자격시험Comprehensive Examination을 통과하였다. 사실 아이들 교육비 문제도 컸기 때문에 빠른 시일 내에 박사를 따고, 일에 복귀해야겠다는 계획이 있었다. 그래서 학위를 빨리 취득하려 공대에서 상대로 옮기면서 상대의 학부 필수 과목들과 대학원의 전공과목을 마치기 위해 방학도 없이 학과목 이수와 시험 준비에 매진했었다.

그런데 자격시험을 통과하고 나서 긴장이 풀렸는지 몸이 아프기 시작했고, 병원에서 종합검진까지 받게 되었다. 의사는 과로가 누적돼 휴식을 취하지 않으면 회복이 어려울 수 있으니, 최소 3개월 휴식하고 다시 와서 진단을 받으라고 당부했다.

일단 휴식하기로 했고, 한국행를 택했다. 그리운 한국 음식도 맘껏 먹고 싶고, 그리운 사람들도 만나고 싶었다.

1992년 8월의 한국은 대선정국으로 시끄럽고 분주했는데, 특히 현대그룹은 통일국민당 정주영 대선후보 출마로 어수선했었다.

나는 서대문 통일국민당사에서 정몽준 의원에게 인사하고, 계동사옥 정몽구 회장 집무실을 들렀다. 그러자 회장은 반색하며 나를 맞아 주었다. 그러면서도 "자네 중장비 사업을 맡아 하다가 자신이 없으니까 공부한다는 핑계로 집어 던지고 미국으로 달아난 것 아니야?" 하면서 농담인지 진담인지 모를 얘기를 한다.

"회장님, 그렇게 말씀하시면 정말로 섭섭합니다. 제가 없어도 잘 돌아가도록 조치까지 하고 떠났는데. 저는 결코 매사를 안 되게 만들어 놓고 떠나는 비겁한 사람이 아닙니다."

농담이라도 그런 오해가 섞인 이야기를 듣는 건 섭섭했다. 그런데 그것이 낚싯바늘에 미끼라는 것을 곧 알게 되었다.

"아니 농담으로 한 말이야. 그러나 정말 그런지 증명해 봐."

"무슨 말씀이세요?"

"자네, 지금 미국에 있으니 현지에서 중장비를 좀 팔아줘."

"제가 지금 과로 때문에 몸이 좋지 않아 휴식차 한국에 온 겁니다. 그리고 아시다시피 저한테는 지금 논문을 빨리 마치는 것이 중요합니다, 회장님."

"자네 공부를 그만두고 일하라는 게 아니야. 회사에서 출장 다녀오는 식으로 해서 학교 다니고 논문 쓰면서 하라는 거지. 미국에서 통 팔리지 않으니 머리가 아파. 결자해지結者解之 좀 해 달라구."

학과수업은 모두 끝났고, 5년 이내에 학위논문을 통과하면 되는 시점이었다. 그렇지 않아도 아이들 학비 걱정 때문에 논문집필도 여유롭지 않던 차였는데 회사 근무 중에 학교도 갈 수 있고, 논문도 쓰는 데 문제가 없도록 하겠다는 것이다.

나는 한 달에 반 주간씩 회사 출장 형식으로 학교를 다녀오기로 하는 조건에서 현지법인 책임자 일을 맡기로 했다. 그러나 휴식을 찾으러 왔다가 큰 짐 덩이만 안고 간 걸 나중에야 알게 되었다.

당시에는 당면한 문제가 미국영업이고, 영업은 직접 해보지 않았지만, 현대에서와 마찬가지로 미국에도 여러 명의 미국인 인맥이 있었기에 그들의 도움을 받아 결자해지하면 되겠다고 판단한 거다.

시카고 지사의 현지실정

10월 초 부임한 시카고지사의 현지 실정은 회장이 파악하고 있는 상황보다 훨씬 심각했다. 한국에서 180일 D/A Document against Acceptance, 외상수출어음을 기반으로 현대종합상사가 밀어내기 수출을 하는 바람에 그곳 항구에는 250여대, 즉 2,700만 달러 상당의 중장비가 창고보관요금을 지불하며 부두와 창고에 쌓여 있었고, 그 해 1월부터 내가 도착한 10월 초까지 판매실적은 10대도 안 되는 80만 달러에 불과했다. 이대로라면 재고가 25년 판매량에 해당하는 것이 아닌가?

지점에는 우리 측에서 온 지점장과 경리직원, 현지에서 고용한 영업부장과 여사원 모두 1명씩 총 4명이 근무하고 있었다. 직원들은 매일같이 외부에서 사용한 비용의 영수증들을 백지에 테이프로 붙이고 있었다. 가까이 가 보니 4.00달러 주차료, 3.00달러 점심값, 6.00달러 교통비, 1.00달러 우편료 등이 잡다한 것들뿐이었다. 무엇 때문에 이런 걸 그리 소중하게 정리하며 직원들의 귀중한 시간을 낭비하느냐고 묻자, 울산 본사에 매월 이런 방식으로 정리하여 보내야만 다달이 경비 75,000달러를 지원받는다고 대답한다.

본사에서 부장급인 현지법인장은 지난 2년 동안 이런 수준의 본사 투자와 지원을 받으며 '현대중공업'을 알지도 못하는 미국인들을 상대로 시장개척을 하느라 힘들었다고 덧붙인다. 본사는 본사대로 적자였을 테니 미국 지사에 대한 지원이 자연히 미약했을 것이고, 그런 상황은 미국 현지의 사정을 더 힘들게 할 뿐 악순환의 고리를 끊을 수 없게 했다.

이춘만 지사장은 하소연할 곳을 찾은 듯 이런저런 사정을 털어놓으면서, 그동안 서비스 인원이 없어 문제가 많았다며 우선 서비스 매니저를 신규 채용하자고 했다. 중장비를 내다 팔려면 당연히 서비스 매니저는 필수였기에 당장 그의 말대로 하자고 했다. 그러면서 지사에는 1명의 직원이 추가되어 나까지 6명으로 늘었다.

그리고 며칠 되지 않아 지사장이 서류를 가지고 들어와 서명을 요구했다. 항구에 재고 보관비용도 줄이고, 판매 촉진을 위해 딜러들에게 위탁판매 Consignment Sales 조건으로 중장비 한두 대씩을 전시용 장비로 보냈다고 한다. 그런데 오늘은 한 딜러에게 현찰을 지불할 테니 그 전시 장비를 한국에서 도입한 가격보다 낮은 가격으로 팔라고 고객이 협상을 걸어왔다는 것이다. 담당 딜러가 이걸 팔아야 하나 말아야 하나를 결정해 달라고 했단다.

그런데 나는 그것이 혹시나 우리가 전시장비가 있는 그곳까지 달려가 확인하기 힘들다는 것을 이용해서 딜러가 꾸민 일은 아닌지 의심스러웠다. 그런데 지사장은 딜러를 믿어야지 장사를 하지 않겠냐고 답한다.

본사에서 들여오는 가격표와 딜러에게 판매하는 가격표는 A4용지 각 1매에 불과한 간단한 종이였다. 딜러가 우리에게 받은 공식적인 장비 모델별 가격표도 이것뿐이냐고 묻자 그렇다는 것이다. 반면 미국과 일본의 경쟁사들은 상품 가치가 있어 보이도록 모델별로 표준사양과 가격, 선택사양과 가격을 나누어 수백 페이지의 책자로 만들어 갖춰두고 있었다. 아무리 우리가 모델 수가 적고 어려운 사정이라지만, 장비의 가치와는 어울리지도 않는, 간단한 가격표를 개선 없이 그대로 쓰면서 딜러들에게 우습게 보이도록 자처하다니. 당장 우리 중장비 공식 가격표의 품질 수준부터 높여야 할 것 같았다.

해야 할 일들이 참으로 많았다. 그렇다고 마음만 조급했지 해외 영업은 처음 경험하는 일이어서 그 특수성에 대해서는 파악된 것이 없었다. 미국, 일본 그리고 삼성·대우와 경쟁하는 와중에 지사에 닥친 문제들을 어디부터 어떻게 해결해야 하는지는 대책이 막연했다. 다만 분명한 것은 내년도에 항구마다 보세창고에 쌓인 재고와 딜러 야적장에 위탁 전시한 재고들을 정리하면서 하루라도 울산공장이 바쁘게 돌아가도록 하는 것이 우선이지, 장비

한두 대 몇천 달러 싸다 비싸다 씨름할 겨를이 없다는 것이다.

무언지는 몰라도 발상의 전환을 요구하는 근본적 전략과 전술의 해결대 책이 필요했다. 지사장에게 앞으로의 계획을 일러주었다.

"여태까지 현지법인의 사장으로서 역할을 다 해왔는데, 사장이 둘이라면 보기가 그렇지 않소? 지점장은 연말에 귀국하도록 하세요. 그리고 올해 남은 3개월은 하던 방법 그대로 최선을 다해 운영하세요. 그로 인해 파생되는 모든 책임은 내가 지겠소. 나는 다음 해 사업전략을 준비하는 데 시간을 쓰겠습니다."

지사장은 내 말에 수긍했고, 나머지 3개월 동안 열심히 뛰어다니며 100만 달러 판매를 추가하여 연말 180만 달러로 매출실적을 마감하고 본사 복귀를 하였다.

답은 주변에 있다-현지인의 의견을 들어라

빌딩 전체가 금연구역인데 흡연량이 많은 나는 애꿎은 줄담배만 피우러 자주 건물 밖으로 나가야 했다. 미국인 영업부장 데니스Dennis도 담배를 피웠는데 새로 부임한 나와 이야기하고자 자주 나왔고, 우리는 자연히 담소하는 기회가 많았다. 그런데 그와 그렇게 나눈 몇 마디 의견교환이 현재 중장비 미국법인의 역사를 바꾸는 계기가 되었다.

어느 날, 데니스에게 말을 걸었다.

"우리가 본사 지원 없이 스스로 자생하는 방법은 무어라 생각하오?"

"나에게 연간 100대 팔아달라면 100대 팔고, 1,000대 팔라면 팔지요."

"그거야 100달러짜리 50달러에 팔라면 나도 1,000대라도 팔 수 있소."

그런데 데니스는 희한한 대답을 했다.

"내 말은 'Sales'이지, 'Sale'이 아니오. 100달러짜리를 100달러에 팔면 Sales이고, 50달러에 팔면 Sale입니다. 나는 Sales하는 사람이지 Sale하는 사람이 아닙니다."

귀가 번쩍 뜨여 "데니스, 내가 무엇을 해주면 되겠소?"하고 묻자, 그가 싱긋이 웃으며 능청스런 표정으로 답변한다.

"판매 목표가 얼마입니까?"

"내년도 250대 이상 2,700만 달러 이상은 되어야 하지 않겠소?"

나는 미국 현지 항구와 창고의 재고량을 모두 소진하는 것을 우선 과제로 생각하고 있었기 때문에 그 사실을 모르는 데니스에게 과연 그럴 수 있는지 재고 전부를 던져 보았다.

"대안을 만드는데 준비 기간을 얼마 주겠소?"

"준비 기간이 얼마가 필요하오?"

불과 5분도 안되는 사이 우리가 주고받은 이야기다.

"OK!"

빠를수록 좋다며 2주로 합의하였으나, 제의는 어디까지나 '제의'였기 때문에 크게 기대하지는 않았다. 그래도 현지인 경험자이고 우리 회사에서 1년을 일했다니 들어볼 의견이 있을 것으로 생각했다.

스스로가 고등학교 시절 Punk^{날라리}였다고 말하는 해병대 특전사^{Seal} 출신인 데니스는 월남전 참전 이후 제대하여 건설 중장비 영업사원이 되었다. 그걸 천직으로 전국을 26년간 누벼 온 그는 부지런하고, 용맹하고, 놀기 좋아하며, 매사에 불가능이 없어 보이는 긍정적인 사나이였다. 그는 내가 보기에는 한 가닥 할 적토마이지만, 적자로 고생하는 우리 회사에 와서 날개 없는 새가 되어, 몇 달러짜리 영수증을 붙이는 것이 주업무인 처량한 사람이 되어 있었다.

일주일이 되자, 그는 나에게 종이 두어 장을 가지고 왔다. 원래 미국인들이 졸필인데 그는 더욱 졸필이라 알아보기가 힘들었다. 그래서 그가 작성한 내용을 다시 조직표와 함께 정리하면서 그의 도움을 받아가며 그가 해야만 한다고 생각하는 일 그리고 신념과 확신들을 읽어나갔다. 그러면서 그 대안에 대한 의미 하나하나를 묻고, 경청하며 내가 경험하지 못한 미국 현실을 배우기 시작했다.

그는 미국과 일본의 경쟁사들과 비교하여 우리가 없거나 보강해야 할 부분에 역점을 두어 설명했다.

- 서비스 부품의 당면한 Fill-up Rate 고객이 서비스부품을 주문하면 즉시 공급 가능한 재고 보급률 문제
- 동부-중부-서부에 각각의 지역별 영업담당 매니저와 서비스 담당 매니저를 두는 일
- 본부에 내셔널 세일즈 매니저와 서비스 매니저를 두는 일
- 본부에 서비스 부품영업부를 두는 일
- 본부 경리부문에 하자보증 및 클레임 claim 판정부서를 두는 일
- 본부에 마케팅 전담부서를 두는 일
- 소비자 소매금융을 만드는 일

- 딜러재고를 위한 도매금융을 만드는 일
- 소비자 권장가격 매뉴얼을 경쟁자 수준으로 인쇄물로 만드는 일
- 딜러 할인가격표를 만드는 일
- 영업sales 매뉴얼과 서비스 매뉴얼을 경쟁자 수준으로 만들기
- 위탁판매 제도를 폐지하여 딜러 마음대로 농락하지 못하게 하는 일
- 실적에 따라 딜러들을 재정비하는 일
- 딜러들과 딜러의 세일즈맨에게 포상하는 일
- 딜러들을 한국으로 데려가 현대중공업을 견학시켜 확신을 주는 일

한국에서 그랬던 것처럼 미국에서도 실무경험자들의 훌륭한 의견을 문제 해결의 바탕으로 삼는 것을 원칙으로 하여 그들이 책임감을 가지고 스스로 열심히 일하도록 지원하였다. 그 덕분에 막연했던 전략과 전술 방향을 뚜렷하게 구체화할 수 있었다. 한편 데니스는 내가 자기 의견을 신중하게 경청하면서 실제로 적용할 의사를 보이자 무척이나 신이 나 있었다.

Fill-up Rate 개선

툭하면 데니스는 "Fill-up Rate!, Fill-up Rate!" 하면서 강조했다. 나는 그게 무슨 말인지 몰라서 물었다. 그러자 데니스는 딜러를 직접 방문하여 문제를 들어보라는 것이다. 데니스를 따라 세인트루이스Saint Louis 딜러를 처음으로 부임 인사 겸 찾았다. 데니스는 사장실 방문에 앞서 부품매니저 방으로 나를 데리고 가 그를 소개했다.

그 회사는 우리 외에도 4~5개 미국, 유럽회사들의 장비 딜러였다. 'Fill-up Rate'는 주문부품 대비 즉시 조달 가능한 부품종류의 비율이라고 한다. 그에게 우리 서비스 부품조달에 관하여 물으니, 즉시 컴퓨터를 열어 보여 주었다. 거기에는 우리에게 애초 주문한 부품종류와 수량, 현재 우리 재고가 없어 대기 중인 리스트가 보였다.

"현대의 Fill-up Rate는 50%밖에 되지 않습니다."

그러면서 제일 유명한 미국회사의 비율을 보여준다. 98%가 넘는 수준이었다. 그리고 그 회사는 48시간 이내에 조달을 못 해주면 부품값을 받지 않는다는 것이다. 유럽이나 일본회사도 95%가 넘었다.

미국사람들은 우리나라와 달리 기계의 고장을 크게 탓하지 않는 반면 신속한 서비스 지원체계를 중시했다.

다음으로 사장실에 들렀다. 미국과 유럽회사에만 경험이 있는 이 분은 지난 2년간 한국과 인연을 맺어 고생한 것에 불평이 대단했다. 우리 장비는 가격이 싸기 때문에 대부분의 소비자가 중소 임대업자인데 이들은 일당 시간당으로 임대료를 받기 때문에 서비스부품의 공급 조달체계를 획기적으로 바꾸지 않으면 중소임대업자에게 파는 것도 희망이 없다고 했다. 임대료가 저렴한 장점이 있지만, 장비고장의 경우 굴삭기가 놀면 다른 장비들이 연쇄적으로 가동이 중단되기 때문에 저렴한 임대료로도 보상되지 않는다는 것이다. 현장 문제가 무엇인지 즉시 알아들을 수 있었다.

그 후, 중요하다는 5~6개 딜러에게 부임인사차 방문하였는데 상황은 대동소이했다. 가장 중요한 것이 우선적으로 Fill-up Rate부터 격상시켜야 이야기가 시작될 것 같았다. 시카고로 돌아와 울산에 전화를 했는데, 나처럼

Fill-up Rate가 무엇인지 아는 사람이 없었다.

김종진 A/S 부장에게 아직까지 우리들의 누계판매 대수가 많지 않기 때문에 굴삭기 조립라인에서 철제구조물 프레임만 빼고 모델별로 3대 분씩 모든 부품을 모아 항공화물로 공수시키도록 부탁했다. 그렇게 수집한 부품 값은 모델별로 완성 장비 대수에 해당하는 금액으로 이체시키라 연락했다. 그리고 현지에서는 부품매니저를 즉시 고용하였다.

부품 공수 한 달 후에 지난번 순회 방문한 딜러들의 사무실에 다시 한 번 방문하였다. 전과 같이 부품매니저 사무실을 먼저 들렀다. 지난번과는 달리 Fill-up Rate가 95%까지 올라간 것에 매니저는 깜짝 놀라며 어떻게 그렇게 짧은 시간 내에 그것이 가능했느냐고 묻는다. 나는 조치한 방법을 이야기해 주며 "이 모든 결과가 당신의 지적과 협조 덕분입니다."하고 그에게 공을 돌렸다. 그는 나의 칭찬에 으쓱해 했다.

사장도 그런 개선의 노력에 놀라워했다.

"앞으로 한 번 열심히 해 봅시다."

굳은 악수를 하며 회의를 마치고 나올 수 있었다. 방문했던 딜러들의 입소문은 삽시간에 전국 딜러들에 퍼져나갔다.

한편 나는 시카고로 돌아와 새로 들어온 우리 쪽 부품매니저에게 통계기법을 알려주고, 부품이 소진되는 종류와 수량 및 출하속도를 계산해서 안전재고를 확보하는 법과 적기에 재발주하는 법 등을 가르쳐주었다. 그리고 앞으로 Fill-up Rate가 92% 미만으로 떨어지면 부품매니저 책임임을 분명히 했다.

Corea-America Bank?

그런데 문제는 내년 운영을 위한 예산이었다. 본사도 적자상태에서 매달 7만 5천 달러의 미국지원이 어려울 터인데 데니스가 요청하는 조직의 사람 수는 28명이었다. 이런 인원으로 다음 해 필요한 비용을 계산해 보니 대략 300만 달러는 가져야 할 것 같았다. 금년도 판매액도 훨씬 상회하는 금액인데 조달방법이 문제였다. 그렇다고 아무 조치도 없이 내버려두면 결과는 올해와 마찬가지로 내년에도 미국 보세창고에 보관된, D/A에 의한 재고 때문에 미국지사 운명이 진퇴유곡을 면치 못할 것이다.

외환은행 시카고 지점을 찾아갔다. 김영삼 정부가 들어서면서부터 현대측의 금융지원은 본점허락을 받게 되었다는 것이다. 그리고 며칠 뒤 지원이 불가능하다는 답을 받고, 이번에는 조흥은행 시카고 지점을 찾아갔다. 반응은 더욱 부정적이었다. 우리 현대를 잘 아는 국내 은행 두 곳이 모두 그랬다.

그런데 출근길에 'Comerica Bank'라는 간판이 내 눈에 들어왔다. 그 간판은 마치 프랑스어의 한국Corea과 아메리카America의 Co-merica라는 합성어로 보였다. 당시 미국에서는 '현대자동차'를 아는 현지인들이 약간 있었을 뿐 '현대'를 아는 사람은 거의 없었다. 그런데 무슨 까닭인지 이곳에는 한국과 무슨 연관이 있을 것 같다는 생각이 들어서 재정담당을 동반하고 Comerica Bank 문을 두드렸다.

미국은행은 지점장이 문 앞쪽에 앉아 있다. 문을 열고 들어서자마자 나는 그에게 다가가 은행의 이름이 Corea-America와 연관이 있는지부터 물었다. 그리고 '현대'를 설명하고 우리 사업 내용과 소비자를 위한 소매, 딜러를 위한 도매금융 거래를 트고자 방문취지를 설명하였다.

"하하, 유감스럽게도 우리 은행은 한국과 아무 관계가 없는 미국은행입니다. 그런데 마침 디트로이트 본사에서 출장 온 부사장 중 한 명이 한국계 미국인인데 제가 소개해드리지요."

지점장은 친절하게 웃으면서 한국계 미국인이라는 부사장을 불러 주었다. 그는 한국말은 잘하지 못했지만, 현대에 대한 규모와 신용을 잘 알고 있었다.

그 자리에서 나는 우리가 비용을 댈 터이니 울산을 방문해 우리 활동을 평가해보고 거래를 트자고 제안하였다. 한국계 부사장은 현대는 알고 있으나, 방문해 본 경험은 없다며 본사에 돌아가 상의하여 한국방문 여부를 알려주기로 하고, 가게 되면 자기네 비용으로 간다는 답변을 주었다.

울산을 방문한 Comerica는 1차년도에 2천5백만 달러 도매금융 한도의 쿼터를 허락하였다. 이 소식을 듣고 절대 불가능하다던 외환은행지점장이 달려왔다. 본사는 자기가 설득하고 책임을 질 테니 시카고지점의 도매금융을 사용해 달라는 부탁이다. 나는 사촌 떡도 싸야 사는 것이라며 금융 한도와 조건을 제시하라 하여 Comerica보다 더욱 유리한 조건으로 2천5백만 달러 쿼터에 합의하였다. 이번에는 조흥은행 지점장도 달려와서 금융을 제안하기에 이르렀으니, 내년도 금융은 충분했기에 검토해보겠다 하고 미루었다.

하루아침에 상황은 긍정적으로 급진전되었다. 불리하게 현찰로만 판매해야 했던 영업환경이 각 딜러의 신용에 따라 한도가 결정되는 딜러 금융으로 무장되어 해볼 만한 일이 되었다. 자신감이 붙고, 앞이 보이기 시작했다. 덕분에 소비자 금융을 주업으로 하는 금융회사와의 협상이 아주 쉬워졌다.

이번에는 소비자의 신용이 중점이 되기 때문이었다. 도매금융 한도가 결정되니 지사운영 경비를 위한 금융도 쉽게 되어 자신을 얻었다. 이제는 판매실적을 올리는 일만 남았다.

마케팅 인원의 채용

1992년 11월 때마침 현대중장비 김형벽 사장이 미국을 방문했다. 그와 함께 이곳의 결재단계에 대한 시간 지연 문제점과 해법에 대하여 상의했다.

현재까지 지사의 보고체계 관행은 지점장이 본사에 건의하고 품의하여 결정을 받은 후 집행하는 방식이었고, 경쟁사들보다 시간상으로 느렸다. 그렇기 때문에 새로운 마케팅 전술이나 정책변경을 딜러들에게 전달하더라도 경쟁자들에 비하여 새롭고 신선하지 못할 뿐만 아니라 감동을 줄 수가 없었다.

나는 그 위기 상황을 돌파하기 위하여 다음 해 3개월까지만 지점 경비를 지원받기로 하고, 이후부터는 자급자족하는 대신 지사의 의사결정을 나에게 맡겨달라고 하였다. 그래서 경쟁사에 뒤지지 않도록 대응하겠다고 하고, 본사에서 차·부장급 후계자를 파견하여 나의 의사결정 내용에 대한 사후 보고를 받는 쪽으로 허락을 받았다.

사장은 정말 자급자족할 수 있을지 반신반의하였으나, 미국지사를 현재 방식으로는 유지할 수는 없다는 데 공감하고 미국운영의 전권을 나에게 위임하기로 동의하였다. 본사에서는 이종우 부장을 파견하여 지원하였다.

나는 그 직후 데니스가 건의한 동부, 남부, 서부, 중부 본사의 영업과 서비스요원 모집 공고를 지시하였다. 당시 미국은 경기가 나빠 많은 지원자가 응모했다. 그중에 45세 전후로 보이는 우수 경력자를 지역별로 5명씩 복수 추천하라고 데니스와 서비스 담당 팻Pat에게 지시하였다. 그리고 복수 추천된 지역별 사람들에게 서류전형에 합격하였다는 내용과 우리가 판매하는 장비 카탈로그를 바탕으로 내가 만든 양식에 답변하라 공문을 발송하였다.

그 양식은 지난 3년간 해당 지역에서 판매된, 카탈로그에 실린 장비모델별 시장규모를 엑셀로 정리해놓은 것이었다. 그리고 거기에 '만일 귀하가 해당 지역 영업부장으로 합격하면, 귀하가 생각하는 내년도 모델별 장비판매가로 판매 가능한 목표 장비 대수를 합리적으로 예측해 보시오.'라는 질문이 첨부되었다.

곧 지역별 예비합격자로부터 답변을 받게 되었다. 그런데 모델별 시장규모, 우리 장비 판매목표와 판매단가들이 대동소이하게 10% 전후에 근접해 아주 놀랐다. 미국은 통계자료들이 발달해 있음을 확인했고, 서류전형에서 선택한 인원들의 경력과 자질의 우수성도 확인하고는 마음이 놓였다.

서류전형에 나온 이력서를 검토하고, 판매목표를 가장 많이 잡은 사람과 가장 적게 잡은 사람을 빼고 중간 3명씩에게 항공표를 보내며 면접 날과 시간을 통보했다.

데니스, 팻 그리고 본사에서 온 이종우 부장과 내가 면접에 나섰다. 면접이 끝난 후, 지역별로 누구를 채용할 지에 대한 면접관들의 의견을 들었다. 다행히 모든 사람의 의견이 내 생각과 일치했다. 그들의 뜻대로 소요인원 28명 중에서 우선 18명으로 우선 출발하고, 나머지 10명은 목표달성 정도와 예상손익을 보면서 충원하기로 마음먹었다.

매뉴얼의 보강과 신년 영업조직의 출범

신년 영업조직의 출범을 위해 그 이전에 수정하거나 보강해야 할 부분이 많았다. 우선 지역별 영업매니저가 입사할 때 보고한 예측단가를 토대로 미국업체와 일본 업체의 가격보다 낮으면서도 기존의 판매가보다 높은 수준에서 딜러 공급가격을 확정하였다. 연간예산을 산출하면서 영업과 서비스 인원의 연간활동비용 예산은 경험이 없어, 데니스와 펫에게 1년간 필요한 개인별 평균예산 책정을 부탁했다. 그걸 토대로 예산을 편성하고, 개인별로 지역 책임자에게 제공하는 예산은 80%만 주고, 나머지 20%는 만약을 대비한 예비금으로 숨겨 놓았다.

다음에는 본사에서 도입해올 신년도 단가를 본사와 합의하고, 지사의 연간 비용을 감안한 손익분기점을 계산하여, 지역별 영업 매니저들이 입사 시 예측한 판매 목표합계와 비교해 보았다. 그 결과 영업 매니저들이 계획하고 있는 것에 70%만 판매해도 충분하다는 예측이 나와 안심이 되었다. 추가 판매되는 것은 모두가 이익이었다. 그러나 아무리 영업인원들이 예측한 판매목표 대수에 30%의 여유가 있더라도 미국 내의 재고 상황을 감안하면 불안했기 때문에 재고를 없애기 위하여 판매직원 인센티브 제도를 도입하기로 결정하였다. 그래서 각 딜러와 합의될 연간 판매목표 초과시 제공할 딜러 성과보수incentive와 딜러의 세일즈맨에게 지급될 성과보수까지 예산에 편성하면서 재고소진과 매출성장에 연간 전략의 초점을 모았다.

이제, 딜러 성과보수까지 편성하고 나니 큰 그림과 예산이 한손에 잡혔다. 다음 단계는 이제 정리된 상태로 유인물과 인쇄물을 만들어 확정 공식화하는 일들만 남았다. 그래도 미국에서 최근까지 만학한 덕분에 필수 도구로 컴퓨터를 배운 것이 힘이 되어 당시 한국에서 파견된 사무실 근무자 누구보다 컴퓨터 활용 능력이 능숙한 편이었다. 나아가 마북리 연구소에서 초기모델 개발단계에 목표사양과 선택사양들을 결정해 주었던 기억 덕분에 그 초안을 만드는 과정이 어렵지 않았다.

미국과 일본 경쟁자들의 500페이지가 넘는 소비자 권장 가격표를 얻어다가 그것을 참고로, 컴퓨터를 이용해서 우리 장비의 가격표를 빠른 속도로 직접 작성했다. 그래서 인쇄가 가능한 단계로 만들어 나갔다.

세일즈 매뉴얼은 아직 영업 인원이 적어 직접 지휘통제가 가능하고, 급하지 않은 상황이라서 추후에 만들기로 했다. 가장 급한 것은 새로 채용한 정비공들이 일관되고 표준화된 서비스를 위해 매뉴얼을 만드는 것이었다. 나는 신입으로 채용한 지역별 영업 매니저와 서비스 매니저 8명을 오리엔테이션하기 위해 그들을 일주일간 시카고에 소집시켰다. 그리고 그동안 마케팅 직원, 데니스, 팻까지 동원하여 창고사무실 밖에 야적된 우리 장비들을 보면서 경쟁사의 서비스 매뉴얼을 참고로 우리 매뉴얼을 만들어 보도록 지시하였다.

그러나 경리담당에게 영업과 서비스 직원들이 오리엔테이션을 하는 1주일 기간 내에 서둘러 소나타 9대를 할부 계약하여 8대는 미국 4개 지역의 세일즈맨과 서비스 매니저들을 위한 차량으로 준비하고, 시카고 본부에 내셔널 세일즈 매니저용으로 새 차를 준비시켰다. 이와 함께 8명에게 줄 각각의 현금 2,000달러와 5,000달러 한도의 아메리칸 익스프레스 회사 신용카드도 9매를 만들라고 지시하였다. 그리고 오리엔테이션이 끝나고 저녁, 임직원 모두가 파티하도록 좋은 장소를 예약해두었다.

새로 채용한 경력사원들은 과거 다른 회사에 있을 때 경험들을 살려 일주일 만에 수백 페이지 분량의 매뉴얼을 만들어 냈다. 그날 오후부터 내 방으로 신입 사원을 한 명씩 불러서 개인 면담 시간을 가졌다.

서류전형 때 제출한 판매목표 대수와 모델별 단가와 면접 때 합의한 연봉이 맞는지 확인하였다. 그리고 당신 연봉을 그보다 5% 더 많은 얼마로 올려주고, 모델별 판매 성과보수 금액과 영업활동비용 예산을 알려주었더니 입이 함박만 해졌다.

연이어서 새로 만든 5,000달러 한도의 AMEX회사 신용카드와 2,000달러 현찰봉투 그리고 자기 영업지역의 현대자동차 딜러에 가서 교환 가능한 소나타 인수증을 제공하였다. 그리고 금년도 출발이 조금 늦었지만, 반드시 목표달성을 하라고 부탁하고 한 달에 한 번씩 월말회의를 시카고에서 한다고 알려주었다.

나중에 들은 이야기인데 이들은 다른 것들은 물론, 평생 처음으로 회사에서 새 차를 받았다고 좋아했단다. 아마 충격 효과가 컸던 것 같다.

8명의 개인면담이 끝나고 나서 데니스를 나의 집무실로 불렀다. 그의 현재 연봉이 얼마인가 물은 후, 당신은 그 두 배임을 알려주고 보직을 내셔널 세일즈 매니저 National Sales Manager 로 승격한다고 일렀다. 그리고 당신이 제안했던 모든 건의를 100% 받아 주었으니, 각 지역의 매니저들을 잘 독려하여 금년도 목표를 달성하라고 부탁했다. 그러자 나와 나이도 비슷한 데니스가 그 자리에서 한쪽 무릎을 꿇으며 반드시 금년 목표 이상을 해내겠다고 약속하는 것이 아닌가. 그날 저녁의 단합대회 파티는 어떠했을지 독자들의 상상에 맡긴다.

A4용지 2페이지에 불과하던 가격표가 1993년부터 미국 내 어느 경쟁사

에 뒤지지 않는 판매제안 가격매뉴얼과 서비스 매뉴얼로 새롭게 제작되었다. 부품 매뉴얼은 울산에서 보정판이 진행되었다. 현지법인 사장으로 부임한 지 불과 2~3개월 만의 일이었다.

지역담당 매니저들 스스로 매뉴얼을 만들었기 때문에 그들의 사기는 충천하였고, 모델별 지식도 따로 설명할 필요가 없었다. 내가 아침 7시 30분에 출근하면 데니스는 이미 출근하여 동부지역 딜러와 매니저들에게 전화해서 전날 결과와 그날 할 일들에 대하여 통화 중이었다. 그는 시차를 고려해 동부에서 중서부 지역 순서로 보고를 받았다.

그가 그 일을 시작한 지 며칠이 지나자 현대자동차에서 신형 소나타 한대가 시카고 지사에 도착하였다. 나는 전임 지사장이 쓰다가 데니스에게 주고 간 중고 자동차 열쇠를 가져오라 하고 "영업담당은 장거리를 뛰고, 많은 사람을 만나야 한다."며 사양하겠다는 그의 손에 새 차 열쇠를 쥐어 주었다.

매월 월례회의는 모텔 회의실을 빌려서 했다. 첫해 3번째 월례회의가 있었던 4월 어느 날로 기억한다. 매니저들과 점심을 함께하고 사무실로 오는 길에 데니스가 Ford 자동차 딜러에게 들른다. 다른 매니저들의 차량들도 따라왔다. 그들은 이리저리 다니며 이것저것 자동차 색은 어떤가 물으면서 링컨 콘티넨털Lincoln Continental 주위를 돌며 구경하기 시작했다. 마음속으로 "이 녀석들 월급 올려주고, 성과보수까지 주니까 검소하지 못하고 벌써부터 사치를 부리는구나!" 괘씸하기는 한데 미국사람들은 우리와 생활방식이 달라서 그러려니 이해하고 지켜보았다. 그런데 그들이 돌아보면서 나를 부른다.

"Mr. Yoo, 이 링컨 차가 당신 것이오. 여기 있는 모두가 당신은 현재의 중고 소나타를 버리고, 충분히 이 차를 탈 자격이 있는 사람이라고 만장일치로 의견을 모았소. 그리고 돈은 걱정 마시오. 우리가 이 차를 사고 남을 만큼 올해 더 많은 장비를 팔기로 합의했으니, 이는 나 개인의 의견이 아니고 우리 모두의 의견이오."

그 순간 얼굴이 화끈거렸고 서울의 그룹 회장 모습이 떠올랐다.

"……"

"이 친구들 몰라도 한참 모르네!"

매니저들의 마음에 눈시울이 붉어지는 것을 느꼈다. 그러나 나는 "딜러들과 나 자신이 약속한 대로 목표만큼 중장비를 판매해서 미국 공장을 짓는 순간에 이 차를 받겠습니다."라고 말하면서 매니저들에게 감사의 뜻만 표했다. 거절의사를 밝히자, 그들은 몹시 서운해하며 나를 따라 사무실로 돌아와야 했다.

딜러들의 판매네트워크 개편보강

전임 지사장에게 현재 딜러의 상황을 청취했다. 아직 '현대'가 알려지지 않은 터라 미국 전역에서 영업력과 자본력이 있는 우수 딜러들은 우리가 연관을 맺자고 방문 제의를 해도 거들떠보지를 않았기 때문에 현재 딜러들은 소규모 중소업체들이 대부분이라는 것이 현실이었다.

지역별로 딜러 명단과 딜러들의 자본과 신용은 대부분 C급이라 정리되어 있었다. 그리고 다른 메이커보다 우리 힘이 약하여 그들에게 넓은 영업지역을 제공해 주었다는 것이다. 그러다 보니 딜러의 숫자가 다른 업체보다 적을 수밖에 없었다. 나아가 활동지역을 계약으로 제공한 이상 납득할만한 이유 없이 영역을 줄이려면 당장 분쟁이 일어날 것이었다. 그래도 대책은 필요했다.

우선 과도하게 넓은 지역을 부여받고도 실적이 부진한 딜러들의 명단을 만들고, 전임 지사장이 그 지역 딜러 후보업체들을 조사해 놓은 데서 능력 있고 유수한 A급 업체 후보명단을 별도로 만들었다. 그런데 그가 덧붙이는 말은 그동안에도 여러 차례 방문해 보았기 때문에 다시 방문해 본들 상황은 마찬가지로 안될 거라는 것이다. 그래서 나는 현대양행 시절부터 우리와 관계를 맺고 한국에서 신경 써서 접대하고, 친했던 미국회사들의 은퇴한 최고 경영진들의 주소록을 다시 찾았다.

미국은 지역이 넓어서, 대부분 자녀들이 멀리 떠나 외롭게 사는 편이라 은퇴한 경영진들은 중장비 제조업자협회를 통하여 과거 멤버로서 서로 자주 교신하면서 지내는 것을 낙으로 삼았다. 그래서 출장을 나가면 현재 업무와 관계가 없더라도 그 은퇴한 경영진들을 부부동반으로 초청하여 저녁을 대접하곤 했다. 그러면 그분들은 나의 지속적인 인간관계에 너무나 감격해 하였고, 그런 일을 협회 회원들에게 알려 화제가 되기도 했다. 그 덕분에 생각하지도 못하게 그들의 도움으로 어려운 업무를 처리했던 기억이 있었다.

예전에 식사를 같이 했던 분들 중 한 분에게 전화를 걸어 해당 회사의 과거 경영진 가운데 건강하고 활동할 수 있는 분이 누구인지 추천을 받아 "제가 그분을 잘 알고 있지만, 그동안 서로 교신이 없었기 때문에 저 대신 먼저 전화를 걸어주십시오." 하고 부탁하였다.

다음 날, 부탁했던 전화의 주인공이 연락을 해왔다. 쭉 알고 지내왔던 것처럼 친절하게 대응해주었다. 그리고 곧 우리는 시카고 사무실에서 만났다.

그분은 자기가 은퇴연금을 충분히 받기 때문에 수입이 생기면 은퇴연금도 받지 못하게 되어 자기도 우리 회사도 손해라는 것이다. 그래서 그가 하는 말이 월 1~2회 시카고에 여행차 나와서 며칠 고문 역할을 하고 지사 월간 회의에서 내 옆자리에 앉아 참여하는 대신 부인이 원하는 브롱코^{BroncoRV}를 구입하여 부인이 사용하게 해달라는 것이다. 그러다가 도와주기로 한 기간이 완료되는 시점에서 브롱코 중고차를 자기에게 1달러에 팔라고 했다. 우리도 자금부담 없고, 그도 가정 분위기 쇄신으로 한 달에 약 일주일간 나와 일하게 되는 것이었으므로 서로 좋은 조건이었다.

그와 첫 번째 한 일은 우리가 교체해야 할 딜러지역에서 우리의 제안을 거부해온 A급 딜러들에게 일일이 전화를 거는 일이었다. 자기가 현대 고문으로 취임했고, 현대는 어떤 회사이고, 자기와는 과거부터 어떤 관계이고, 이번에 새로 온 사람이 어떤 사람인데 그 사람과 함께 딜러 관계를 제안하기 위하여 방문할 뜻을 전했다. 해당 딜러 주인은 전화 건 사람이야말로 과거 전시회에서 스피치하는 것만을 멀리서만 보았거나 비디오를 통해 본 사람이었기에 그런 유명인이 직접 자신에게 전화 걸어준 것을 아주 반가워했다. 그리고 우리가 그들을 방문하는 대신 우리 활동을 보러 그들이 직접 시카고로 날아오겠다는 것이다.

그렇게 몇 번씩 찾아가도 냉대하던 사람들이 전화 건 사람이 바뀌자 마치 현대중장비가 당장 고문이 다니던 미국회사로 격상된 듯 우리가 움직이지 않아도 그들이 알아서 시카고로 몰려들었다. 우리는 데니스에게 고급 승용차를 임대하여 그들을 공항에서 픽업해 오도록 조치했다.

자그마한 부품창고를 둘러본 그들의 첫 번째 질문은 역시 서비스부품의 Fill-up Rate였고, 그에 대한 나의 자신 있는 대답에 그들은 놀라는 표정이다. 다음으로 두 번째는 가격이었다. 그들은 미제와 일제의 가격차이는 잘 아는 터라 내가 일본엔진이 아닌 미국 커민스 엔진을 장착하고, 일제 유압 부품으로 무장하여 일제보다 10% 싸다고 하니 가격에 대해서도 감탄하는 것이다. 사실 그날 제시한 가격은 현재까지 위탁판매하던 단가보다 최소한 10~20%가 비싼, 우리 제품의 내년도 가격이었다. 세 번째가 영업활동 지역은 어느 범위로 하겠느냐는 질문이었다. 현재 딜러보다 훨씬 작은 영역을 제시했지만, 모두들 현재 딜러의 영역을 모르기 때문에 자기들이 일반적으로 미국업체에서 받아온 영역에 비하면 뒤지지 않아서 그런지 불만이 없었다.

제일 어려운 질문은 네 번째였다. 자기는 '닛폰 스틸신일본제철'의 굴삭기 딜러였는데 적자가 심하다 하여 어느 날 갑자기 미국법인을 폐쇄하고 보따리 싸서 철수했다고 한다. 그 바람에 삼대째 해당 지역에서 중장비를 팔아온 자기들은 동향同鄕의 동네 고객들에게 서비스 지원을 못하여 신용은 물론 금전적으로도 큰 손실을 보았는데, 현대의 장기적 대미정책과 약속이 무엇이냐는 것이었다. 예기치 못한 질문이었다.

"내가 지금 아무리 아름다운 말로 미국법인을 폐쇄하지 않겠다고 약속한들 믿을 것이며, 공문으로 써드린들 믿으시겠습니까? 현대가 미국에서 흑자를 내는 한 당신이 문을 닫으라 해도 현대는 닫지 않을 것이고, 적자를 내는 한 내가 아무리 편지를 써 드려도 후임자는 문을 닫을 것입니다. 현대가 문을 닫고 말고는 현대 자체의 문제이기보다는 현대와 딜러의 공동이익과 방어의 문제라 생각합니다. 딜러가 얼마나 노력하느냐가 현대가 '닛폰 스틸'과 같이 문을 닫지 않고, 미국 내에서 오래 머무른다는 확실한 약속이 될 것입니다.”

“…….”

“예를 들어 미국에 조립공장을 지으려면 최소 1만 평 정도는 지어야 하는데 대략 3,000만 달러가 소요됩니다. 공장의 감가상기간을 30년으로 계산하면 연간 발생하는 감가상각비 100만 달러, 연간 이자를 10%로 가정해서 300만 달러라고 치면 이를 합해 매년 400만 달러가 든다고 합시다. 장비 한 대를 한국에서 미국까지 운반하는 데 얼마나 드는지 아십니까? 작은 중장비 운반비가 대당 6,000달러, 큰 장비는 1만 달러가 넘습니다. 미국 굴삭기 시장이 연간 1만 2,000대인데 작은 장비로 1,000대를 팔았다고 계산하면 우리 쪽에서는 운반비 합계만 600만 달러예요. 미국공장 설립에 들어가는 비용보다 30% 이상 웃돕니다. 이 경우 운반비로 더 많은 비용을 바다에 버리기보다는 공장을 짓는 것이 이득 아닙니까? 결론적으로 현대와 딜러들이 함께 노력하여 몇 대를 파느냐가 문제인데, 일제보다 10% 싸게 사서 파는데 그 판매 수량은 누구의 책임이 됩니까?”

더 이상의 질문이 필요 없었다. 모두 그대로 일어나 악수하며 당장 계약을 하자는 것이다.

그러나 나는 당장은 어렵고, 현재 활동 중인 딜러와의 문제가 있어 금년도 라스베이거스에서 개최되는 국제전시회CONEXPO가 끝나고 3월까지를 목표로 그들과의 관계를 정리하겠다고 약속했다. 그때까지는 서로가 준비기간을 갖고, 그에 대해서는 일체 대외비對外秘로 하기로 하였다. 이러한 방법은 교체할 딜러지역을 대상으로 계속되었다. 그리고 네 번째 질문은 묻지 않더라도 다른 딜러와의 만남에서도 미리 설명하여 공감대의 확약을 받았다.

딜러 재편성 구상이 준비된 상태에서 그해 12월 하순경, 기존의 딜러들에게 내년도 1월 하순부터 적용할 신년도 장비 단가를 10~20% 인상한다고 공식적으로 공표하였다. 미국 업체들의 연간 평균 인상률인 6~8%에 비하면 그래도 우리의 가격이 쌌으나 말도 안 된다고 기존 딜러들의 항의가 빗발쳤다.

연이어 내년부터는 위탁판매 방식은 전면 폐지하며 1월 하순 가격 인상 전까지 전시 장비를 예전 가격으로 인수하든가 아니면 원래 발송지 항구까지 자기 비용으로 반환하라고 공문을 보냈다. 그러자 딜러들끼리 교신하며 3월 초에 있을 '라스베이거스 CONEXPO'에서 모두 모여 현대에 압력을 넣어 승복시키자 합의되었다는 소식이 들렸다.

마음 아픈 일이지만, 누군가 이러한 난관을 극복해 내지 않으면 회사의 장래가 없음을 알았기에 어떻게 하여서라도 관철하겠다는 결심을 했다. 그리고 방법을 모색하기로 하며 "제리" 고문과 함께 차선책 딜러 재구축에 심혈을 기울였다.

라스베이거스 CONEXPO 전시회와 딜러회의

라스베이거스 CONEXPO Construction Equipment Exposition 전시회는 3년에 한 번씩 열리는 세계최대의 중장비 전시회인지라 우리도 힘써 최대의 효과를 보려고 힘에 부치는 자금을 들여 준비했다. 본사에서는 정몽구 회장이 지원차 참여해주었다.

기존 딜러들 대표에게서 연락이 왔다. 아무 날 전시장 딜러회의에 나보고 참여해 달라는 통보였다. 그들은 전시장 아래층에서 나와 맞부딪쳤다. 모두가 불만이 가득한 표정으로 나를 노려본다. 그러나 그곳은 손님들의 왕래가 잦았기에 그들을 억지로 진정시켜 2층으로 데리고 올라가야 했다.

이야기가 본론으로 들어가면서, 공공장소이니 크게 소리 지르지는 않았어도 분위기는 심각해지기 시작했다. 나는 그들에게 자동차 한 대 만드는 데 인건비 비중이 원가의 8~10%라면서 중장비도 크게 다르지 않다고 설명하고, 이곳 전시장에 나가서 보면 알겠지만 일본 굴삭기와 우리 굴삭기를 비교해 보라고 했다. 보시다시피 우리 장비의 유압부품들은 일본 굴삭기와 같은 일제이고, 엔진은 일제보다 더 좋고 비싼 커민스_{Cummins, 미국의 세계적 엔진 전문 업체} 제품이다. 나머지 모든 부품은 고무류와 철강재인데 철강재는 전 세계 가격이 비슷하고, 고무류는 얼마 되지 않는다. 조립인건비가 총원가의 8~10%에 불과한 마당에 새로 공표한 가격이 일본 단가보다 10% 이상 저렴한데, 작년까지 여러분에게 제공했던 장비 가격이 잘못된 것이지 금년에 공표한 가격이 잘못이 아님을 분명히 하고 협조를 요청했다. 또한, 위탁판매의 철폐도 불가피하다고 설명했다.

"나는 본사에서 직급이 부사장급입니다. 얼마나 회사가 급하고 어려우면 저를 해외지사로 보냈을까요? 그렇지 않습니까? … 나는 여러분에게 어려움을 주려고 온 것이 절대 아닙니다. 서로 상호발전과 번영을 위해서 온 것입니다. 나의 의견을 받아주기를 바랍니다. … 받지 못하겠으면 나로서도 방법이 없습니다."

그리고 나의 말에 동의하면 이 자리에 남아 달라고 하고, 나의 목표는 여러분의 협조 아래 장비를 많이 팔아 미국에 공장을 지어놓고 본사로 복귀하는 것이 희망이라고 역설하였다.

한판 해볼 기세로 모였던 딜러들이 숙연해지고 잠시 조용하였다. 앞장서서 연판장連判狀을 돌리겠다던 강경파 딜러가 그 자리에서 중얼거리며 자리를 뜨기 시작하니 동조하겠다 약속한 딜러들도 줄줄이 자리를 떠난다. 그렇게 떠날 사람들이 떠나고 눈치만 보며 조용하던 몇 명의 대형 딜러가 나에게 와서 악수를 청하며 자기네 회사 방문을 요청하여 금년도 사업계획을 다시 한 번 심도 있게 협의하자고 했다.

불행 중 다행으로 내가 교체해야만 한다고 생각했던 소규모 딜러들이 모두 떠나버리는 바람에 흔하게 발생하는 기득권 보상요청에 관한 법적 공방 없이 순탄하게 딜러 교체가 이루어졌다.

보잉 747 전세기를 타고 온 딜러 방문단

금년도 새로 편입된 딜러와 과거부터 노력해준 30여 딜러 중에는 한국을 방문한 사람은 한 명뿐이었고, 아무도 현대를 방문한 적이 없었다. 우리 미국인 현지 직원들도 마찬가지였다.

내셔널 세일즈 매니저인 데니스Dennis가 '협동 프로그램Co-op Program'을 만들어 한국을 방문하면 도움이 되겠다는 것이다. 협동 프로그램이 무엇이냐고 묻자, 딜러와 우리가 반반씩 비용을 부담하는 협조방식이라며 한국 방문도 그리해 보잔다.

의견은 좋은데 예산 창출이 막연했다. 우선 보잉 747 전세기 한 대가 한국과 미국을 왕복하는데 소요되는 예상 비용을 알아보았다. 유나이티드 에어라인United Airline은 22만 달러에서 대한항공은 28만 달러였다. 400명 탑승으로 계산해보니 1인당 550달러가 나왔다. 답이 나올 것 같았다. 곧바로 울산 김 사장께 전화를 걸어 상의했다.

"미국에서 비행기를 대여하여 딜러와 딜러 고객을 태워 한국에 방문할 계획인데, 서울과 경주의 호텔 숙식비용을 지원해줄 수 있습니까?"

그러자 김 사장은 그럴 수만 있으면 한번 해보자고 동의했다.

토요일에 미국을 출발하여 그다음 주 금요일 미국으로 돌아오는 6박 7일 일정이다. 울산 중공업 단지 견학은 물론 한국관광을 겸한 협동 프로그램으로 1인당 숙박비 포함 850달러에 신청을 받았다. 딜러들에게는 이런 염가관광은 평소에 상상도 못 할 일이었기에 딜러 직원들뿐 아니라 로비를 목적으로 그들의 주요 고객들을 초대하기도 했다. 보잉 747기 1대는 시카고에서 우리 고객만으로 띄우고, 나머지 서부지역은 샌프란시스코로 집결시켜 김포로 왔다. 총원은 450명 정도였고, 딜러 방문단으로는 사상 최대였다.

그들을 위해 노보텔 전체를 임대해야 했다. 서울사무소는 여사무원들을 한복으로 입혀 공항에 나오게 해서 손님들에게 장미꽃 한 송이씩을 선사하게 했다. 그리고 비디오로 모든 과정을 녹화하여 떠나는 날 아침, 호텔에서 시사회를 가졌다. 녹화비디오에는 참여한 딜러와 그들의 성명을 영화처럼 등장인물 자막으로 처리해 첫 화면에 흘러나오도록 편집시켰다. 이 비디오는 딜러들이 주인공으로 그들이 견학하고, 관광한 현대 중장비와 서울을 부각해서 촬영한 것이다. 그들의 동료와 친구들은 모두 건설중장비와 연관이 있으리라 판단하여 만든 시나리오였다. 비디오를 본 딜러들은 완벽하고 빠른 속도로 구현되는 우리의 영상 기술에 놀랐고, 그들이 주연으로 참여한 영화를 15분 동안 즐겼다. 필름 제작비용은 1만 달러였다.

사실 우리 시카고 지사는 협동 프로그램에서 돈을 벌지도 잃지도 않고 본전에 목표를 두었다. 당시 그룹 회장인 정세영 회장에게 인사를 하고, 협동 프로그램으로 딜러들이 방문하게 된 경위를 보고했다. 그렇지만 그런 일이 처음이라서 그런지 이해가 어려운 것 같았다.

"우리 자동차도 매년 해외 바이어를 초청할 때 경비절약을 위해 150명을 넘기지 않는데, 미주 지사 살림이 얼마나 크고 돈이 많다고 그 3배나 되는 450명을 데리고 오는 거야?"

인사차 방문했다가 약 30분간 호되게 야단만 들었던 기억이 생생하다.

딜러들과 함께했던 첫 번째 추수감사절

현지 법인장으로 딜러들과 혼연일체가 되어 열심히 일하다 보니 추수감사절이 다가왔다. 열심히 함께 일해온 첫해를 그냥 보내기보다는 딜러들에게 무언가 나의 마음을 전하고 싶었다.

어느 주말, 집사람과 한국식품점에 들렀는데 한국에서 온 나주 배 상자가 눈에 띄었다. 작은 수박만한 배 8~10개가 든 한 상자가 22.00달러였고, 80 상자를 18.00달러씩 주고 샀다. 그리고 미국인 여직원을 불러 직접 배를 깎은 후 먹어보라고 하였다. 미국 배는 왜소하고 작은데 이렇게 큰 배가 어디서 났느냐며 원더풀을 연발한다. 나는 배 깎는 모습부터 시식하는 순서까지 다시 보여주며 여직원에게 글로 쓰게 해서 60장을 프린트하게 했다.

딜러 사장단에게 '당신 가정에 의미 있는 추수감사절이 되기를 기원한다.'는 서신과 배 깎는 매뉴얼을 동봉한 배 상자를 하나씩 우송했다. 추수감사절 직후, 딜러들은 부인과 자녀들 서명이 담긴 감사카드를 보내왔다. 아마 딜러들은 동식물을 포함해 과일의 통관이 어려운데 자기에게만 보내준 줄로 아는지, 다른 사람에게 일체 비밀로 쉬쉬하고 나에게만 전화로 화답했다. 가족 외에 선물 습관이 미천한 미국인들에게 부담 없는 한국식 '추석 선물'이었지만, 마음은 이심전심으로 그들도 고마워했다.

팀워크로 거둔 성과

미국 법인 사장으로 재직한 첫해에는 이익이 나지 않는 선에서 각 항구의 재고소진을 우선하였고, 본사로부터 추가로 도입하는 장비와 부품의 가격을 수시로 얼마씩 올리라고 통보를 하면서 본사의 경영개선을 도우려 노력했다. 또 각 지역 서비스 매니저들이 장비의 문제점과 개선점 보고를 받으면, 서면이 아닌 나의 육성녹음을 수시로 만들어 울산 본사에 보내 개선사항에 반영하도록 했다. 그리고 본사의 지원을 한 푼도 받지 않고도 나머지 이익 가능성 부분을 예측하여 현금흐름에 지장을 주지 않는 범위에서 66,000스퀘어 피트1,833평의 창고를 구입하여 이사할 수 있었다. 지금 사용하는 시카고 제1창고 사무실이 그것이다.

시카고에 있는 2년은 분명 힘든 시기였지만, 만족스러운 도전의 맛을 체험한 이력 중의 하나다. 한라와 현대그룹에 재직하면서 그처럼 임직원들의 협조를 받아가며 여한 없이 사업을 해본 기억은 드문 일이었다. 회계법인이 감사한 당시를 검토해 보면 부임하던 해의 매출이 180만달러였다. 그러나 이들 현지인과 일한 첫해 매출은 전년 대비 17배를 상회하는 3,200만 달러였으며, 본사 복귀 전인 두 번째 해에는 그 두 배에 가까운 5,000만 달러의 매출을 올렸다. 그 후, 나는 2년 만에 현대정공 대표이사로 불려 오게 되었다.

그때, 미국사람들에게서 "나는 약속한다. I am committed." 라는 말을 듣기는 어렵지만, 일단 입에서 나오면 '작심 삼일'하는 우리의 실행력과는 달리 혼신을 다해 목표를 달성하려고 노력한다는 것을 처음 알게 됐다. 그리고 그날의 영광이 오기까지 이들을 힘껏 지원해 준 우리 한국 직원들과 본사 지원도 한 몫하였다고 자부한다.

3

현대정공^{현재 현대모비스} 대표이사로

갤로퍼의 세계진출

1994년 12월 1일부로 현대정공 대표이사가 됐다. 부임하고 나서 그룹 내 사장단 인사를 다닐 무렵, 현대정공 정몽구 회장의 지시로 현대정공 승용차 영업총책과 함께 일본 미쓰비시를 다녀오게 되었다.

당시 현대정공은 일본의 라이센스를 받아 갤로퍼를 생산하고 있었다. 당시 국내 RV차량 시장에서 연간 거래되는 물량이 10만 대, 8만 대 정도였고, 갤로퍼가 그중 5만 대로 1위였다. 그다음이 기아의 스포티지, 쌍용의 코란도 순이었다.

미쓰비시와 기술제휴 계약으로 지은 공장의 생산능력은 갤로퍼 10만 대를 생산하는 것이었다. 그중에 50%만 판다고 해도 5만 대이니, 자동차 생산의 후발주자로 대단한 것이었다. 그러나 국내 수요를 채우고도 남는 재고는 쌓을 곳이 없자, 전임사장은 그 처리방식을 고민하다가 밀어내기 수출을 감행했다.

갤로퍼가 남미와 동유럽으로 나가기 시작했다. 그런데 미쓰비시 측이 수출하는 '파제로'와 같은 갤로퍼를 허락도 없이 해외로 내보낸 것이 큰 문제가 되고 말았다. 위기가 닥쳤다.

대표이사로 취임하고서 회장으로부터 받은 첫 번째 지시 사항이 현대와 미쓰비시와의 관계를 완화시키는 것이었다. 전임사장인 유 고문과 영업담당 총책과 회의한 결과는 미쓰비시에 무조건 빌어야 한다는 쪽이었다. 그러나 가만히 생각해보니까 '서로 죽기 살기 전쟁이 날 판인데 가서 빈다고 해결되는 일일까?' 의문이 들었다. 만일 그것이 가능하다 하더라도 내년부터는 수출하지 않겠다는 약속을 해야 할 것이다. 그렇다면 완전 백기를 들고 노예처럼 시키는 대로 하겠다는 각서를 써야 할 국면을 맞게 될 것이다.

유 고문과 영업담당 박 상무와 함께 일본으로 가는 비행기를 탔다. 따로 의견을 나눌 시간도 없었고, 가는 동안 대책을 고민해 보았지만, 뾰족한 수가 보이지 않았다.

"방법은 그뿐입니다. '잘 해보자. 현대는 수출을 하지 않으면 안 되는 상황이었지 않느냐? 너그럽게 용서해 달라.' 이렇게 빌어야지요."

유 고문은 할 수 없지 않으냐는 표정이다.

"그런다고 '알겠습니다. 이번만 봐 주겠습니다.' 하고 미쓰비시가 그럴까요? 그런 식으로 어떻게 어떻게 잘 넘어간다고 해도 다음에는 어쩝니까? 재고를 계속 쌓아놓을 수도 없는 노릇인데……."

그렇게 묘책 없는 말들이 오가는 사이 우리는 일본 동경에 도착해 있었다. 공항으로 지점장이 미리 나와 있었다.

"사장님, 지금 미쓰비시 자동차로 바로 가시지 말고 미쓰비시 종합상사로 먼저 가시도록 일정을 잡았습니다. 지금 미쓰비시 자동차 사장으로 있던 분이 종합상사 회장으로 계십니다. 그분은 한국과 우호적이어서 우리 일을 적극적으로 돕고 싶어 하십니다."

그쪽으로 가면 그래도 뭔가 실마리는 얻겠다 싶어서 지점장 말대로 미쓰비시 종합상사로 먼저 가게 되었다. 그러나 거기에도 답이 없는 것은 분명해 보였다. 거기 직원들이 이런저런 의견을 내놓고 중역들이 보고하는 내용을 귀담아들어 보았지만, 나와 유 고문이 비행기 안에서 나눴던 내용이랑 별반 다르지 않았다. 답도 구하지 못한 채 시간이 되어 우리는 지점장과 미쓰비시 자동차 쪽으로 옮겨가야 했다.

차를 타고 가는 사이에도 답을 찾기 위해 고민했다.

'궁즉통이라! 반대로 생각해보자. 우리가 재고 차량을 수출하면 미쓰비시에는 과연 손해만 보는 일일까?'

그런데 거기에 초점을 맞추고 생각을 전환하자 실마리가 보이기 시작했다. 그들 앞에서 그 실마리를 어떻게 효과적으로 풀어놓을 것인지 접근방법을 고민하면서 생각을 정리했다. 유 고문은 여전히 답답한 표정으로 아무 말도 하지 않고 골똘히 생각하고 있는 나를 지켜보았다.

드디어 미쓰비시 자동차에 도착하자 비서가 나와서 우리를 접견실로 안내했다. 접견실은 아주 크고 넓었다. 방을 빙 둘러 벽 쪽으로 의자가 20~30개 놓여 있었다. 미쓰비시 사장이 앉을 자리도 눈에 띄었다.

중압감을 주려는 것인지 사장단은 그 방에 들어오지도 않고, 10여 분 동안 우리를 거기에 앉혀 놨다. 누구 하나 말이 없었고, 주변은 영화관의 암전 상태처럼 적막하기만 했다. 그러나 나는 비서가 내어준 차를 마시며 기다리는 사이 조용히 속으로, 미쓰비시 사장과 해야 할 이야기를 다시 한번 정리하고 있었다. 긴장되는 순간이었다.

그리고 조금 지나 그 적막을 뚫고 키가 큰 중역 하나가 들어왔다. 나이가 많아 보였다. 미쓰비시는 일반적으로 중역들의 나이가 많았다. 그 후 사장과 함께 열 사람 정도가 더 들어왔고, 서로 명함을 주고받았다. 우리 팀은 다 해서 네 명이었다.

일본어에 능통한 유 고문은 현대정공 전임 사장이었으니까 미쓰비시 사장과는 구면이었다. 그러나 나는 초면이었기에 그는 나에게 첫인사로 날씨 이야기를 하며 어색한 몇 마디를 건네고 바로 본론으로 넘어갔다.

"당신네들 말이야. 어떻게 그럴 수 있소. 국제법이 있고, 국제 관계가 있는데 어떻게 그렇게 무례한 행동을 해서 남의 시장에 혼란을 줄 수가 있느냔 말이오."

미쓰비시 사장이 먼저 준엄한 태도로 유 고문에게 이야기 문을 열었다. 그러자 내 옆에 있던 유 고문이 말문을 열었다.

"미안합니다. 우리도 재고를 처리할 방법을 찾지 못해 어쩔 수 없이 그렇게 했습니다. 한국의 시장 규모는 8만에서 10만 대인데, 갤로퍼의 점유율이 아무리 높아도 쌍용자동차, 기아자동차와 시장을 공유하고 있으니 팔리지 않을 게 뻔하지 않습니까? 수출은 어쩔 수 없는 상황이었습니다. 양해해 주세요. 미리 의견 나누지 못한 점 사과드립니다."

사과 내용에 미쓰비시 측은 점점 기가 오르고 있었다. 예상했던 대로 그런 분위기로 가면 안 되겠다고 생각했다. 사죄한다고 될 게 아니었다. 나는 참지 못하고 "잠깐만!" 하고 이야기를 끊었다.

"나는 일본말을 할 줄 모릅니다."

드디어 서두를 열었다. 일본말을 조금은 할 줄 알았지만, 일본말을 쓰면서 비위를 맞추고 싶지 않았기에 지점장에게 내 말을 있는 그대로 사장에게 통역하라고 지시했다.

회의에 들어가기 전에 박 상무는 미쓰비시 사장이 누구이며, 누가 회의에 들오는지와 신상 등을 알려 주었다. 그리고 그쪽에도 내 신상에 대해서 알고 왔을 것이다. 나는 당시 52세였다.

"사장님, 나는 바로 직전까지 공부하던 학생이기 때문에 질문을 좋아합니다. 제가 당신께 질문할 게 하나 있습니다."

그러자 그런 태도가 당돌해 보였는지 시선들이 나에게 모였다.

"82년도, 83년도에 미쓰비시 자동차의 세계 점유율이 몇%입니까?"

10년 전 일이라서 미쓰비시 사장이 알 리가 없었다. 그가 어리둥절해하자 옆에 있는 중역들이 대신 답을 하며 한 3% 정도 될 것이라 한다.

"그러면 작년도 점유율이 어떻습니까?"

이번엔 사장이 한 6~7% 정도 된다고 답을 한다. 원하는 답이 나왔다.

"미쓰비시 자동차가 우리에게 공장의 레이아웃을 도와주면서 자동차 생산 몇 대짜리를 했는지 기억하십니까?"

사장은 아직 모르는 것이 많았다. 이번에도 옆에서 다른 중역이 10만 대 정도라고 대신 답을 해준다.

그리곤 또 질문한다.

"82년도와 83년도가 무슨 해인지 알고 계십니까?"

협상에서 질문이 가장 중요하다. 내가 이야기하고자 하는 내용을 상대방으로부터 끌어내야 한다. 내 요구 사항만 들어달라고 한다면 설득이 되기는 커녕 반대쪽에서 공격을 받게 된다. 협상에서는 질문을 해서 내가 원하는 방향으로 유도해가는 것이 가장 좋다.

질문은 내 중심으로 끌려가고 있기 때문에 그들이 그해가 무슨 해인지 모르는 게 당연하다. 그리고 내가 왜 이런 이야기를 하는지도 몰랐다.

1982년, 83년은 현대 '포니 국내 최초 국산 자동차'가 처음으로 미국시장뿐 아니라 세계 시장으로 나갔던 때였다.

"현대가 그때 포니 자동차를 만들기 위해 미쓰비시 자동차 부품을 가져왔습니다. 그 당시 일본 미쓰비시에서는 포니를 세계 시장에 나가도록 해야 된다. 안 된다. 하면서 여러 말씀이 있었던 것으로 기억합니다. 포니가 생산되어 밖에 나갔어도 미쓰비시 자동차는 지난 20년 동안에 점유율이 배 정도 느는데 영향을 받지 않았습니다. 포니를 내보냈는데도 말입니다."

잠시 뜸을 들이고 주위를 살피니 모두 내 말에 귀 기울이고 있다는 것을 알 수 있었다.

"그때 포니를 세계 시장에 나가게 하자고 한 분들이 성공한 겁니다. 왜냐하면, 포니에는 일본 미쓰비시 부품이 들어 있기에 부품에 대한 수출을 따로 챙긴 결과를 낳았습니다. 서로 윈윈한 거지요. 지금 83년도와 똑같은 이야기가 진행되고 있습니다. 갤로퍼가 5년 전 일본과 기술 제휴를 해서 생산을 하는데 지금 해외 시장에 나간다고 해서 미쓰비시가 손해일까요?"

"……."

미쓰비시 측은 전혀 예상치 못한 상황에 할 말을 잃었다. 이제 클라이맥

스다.

"갤로퍼가 수출이 안 되면 어떻게 되는지 이야기하겠습니다. 좀 전에 미쓰비시와 계약으로 갤로퍼가 10만대 생산능력이 있다고 했습니다. 이 중에서 국내에 50%가 판매되고 있는데, 그럼에도 불구하고 한국의 RV생산 3개 업체 중 1등으로 대단한 것입니다. 그러나 이는 아직도 생산능력의 50%에 불과한 가동률로써 50%를 더 생산 판매하여야 공장 생산능력을 맞출 수 있습니다. 초기에 생산은 생산능력보다 적을 수 있지만, 5년이 지난 현재는 공장의 생산능력만큼 생산하여야 경쟁력을 갖출 수 있습니다. 예를 들어, 5년 전보다 아이가 자랐는데 5년 전 옷을 입혀놓고 그대로 입고 있으라고 하면 그 애가 숨이 막혀 죽거나 옷이 찢어지거나 둘 중 하나가 아니겠습니까?"

사장의 눈을 직시하고 속사포로 얘기했다. 미쓰비시 사장의 의기양양한 태도는 어디로 갔는지 찾을 수가 없었고, 내 말에 어떻게 적절히 답을 해야 할지 몰라 당황하는 눈빛이었다. 내 말대로라면 일본은 우리에게 5년 전 라이센스의 옷을 입혀준 입장으로서 지금 우리에게 5년 전과 같이 소화하지 못하고 넘쳐나는 생산 물량을 갖고만 있으라고 하는 꼴이었다. 그대로 놔두면 분명 현대 쪽에 문제가 생겨 자기 쪽 부품의 판로도 막히게 된다. 그리고 지금 계약을 파기한다고 해서 자신들이 이득이기는커녕 손해인 것이 분명해진다. 애초부터 이런 자리가 무슨 의미가 있겠는가? 마무리하고 쐐기를 박을 때다.

"미쓰비시는 당신네 옷을 입은 우리가 잘 자라는 것이 좋은 일이니 옷을 다시 맞춰 줘야 하지 않겠습니까? 우리는 분명 5년 전 옷을 그대로 입고 있을 수도 없고, 죽을 수는 더더욱 없습니다. 우리가 갤로퍼를 수출한 것은 살기 위한 몸부림입니다. 그러면 옷을 입혀야 하는 입장에서는 그걸 나무라기보다는 옷을 갈아입혀 주고 잘 자라게 도와줘야 하지 않겠습니까?"

그러자 그 말을 듣던 미쓰비시 사장의 얼굴이 결국 찌그러졌다. 떳떳하게 보이려고 자세를 유지하고 있지만, 동공이 흔들리고 입가는 울상이다.

일본 사장은 어색하게 웃었다.

"그 이야기도 맞소."

그들이 거기서 그 말이 틀리다고 하면 그들도 끝이었다.

"현대에서 갤로퍼를 수출하지 말라는 게 아니오. 사전에 통보하고 수출하는데 서로 조정을 하고 국제시장을 교란시키지 않도록 하자는 것이지. 그리고 그다음에 가격도 조정해서 시장을 망가지지 않게 상의를 해야 하지 않겠소?"

이야기의 결과는 이미 기울었다. 밀어붙여서 빨리 문제를 해결하자. 나는 아까와는 다르게 상냥해져서 그의 말을 받는다.

"그거 좋은 말씀입니다. 제가 새로 사장으로 부임했으니까. 저와 함께 협의 조정합시다. 지금이 12월 초니까 이달 중에 이야기해서 내년부터는 이런 일이 없도록 하고, 1주일 내로 팀을 만들어서 일본 또는 한국에서 세계 시장을 어떻게 재편해야 하는지 상의합시다."

미쓰비시 사장의 표정이 그렇게 밝지는 않았지만, 대답은 'OK'였다.

"한국에 데이터가 다 있으니 구체적인 협의는 한국에서 하시지요."

주도권은 이미 내게 있었다. 우리가 그렇게 말을 주고받은 시간은 고작 10분에서 15분 사이였다. 길어질 줄만 알았던 회의가 그렇게 단시간에 결판이 나니 미쓰비시 사장이 좀 멋쩍어했다. 그리고 괜스레 시계를 보더니 자기는 약속이 있어서 나가봐야겠다면서, 앞으로 잘 해보자고 악수를 하곤 꼬리가 잘린 도마뱀처럼 서둘러 그 자리를 나가버렸다.

중역들은 그 뒤를 따르지 않고 남아 있었다. 기분 좋은 마음으로 중역들과 인사를 하고 나오려는데 미쓰비시 중역 중 2~3명이 나와 동갑이라며 악수를 청하고 저녁 식사를 초대받았다.

"해법이 간단하게 나왔습니다."

미쓰비시 측에서도 문제를 키우고 싶지 않았던 모양이다. 자기들도 어떻게 풀어 나아가야 할지 몰랐던 것이다.

저녁이 되자 사장을 제외한 미쓰비시 팀과 우리 팀이 다시 모였다. 모두가 코가 삐뚤어지게 술을 마시고, 기분 좋게 헤어져 들어왔다. 일주일 뒤 한국에서 재협상이 있었고, 그렇게 정식으로 갤로퍼가 세계 시장으로 나가게 됐다.

북한에 철도차량 발주를 주다

현대정공현재의 현대모비스 전신은 9개의 사업본부자동차, 철도차량, 방위산업, 공작기계, 컨테이너, 변속기, 자동차부품, 산업기계, 환경설비를 울산과 창원 3개소에 공장을 가지고 있었다. 그리고 그 각각의 사업본부는 거대한 회사와 같은 규모로 각 본부장을 중심으로 운영되었다.

나는 현대정공의 사장으로서, 본사 회의 이외에 비정기적으로는 고객들을 안내하기 위해서 공장들을 수시로 방문했다. 정기적으로는 흑자를 내지 못하는 사업본부들을 중심으로 매월 1회 개별 방문해서 경영개선을 위해 담당 본부장 외에 간부들과도 심도 있는 고민을 함께하고, 개선책을 찾는 연구를 했다.

그러던 어느 날, 1996년 늦가을이었다. 통합구매 본부장과 창원에 있는 철도차량 사업부의 회의를 주재하기 위하여 국내선 항공기로 부산을 거쳐 창원으로 내려가게 됐다. 그리고 자동차로 이동하면서 통합구매 본부장에게서 그와 관련된 보고를 받게 되었다.

"사장님, 이번에 철도차량 사업부가 무개차승객을 태우지 않고 화물만을 운송하는 지붕이 없는 화물용 철도차량를 다수 수주하였는데 손익이 아주 좋지 않아 문제입니다."

"그래요? 재료비가 빠질 정도는 됩니까?"

"네, 재료비는 되는데 직접 인건비와 우리 회사 고정비는 회수하기 힘들 것 같습니다. 게다가 그다지 기술력이 필요한 것이 아니라서 하도급을 주려는데 그것도 적자고, 우리의 값비싼 인력들이 공장 면적을 차지해, 이를 제작하기에는 여러모로 손실이 크다고 볼 수 있습니다."

나는 잠시 고민하다가 순간적으로 본부장에게 물었다.

"그러면 우리가 이번 기회에 북한에 제작을 의뢰하면 어떻겠습니까? 그렇게 하면 북한도 일감을 얻게 되어 이익이 되고, 나아가 남북관계 개선에도 기여할 수 있지 않겠어요?"

"그렇게 할 수만 있다면야 좋지요. 고급 기술을 필요로 하는 일이 아니니 북한 쪽에서도 수주받기 어렵지 않을 테고, 상호 도움이 되겠지요."

즉시 서울에 있는 비서에게 전화를 걸어 내일 정부기관과 면담을 신청하도록 조치했다. 그리고 그 사이, 북한이 무개차를 만들겠다고 한다면 그다음 그것을 우리 쪽에서 어떻게 가져올 것인가도 생각해 보았다. 그 방법은 두 가지가 있었다. 하나는 선박으로 그것을 수송하는 방법이고, 다른 하나는 그렇게 멀리 돌기보다 남북한 간에 철도를 연결시켜, 바로 차량을 받는 방법이었다. 만일 후자의 방법을 채택하게 된다면 북한 측에서는 해상운임과 육상 운임의 차이만큼 수송비를 절약하게 되어 수익으로 가져가게 될 것이다. 그리고 나아가 그런 계기로 남북한 철도가 연결된다면 향후 남북 간의 이런 식의 교류가 자연스러워질 것이고, 뒤이어 관계개선의 기회를 맞게 될 것이 분명하지 않은가? 그러니 이 사업은 단순히 사업적 윈윈전략을 뛰어넘는 남북 통일 프로젝트에 도움이 될 가능성이 높았다.

그런 생각들이 머리를 스치는 사이 다시금 결연해져서 '어려움은 있겠지만, 한번 해 보는 거야!' 하면서 중얼거렸다.

다음 날, 정부기관을 방문하여 사업의 전후 상황과 효과에 대하여 설명하였다. 그러자 모두 "가능하다면 한번 해 보시지요."라는 긍정적인 답변을 주었다. 그래서 그 즉시 북경 지사장에게 연락을 취하여 북한 측에 제안해 보도록 했다.

그렇지 않아도 북한은 일감이 적어 고민하고 있었기에 우리 쪽의 사업 제안이 반가울 수밖에 없었다. 그들은 적극적인 태도로 응했고, 수주받을 의사가 있으니 우리 사업팀을 북한으로 보내라는 연락을 해왔다. 이제 남은 것은 과연 그 차량 제작을 어디에서 할 것이고, 제작 가능한 시설이 있는지를 확인하는 일만 남았다. 그래서 구매 본부장과 북경지사장이 파견되어 평양을 거쳐서 함흥에 있는 흥남 제작소까지 방문하게 되었다.

"사장님, 제작은 함흥 공장에 의뢰해야 할 것 같습니다. 거기 제작 기술과 환경을 살펴보니, 그 정도면 무개차 제작에는 무리가 없어 보입니다. 그런데 전기가 문젭니다. 평양 시내도 저녁 8시가 되면 제한 송전을 하던데,

함흥은 전기 사정이 그보다 훨씬 열악한 형편입니다. 전력만 지원된다면 납기 문제없이 공급이 가능하다고 봅니다."

"그러면 우리 쪽에서 이동식 디젤 발전기라도 보내서 제작 지원을 해야 된다는 얘긴데……. 그렇다면 본부장께서 그렇게 지원했을 경우, 제작하는데 추가 비용이 얼마나 되는지 검토해 보세요. 그리고 우선 2량만 견본으로 만들어 받아보고 품질을 검사한 후, 나머지 물량을 만들어 오도록 하십시다."

그렇게 일은 착착 진행되고 있었다.

그러던 어느 날, 북한으로부터 뜻밖의 연락이 왔다. 내용인즉슨, '노임은 주지 않아도 되니 대신 비료 30만 톤을 지원해 달라.'는 내용이었다. 혹자는 그런 주문이 대수롭지 않아 보일 수 있지만, 기업의 입장에서는 무척이나 당황스러운 내용이 아닐 수 없었다.

우선의 문제는 기업의 비용처리가 이미 체계화되어있는 상황에서 따로 비료구입을 요구하게 되면 다시 인력을 동원해서 다른 방법으로 비용처리를 해야 하는 수고로움이 있겠다. 당장 우리가 북한 쪽에 주기로 한 노임이 비료 30만 톤과 비교해 값이 비슷한지도 알 수 없는 노릇이다. 또한, 우리가 비료와 관련이 있는 기업도 아니다 보니 따로 담당자를 시켜 구입처 등을 자문해야 하지 않겠는가? 그리고 비료를 구입해 보내더라도 그 운송비용을 우리가 처리해야 하지 않은가?

물론 북한에서는 임금보다 다급한 것이 비료일 것이다. 그러나 그것이 급하다고 해서 만들지도 않은 무개차의 임금을 선금으로 내주고, 비료를 구입하는 과정까지도 우리 기업의 일로 떠넘기는 일은 이해하기가 힘들었다. 그리고 그로 인해 기업의 생리를 모르는 북한 체제의 차이와 세계시장에 얼마나 어두운지를 가늠할 수 있었다.

한편, 안타깝게도 나는 1997년 3월 그 사업이 진행되는 중에 세 번째 복학을 위하여 미국으로 떠나야 했다. 내가 떠나고 그 후 프로젝트가 어떤 식으로 진행되었는지는 확인하지 못했으나, 나중에 미국에서 한국 TV 뉴스를 통하여 그 결과를 짐작할 수 있는 화면을 보게 되었다. 그것은 함흥에서 무개차 2량을 철도가 아닌 배에 싣고, 남한으로 운송하는 장면이었다. 그러나 그를 보면서 한편으로는 반가웠으면서도 다른 한편으로는 아쉬움을 털어내기가 힘들었다.

'왜 북측에 철로 운송을 설득시키지 못했을까? 그리고 통일부가 가지고 있는 북측 지원예산으로 비료를 공급해주는 연결은 불가능했나? 분명 서로 간에 득이 되는 일인데 그 길을 만들지 못했을까? 길이 없다고 그 길을 포기했다는 말인가?'

그 후, 나머지 수백 량에 달하는 무개차가 어디에서 어떻게 만들어져서 공급되었는지, 포기하였는지 알 수 없었다. '만일 북한의 품질문제가 있었다면 좀 더 적극적으로 품질관리 지도요원을 북측에 파견하면 되었을 일이 아니었겠는가? 그러나 혹시 1997년IMF 사태로 인하여 우리나라 산업의 구조조정과 살아남기 전략 때문에 그마저도 무산된 것은 아닐까?'

가끔 그 사업의 진행 여부가 어찌 되었을지 확인해보지 못하고 홀로 상상해 보면서 남북 철로 연결 계획이 수포로 돌아간 것을 섭섭해 하곤 한다.

제5부

창 업

1

트래픽 인텔리젼스 시스템^{특허와 회사설립}

세 번째 복귀

1997년 12월 앨라배마 주립대학 박사학위 논문 집필 도중에 정몽구 회장의 지시로 긴급히 서울에 다시 들어왔다. 현대정공 대표이사 자리에서 세 번째 사표를 쓰고 다시 학교로 돌아간 사이, 한국에는 IMF가 터져 혼란스러운 상황이었다. 회장은 긴급하게 나를 호출했고, 입국하자마자 중역회의에 출석하라는 지시를 내렸다.

"나라가 이 모양이고 현대가 이런 일을 겪고 있는데 자네 혼자 박사 논문 쓰겠다고 나가 있어도 되는 거야?"

회의실에서 여러 중역들이 이를 지켜보았다. 회장은 그중 한 명을 지목하면서 이렇게 지시한다.

"박 사장, 이 사람 미주법인 대표로 발령 내고, 유 사장 자네는 미국으로 돌아가 현대의 위기를 막아!"

회의라기보다는 일방적인 지시를 받은 자리였고, 나는 말 한마디 하지도 못 한 상황이었다. 그런데 정몽구 회장은 다른 일정이 있다며 황급히 회의실을 떠났다. 현대에 불려 들어온 일이 처음이 아니었기에 어느 정도 예상은 했던 상황이지만, 막상 겪고 나니 이만저만 당황스러운 게 아니었다.

사표를 쓸 때마다 고민에 고민을 거듭하고, 매우 어려운 결정을 통하여 선택했던 일임에도 매번 회사의 필요와 부름에 쉽게 휘둘려 왔다. 가끔은 내 인생의 주인이 누구인지 헷갈릴 지경이었다. 그러나 이번만은 분명 현대뿐 아니라 나라의 존망이 달린 다급한 상황임이 분명했다.

뜻한 바를 이루려니 발길이 떨어지질 않고, 현대로 다시 복귀하자니 박사 논문 집필은 취소될 판이었다. 그동안 현대의 고위직도 마다하고 자비를 들여 고군분투한 시간과 기회비용은 어떻게 한단 말인가? 그리고 결과를 목전에 두고 포기라니 끝을 맺는 일이 왜 이렇게 어려운가? 답답하기만 했고, 한마디로 'No' 라고 대답하지 못하는 나의 우유부단함이 오히려 원망스러울 뿐이었다. 회장이 나간 그 자리에 일어서서 박 사장과 중역들에게 이야기하였다.

"어른께서 지시한 거라서 듣기는 하지만 이 말씀을 받아들여야 하는 지는 고민해봐야 할 것 같습니다. 나에게 며칠간의 생각할 말미를 주십시오."

그리고 자리에서 일어났다. 누군가 내 편을 들어주어 '눈 한번 딱 감고, 네가 하겠다는 의지대로 과감하게 끝을 맺어봐라.'라고 위로해줄 사람이 필요했다. 회의실을 나서면서 귀국 인사차 현대 선배들을 찾아 나서 본다. 선배들에게 내 상황을 설명하고 조언을 구했다.

"단도직입적으로 너 앞으로 한국에서 살래? 미국에서 살래?"

"물론 한국에 들어와서 살아야죠."

나는 한국인이다. 누구도 부정할 수 없는 한국인. 설령 미국에서 산다 해도 나는 죽는 날까지 한국인이다. 한국 땅에 벌어지고 있는 상황을 외면할 것인가?

"그러면 현대하고 등지고 살 거 없잖아? 특히 때가 때인지라 그걸 할 수 없다는 명분이 적잖아?"

어느 시인은 자신을 키운 팔 할이 바람이었노라고 노래했지만, 내 청춘의 팔 할은 현대와의 인연일 거다. 다시 한 번 나는 현대가 직면한 문제와 '나'라는 개인적 운명 사이에서 고민해야 했다.

3일 뒤, 어려운 결정을 내렸다. 다시 현대의 SOS를 받아들이기로 하였고, 현지 사장이 아닌 고문으로 복귀해 일하겠다고 본사에 알리게 된 것이다. 그러나 그 결정은 개인적으로 박사학위 마지막 과정과 맞바꾸는 결과를 가지고 왔다. 현대정공 사장직까지 내려놓고 선택한 유학이었건만 그동안 노력의 결실을 끝내 거둬보지 못하고 그렇게 마무리하고 말았다.

'티아이에스 테크'를 설립하다

1998년 새해 벽두, 미국으로 돌아가 현대정공 미주법인의 부도를 방어하기 위해 본격적인 활동을 시작했다. 밀린 빚을 받기 위해 쉼 없이 출장을 다녀야 했다. 그러던 어느 날이었다. 시카고 오헤어 국제공항 주차장에 차를 대느라고 비행기를 놓치게 되는 사건이 벌어졌다. 오헤어는 북아메리카 최대 공항인 만큼 그 주차장 규모도 엄청났다. 그런데 그 방대함은 편리한 것과 거리가 멀고 효율적인 것과는 더더욱 거리가 먼, 그저 '어마어마한 사막' 같은 것이었다.

그러나 그런 것이 나를 생각하게 만들었다.

'모든 문제의 해답은 현장에 있다.'

그 규모의 크기에 대한 개선사항을 정리해 보았다. 그런데 생각보다 쉽게 그 속에서 답을 얻게 됐다. '주차유도 시스템'이라는 모태의 아이디어가 거기서 만들어진 것이다, 다음 항공편을 기다리면서 고작 커피 한 잔을 마시는 사이에.

물론 처음부터 그것을 '사업'으로 간주하고, 생각을 발전시킨 것은 아니었다. 놓친 비행기 때문에 다음 비행기를 기다리느라고 무의미하게 시간을 보내는 것보다는 낫겠다 싶어서, 그리고 그저 '불편한 것'이 '편리한 것'이 되었으면 하는 바람으로 머릿속에 낙서하듯, 생각해 보고 또 생각해 보았을 뿐이다. 그런 식의 공상은 내게 이미 오래된 습관이지 않은가.

그 과정에서 경영대학원에서 배운 여러 이론을 대입해 보기도 하고, 나의 이런저런 인적, 물적 인프라와도 접목시켜 보며 시간을 보냈다. 그러다 낙서가 생각보다 멋진 그림이라는 것을 발견해냈다. 그리고 그 순간, 그것이 '내가 해낼 수 있는 정말 괜찮은 사업'이 될 거라는 것도 알게 됐다.

오래전, 친구 로벨에게 나의 꿈은 '돈 많이 벌어서 어려운 사람을 돕는 것'이라고 당당하게 대답하고 웃던 내 모습이 떠올랐다. 그 웃음이 얼마나 행복하게 느껴졌는지 나는 과거의 나를 따라 웃었다.

현대의 미주 방어전이 어느 정도 마무리되어갈 즈음, 나는 이미 미국 특허청에서 발명 특허로 출원해둔 '주차유도 시스템'을 가지고, 내 꿈을 향한 진로를 선택하기로 결정했다. 그리고 드디어 '티아이에스테크Traffic Intelligence System Technology'를 설립하게 된다.

사업을 본격화하기 위해서 주변의 이야기를 많이 들으러 다녔다. 그리고 사용자가 될 사람들에게 정말 필요한 것인지 물어볼 필요가 있었다. 그래서 국내뿐 아니라 국제적인 사업을 하기 위해서 주차유도 시스템에 대해 미국에 있는 지인들과도 상의해 보았다. 역시 이야기를 들은 모두가 아이디어가 좋다며, 응원을 아끼지 않았다.

"앞으로 하늘을 나는 자동차가 나오더라도. 사람이 땅을 밟고 사는 이상, 유 사장이 생각하는 사업은 반드시 필요한 일이야. 그러니 포기하지 말고 끝까지 꼭 성공시켜 보도록 해!"

당시 창업할 자금은 충분하지 않았다. 아무리 전무이사, 사장 등의 요직을 맡아왔다 해도 월급쟁이라는 게 뻔했다. 평생 월급으로 모아왔던 자금과 하나뿐인 집을 전세 놓아 가족 전원이 미국 유학을 하면서 쓰느라고 그나마 얼마 남지 않은 상태였다.

결국, 전세 보증금을 올려 받고, 동료들의 투자를 받아 6억여 원의 자본금을 기반으로 회사를 차리게 됐다. 수출을 목표로 하고 있었기 때문에 삼성동 무역센터에 사무실을 냈다. 본격적인 시스템 개발을 하기 위해 현대에서 같이 일하던 임원을 부사장으로 영입하였다. 그리고 직원을 10여 명 뽑아서 개발과 영업을 시작하고, 미국 시장 개척을 목표로 뛰어다녔다. 그때가 2000년 4월이었다. 그런데 실적이 전혀 없는 우리에게 공사를 맡기는 곳은 한 군데도 없었다.

우여곡절 끝에 지인을 통해 시카고 오헤어 공항 최고경영자를 소개받게

쉐라톤 워커힐 호텔의 지하 1층 주차유도시스템

롯데 부산 광복동 백화점_카메라와 초음파 방식의 주차유도시스템

되었다. 나는 그 자리에서 "당신네 공항에서 비행기를 놓치는 바람에 주차유도 시스템을 발명하고, 사업까지 하게 됐으니 책임져라." 하면서 배짱 좋게 얘기를 건넸다. 그러자 그는 웃으면서 "주차장 한 층을 줄 테니 시범공사를 해 보라."고 하는 것이다. '아이디어가 나온 곳에서 내가 첫 판매도 하게 됐구나.' 하고 기뻐하는 것도 잠시, 공항 CEO는 아이디어는 좋지만, 그것이 실현 가능한지 아닌지는 직접 보고 판단해야 하니까 우선 우리 쪽에서 자비로 공사를 하란다. 그래서 시스템을 이용해보고 좋으면 2년 내로 공개입찰을 하겠다고 한다. 티아이에스테크가 기득권을 가지고 자체사양으로 입찰하면 결과는 뻔하지 않겠냐는 이야기다.

구매자 입장에서는 당연한 조건이었다. 그러나 예상 공사비용은 100만 달러에 달했고, 우리처럼 실적이 전무한 작은 회사가 그만큼의 자금을 동원한다는 것은 불가능한 일이었다. 결국, 그 제의를 받아들일 수가 없었다. 그리고 한국으로 돌아와 실적을 쌓은 후 미국 시장에 다시 돌아오겠다고 마음먹어야 했다.

그러나 국내 영업을 먼저 하겠다고 나선다 하더라도 국내 역시 '주차 유도시스템'이 생소하기는 마찬가지. 그런 불모지에서 소수의 인력과 적은 자본으로 새로운 시장을 개척하기란 무거운 배낭을 짊어지고 지팡이 하나와 물 한 병만 들고, 협곡이 난무하는 산 중턱에 앉은 꼴이나 다름없었다. 그럼에도 꾸준히 산을 올랐고, 도중에 길을 잃었거나 비바람을 만나더라도 정상을 가기 위한 과정이라고 생각하고 의연할 수 있었다. 그 정도는 험난한 과제들을 수행해왔던 과거 직장생활 경험으로도 충분히 이겨낼 수 있었다. 그때와 다른 것이 있다면 이제는 베이스캠프가 '현대'가 아니라는 것과 내가 더 이상 젊은 나이가 아니라는 것이었다. 그래도 위기가 닥칠 때면 그 달라진 점이 가끔 나를 안타깝게 하기도 했고, 불안 요소가 되기도 했다.

어느 날, 뜻하지 않게 낭떠러지에 떨어져 어디에도 갈 수 없고, 기도만으로 그 위기를 모면해야 할 때 절실했던 것은 안전한 베이스캠프로 돌아가는 것이었다. 그렇지만 '티아이에스'는 아직 베이스캠프라기보다 내가 짊어지고 있는 배낭에 지나지 않았다. 그러나 나는 곧 그 속에 작지만, 어떻게든 성장할 수 있는 '가능성'이 꿈틀거리고 있다는 사실에 정신을 차렸고, 무엇보다 그 배낭의 주인이 다름 아닌, '나'라는 것을 상기시켰다. 정주영 회장, 정인영 회장 그리고 기존의 현대그룹 어른들을 모시면서 배운 것이 있다면 자기가 뿌린 씨앗이 너무 크다고 남들 도움에 기대기보다 자기 노력으로 성취하려 했다는 것이었다.

오늘날에 와서 가만히 생각해보면 '현대'에서 얻은 가장 큰 자산은 바로 그런 책임감과 주인 정신인 것 같다. 기업의 '주인'이라기보다 주체자로서의 '주인정신'을 그곳에서 배웠다.

'나는 내 회사의 사장이고, 주인이다.'

언젠가는 그 배낭을 펼쳐 '티아이에스테크'라는 안전한 베이스캠프를 만들어낼 나를 믿었다.

주차유도 관리시스템의 위력이 제대로 입증된 것은 그로부터 9년 후인 2009년 부산 신세계 '센텀시티' 개점 때였다. 당시 세계 최대 백화점 개점에 부산시와 경찰청은 주차 대란을 우려해 교통경찰을 총동원시켜야 했다. 그러나 '티아이에스 정보통신'의 주차유도 관리시스템 덕에 예상했던 대란은 일어나지 않아 모두를 놀라게 했다. 이를 계기로 그동안 주차난을 겪어오던 대형 쇼핑몰들이 주차유도 관리시스템에 관심을 갖고 참여하기 시작했다.

이제는 주차유도시스템이 주차회전속도가 빠르고, 덕분에 주차장 운영소득에도 영향을 끼친다는 것이 입증되면서 빠르게 대중화되어가고 있다.

그 사이 국제 시장에 대한 가능성도 충분히 검토되었다. 사업 초기인 2002년에 캐나다 토론토의 국제주차전시회에 출품하여 "Best Show Award"를 받아 그 검증을 이미 마친 것이다. 그것은 우리의 홍보책이기도 했지만, 국제적으로도 주차유도시스템이 필요하다는 것을 분명하게 증명하는 계기가 되면서 동시에 국제경쟁자들을 만들어 내는 원인이 되기도 했다.

'티아이에스테크'를 거쳐 '티아이에스 정보통신'으로 거듭나는 사이 우리의 기술력은 당장 누구도 경쟁할 수 없을 만큼 견고해졌고, 따를 수 없는 실적을 만들어냈다. 그리고 얼마 후, 다른 업체들이 부단한 노력으로 우리와 경쟁할 수 있게 되는 날을 대비해 이미 그보다 앞선 대비책을 구상하는 중이다.

독자들이 경험하다시피, 이미 전국 대형 유통업체들은 주차유도시스템을 선택해서 이용하고 있다. 이는 근본적으로 운전자가 주차장에서 대기하는 시간을 절약하도록 유도하는 시스템이다. 그에 따라 운전자의 빈자리 찾기 스트레스도 줄이고, 여유시간도 발생하게 하니 이익이 아닐 수 없다. 이 여유시간을 도시와 국가적인 생산시간으로 환산해 보자. 그렇다면 연료소비를 절감하고, 매연을 줄이는 것은 덤이 될 것이다. 또한, 주차대기시간이 짧다는 것은 주차장 회전율이 높다는 증거니 붐비는 주차장일수록 더 효과가 크기 때문에 사업적으로도 훌륭한 선택이 된다. 차량 한 대당 주차대기 시간이 단 5분 절약된다 하여도 도시뿐 아니라 주차난을 겪고 있는 국가 전체의 상황에 대입해보면 그만큼 연료가 절감되고, 환경이 개선되며, 국민의 생산성도 늘어나는 효과를 누구나 떠올려볼 수 있다. 그렇기에 오늘의 스마트폰 대중화 속도와 유사하게 이 시스템의 세계적인 대중화는 명명백백하지 않은가?

10년에 가까운 인내와 각고 끝에 이제 대중화의 시대가 열리기 시작하자 현재 국내외를 막론하고 너나 할 것 없이 우후죽순으로 이 시장에 뛰어들고 있는 형편이다. 물론 그 사이 키워온 기술력은 당장 누구도 경쟁할 수 없을 만큼 견고해졌고, 따를 수 없는 실적을 만들어냈다. 그러나 자본력이 부족한 중소기업으로서는 특허도 무시하고 자본력으로 무자비하게 달려드는, 상도덕을 무시하는 업체들 때문에 또 한 번 냉엄한 현실과 맞부딪치며 싸워야 하는 상황이다.

그래도 나는 오늘을 꿋꿋하게 버티며 나아간다, 세계시장을 향하여…….

2

의료사무자동화 시스템 개발과 실패

가톨릭 병원 전산시스템 개발

2000년, 미국으로 출장 나가 있을 때였다. 하루는 우리 가족이 다니던, 울산 성당의 주임 신부님으로부터 전화가 왔다.

"아이고, 신부님 안녕하셨어요? 그런데 무슨 일로 이렇게 전화를 다 주셨어요?"

"잘, 지내셨어요? 허허. 제가 미국 갈 일이 생겨서 형제분 한번 뵙고 싶어서 전화했습니다."

신부님은 일 때문에 시카고에 가게 됐다며 그때 만나서 골프나 한번 치자고 했다. 나는 골프에 별 취미도 없었고 잘 치지도 못했지만, 오랜만에 신부님을 대접하게 된 걸 기쁘게 생각하고 찾아가기로 했다.

신부님은 처음 보는 한국인과 동행중이었다. 그는 '오령'이라는 회사의 사장이라고 했다.

"유 사장님, 만나 뵙게 돼서 반갑습니다. 저는 권○○입니다. 신부님께 사장님 말씀 많이 들었습니다."

그리고 '오령'은 영남지역의 가톨릭병원과 관련이 있는 회사라고 덧붙여 설명했다.

그날부터 이틀 동안 우리 셋은 사사로운 대화를 나누면서 골프를 즐겼다. 덕분에 그동안 사업을 갓 시작해 동분서주하던 몸과 마음도 잠시나마 쉴 수 있었다.

신부님이 귀국하기로 한, 사흘째 되던 날 아침이었다.

"유 사장, 미사 끝나고 조반이나 같이 하시지?"

"물론 그래야죠. 언제 또 뵐지도 모르는데."

오령 권 사장도 합석해 조반을 들던 중 신부님이 이야기를 꺼냈다.

"사실 내가 여기까지 나오게 된 게, 여기 권 사장님이랑 병원 운영 관리 소프트웨어 시스템을 보려고 온 거예요."

그러자 뒤이어 오령 권 사장이 자세한 이야기를 덧붙였다.

영남지역에는 6개의 가톨릭병원이 있다. '오령'은 이들 병원에 쓰이는 의약품을 구입하고 납품하는 가톨릭재단 소속회사였다.

병원에는 의약품 공급이 필수다. 그런데 의약품도 병원마다 개별적으로 구입하기보다 공동 구매하면 훨씬 저렴하다고 한다. 그래서 대량 구매를 관리하는 '오령' 주식회사가 생겨난 것이다. 의약분업이 되기 전의 이야기다.

"지금 전산시스템이 병원마다 각각 설치되어 있어요. 그런데 새로운 약이 개발되고, 의료보험 정책이 변경되면 의료 전산시스템도 매번 바꿔야 하는 상황이에요. 이 때문에 컴퓨터 시스템 업그레이드 유지비가 연간 병원당 평균 20억 정도 듭니다. 6개 병원이면 연간 120억이에요. 어차피 6개 병원 모두 약품을 동일하게 쓰는 상황인데, 의약품 처방과 의료보험 시스템을 하나로 통합해서 공유하도록 변경하면 병원마다 들어가는 전산유지비용을 많이 줄일 수 있지 않겠어요? 그래서 이것을 웹 시스템으로 표준화하여 IDC Internet Data Center, 통합데이터통신센터를 두고, 수시로 변경되는 사항을 그때그때 한곳에서 업데이트하면 6개 병원이 공동으로 다운받아 쓰는 방식으로 해보자고 병원장들이 의견을 냈습니다. 제가 담당사장으로서 그걸 알아보려고 했지만, 한국에는 아직 없다는군요. 그래서 미국에는 그런 시스템이 잘 돼 있다고 들어서 신부님과 견학을 오게 된 겁니다."

신부님과 사장님의 이야기를 듣고 있자니, 생각보다 그 일이 어마어마한 사업이라는 것을 짐작하게 되었다. 새로운 시스템 개발 비용을 기존 시스템 유지비용 1년 치 120억 원 정도로 선투자한다면 그다음부터는 전체 유지 비용을 6분의 1 가격인 20억 원씩만 들여도 될 것이다. 짧은 기간 내에 투자비를 회수하고도 얼마나 큰 이득인가?

"그런 프로그램을 한국에서 개발시키려고 하는데 누구에게 이 일을 맡겨야 할지 잘 모르겠습니다. 왜냐하면 국내에서는 처음인 데다 만약 국내 업체에게 입찰로 결정하면 처음에는 업체끼리 경쟁하느라 저가로 밀고 들어오겠지요. 그런데 그런 방식으로 낙찰해서 저렴하게 만들더라도 그 후부터는 통합 전산시스템을 개발한 업체가 6개 병원을 독점하게 되니까 프로그램 업데이트를 할 때마다 처음 의도와는 다르게 과도한 유지비를 요구하면 각각의 병원에서 6개 병원 모두가 한꺼번에 발목 잡힐 수 있다는 우려가 있는 겁니다."

신부님의 고민도 이해가 가고, 멀리 내다보면 국내에서는 처음 있는 일이라 하더라도 누군가는 분명 해야 할 큰 프로젝트임에 틀림이 없었다.

"그럼, 신부님 제가 한번 알아볼까요?"

신부님이 고개를 들었다.

"저는 전공이 기계 쪽이라 프로그램 개발도 잘 모르고 더구나 병원시스템은 더더욱 잘 모르지만, 저희가 하고 있는 주차유도 사업에는 소프트웨어 엔지니어가 많이 있습니다. 만약 저희가 이 사업을 할 수 있다면 통합 전산시스템 개발을 실비로 해드리겠습니다. 또 그 소스코드 소유권의 절반을 가톨릭 재단에 드리겠습니다. 그러나 그러려면 저에게도 시간을 주셔야 합니다. 왜냐하면 저희 회사도 100% 제 회사가 아니기 때문에 주주들에게 알리고, 설득도 해야 합니다. 그리고 … 제 아이디어인데요. 이 시스템의 상품화가 끝나면 국내가톨릭병원뿐만 아니라 전 세계 가톨릭병원과 일반병원들과도 시스템을 연결한다면 그 시장은 무궁무진하다고 생각됩니다. 환자 편에서도 병원을 옮길 때 이미 찍은 X-Ray, MRI, MRA, CT 등을 다시 반복해서 찍을 필요가 없이 실시간으로 신속한 치료를 받을 수 있지 않겠어요? 병원은 물론 국가적인 차원에서도 큰 절약이니 누가 싫다 하겠습니까? 그리고 미국에 그런 시스템 있다면, 제가 현대에서 외국과의 기술제휴에 많은 경험이 있으니 개발 도중에 문제가 발생하면 미국기술과 제휴하여 한국의 의료시스템과 접목을 시키면 되지요."

내가 자신 있어 하는 태도로 말을 이어나가자 신부님은 "유 사장이 하겠다고 하면 세상에 누가 못 믿겠습니까? 게다가 우리 사제들이 앞장서서 함께 세계시장에 세일즈를 도우면 가톨릭 재단은 물론 국가적으로도 큰 이득이 되지요." 하면서 맞장구를 쳐주었다.

"그렇지만 병원시스템은 각종 외래진료, 진료비정산, 입퇴원, 장례식, 처방할 것 없이 7천~8천 개 정도의 프로그램으로 구성된 거라서 복잡합니다."

옆에 있던 권 사장은 문제가 생각보다 간단하지 않을 것임을 암시해주었다.

"알겠습니다. 아까도 말씀드렸지만 제가 잘 아는 사안이 아니라서 여러 경로로 알아보고, 직원들과 상의를 해봐야 합니다. 그래서 가능하다고 하면 연락을 드리겠습니다."

신부님과 헤어져 바로 한국에 있는 부사장에게 전화를 걸어서 자초지종 이야기를 했다. 그리고 이틀 후, 부사장으로부터 전화가 왔다.

"사장님, 그거 꼭 합시다. 좋은 기회입니다."

"자신 있어요?"

"네, 자신이 있으니까 하는 얘기 아닙니까?"

마침 그때, IMF 때 현대정보기술에서 분사돼 나왔던 의료정보시스템 개발팀이 있어 그곳에 연락해서 그것이 실제 가능한 프로그래밍인지 물어봤단다. 그러자 복잡하기는 하지만 구현 가능한 훌륭한 아이디어라는 대답이 나왔고 적극적으로 지원하고 참여하겠다고 했다는 것이다. '가능'을 '현실'로 만드는 일은 그동안 숱하게 경험해온 일. 최선을 다했는데도 개발할 수 없다면 신부님께 말씀드린 대로 미국업체와 기술 제휴를 할 수도 있는 일이었다.

그렇게 만약의 경우까지 계획을 세우고, 귀국하자마자 부사장에게 의료 전산 자동화 시스템을 개발하는데 드는 비용을 뽑아보라고 했다. 그런데 부사장이 가져온 견적서에 나타난 금액은 고작 12억 원이 다였다. 신부님 쪽에서는 6개 병원 1년 유지비 120억 원을 투자비용으로 예상하고 있는 것과는 확연한 차이였다. 6개 병원 중 한 곳의 시스템 연간유지 비용도 20억인데 전체 10분의 1의 비용, 한 개 병원의 1년간 유지비도 안 되는 비용으로 개발이 가능하다니 아무래도 믿을 수가 없었다. 그래서 뭔가 크게 잘못된 것 같다면서 부사장에게 다시 철저하게 검토해 보고 견적서를 다시 만들어 보라고 지시했다.

그러나 며칠 후, 직원들과 협력업체들이 재검토했다며 뽑아놓은 금액이 15억 원이었다. 아무리 봐도 이해할 수 없는 금액이었다. 어떤 근거로 그렇게 산정된 것인지 알 수 없었지만 부사장은 충분한 가격이고, 몇 번의 재검토를 통해 결정된 가격이라고 고집을 부린다.

"이 사업에서 필요한 건 인건비뿐인데, 뭐가 더 필요해요?"

그동안 나는 전산프로그램 개발로 사업을 해본 적이 없었다. 더구나 부사장 또한 금속 전문가일 뿐 이 분야에 대해선 전문가가 아님을 알고 있었다.

"집을 지을 때 100원 정도 들 거라 확신하여도 지어놓고 보면 120원, 130원 들게 마련이야. 그런데 이건 한국에서 처음 시도하는 일이고, 직접 진행이 되면 그보다 더 들어가게 될지도 모를 일이야. 설사 120억을 견적으로 뽑았다 해도 어차피 실비정산하기로 신부님과 약속한 사업이니까 우리가 같은 가톨릭 신자로 양심을 속이지 않는 한 투자비용이 남게 되면 교구청에 사전 예산 허가를 받아 근거를 확실히 하려고 하는 것뿐이고 만일 모자라게 되면 큰일 난다고!"

15억을 부르기에는 너무나 부족할 것 같았고, 그렇다고 근거 없이 120억을 부르기에는 너무한 것 같았다. 그래서 최종적으로 초기 12억 원의 3배를 올려서 36억 원으로 견적을 내도록 부사장에게 지시하고 나는 다시 미국에 약속이 있어 출장을 가게 되었다.

그런데 귀국하여 부사장의 보고를 들어보니 계획과는 다르게 최종 견적 예산을 36억이 아닌 18억 원으로 늘려서 제출했다는 것이다. 그러나 신부님 역시 그 견적예산이 아무래도 부족하다고 느꼈는지 20억을 기준으로 +,- 10% 금액인 18~22억 원으로 교구청에 예산허가를 받게 되었단다.

그러나 계획한 개발기간 5년 동안에 최대 20억 예산이면 연간 개발비용이 4억 원에 불과하다는 것이 아무래도 마음이 놓이지 않았다. 때마침 그 시기에 마산파티마병원이 창원으로 이전하기 위하여 신축을 시작한 공사가 IMF가 터지면서 중단됐다가 최근에 재개를 시작한다는 소식을 듣게 됐다. 완공되기까지 1년을 잡고 있었다. 조금 촉박하지만, 나는 마음속으로 '창원파티마병원을 1차 목표로 하여 고정비용을 줄여야 안전하다.'고 생각했다.

그렇지 않아도 막연한 계획으로 5년을 가기에는 너무나 비용이 모자란다는 생각이 들었다. 그래서 개발기간을 3년까지 앞당겨보겠다고 한 참모들의 의견을 바꾸어, 개발인원이 조금 더 들어가도 신규로 짓고 있는 창원파티마병원을 목표로 하고, 준공 예정일까지 개발기간을 바짝 앞당겨 고정비를 절약해 보자고 했다.

그런 계획을 신부님께 알렸으나 반응은 반신반의였다.

"완공이 1년밖에 남지 않은 창원 병원에 목표를 두겠다니요?"

신부님은 이해가 가지 않는다는 표정으로 나의 대답을 기다렸다.

"물론 1년은 빠듯한 시간이지요. 그런데 신축공사란 계획이 1년짜리 공사지 보통 1년에서 3개월, 5개월은 더 보태야 건설이 끝나는 게 대부분이지 않습니까? 그것도 중단되었던 건설공사를 재개하는 것이어서 시간이 더 걸릴 수 있다고 생각합니다. 가까운 목표를 주고 밀어붙이면 직원들은 열심히 일할 테고, 이로 인한 많은 고정비 또한 줄일 수 있을 겁니다."

신부님은 현장경험이 많은 내 말이 당연히 일리 있다고 판단했고, 마산 파티마 병원장에게 그 계획을 알렸다. 그런데 병원장은 '왜 한국에도 없는 시스템을 처음 만들면서 우리 병원을 모델케이스로 하려 하느냐?'며 반대를 했다. 그러자 다른 병원장들이 마산병원장을 설득해주어 어렵사리 그렇게 하기로 결정이 나게 됐다.

그 후, 우리 회사 팀원은 모두 병원 전산 소프트웨어 개발에 매달리게 되었다. 개발이 착수되고 얼마 지나지 않아, 우리가 예상했던 것보다 작업량이 훨씬 많다는 것을 곧 체감하게 된다. 직원 숫자를 더 늘려야 했고, 현대정보 기술팀뿐 아니라 병원시스템을 전문으로 한다는 작은 협력업체에도 일부 프로그램 개발을 하도급 했고 일은 수월하게 진행되는 것 같았다.

그러나 그것도 잠시, 갑작스럽게 문제가 생겨버렸다. 현대정보기술팀이 자기들이 제시했던 초기 견적이 잘못된 사실을 발견했는지 중국 프로젝트 때문이라는 이유로 개발을 시작하자마자 우리 쪽 개발에서 손을 떼고 나가 버린 것이다. 전혀 예측하지 못했던 일이었다. 그러나 우리로서는 이것을 따지고 싸울 수도 시간도 없었다. 한편 2001년으로 접어들던 그때는 김대중 정부의 IT산업 육성정책으로 ICT'Information and Communication Technology, 정보통신기술' 산업이 급성장하면서 소프트웨어 엔지니어가 부족했던 상황이었고, 그에 비해 비용적인 면에서 우리 쪽이 열악한 게 사실이었다. 인건비를 올려줄 만한 처지가 못 됐다. 예산은 이미 초과되었고, 필요한 장비 또한 계속 늘어나고 있었다. 예산을 편성할 때부터 느꼈던 불안함이 현실이 된 것이다.

의심 없이 믿었던 현대정보 기술팀이 빠지자, 우리 쪽 개발팀과 나머지 하청업체의 업무는 가중될 수밖에 없었다. 돈은 잃어도 신용을 잃으면 모든 것을 잃는다는 나의 신념 때문에 인해전술로라도 납기를 맞추라는 지시에 따라 60~70명이 창원에 내려가서 밤새 프로그램을 개발했다. 그런데 더 큰 문제는 전산실 직원들의 협조란다. 마산파티마병원의 전산실 직원들은 의료사무자동화 시스템이 개발되면 자신들의 안위를 우려해서 협조에 한계를 보인다는 것이다.

마산파티마병원에 적용할 프로그램을 만드는 과정에서는 누구보다 그곳 전산실 직원들의 협조가 중요했다. 더구나 우리는 병원시스템을 해본 사람이 없었기 때문에 그들의 지원이 더욱 절실했다. 그래서 그런 소리가 들릴 때마다 마산으로 내려가서 전산실 직원들에게 여러 번 나의 신념과 그들에 대한 미래의 비전과 보장을 이야기하곤 했다.

"세계는 이미 모든 게 웹 시스템으로 바뀌고 있습니다. 우리가 이걸 개발하지 않더라도 곧 한국에서도 누군가는 이런 시스템을 외국에서 들여올 겁니다. 그렇지만 여러분과 우리가 국내에서 이 시스템을 먼저 완성하게 된다면 국제시장으로 수출도 가능해집니다. 국내외 시장은 무한대입니다. 여러분들은 저를 믿고 힘을 합하여 이 분야의 개척자로서 마산파티마병원은 물론 국가와 사회에 이바지할 기회를 만들어 갑시다."

다른 한편으로는 직원들에게 월급을 줘야 했기에 필요한 자금은 기술신용보증기금을 빌려서 충당해야 했다. 그리고 이것을 메우기 위해 주차시스템 수출을 앞당겨야겠다고 해외로 더 뛰어다녀야 했다.

그러나 여러 가지 변수로 일이 생각처럼 잘 풀리지 않았다. 게다가 예정됐던 창원 병원의 건설공정이 계획했던 1년 예정일에 맞추어 진행된다는 것이다. 아무래도 마지막 수단으로 생각했던 기술제휴를 하는 쪽으로 방향을 수정해야 할 것 같았다. 그런데 뒤늦게, 미국에는 그런 프로그램이 아직까지 개발되어 상용화되지 못했고, 이 통합 의료 정보전산화 사업은 우리가 세계 최초로 시도하는 일이라는 것을 알게 되었다. 신부님과 오령 사장이 미국의 병원전산시스템을 잘못 이해한 것이었다. 발등에는 불이 떨어졌다. 그러나 우리 개발팀은 시간이 문제일 뿐이라며 결과에는 자신 있어 했기 때문에 또 다른 방법을 찾는 길도 없어 밤낮을 모르고 개발에 몰입하는 임직원들의 독려에 온 힘을 기울였다.

사업을 시작하기 전, '오령' 대표가 말했던 대로 병원시스템은 총 7천 개 프로그램으로 구성되어 있었고, 아주 복잡했다. 그런데 우리가 당시까지 개발해 놓은 결과물은 그 전체 프로그램이 연동되긴 했지만, 속도가 너무 느려서 문제였다. 그리고 전산 속도 단축에는 시간이 필요했다.

게다가 하청업체의 개발방식에 문제가 있다는 것을 나중에야 알게 됐다. 당시에는 웹이 활성화될 무렵이 아니었다고는 하지만, 처음부터 의료 자동화 시스템의 개발 목적이 웹 방식임을 알면서도 부족한 예산을 맞추려는지 기존의 클라이언트-서버Client-Server. 네트워킹하여 자원을 공유하는 분산처리기법 방식을 그대로 고수하면서 약간의 수정만으로 맞추려 접근하였기 때문에 개발시 기초적인 예외 처리가 부족하여 자원고갈 현상이 빈번하게 발생하게 되어 이로 인한 동시 처리 및 응답 속도가 현저하게 느려지게 되었다.

지금까지 작업한 것을 모두 뒤엎고, 새로 틀을 잡아 개발하려면 적게 잡아도 7~8개월의 시간이 필요했다. 그러나 오픈은 2~3달밖에 남지 않은 상황에서 그것은 도저히 불가능한 일이었다. 그랬기에 우리 쪽 직원들은 이미 자신들이 정상적으로 개발해놓은 프로그램과 하청업체에서 만들어 놓은 것을 억지로 연동시키기 위해서 문제가 될 수 있는 곳을 부분 수정하는 식으로 통합접근 할 수밖에 없었다. 그래도 이조차 계획 날짜에 완료할 수 있을지 모를 일이었다

예산은 이미 예전에 초과했고 이제 신용마저 잃으면 답이 없다. 나는 직원들을 모아놓고 당부하지 않을 수 없었다. 회의를 마치고 증원된 80명의 직원이 밤낮을 모르고 작업에 들어갔다.

불행 중 다행으로 창원 파티마병원 이전 날짜에 맞추어 작업을 마무리 지을 수 있게 되었다고 출장 중에 보고받게 되었고, 개원하는 병원에 개발된 프로그램을 도입할 수 있게 되었단다. 얼마 후, 내가 출장 중인 미국으로 창원 파티마병원장이 직접 전화를 걸어왔다.

"유 사장님, 잠깐 한국에 들어와 주세요. 상의할 게 있습니다."

그의 말투는 석연치 않았고, 급한 일이라는 직감이 들었다. 그래서 곧바로 귀국하여 창원병원으로 달려갔다. 병원 문을 들어서자마자 예사롭지 않은 광경과 마주쳐야 했다.

병원이 개업하자마자 잘 돼서 그런 것인지 로비부터 환자들로 가득하였다. 그런데 자세히 보니 그들은 모두 외래환자 수납부스에 줄을 선 인원이었다. 우려했던 일이 벌어졌다. 마무리되었다는 전산 프로그램이 여전히 느렸던 것이다. 병원비를 산출해 내는데 한 건당 20초씩 걸렸다. 환자들은 줄을 서서 기다려야 했고, 그 줄이 족히 50m는 되어 보였다. 개문폐업開門閉業 해야 할 상황이었다. 정산작업에 수녀님들까지 동원되어 일일이 수작업으로 계산하고 난리가 아니었다. 곧 그에 관한 회의가 열렸고, 분위기는 살벌했다. 병원장은 굳은 표정이 되어 나를 쳐다보았다.

"유 사장님, 이 사태를 어떻게 책임지실 겁니까?"

"이런 일이 있게 되어 정말 유감이고, 죄송합니다. 그렇다고 당장 내일 문제를 해결할 수 있다고 말씀드릴 수가 없음을 양해 부탁드립니다. 지금 소프트웨어 튜닝에 들어가려면 시간이 좀 필요하답니다. 어차피 상황이 이렇게 됐으니 우리 사람들은 밤을 새우면서 이 일을 해결해 낼 것입니다. 그러니 두 달 아니면 한 달 만이라도 튜닝 여유를 주세요."

상황을 모면하기 위해 거짓 약속은 할 수 없어 사실대로 고하고 선처를 구해야 했다.

"어떻게 두 달이나 기다립니까?"

하루도 견디기 힘든 상황에 그 꼴을 한두 달 동안 지켜보라는 것인가? 병원이야 인원을 동원해 문제를 해결한다 하더라도 환자들의 불편은 어떻게 감수할 것인가? 준비가 덜 된 듯한 이미지를 가진 병원에 드나들기가 불안하지 않겠는가? 거기에다 대고 더 기다려 달라는 것은 말도 안 되는 것이었다.

이에 참지 못한 원장 수녀님은 급기야 먼젓번 재래방법으로 돌아가겠다고 주장을 했다.

"제가 뭐라고 할 말이 없습니다. 저에게 시간을 주시든지 재래방법으로 돌아가기를 선택하시든지 결정해 주십시오. 하지만 재래방법으로 돌린다 해도 6개월의 시간이 걸린답니다." 마지막으로 애원해보았다.

그러나 결국, 병원 측은 재래식 클라이언트 서버 방식 회귀를 결정했다. 그리고 가톨릭 부산교구에서 이사회를 열어 우리의 참여를 요청했다. 우리는 모든 사실을 있는 그대로 보고했다. 그러자 이사회에서 우리를 잠시 밖으로 내보내고 내부 회의를 했다. 그러나 설득이 잘되지 않았는지 결과는 가혹했다.

"이번에 실패를 했으니 현재 시스템 개발을 계속 진행하라고는 못하겠습니다. 물론 자금도 더 드릴 수 없습니다. 저희는 재래방식으로 돌아가겠습니다. 유 사장님은 어디서든 금융을 받아서 시스템 개발을 잘 마무리하세요. 그런 다음에 시스템상품이 제대로 완성이 되었을 때 저희도 도입을 검토해

보겠습니다."

청천벽력과 같은 소리였다. 그때야 계약할 당시, 처음 하는 개발이 실패할 경우 상호 어떻게 하겠다는 것을 전혀 명시하지 않았던 것이 양측의 실수였다. 미국에서 이미 웹 기반 병원 전산프로그램이 만들어져 있다는 정보를 믿고 한 계약이었기 때문에 국내 개발이 어려웠다 하더라도 실패할 리가 없다고 판단했던 게 처음부터 문제였다. 당초 하도급 예산이 부족했던 탓에 협력업체가 시간과 원가를 절감하려고 기존 시스템을 부분적으로 변형하였던 것이 큰 문제였다. 그리고 그걸 확인하고 지도할 만한 의료정보 소프트웨어 전문가를 두지 못하고 병원 측과 하청업체들을 믿었던 우리의 실책 또한 컸기 때문에 누구를 원망할 수도 없었고, 계약서를 탓해봐야 이미 늦은 후회였다.

회고해 보면 고객의 장미 빛 이야기도 중요하지만, 시행업체가 직접 사전 조사를 해서 객관적인 정보와 자료를 수집하는 것이 무엇보다 우선이라는 것을 알게 됐다. 그리고 계약관계에서는 친분에 기댄 신뢰는 독이 될 수 있다는 사실도 뼈저리게 체험하였다. 마지막으로 최고경영자 자신이 확실히 알지 못하는 사업을 참모들에게만 의존하여 발생할 위험을 간과한 잘못된 나 자신의 처사의 결과임을 명심하게 됐다.

너무나도 아프고 처절이 값비싼 경험이었다. 지난 1년 동안 투입된 비용이 80억이었다. 그러나 그때까지 병원에서 받은 돈은 12억 원에 불과했다. 개발하느라 인건비 말고도 기자재와 필요한 다른 재료들을 구입해야 했다. 회사가 그 동안 증자를 거듭했지만 20억 자본금이 전부였는데 보통 문제가 아니었다.

회의실을 나가자마자 회사에 연락해서 모든 직원을 창원으로 불렀다. 앞을 자리도 없을 정도로 많은 인원수. 그들 앞에서 무겁게 입을 열었다.

"여러분, 상황이 좋지 않게 됐습니다. 이번 프로젝트가 성공을 했더라면 실비를 받았을 터인데 지금은 그조차 받을 수 없는 상황이 되었습니다. 아직 다른 방법이 없으니 내가 준비되는 대로 여러분을 다시 부르겠습니다. 무작정 나만 기다리지 말고 일단 여러분 갈 길을 찾아서 취직하세요."

그렇게 같이 일했던 직원들을 쓰라린 마음으로 해체했다. 그들의 능력은 충분히 뛰어났다. 대기업은 인재가 필요한 시기였고, 때마침 많은 인원의 인재들이 방출되자 좋다고 스카우트해갔다.

낭떠러지에서 기도를 하다

소식을 접한 관리담당 부사장은 그 사실을 안타까워할 새도 없이 나를 다그쳤다.

"집하고 재산 빨리 사모님 명의로 바꾸세요."

앞으로 닥쳐올 일들을 너무나 잘 알고 있었지만, 나는 "야 인마 내가 왜 바꿔? 안 해! 내 사전에 그런 건 없어. 정면 돌파야."하고 고집을 부렸다. 이 사실을 차마 아내에게도 말하지 못한 상황이었다. 그런데 어느 날 아내에게 전화가 왔다.

"여보. 백화점에 왔는데 카드 결제가 안 된다고 현금을 내라 하네요. 무슨 일 있어요?"

"무슨 일은……. 아무 일도 없어. 나중에 설명해줄게. 그냥 현금 주고 돌아와요."

아직 그 대책 없는 사실을 아내에게나 주변에 알릴 준비가 되어있지 않았다. 그러나 한 곳에서 문제가 생기니 각 금융기관이 문을 잠그고 채권 회수에 나서기 시작했고 곧 난리가 났다. 사람이 하루아침에 망할 수 있다는 것을 그때야 실감하게 되었다. 압류조치로 인해서 65평 신사동 아파트가 10억도 안 되는 값에 날아갔다. 양평에 있는 선산 땅도 압류당하는 것은 시간문제였다. 그래서 할 수 없이 곧바로 종친회 회장을 만나러 갔다.

"사업이 어렵게 돼서 상황이 좋지 않습니다. 잘못하면 선산도 넘어가게 생겼는데 회장님께서 대신 인수를 해주세요."

때마침, 선산 일부분이 고속도로공사가 들어간다고 받은 돈이 있으니 그것으로 인수해주겠다는 것이다. 그렇게 차압을 겨우 막고 정리를 해나갔다. 삼성동 무역센터에 자리 잡았던 80평짜리 사무실에서도 쫓겨나야만 했다.

지인을 통해 현대중공업에 근무했던 사람의 도움으로 방배동에 10평 남짓 조그만 사무실을 마련하게 되었다. 그와는 안면이 없었지만 내 이야기를 듣고 고맙게도 싼값에 사무실을 주겠다며 나를 부른 것이다. 삼성동 무역센터에 비하면 단출했다. 그러나 그 덕분에 길바닥에 나앉지 않게 된 것을 다행으로 생각했다. 우리는 그 자리에서 5명의 인원으로 원래 시작했던 주차유도시스템을 다시 시작하게 됐다.

당시 현대백화점에 주차유도 시스템 계약을 하기로 돼 있었지만, 병원시스템 개발이 실패하면서 그게 신용불안요소가 되어 현찰을 빌려다가 신용보증서를 제출했는데도 계약은 취소되고 말았다. '정면돌파'를 결심했지만, 주변사정은 예상보다 처절했고 냉혹했다. 현대그룹을 나오고 나서 진짜 고생이 시작된 것이었다.

집을 팔고, 선산도 팔았지만, 그 돈이 몇 푼 되지 않아 빚 타작하기에도 모자랐다. 그래도 기술신용보증에서는 내가 사기꾼은 아니라고 판단했는지 조정을 해주었다. 그 덕분에 빚은 다 갚을 수 있게 되었고, 회사 부도도 막을 수 있었다. 그러고 나니 국세청에서 양도소득세를 내라고 독촉장이 날아왔다. 내지 않고 지연되면 연리 18% 이자가 붙었다. 닥닥 긁어서 빚은 갚을 수 있었으나 세금까지 낼 여력은 도저히 없었다.

그 후, 한 달이 멀다 하고 빨간 도장이 찍힌 최고장이 등기우편으로 날아들기 시작했다. 나는 일하느라 밖에 나와 있지만, 아내는 그것을 받아보고 소스라치게 놀라는 것이었다. 상황이 이러다 보니 직접 세무서로 찾아갈 수밖에 없었다. 그렇게 몇 달간 최고장이 날아오지 않았다. 그런데 연말에 담당자가 교체되면 또다시 최고장이 날아왔다. 그래서 세 번이나 세무서를 쫓아가서 사정해야 했다.

집은 없었고, 아내와 나는 쪽방 원룸을 하나 구해서 살림을 옮겼다. 그런데 그 월세조차 감당할 형편이 되지 못했다. 그런데 밀린 월세가 화근이 되었는지 하루는 집에 아무도 없을 때 현관 자물쇠를 바꿔놓았는지 문이 열리지 않았다. 친구들을 만나서 저녁을 먹고 있는 사이에 벌어진 일이었다. 아내가 혼자 그 상황을 마주했을 때는 얼마나 서러웠을까?

밥 먹다 말고 당장 주인에게 전화를 걸어 사정을 말했다. 그러고 있는데 저녁 식사 중인 친구가 지켜보면서 걱정하는 것 같았다.

"무슨 일이야? 괜찮은 거야?"

"살다가 별 꼴을 다 경험해 본다."

머쓱했지만, 별일 아닌 것처럼 웃어 보였다.

그런데 다음날, 그 이야기를 듣던 친구가 조용히 주인집에 다녀간 모양이었다. 그 친구가 그동안 밀린 월세와 함께 앞으로의 석 달 분의 월세까지 내주었다. 그리고 "그분이 어떤 분인데 그런 식으로 합니까? 앞으로 그런 일 있으면 나한테 직접 전화하세요." 하고는 자기 명함을 주고 갔다는 것이다. 그는 대구파티마병원장의 친동생이었다.

나와 아내는 해외에 사는 아이들에게 이 사실을 알리지 않기로 했다. 이러한 일이 있기 전 아이들이 결혼할 때 "너희들 교육까지는 부모로서 책임졌는데, 이제부터는 부모가 너희에게 줄 돈도 없고, 그렇다고 너희에게 우리가 짐도 되지 않을 터이니 이 세상을 마음껏 뛰면서 독립해 살아 보거라." 한 말을 지켜야 했다. 또한 이러한 일로 아이들이 마음 아파하고, 직장에서 하는 일까지 영향을 끼치게 될까 봐 알리지 않기로 하였다.

한번은 현대직장 후배였던 당시 동원그룹의 강병원 부회장이 라마다호텔 식당 조용한 곳으로 점심을 초대하였다.

"사장님, 앞으로 어떻게 하시렵니까?"

"글쎄, 다시 재기해야하지 않겠어?"

"나이는 어쩌시고요? 그러시지 말고 미국 있는 자녀들에게 가시지요 ……."

그는 내가 공부한다고 왔다 갔다 하며 써버린 학비와 가정의 재정사정이나 아이들과 무슨 약속을 했는지까지는 잘 몰랐다. 그러나 얼마나 근심되고 보기에 딱했으면 이렇게 어려운 조언을 할 수 있었을까? 참으로 고맙고 진심 어린 이야기임에 틀림이 없었고, 아직도 그 마음을 간직하고 있다.

그 후, 나는 주일이 아니어도 매일 아침 성당에 다니게 되었다. 새벽에 일어나 아침 6시 성당미사에 갔다. 거의 하루도 빠짐없이 6개월을 다녔다.

"하느님, 지금 이 고난을 헤치고 나아갈 방법은 무엇입니까? 나를 믿고 투자해준 동료와 선후배 투자자들에게 진 빚을 떳떳이 갚을 지혜를 주십시오."

매일 새벽, 같은 기도였다.

3

지하철 스크린도어 사업

스크린도어 아이디어로 시민의 안전을 돕다.

그러던 어느 날 기도를 끝내고 출근길에 전철을 타려고 섰는데 눈에 띄는 게 있었다. 출근 시간은 퇴근 시간과 달리 거의 비슷한 시간대여서 그런지 사람이 한꺼번에 몰리는 경향이 있었다. 출근 시간대에 전철역의 승강장은 유독 좁았고, 잘못하면 맨 앞에 줄을 선 사람이 뒷사람들이 미는 힘 때문에 선로에 떨어질 수도 있겠다는 그림이 연출되는 것이었다.

벤처기업을 창업하면서 처음에는 대중교통 수단을 이용하였다. 직원들은 나보고 차를 한 대 사라고 했지만, "아직은 아니야." 하며 사양했다. 이를 모르는 지인들의 사무실을 방문할 때면 종종 무료주차권을 챙겨주는 그들에게 나는 BMW를 타고 왔으니 필요 없다고 사양해야 했다. 그러면 상대방은 "그러니까 필요하지 않습니까?" 하면서 재차 주차권을 권한다. 내가 말하는

지하철 스크린도어

BMW는 외제차가 아니고, 'Bus-Metro- Walking'이라고 얘기할 때야 비로소 지인은 털털 웃으면서 '대단하다.'는 눈빛으로 나를 바라보곤 했다.

그런 만큼 출근길의 그러한 그림은 너무도 수없이 봐왔던 광경임이 틀림없다. 그런데 그날따라 유독 그런 문제점이 눈에 들어왔다. '아, 이거다, 이거야! 공항에 있는 스크린도어를 여기에 접목해보자.' 나는 그날, 그 자리에서 '지하철 플랫폼 스크린도어'를 구상하게 되었다. 그 후, 당장의 어려움도 잊고, 지하철에 스크린도어를 어떻게 달 것인가에 대해서 고민하면서 지냈다. 새로운 '문제'가 나에게 돌파구의 서광을 비추기 시작했다.

어느 날, 결혼식 예식장 축하연에서 지하철 관계자를 만나는 기회가 있었다. 지하철공사는 예산부족으로 꿈도 꾸지 못한다는 것이다.

"문제가 있으면 해결방법은 반드시 있기 마련인데, 예산이 없다면 공짜로 설치하는 방법은 없을까?"

지하철 역사의 높이, 전동차의 길이와 높이를 개략적으로 측량하여 그려보고 거기에 너무 혼잡하지 않도록 광고면을 그려 넣어보았다. 이후, 광고전문가를 만나 이러한 경우에 예측되는 광고비를 산정해달라고 부탁했다. 그 자료를 받아서 미국 상과대학원에서 배우고 터득한 나름대로의 분석기술로 경제성을 꼼꼼하게 따져보았다.

사실 그토록 회사를 여러 번 그만두면서 공부를 지속했던 이유가 '경영과학Management Science'이라는 전공과목이 나를 미치도록 유혹했기 때문이었다. 그것은 경영을 케이스 별로 나눠 수학식으로 분석하고 예측하는, 당시에는 미국에도 몇 개 대학밖에 없는 과목이었다. 거기서 배운 방식으로 분석해본 결과, 역시 예상했던 대로 광고를 활용하면 경제성이 있다는 결론을 얻게 됐다.

나는 그 분석자료를 임원에게 주면서 절대로 작성한 사람이 누구라고 알리지 말고, 은행에 가서 금융 가능성을 타진해 보라고 부탁했다. 그리고 곧 금융기관으로부터 스크린도어 사업성을 인정받아 수주만 하면 돈을 대 주겠다는 '투자 의향서'를 받게 된다. 우리는 곧 서울지하철에 단 한 푼의 정부자금 투입 없이 지하철 24개 역사에 스크린도어를 광고수입으로 설치하는 공사를 수주하게 됐다.

드디어 서울지하철에 스크린도어가 설치되고, 곧이어 그의 안전성이 입증 되자 오세훈 전 서울시장은 서울의 모든 지하철에 스크린도어를 달도록 조치하였다. 게다가 스크린도어 설치가 완료된 서울지하철의 환경을 보고 세계 언론은 '세계에서 서울이 처음 있는 일이다.'라며 '가장 안전한 서울의 지하철'이라고 앞다투어 칭찬했다.

오늘도 서울시민이 안심하고 지하철을 이용하는 것을 볼 때마다 나를 믿고 무보수로 1년여 동안 고생한 임원들이 떠오른다. 현대를 퇴사한 이래로 임원진들과 함께 내가 주체가 되어 조금이나마 우리 시민을 위해 기여할 수 있게 된 것은 큰 보람과 자부심을 주었다.

처음 스크린도어 사업을 준비하면서 외부에 나의 이름이 거론되지 않기를 바랐던 이유는 전직 현대그룹의 CEO였던 서울시장때문이었다. 말 많은 세상, 비록 한 푼의 정부 자금을 쓰지도 않았지만, 만에 하나 그분에게 누를 끼치지 않을까 우려했던 것이다. 그렇게 조심을 했는데도 무슨 이야기로 투서가 들어갔는지 노무현 대통령 시절 나의 컴퓨터가 갑자기 검찰에 압수되어 6개월을 사용하지 못한 적이 있다. 당시 나는 검찰에 호출되어 갔던 임원들에게 두려워하지 말고 떳떳하고 당당하게 성심껏 답해주라 했다. 그러면서도 한편으로는 만일 내가 현대그룹이나 한라그룹에서 어른들을 모시고 이 일을 했다면 어떠한 대접을 받았을까? 생각하니 참으로 우리 사회의 현실이 슬프지 않을 수 없었다.

기업에서는 이러한 발상과 접근이 옳게 평가되는데 공직 관료사회에서 는 일의 중요성보다는 감사에 대비한 자기방어에 초점의 무게가 실리는 것 을 자주 본다. 하기야 서양 속담에도 "아무 일도 하지 않으면 아무 일도 발생 하지 않는다."는 말이 있듯이 무사안일주의가 정답일지도 모르겠다. 그러나 바로 이것이 우리 자유민주주의의 단점이지는 않을까?

하루는 서울시 교통보좌관을 하였던 도시철도공사 전직 음성직 사장이 나를 만나자 하였다. 그는 오세훈 시장이 스크린도어 24개 역사에 이어 지하 철 전 노선을 2년 내에 설치하라 하기에 시간 단축을 위하여 모듈화를 시도 하게 되었단다. 음 사장은 시카고의 노스웨스턴대학 교통공학 박사이며 개 척정신이 강한 엔지니어였기 때문에 모듈화의 개념이 확실했고, 그 일을 성 공시킬 수 있었다. 그는 이제 기존 방식보다 설치공사비와 시간을 크게 단축 하였다며 내게 특별한 제안을 했다.

"이제 서울은 스크린도어 공사가 곧 끝나게 됩니다. 그러나 애써 개발한 모듈화 기술을 서울로 끝내 버리고 묻어 두기에는 너무나 아깝습니다. 유 회 장님의 경영분석 경험으로 넓은 세계시장에 나가 국가의 수출증대에 기여해 보시지요."

세계의 기존 지하철노선의 스크린도어 시장은 추산하여 약 8,000억 달러 는 된다. 그동안 이곳저곳 세계시장에 제안하였다. 그러나 거기에 내민 우 리나라 서울의 실적은 세계시장에서 감동을 주기에는 아직도 국력이 부족했 고, 우리 회사의 자본력은 해외여행비용을 감당하기 벅찰 정도로 취약한 중소기업에 불과했기에 과감한 추진이 어려운 상황이다. 그리고 해외 고객들 역시 보수적인 관청공사이고 보니 처리 시간이 오래 걸리는 문제로 아직 뚜렷한 결과를 바라보지 못했다.

그렇다고 이런 문제를 해결하지 못하고 포기할 순 없었다. 그래서 우리는 빈약한 자본력을 넘어서려 2010년부터 뉴욕 맨해튼 지하철과 미국 유수의 지하철노선을 목표로 집중하며 그 성공을 바탕으로 나머지 세계시장을 추진하려고 시작했다. 아직도 이 협상들은 진행 중이다.

요즈음 세계지하철의 어느 도시나 신규노선 증설에는 스크린도어가 거의 의무적으로 설치되지만, 기존역사들은 오히려 신규노선보다 승객들이 훨씬 많아도 운영적자와 예산 부족 때문에 심각한 안전문제를 알고도 엄두를 내지 못하고 있다. 반면, 지하철의 광고단가는 승객의 노출빈도에 따라 가격이 결정되기에 기존 역사를 상대로 사업을 추진하게 된다면 충분히 수익성이 있는 결과를 예측할 수 있다. 앞에서 얘기한 대로 우리 쪽 스크린도어는 모듈화되어 있기 때문에 충분한 경쟁력을 갖추고 있어, 적극적으로 사업을 펼친다면 수출 가능성을 밝게 해 줄 수 있는 우리나라의 효자 상품이 될 것이다.

에필로그

나는 어느덧 70대가 되었지만, 아직 벤처기업을 일궈내기 위해 고군분투 중이다. 정상에 머무르거나 내려오기보다 '다시 오르는 것'에 도전하고 있는, 현재 진행형 상태. 그런 사실은 가끔 주변을 놀라게 하는 모양이다. 그러나 그것이 뭐 그리 이상할 것이 있겠는가? 여기에서 '도전'이라는 말은 무색하다. 나는 그저 나름대로, 주변과 세상에 기여할 건전한 사업을 하겠다는 꿈을 가지고 그것을 실현하기 위해 열심히 노력하는 모범 일꾼일 뿐이다.

사회 초년병시절, 대청마루에 쌓아놓은 참깨 가마니를 아침저녁으로 바라보며 내일의 희망에 뿌듯해 하였듯이 가슴 부푼 꿈이 있다는 것은 얼마나 행복하고 멋진 일인가? 꿈이 없다는 것은 미래가 없다는 말과 같다고 해도 맞는 말이다. 그런데 그런 꿈이 없다는 젊은이들을 마주치고, 현실의 굴레에 꿈을 잃거나 잊고 산다는 여느 가장들의 이야기를 듣게 될 때면 그 영혼에 깃든 '허무함'에 가슴이 아플 때가 많다. 여기서 무엇이 그들을 그렇게 만들

없는지 일일이 열거하는 것이 무슨 의미가 있겠는가?

그들에게, 나의 작은 일대기를 통해 꿈꾸는 것이 무엇이고, 실천하는 기쁨이 어떤 것인지 그리고 어떤 것이었는지 다시 보여주고 싶었다. 물론 나는 누군가를 위로하기엔 평탄한 삶을 살았는지도 모른다. 또한, 시설도 기술도 전무한 실업자 천지의 불모지였던 시대에 일했다 하더라도 분명 지금보다 더 많은 기회 속에 살았던 것이 사실이다. 그러나 과거와 현재가 다르다고 해서 꿈이 있는 삶이 어떤 것인지 알아보지도 실천해 보지도 않을 텐가? 영영 위로받기만을 바라고 그 자리에 앉아있기만 할 건가?

열심히 공부하고, 열심히 일하고, 열심히 나와 주변을 사랑하는 과정이 성취한 뒤의 결과보다 훨씬 달다고 믿는다. 나는 이 책을 통해서 그 맛을 독자들에게 보여주고, '풍요'와 '안주'에 빠져 앞을 내다보지 못하게 하는 현실에 반기를 들게 하고 싶다. 이 땅의 창업자들에게 이 땅의 직장인들에게 이 땅의 구직자들에게 이 땅의 퇴직자들에게 그리고 젊은이들에게…….

아버지가 자식에게 이르고 싶은 말 한마디를 건네듯 시작한 이야기가 어느덧 책이 된다고 했을 때 마음은 걱정스러우면서도 기뻤다. 이것을 겸허하지 못한 이야기로 여길지도 모르겠지만, 누군가는 여기서 '궁즉통'의 씨앗을 품어갈 것이라고 믿기 때문이다.

오늘날, 우리 앞을 가로막고 있는 시대적 장벽을 뒤로하고 새로운 방향을 향해 나아가는 것이 어쩌면 수많은 '실패'를 동반하는 일이고, 고통스러운 일이 될지 모른다. 그러나 밤에도 빛이 들고, 지구 반대편의 누군가와 이야기할 수 있으며, 달나라에 갈 수 있다는 불가능한 꿈들이 실현되는 것을 목격해오지 않았던가? 그리고 세상을 바꾸지 않았던가?

매번 우리는 불가능이 필요한 그런 시대를 살아왔고, 살고 있고, 살아가야만 한다. 그것이 정치든 기업이든 교육이든 예술이든. 그리고 묵묵히 그 앞을 나아갈 수 있는 저력을 필요로 한다. 그런데 그 저력이란 현재에 뿌리를 두고 있다. 도면도 없이 부품들로만 움직이는 타워크레인을 조립해 내고, 지원도 되지 않는 중장비 공장에서 세계가 인정하는 '굴삭기엑스커베이터'를 개발하고, 주변의 만류에도 고집을 부려 유학을 떠났던 자기 확신의 저력이 그 미래인 나의 작은 오늘을 만들었듯이. 우리 각자에게 맡겨진 조직과 주변의 사회관계에서 달건 쓰건 무엇이든 작은 책무부터 최선을 다하여 열심히 해 나가는 과정에서 희망이 보이고 꿈이 보이며 목표가 탄생될 것이다. 그다음은 꿈과 목표들을 사회 윤리적 행동으로 실천에 옮기는 삶을 통하여 오늘을 고민하는 우리 젊은 후배들 역시 어느 때보다 행복한 삶을 체험하고 만끽해 보기를 희망하며 또 기원한다.

그리고 마지막으로, 일자리가 없어서 고민하는 우리 젊은 세대에게는 이력서를 쓰는 데 고심하기보다 당장 타향이나 타국으로 홀로 떠나보기를 권하고 싶다. 그것이 무전여행이라면 더 좋다. 한 달이고 두 달이고 두루 방황하면서 일일 근로도 해보고 초근목피로 끼니를 때워보기도 하면서 가장 낮은 곳에서 '나'를 만나보기를 바란다. 그리고 세상에 자기 자신과 이웃들이 얼마나 소중한지를 다시금 깨닫고 비로소 내가 하고 싶고, 해야 하고, 할 수 있는 일이 무엇이었나를 찾을 수 있기를 바란다.

편집자의 글

　회장님과의 인연은 2000년도 어느 날로 기억한다. 그때 회장님은 이제 막 주차유도시스템 사업을 시작하며 회사명을 'TIS'라 하고 CI를 도입하고자 하였다. 당시 나는 CI^Corporate Identity 디자이너로서 지인으로부터 소개를 받고, 회장님을 만나 뵙게 됐다.

　첫 만남은 강남의 음식점이었다. 일단은 이러한 프로젝트를 수행하기 위해서는 회사의 설립 목적과 계획, 그리고 상품에 대한 정보가 필요했다.

　회장님의 말씀을 조용히 경청하였다. 나의 질문은 기업차원에서 예민하게 느낄 수 있는 부분으로 점차 무거워지면서 마지막 질문으로 '회사의 비전'을 여쭙게 되었다. 이때는 어느 회사의 중역이든 대표이사든 조심스럽지 않을 수가 없다. 그러나 시각이미지에 기업의 정체성을 담아내고 표현해야 하는 과정에서는 꼭 필요한 요소인 것이 '회사의 비전'에 대한 질문이다.

　초면에 당돌하지만 어쩔 수 없었다. 직설적인 방법이 가장 명쾌한 답을 얻을 수 있고, 또 해답을 찾을 수 있기 때문이다. 이러한 프로젝트는 단순히 심볼마크를 그리거나 로고타입에 색상을 적용하는 작업이 아니기 때문이다.

회장님께서는 잠시 말씀을 멈춘 채 답변을 이어나갔다.

"음, 나는 사업을 일구어서 세상에 봉사하고 싶다네."

그 순간, 그는 나의 영웅, '슈퍼맨'이 되었다.

IMF 이후 서비스업으로 회사를 운영하는 것이 매우 어려운 길이 되었다. 서비스업은 제조업과 달리 기업에서 불요불급不要不急의 일이 된 것이다. 예를 들면 건축 설계, 프로그램 개발, 디자인 등 전문적일수록 단가가 높아지지만 꼭 필요한 부분에만 투자하고 나머지는 저가의 용역으로 대체하고 있었기 때문이다. 이러한 현실에서 회장님과 같은 마인드를 갖는다는 것은 결코 쉬운 일이 아니었다.

이후, CI를 진행하고 나서도 회장님과의 인연이 이어졌고, 틈틈이 만나 뵈며 많은 이야기들을 나누곤 했다.

그 사이 나는 디자인서비스 사업의 한계를 느끼고, 다각도로 새로운 사업 모델을 찾게 되었다. 그 결과, 2006년도에 현재의 출판사를 등록하고, 디자인 사업과 병행하기에 이른다. 그런데 출판사를 운영하게 되면서 지난 시절 회장님께서 해주셨던 이야기들이 새록새록 떠오르기 시작했다.

그 속에는 패기 넘치는 어느 청년의 이야기가 있었고, 대한민국의 산업시대를 일구어 나가는 어느 일꾼 중 한 사람으로서의 희망과 고뇌가 드리워져 있었으며, 한 가정의 가장으로서의 책임감과 따뜻한 가족애도 느낄 수 있었다. 드디어 경영인으로서 매번 새로운 도전을 해나가는 모습에 이르러서는 내가 그 속에 들어간 듯한 기분이 들기도 하다가, 회장님의 남다른 문제 해결방식에 여러 번 놀라기도 했다. 그리고 궁극에 가서는 그동안 내가 어떻게 살아왔는지 되돌아보게 되었다.

이후, 회장님을 뵈면 그 이야기를 책으로 담고 싶다고 여러 차례 청하기에 이르렀다. 그러나 회장님은 더 훌륭한 분도 많은데 다른 분을 찾아보는 것이 좋겠다며 사양을 하셨다. 그리고 다시 수차례 간곡히 요청하였지만, 거절을 거듭하셨다. 그러던 어느 날에야 승낙을 해주시며, '오늘날의 대한민국이 만들어지기까지 뼈를 묻었던 세대들의 이야기를 옛날이야기로 치부하고, 누가 얼마나 공감해줄지 모르겠지만, 그 시대를 살았고, 앞으로 더 멋지게 살아갈 중장년들의 이야기가 젊은 친구들에게도 귀감이 되고, 얼마간의 도움이 되길 바란다.'고 말씀하셨다.

그 후, 바쁜 와중에도 인터뷰시간을 내주시고, 틈틈이 써주신 글을 모아서 시작한지 2년 여를 훌쩍 넘겨서야 이 책이 세상에 나오게 되었다.

"이거 너무 내 자랑하는 거 아니야?"라며 걱정하시기도 하고, "내가 쓴 글 때문에 마음에 상처를 받는 사람이 있지 않을까?" 우려하시며 직접 지우고, 쓰기를 반복하셨던 원고들을 바라보며 새삼 느끼게 되었다.

'내가 만난 슈퍼맨도 역시 사람이었구나.'

그의 어깨를 타고 수많은 꿈들이 현실이 되었다. 그리고 그 어깨에 또 새로운 꿈이 실려 도약을 준비하고 있다. 이제 좀 편히 쉴 만도 한데요? 누군가는 이제 아이언맨의 시대라며 그를 편한 자리에 앉으라고 권유하기도 했을 것이다. 그런데 그 슈퍼맨은 이렇게 말하지 않았을까?

'무슨 소리, 이제야 내 꿈을 꿀 수 있게 되었는데 앉아 쉬는가? 나는 지금 날 수 있어서 행복해!'

추천사

추천사

이 춘 림 현대중공업 前 회장

오늘날 우리가 구가하는 이 번영은 엔지니어들의 힘이 컸다고 생각된다. 일자리가 귀했던 6, 70년대 우수한 인재들이 공과대학으로 몰려들었고, 그 인재들이 자동차, 반도체, 조선, 석유화학, 건설 등 우리나라의 주력 산업을 세계 일류로 견인하였다.

내가 46년 전 군산화력발전소 현장소장으로 근무하던 시절 신입사원으로 인연을 맺었다. 지방 근무를 자원한 기백이나 기술 습득 능력, 일을 대하는 열정이 남다르다는 인상을 받았다. 그도 우리나라 산업을 여기까지 견인한 엔지니어의 한 사람이다. 그 후에도 인연은 계속되었고 나의 첫인상도 틀리지 않아 유철진 기사는 공장장, 본부장, 사장으로 최고경영자로 한국을 대표하는 경영자가 되었다.

한때는 회사를 사직하고 미국으로 유학을 떠나 만학의 길을 택하여 놀라게 하기도 하였다. 그러나 우리나라 산업의 역동성은 그가 공부를 하도록 내버려 두지 않았다. 다시 귀국하여 현대중공업에서 건설 중장비사업이라는 신규 사업을 추진하는 중책을 맡아 나와 한솥밥을 먹게 되었고 세계 시장을 제패하는 사업으로 성장하는 기반을 구축하였다.

그 후 현대정공 최고경영자 자리를 거친 다음에도 미국에서 박사 과정에 도전하고, 벤처기업을 창업하는 기백도 보여 주었다. 지금도 가끔 만나 세상 이야기를 나누지만 여전한 젊은 날의 열정은 그의 트레이드 마크가 되어버렸다.

이 책은 우리들의 삶이고, 희망을 찾아갔던 기록이다. 우리 젊은 날처럼 일자리가 부족한 상황이 재연되는 시기에 이 책은 그 고민을 해결해 줄 영감을 줄 것이다.

정 몽 원 한라그룹 회장

이것은 진하디 진한 '남자'들의 얘기다.

쥐뿔도 없는 맨손으로 허허벌판에서 집을 지어내듯, 6, 70년대 한국경제의 시동을 향해 두 주먹을 불끈 쥔 채 내달리기 시작한 젊은이들의 피 끓는 '개척'의 스토리다. 그래서 짜릿하고 감동적이다.

70년대 중반 서울시내 삼일빌딩의 한 사무실에서 이 땅의 중공업 보국을 꿈꾸던 한 젊은 사장과 패기 넘치는 어린 과장의 첫 만남이 크레인과 굴삭기 등 우리나라 건설중장비 산업의 시작임을 아는 사람은 드물다.

그 두 양반이 뉴욕에 함께 출장 가서 GE의 뉴욕주 스케넥터디 공장과 메사추세스주 린공장 등을 둘러본 후 호텔 옥상의 조그만 바에서 술잔을 기울이던 일이 우리나라 발전설비 산업의 태동임을 아는 사람도 거의 없다.

저자는 담담하게 기억해낸다.

1979년 5월 진해 군항제에 참석했다가 현대양행 창원공장을 방문한 박정희 전 대통령은 "역시 정주영 사장처럼 아우인 정인영 사장의 스케일 또한 대단하구먼!"이라고 당시 사업주체들의 사업 의지를 높이 평가하셨다. 그렇다. 그때는 '큰 스케일'과 '궁즉통'으로 대표되던 시대였다. 그림을 크게 그리고 줄기차게 내달리는 것, 그리고 목표를 정하면 어떤 방법으로든 달성해내는 것. 이 두 가지가 없었다면 '개척'은 없었다.

정인영 전 한라그룹 명예회장님은 평소 이런 농담을 하셨다. "사업할 때 조심해야 할 게 세 가지 있다. 도박과 여자, 그리고 엔지니어다. 앞의 두 개는 재미라도 있는데, 엔지니어는 재미조차 없다."고 하시며 엔지니어에 대한 중요성과 애정을 강조하시곤 했다. 당시는 이렇게 재미없는 엔지니어들이 머리 처박고 미래를 꿈꾸며 재미를 찾던 시대이기도 했다.

이것은 '남자'들의 얘기이고, '개척'의 스토리지만, 또한 고지식한 '엔지니어'들의 인생고백이기도 하다. 참 반갑다!

차 동 엽 신부·인천가톨릭대학교 교수·미래사목연구소 소장

첫눈에 호인의 느낌을 강하게 남기는 유철진 대표를 나는 글보다 인격으로 먼저 만났다. 그는 이공계 출신의 경영인, 그것도 특정 전공에 매이지 않는 지식융합형 리더다.

그의 신간 『궁즉통』은 그가 어떻게 지식융합형 리더로 진화해 왔는지를 깨알 기억력으로 그려준다. 뿐만 아니라 산업현장에서 뜬금없이 나타난 난제들을 그가 어떻게 해결해 왔는지, 순간순간 번뜩였던 예지를 드러내 준다.

그리하여 이 책에는 페이지마다 문제해결형 발상, 역발상, 신발상들이 즐비하다. 한마디로 이 책은 '궁즉통'의 경지를 다채롭게 담고 있으니, 절로 권하고 싶어진다.

김 천 식 반디앤루니스 회장

이 책을 보면 한국 초기 중장비산업을 황무지에서 새롭게 만들어 내는 현장을 생생히 그린 책의 가제본을 읽고 몇 자 적어 보내는 것이 도리라 생각되어 부끄럽지만 췌언을 적어 봅니다.

우선 유철진 회장이 고생하고 큰일을 하였다는 칭찬보다 대학을 갓 졸업한 청년이 그렇게 마음껏 도전할 수 있는 기회를 가진 것은 대단한 행운이요, 한국경제의 영웅이신 인간 정주영과 정인영을 만난 것이 주님이 주신 은총이라 봅니다.

특히 이 책에서 강조한 인연과 성실한 마음은 우리 젊은이에게 줄 수 있는

대단한 메시지라 생각합니다.

나의 자식들과 나의 회사 간부들에게 이 책을 반드시 읽게 하려고 합니다. 우리 회사에는 가끔 반디앤루니스 CEO 추천도서를 올리는 일이 있습니다. 이 도서를 기꺼이 선정합니다.

최 연 혜 한국철도공사 사장

이 책에서는 사람냄새가 난다. 개인의 노력과 소중한 사람들과의 인연들로 가득 차있다. 또한, 한 시대를 발로 뛰며 성공을 이끌어 온 무용담이기도 하다.

개인주의화 되어가고 있는 요즈음 세대에게 진정으로 필요한 것이 무엇인지를 알려주고, 현재를 살아가는 사람들에게 과연 무엇을 위해 살고 있는지를 되돌아보게 한다.

평생을 성실과 땀으로 성공을 일궈내신 인생 선배의 저작으로서, 항상 가까이 두고 중요한 결정을 앞둘 때마다 열어보고 싶은 책이다.

Dr. Malcolm Portera Former Chancellor, University of Alabama

C.J. Yoo was born to render this World a better place for humanity as a wonderful friend of mine over the past quarter century. Mr. Yoo has been a major catalyst in Korea and in the Southeast U.S. in expanding industrial and economic activities as an entrepreneur and an industrialist of note in addition to a student at University of Alabama. I have no doubt his memoir will be fascinating to all by his creative responses to circumstances.

Dr. Malcolm Portera 前 앨라바마주립대 이사장

지난 4반세기 나의 훌륭한 친구로서 저자는 이 세계를 더욱 좋은 인류애로 만들기 위해서 태어난 분이다. 그는 학생 신분으로, 기업인으로 그리고 산업인으로서 한국과 미국 남동부지역의 기업과 산업발전에 훌륭한 가교역할을 수행한 분이다.

나는 이 책이 모든 사람들에게 그 어떠한 상황변화에서도 걸맞는 창의적 대응능력을 제공하리라 믿어 의심치 않는다.

윤 용 로 스트래티직 마케팅 & 커뮤니케이션스 대표

처음 뵐 때부터 지금까지 한결같이 세상을 향한 회장님의 끊임없는 열정과 긍정의 에너지에 깊은 영감을 받고 용기를 얻어 왔다.

이 책을 옆에 두고, 어떤 어려움 앞에서도 포기하지 않고 궁즉통의 창의력을 발휘해 오신 회장님의 깊고 넓은 지혜와 가르침을 마음 속에 담아 두고 자주 접해야겠다.